Irene Sommer
Lehrbuch Sozialverwaltungsrecht

Studienmodule Soziale Arbeit

Herausgegeben von
Heinz-Jürgen Dahme, Ronald Lutz, Ria Puhl,
Regina Rätz-Heinisch, Wolfgang Schröer, Titus Simon,
Werner Steffan und Mechthild Wolff

Die Reihe „Studienmodule Soziale Arbeit" präsentiert Grundlagentexte für Studienanfänger in den Diplom- und Bachelor-Studiengängen und bietet eine Einführung in basale Themen der Sozialen Arbeit. Sie orientiert sich sowohl konzeptionell als auch in Inhalt und Aufbau der Einzelbände hochschulübergreifend an den jeweiligen Studienmodulen.

Jeder Band bereitet den Stoff eines Semesters in eigenständigen Lehr- und Lerneinheiten auf und schließt mit Übungsfragen, Vorschlägen für das Selbststudium und weiterführenden Literaturhinweisen.

Irene Sommer

Lehrbuch
Sozialverwaltungsrecht

Grundlagen der Sozialverwaltung,
des Verwaltungshandelns und des Rechtsschutzsystems

Juventa Verlag Weinheim und München 2010

Die Autorin

Irene Sommer, Jg. 1965, arbeitet in Berlin als Rechtsanwältin und als Referentin in der Aus- und Weiterbildung. Sie ist Lehrbeauftragte an der Alice-Salomon-Hochschule für die Fächer Sozial-/Sozialverwaltungsrecht.

Bibliografische Information der Deutschen Nationalbibliothek

Die Deutsche Nationalbibliothek verzeichnet diese Publikation in der Deutschen Nationalbibliografie; detaillierte bibliografische Daten sind im Internet über http://dnb.d-nb.de abrufbar.

© 2010 Juventa Verlag Weinheim und München
Umschlaggestaltung: Atelier Warminski, 63654 Büdingen
Umschlagabbildung: Jan Steen, Der gekrönte Redner, 17. Jh.
Printed in Germany

ISBN 978-3-7799-2206-3

Vorwort

Das Ziel des Studienmoduls Sozialverwaltungsrecht ist es, Studierenden der Sozialarbeit und Sozialpädagogik die Grundlagen des Verfassungs- und Verwaltungsrechts im Kontext der sozialstaatlichen Gesetze und Anspruchsgrundlagen zu vermitteln. Das erworbene Wissen soll sie dazu befähigen, Klienten gegenüber den Behörden der Sozialverwaltung sachgerecht bei der Wahrnehmung ihrer sozialen Rechte zu unterstützen. Das Anliegen dieses Lehrbuches ist daher die Vermittlung der erforderlichen Rechtskenntnisse *und* die Befähigung zur praktischen Rechtsanwendung.

Hierzu werden die für die Soziale Arbeit wesentlichen Grundlagen von Verfassungs-, Verwaltungs-, Verwaltungsverfahrens- und Verwaltungsprozessrecht behandelt. Grafiken und Übersichten am Ende eines jeden Kapitels sollen das rasche Nachschlagen und den Überblick über die jeweiligen Kapitelinhalte ermöglichen.

Der Erwerb von Rechtskenntnissen ist kein Selbstzweck sondern im Mittelpunkt der Beschäftigung mit rechtlichen Fragen steht immer eine konkrete Lebens- und Konfliktsituation, die nach einer ausgleichenden und gerechten Lösung sucht. Der Fokus dieser Darstellung ist daher auf die praktischen Anwendungsbereiche der jeweiligen rechtlichen und gesetzlichen Konstruktionen gerichtet. Ein weiteres Anliegen ist das Einüben der Methodik der Fallbearbeitung. Am Ende der Kapitel stehen Fragen und Fallbeispiele die das selbst gesteuerte Lernen und das Einüben der Fallbearbeitung anregen und ermöglichen sollen. Die Antworten und Musterlösungen sind im Internet unter *www.lehrbuch-sozialverwaltungsrecht.de* abrufbar. Empfohlen wird, die Fragen und Fälle zunächst selbständig zu beantworten und zu lösen und die Internetlösungen im Anhang lediglich zur nachträglichen Kontrolle zu verwenden.

Essentiell bei der Verwendung dieses Buches ist das „Arbeiten mit dem Gesetz", d.h. die im Buch behandelten Paragraphen sollten unbedingt in den einschlägigen Textausgaben der Gesetze nachgelesen werden. Da es unerlässlich war, die Fülle des Stoffes auf ein für das Studienmodul erforderliche Maß zu komprimieren, empfiehlt es sich, einzelne Themen im Selbststudium zu vertiefen. Die Hinweise auf weiterführende Literatur und die Bezugnahme auf Fundstellen in den Fußnoten sollen hierzu anregen. Es wurde bewusst darauf geachtet, dass es sich dabei um für Studierende der Sozialen Arbeit leicht zugängliche Literatur handelt. Ein ausführliches Literaturverzeichnis findet sich unter *www.lehrbuch-sozialverwaltungsrecht.de*.

Anregungen, Kritik und Verbesserungsvorschläge sind ausdrücklich willkommen und können an kontakt@lehrbuch-sozialverwaltungsrecht.de gerichtet werden.

Berlin, im Juni 2009
Irene Sommer

Inhalt

Teil I: Grundlagen der Sozialverwaltung

1. **Sozialverwaltungsrecht im Rechtssystem**.....................13
   1.1 Bürgerliches und öffentliches Recht 13
   1.2 Sozialrecht..16
   1.3 Gerichtszweige...17
   1.4 Rechtsnormen...18
       1.4.1 Verfassung 19
       1.4.2 Gesetz..19
       1.4.3 Rechtsverordnung 19
       1.4.4 Satzung..20
       1.4.5 Internationale Rechtsnormen 20
       1.4.6 Rangordnung..21
   1.5 Übersichten 22
       Übersicht 1: Rechtsgebiete und Gerichtszweige 22
       Übersicht 2: Sozialrecht 23
       Übersicht 3: Rechtsnormen 23
   Übungsfragen..24

2. **Staats- und Verwaltungsorganisation** 25
   2.1 Gewaltenteilung...25
   2.2 Verwaltungsaufgaben..26
   2.3 Verwaltungsträger und Verwaltungsbehörden...............28
       2.3.1 Natürliche Personen.....................................29
       2.3.2 Juristische Personen.....................................29
   2.4 Föderalismus...30
       2.4.1 Föderalismus in der Gesetzgebung 31
       2.4.2 Föderalismus in der Rechtsprechung 31
       2.4.3 Föderalismus in der Verwaltung.........................32
   2.5 Übersichten 35
       Übersicht 1: Gewaltenteilung 35
       Übersicht 2: Verwaltungsaufgaben...........................36
       Übersicht 3: Rechts- und Handlungsfähigkeit
                    natürlicher und juristischer Personen 36
       Übersicht 4: Föderalismus 36
   Übungsfragen..37

3. **Verwaltungsebenen**..38
   3.1 Bundesverwaltung..38
   3.2 Landesverwaltung 39
   3.3 Kommunalverwaltung..41

3.4 Unmittelbare und mittelbare Verwaltung.................................44
    3.4.1 Juristische Personen des öffentlichen Rechts...................46
    3.4.2 Juristische Personen des Privatrechts...........................48
    3.4.3 Sozialleistungsträger..49
3.5 Aufsicht...50
    3.5.1 Aufsichtskonstellationen....................................50
    3.5.2 Aufsichtsarten..53
3.6 Übersichten...56
    Übersicht 1: Unmittelbare und mittelbare Verwaltung
            auf Bundes- und auf Landesebene.......................56
    Übersicht 2: Erledigung der Verwaltungsaufgaben
            durch die Kommunen...................................57
    Übersicht 3: Soziale Aufgaben und Verwaltungsträger.............58
    Übersicht 4: Aufsicht..59
Übungsfragen..59

Teil II: Verwaltungshandeln

4. Handlungsformen...61
4.1 Privatrechtliches Handeln der Verwaltung................................62
4.2 Abstrakt-generelles Handeln (Rechtsnormen)..............................63
4.3 Öffentlich-rechtlicher Vertrag..64
4.4 Schlichtes Verwaltungshandeln...66
4.5 Verwaltungsakt (VA)...68
    4.5.1 Maßnahme auf dem Gebiet des öffentlichen Rechts........70
    4.5.2 Behörde...70
    4.5.3 Regelung..70
    4.5.4 Einzelfall..71
    4.5.5 Außenwirkung..71
4.6 VA und Allgemeinverfügung...72
4.7 VA und Nebenbestimmungen..73
4.8 Übersichten...75
    Übersicht 1: Handlungsformen in der Verwaltung.................75
    Übersicht 2: Elemente des VA...................................76
    Übersicht 3: Nebenbestimmungen.................................76
Übungsfragen..77

5. Rechtmäßigkeit des Verwaltungshandelns..................................78
5.1 Rechtsstaatsprinzip...78
    5.1.1 Gesetzesvorrang..79
    5.1.2 Gesetzesvorbehalt..80
5.2 Rechtsgrundlagen..82
5.3 Tatbestandsvoraussetzungen/unbestimmte Rechtsbegriffe...................85
5.4 Rechtsfolge/Ermessen..90
    5.4.1 Arten des Ermessens..91

5.4.2   Ermessensfehler 92
5.5   Schritte der Rechtsanwendung/Subsumtion 96
5.6   Formelle und materielle Rechtmäßigkeit eines VA 99
5.7   Übersichten 101
        Übersicht 1: Rechtmäßiges Verwaltungshandeln....................101
        Übersicht 2: Prüfungsschema Rechtmäßigkeit eines VA..........102
Übungsfragen...102

6.   Verwaltungsverfahren.. 104
6.1   Verfahrensbeginn 105
        6.1.1   Zuständigkeit der Leistungträger................................105
        6.1.2   Einleitung des Verfahrens...107
        6.1.3   Informations- und Beratungspflichten 109
6.2   Rechte und Pflichten im Verfahrensablauf 111
        6.2.1   Beteiligte und Bevollmächtigte...................................111
        6.2.2   Amtsermittlungsgrundsatz 112
        6.2.3   Mitwirkungspflichten...115
        6.2.4   Anhörungs- und Akteneinsichtsrecht..........................116
        6.2.5   Befangenheit 118
        6.2.6   Umgang mit Sozialdaten..119
        6.2.7   Vorschüsse/vorläufige Leistungen..............................122
6.3   Entscheidung/Ende des Verfahrens...123
        6.3.1   Bekanntgabe des VA..124
        6.3.2   Bestimmtheit und Form des VA 125
6.4   Verwaltungsvollstreckung...128
        6.4.1   Vollstreckung von Geldforderungen............................130
        6.4.2   Vollstreckung von Handlungen, Dulden, Unterlassen 131
6.5   Übersicht 134
        Übersicht 1: Verwaltungsverfahren..134
Übungsfragen...135

7.   Fehler und Fehlerfolgen eines VA... 137
7.1   Nichtigkeit...140
7.2   Rechtswidrigkeit 142
7.3   Nicht erhebliche Verfahrens- und Formfehler 144
        7.3.1   Heilung...144
        7.3.2   Unbeachtlichkeit 145
        7.3.3   Umdeutung/Berichtigung...146
7.4   Übersichten 148
        Übersicht 1: Fehler des VA 148
        Übersicht 2: Fehlerfolgen 149
Übungsfragen...149

8.   Kapitel: Staatshaftung.. 152
8.1   Amtshaftung...153
8.2   Sozialrechtlicher Herstellungsanspruch 160
8.3   Folgenbeseitigungsanspruch 164

8.4   Übersicht 168
      Übersicht 1: Staatshaftung 168
Übungsfragen 169

9. Rücknahme und Widerruf von Verwaltungsakten 170
9.1   Rücknahme eines rechtswidrigen, belastenden VA 172
      9.1.1   Voraussetzungen 172
      9.1.2   Rechtsfolge 173
      9.1.3   Geltendmachung/Fristen 174
9.2   Rücknahme eines rechtswidrigen, begünstigenden VA 176
      9.2.1   Voraussetzungen 176
      9.2.2   Rechtsfolge 176
      9.2.3   Fristen 181
      9.2.4   Erstattung 183
9.3   Widerruf eines rechtmäßigen, belastenden VA 183
9.4   Widerruf eines rechtmäßigen, begünstigenden VA....................184
      9.4.1   Widerruf für die Zukunft...185
      9.4.2   Widerruf für die Vergangenheit 186
9.5   Aufhebung des VA mit Dauerwirkung 186
      9.5.1   Voraussetzungen 187
      9.5.2   Rechtsfolge 188
      9.5.3   Fristen 191
      9.5.4   Erstattung 191
9.6   Übersichten 192
      Übersicht 1: System der §§ 44-48 SGB X 192
      Übersicht 2: Prüfungsschema § 44 SGB X 193
      Übersicht 3: Prüfungsschema § 45 SGB X 194
      Übersicht 4: Prüfungsschema § 48 SGB X 195
Übungsfragen 195

Teil III: Rechtsschutzsystem

10. Verwaltungskontrolle und Rechtsbehelfe 198
10.1 Verwaltungsinterne Kontrolle 198
10.2 Verwaltungsexterne Kontrolle 199
10.3 Rechtsbehelfe..199
      10.3.1 Formlose Rechtsbehelfe...201
      10.3.2 Förmliche Rechtsbehelfe..201
10.4 Übersichten 204
      Übersicht 1: Rechtsschutzsystem 204
      Übersicht 2: Einlegung von Rechtsbehelfen 205
Übungsfragen 205

11. Widerspruchsverfahren 207
11.1 Gesetzliche Grundlagen 207

11.2 Gang des Widerspruchsverfahrens 208
11.3 Zulässigkeit und Begründetheit eines Widerspruchs 209
    11.3.1 Statthaftigkeit 210
    11.3.2 Form 211
    11.3.3 Frist 212
    11.3.4 Widerspruchsbefugnis 214
11.4 Wirkung des Widerspruchs 217
11.5 Übersicht 218
    Übersicht 1: Prüfungsschema der Erfolgsaussichten
                eines Widerspruchs 218
Übungsfragen 219

12. Grundsätze sozialgerichtlicher Verfahren 221
12.1 Allgemeine Voraussetzungen für Zulässigkeit
    und Begründetheit 221
    12.1.1 Zuständigkeit 221
    12.1.2 Prozessfähigkeit der Beteiligten 222
    12.1.3 Antrag 223
    12.1.4 Frist 224
    12.1.5 Klage-/Antragsbefugnis 225
12.2 Gang des Verfahrens 225
    12.2.1 Amtsermittlungsgrundsatz 225
    12.2.2 Mündliche Verhandlung 226
    12.2.3 Rechtliches Gehör 227
    12.2.4 Gerichtliche Entscheidungen 228
    12.2.5 Sonstige Formen der Verfahrensbeendigung 230
    12.2.6 Kosten 231
12.3 Übersichten 232
    Übersicht 1: Sachliche Zuständigkeit der Gerichte
                im Recht der Sozialen Arbeit 232
    Übersicht 2: Instanzenzug der Sozial- und
                Verwaltungsgerichtsbarkeit 232
    Übersicht 3: Sozialgerichtliches Verfahren 233
Übungsfragen 233

13. Klagearten 235
13.1 Anfechtungsklage 235
13.2 Leistungsklage 236
    13.2.1 Kombinierte Leistungs- und Anfechtungsklage 237
    13.2.2 Verpflichtungsklage 238
    13.2.3 Bescheidungsklage 239
    13.2.4 Untätigkeitsklage 239
    13.2.5 Allgemeine Leistungsklage 241
13.3 Feststellungsklage 242
13.4 Fortsetzungsfeststellungsklage 243

13.5 Übersicht 244
     Übersicht 1: Klagearten...244
Übungsfragen...245

14. Eilverfahren 250
14.1 Antrag auf Herstellung der aufschiebenden Wirkung/
     Aussetzung der Vollziehung 251
14.2 Antrag auf Erlass einer einstweiligen Anordnung...............254
14.3 Übersicht 256
     Übersicht 1: Eilverfahren 256
Übungsfragen...257

15. Hilfe bei der Rechtsdurchsetzung 260
15.1 Beratungshilfe 261
15.2 Prozesskostenhilfe..262
15.3 Soziale Rechtsdienstleistungen 264
     15.3.1 Rechtsdienstleistungen durch Behörden 265
     15.3.2 Rechtsdienstleistungen durch Verbände der
            Freien Wohlfahrspflege 265
     15.3.3 Rechtsdienstleistungen für Mitglieder 266
     15.3.4 Unentgeltliche Rechtsdienstleistungen 267
     15.3.5 Rechtsdienstleistungen als Nebenleistung 268
15.4 Übersichten 268
     Übersicht 1: Berechnung des Einkommens bei Beratungs-
             und Prozesskostenhilfe...268
     Übersicht 2: Soziale Rechtsdienstleistungen 269
Übungsfragen...270

1. Sozialverwaltungsrecht im Rechtssystem

■ **Zur Einordnung des Sozialverwaltungsrechts in das Rechtssystem werden die verschiedenen Rechtsbereiche** (Privatrecht, öffentliches Recht, Verfassungsrecht, allgemeines und besonderes Verwaltungsrecht, Sozialrecht) **kurz erläutert und voneinander abgegrenzt.** Der Begriff „Rechtsnorm" wird erklärt und die wesentlichen nationalen und internationalen Rechtsquellen werden in ihrer hierarchischen Struktur zusammengefasst dargestellt.

1.1 Bürgerliches und öffentliches Recht

Es gibt eine historisch gewachsene Zweiteilung der deutschen Rechtsordnung. Man unterscheidet bürgerliches Recht (auch: „Zivilrecht" oder „Privatrecht") und öffentliches Recht[1].

Bürgerliches Recht umfasst die Rechtsnormen[2], die die Rechtsverhältnisse zwischen Privatpersonen – „Bürgern" – d.h. sowohl natürlichen als auch juristischen Personen[3], regeln. In bürgerlich-rechtlichen Rechtsnormen sind Rechte und Pflichten geregelt, die für **jedermann** gleichermaßen gelten.

Beispiel: Das Bürgerliche Gesetzbuch (BGB) regelt die Rechte und Pflichten aus gegenseitigen Verträgen, z.B. zwischen Käufer und Verkäufer, zwischen Mieter und Vermieter, zwischen Handwerksunternehmer und Auftraggeber etc. Es regelt auch die Rechte und Pflichten, die sich aus Familienverhältnissen ergeben, z.B. Unterhaltspflichten oder Erbberechtigung. Das Arbeitsrecht gehört ebenfalls zum Bürgerlichen Recht und regelt die Rechte und Pflichten aus Dienst- und Arbeitsverhältnissen zwischen Arbeitgebern und Arbeitnehmern.

---

1 Vgl. Kievel, Kap. 2.2.2, S. 23-26; Haase/Keller, Rn. 53-57.
2 Zum Begriff „Rechtsnorm" s.u. Kap. 1.4; vgl. auch Creifelds, Rechtswörterbuch, Stichwort „Rechtsnorm".
3 Zum Begriff s.u. Kap. 2.3; vgl. auch Haase/Keller, Rn. 136-140; Creifelds, Rechtswörterbuch, Stichwort „juristische Person".

Öffentliches Recht regelt die Rechtsverhältnisse zwischen **Bürger und Staat** und die Rechtsverhältnisse zwischen einzelnen **Staatsorganen** untereinander, also wird nicht jedermann verpflichtet oder berechtigt, sondern der Staat.

Beispiele: Der Staat ist berechtigt, Steuern und Sozialabgaben von seinen Bürgern zu verlangen und einzuziehen. Der Staat gewährt Leistungen, z.B. Sozialleistungen oder die Zuweisung eines Platzes in einer Kindertagesstätte oder an einer Hochschule. Der Staat erteilt Erlaubnisse für bestimmte Betätigungen seiner Bürger, z.B. Führerschein, Gewerbeerlaubnis, Baugenehmigung.
Die Rechtsbeziehungen zwischen Staatsorganen untereinander regeln z.B. Art. 70 ff. Grundgesetz (GG), die festlegen, für welche Sachgebiete entweder der Bund oder die Länder Gesetze erlassen dürfen. §§ 102 ff. SGB X regeln z.B. Ausgleichsansprüche zwischen verschiedenen Sozialleistungsträgern.

Auch das **Strafrecht**, welches den staatlichen Strafanspruch gegenüber den Bürgern regelt, ist Teil des öffentlichen Rechts. Im öffentlichen Recht wird zwischen **Verfassungsrecht** und **Verwaltungsrecht** unterschieden.

Das **Verfassungsrecht** umfasst die Rechtsnormen, die die **Grundordnung eines Staates** festlegen, z.B. die Wahl der Staatsform, die Einrichtung und Aufgaben der einzelnen Staatsorgane (Parlamente, Verwaltung, Rechtsprechung etc.), die grundsätzlichen Regelungen über die Ausübung der Staatsgewalt, die Grundsätze des wirtschaftlichen und gesellschaftlichen Lebens, die Rechtsstellung der Bürger.

In Abgrenzung dazu richtet sich das **Verwaltungsrecht** an die Träger der öffentlichen Verwaltung und umfasst diejenigen Rechtsnormen, die den Staat zur konkreten **Umsetzung, Erfüllung und Verwirklichung der verfassungsrechtlichen Aufgaben** berechtigen und verpflichten. [4]

Beispiel: Das SGB II wurde Ende des Jahres 2004 als neues Gesetz vom Bundestag beschlossen. In den Art. 76 ff. GG ist festgelegt, wie das Gesetzgebungsverfahren auszusehen hat, wer angehört werden muss, mit welcher Mehrheit das Gesetz beschlossen werden kann usw. In den Art. 1-20, 28 GG sind grundlegende Staatsprinzipien (z.B. Grundrechte der Bürger, Sozialstaatsprinzip) festgelegt, die ein neues Gesetz nicht verletzen darf. Dies ist Verfassungsrecht.
Die konkreten Bestimmungen des SGB II, also die Vorschriften darüber, wer in welcher Situation unter welchen Voraussetzungen Leistungen von welcher Behörde beanspruchen kann, sind Verwaltungsrecht.

---

4 Vgl. Maurer, Verwaltungsrecht, § 2 Rz. 1-3; Erichsen/Ehlers, § 5, Rn. 1-5.

Das Verwaltungsrecht teilt man ein in einen **allgemeinen** und einen **besonderen** Teil.

Das **allgemeine Verwaltungsrecht** hat die für **alle Sachgebiete** der öffentlichen Verwaltung geltenden Regelungen zum Gegenstand. Dies sind z.B. allgemein gültige Regelungen über den Ablauf eines Verwaltungsverfahrens, die Verfahrensprinzipien, allgemeine Rechte und Pflichten von Bürgern und Behörden und die Regelungen für das **verwaltungsgerichtliche Verfahren**. Geregelt ist dies in den Verwaltungsverfahrensgesetzen (VwVfG) des Bundes und der Länder und der Verwaltungsgerichtsordnung (VwGO).

Zum **besonderen Teil** des Verwaltungsrechts gehören Regelungen für die **einzelnen Sachgebiete** der Verwaltung, z.B. Ausbildungsförderungsrecht, Ausländerrecht, Baurecht, Beamtenrecht, Einkommenssteuerrecht, Gewerberecht, Hochschulrecht, Immissionsschutzrecht, Polizeirecht, Sozialrecht, Umweltrecht, Wohngeldrecht etc.

Diese Regelungen sind jeweils in einem, für ein bestimmtes Sachgebiet geltendes Gesetz festgelegt, z.B. Bundesausbildungsförderungsgesetz (BAFöG), Aufenthaltsgesetz (AufenthG), Baugesetzbuch (BauGB), Bundesbeamtengesetz (BBG), Einkommenssteuergesetz (EStG), Gewerbeordnung (GewO), Hochschulrahmengesetz (HRG), Bundesimmissionsschutzgesetz (BImschG), Sicherheits- und Ordnungsgesetz (SOG), Sozialgesetzbuch (SGB), Bundesnaturschutzgesetz (BNatSchG), Wohngeldgesetz (WoGG) etc.

> **Beispiele:** Im AufenthG ist geregelt, unter welchen Voraussetzungen ein Ausländer eine Aufenthaltserlaubnis bekommen kann, im BAföG ist geregelt unter welchen Voraussetzungen ein Studierender Ausbildungsförderung und falls ja, in welcher Höhe bekommen kann. Dies ist besonderes Verwaltungsrecht.
> Im VwVfG und in der VwGO ist z.B. geregelt wie und in welcher Form die Entscheidung der Behörde dem Betroffenen bekannt zu geben ist, welche Befugnisse die Behörde bei der Ermittlung des Sachverhalts hat oder wie, unter welchen Voraussetzungen und innerhalb welcher Fristen der Betroffene dagegen Widerspruch einlegen könnte. Dies ist allgemeines Verwaltungsrecht.

1.2 Sozialrecht

Das Sozialrecht ist Gegenstand des besonderen Verwaltungsrechts und regelt die Umsetzung des verfassungsrechtlichen **Sozialstaatsprinzips**[5] als Aufgabe der öffentlichen Verwaltung (Sozialverwaltung). Das Sozialstaatsprinzip dient der Herbeiführung sozialer Gerechtigkeit, der Existenzsicherung der Bürger und der Absicherung von Lebensrisiken[6].

Zur Verwirklichung des Sozialstaatsprinzips wurde das **Sozialgesetzbuch (SGB)** mit seinen zwölf verschiedenen Büchern (SGB I-XII) geschaffen[7]. Je nach Zielrichtung der sozialen Aufgabe gibt es im SGB ein eigenes Gesetzbuch. Mit den historisch ältesten Büchern des Sozialgesetzbuches über die **gesetzliche Sozialversicherung** sollen **wesentliche Lebensrisiken** abgesichert werden: Arbeitslosigkeit (SGB III), Krankheit (SGB V), Unfall (SGB VII), Alter/Erwerbsunfähigkeit (SGB VI), Pflegebedürftigkeit (SGB XI). Hierbei besteht das Prinzip der **Vorsorge** durch die Zahlung von **Versicherungsbeiträgen**. Das heißt, wer als Arbeitnehmer in die gesetzliche Sozialversicherung einzahlt, entrichtet dadurch Beiträge zur Arbeitslosen-, Kranken-, Renten-, Unfall- und Pflegeversicherung. Verwirklicht sich eines der versicherten Lebensrisiken, d. h. wird der Betreffende z. B. krank oder verliert seine Arbeit, erhält er die nach den entsprechenden Gesetzbüchern vorgesehenen Leistungen.

Die Existenzsicherung und Schaffung sozialer Gerechtigkeit gewährleistet das Sozialrecht auch unabhängig von vorher erbrachten Versicherungsbeiträgen. Dies geschieht in Form von **steuerfinanzierten Fürsorge- und Förderungsleistungen an Hilfebedürftige**, z. B. die Sozialhilfe für Nicht-Erwerbsfähige (SGB XII), die „Arbeitslosengeld II" genannte Sozialhilfe für Erwerbsfähige (SGB II), die Förderung Behinderter (SGB IX) und das Kinder- und Jugendhilferecht (SGB VIII).

Ein weiterer Teilbereich des Sozialrechts ist das Recht der **staatlichen Entschädigungsleistungen**, welches außerhalb des SGB in verschiedenen Gesetzen, geregelt ist. Hier erbringt der Staat – ebenfalls in Umsetzung des Sozialstaatsprinzips – **Leistungen zur Kompensation** von Schäden oder Nachteilen, die ein Einzelner erlitten hat, für die aber die Allgemeinheit die

---

5 Vgl. Art. 20 Abs. 1, Art. 28 Abs. 1 S. 1 GG. Zur Darstellung des Sozialstaatsprinzips vgl. Papenheim, Kap. 2.4; Maurer, Staatsrecht, § 8, Rn. 69-76.
6 Vgl. § 1 SGB I.
7 Daneben gibt es auch innerhalb der übrigen Rechtsordnung eine Vielzahl von Gesetzen oder einzelnen Gesetzesbestimmungen, die ebenfalls der Verwirklichung des Sozialstaatsprinzips dienen; vgl. Darstellung bei Erlenkämper/Fichte, Einführung, Rn. 3-7.

Verantwortung übernimmt, z. B. Leistungen an Opfer von Gewalttaten nach dem OEG oder Leistungen für Kriegsfolgeschäden nach dem BVG.[8]

Wie im übrigen Verwaltungsrecht, so unterscheidet man auch im Sozialrecht zwischen einem **allgemeinen** und einem **besonderen Teil**. Neben den oben dargestellten Spezialgesetzen, die ein bestimmtes Sachgebiet des Sozialrechts regeln, gibt es Gesetze, die für **alle Bereiche des Sozialrechts** gleichermaßen gelten. Das SGB I und das SGB X sind die Gesetze, die den Ablauf aller sozialrechtlicher Verfahren gleichermaßen betreffen. Das Sozialgerichtsgesetz (SGG) ist das Gesetz für alle sozialgerichtlichen Verfahren. Zusammengefasst werden diese Regelungen als „**Sozialverwaltungsrecht**" bezeichnet. Vom Aufbau und von den Inhalten her ähneln sich das Sozialverwaltungsrecht und das allgemeine Verwaltungsrecht stark, so wurden z. B. das SGB X aus dem VwVfG, das SGG aus der VwGO abgeleitet und lediglich in einigen Bereichen für das Sozialrecht modifiziert.

In der **Sozialen Arbeit** hat man grundsätzlich mit beiden Bereichen, d. h. sowohl mit dem Sozialverwaltungsrecht als auch mit dem übrigen Verwaltungsrecht, zu tun: So gelten z. B. für das Ausländer-, Jugendhilfe- oder Wohngeldrecht das VwVfG und die VwGO, für das Sozialhilfe- oder Schwerbehindertenrecht das SGB I, SGB X und das SGG.[9]

1.3 Gerichtszweige

Eine weitere Einteilung des Rechtssystems zur Einordnung des Sozialverwaltungsrechts lässt sich anhand der Gliederung der verschiedenen Gerichtszweige vornehmen. Die Gerichtsbarkeit ist aufgegliedert in die **Verfassungs-, Zivil-, Straf- und Verwaltungsgerichtsbarkeit**.[10]

Als die **historisch** ältesten Gerichtszweige bezeichnet man die Gerichte für Zivil- und diejenigen für Strafsachen auch als „**ordentliche Gerichte**".[11] Die anderen Gerichtszweige haben sich aus den ordentlichen Gerichten herausgebildet und sind erst im Laufe der Rechtsentwicklung entstanden.

Im Zivilrecht ist die **Arbeitsgerichtsbarkeit** als Spezial-Materie ausgegliedert worden und bildet einen eigenen Gerichtszweig. Das übrige Zivilrecht ist den allgemeinen Zivilgerichten zugewiesen.

Gerichte des öffentlichen Rechts sind Verfassungs-, Verwaltungs- und Strafgerichte, mit jeweils einer eigenen Gerichtsbarkeit.

---

8 Vgl. Übersichten bei SRHB, § 26, Rn. 28/29; Erlenkämper/Fichte, Kap. 20, Rn. 1-3.
9 Zur Übersicht s. u. Kap. 12.3.1.
10 Einzelheiten vgl. Kievel, 19.3.
11 Vgl. §§ 12, 13 Gerichtsverfassungsgesetz (GVG).

Bestimmte Bereiche des Verwaltungsrechts erfordern ein hohes Maß an Spezialisierung. Sie sind daher aus der Verwaltungsgerichtsbarkeit ausgegliedert worden und haben eine eigene Gerichtsbarkeit erhalten. Dies betrifft das **Steuerrecht (Finanzgerichte)** und das **Sozialrecht (Sozialgerichte)**. **§ 51 SGG** legt fest, welche Sachgebiete des besonderen Verwaltungsrechts der Sozialgerichtsbarkeit zugewiesen sind.[12]

1.4 Rechtsnormen

Das Gemeinwesen, das Zusammenleben der Bürger, die Befugnisse und Aufgaben des Staates, der Aufbau der Gesellschafts- und Wirtschaftsordnung etc. werden bestimmt von **Rechtsnormen**: Rechtsnormen enthalten z. B. Regelungen darüber, wie Konflikte zwischen den Bürgern untereinander oder zwischen ihnen und dem Staat zu lösen sind. Rechtsnormen sind der **Oberbegriff** für alle denkbaren Arten **allgemeinverbindlicher Regelungen**: Gesetze, Rechtsverordnungen, Satzungen, Verfassungsartikel, Bestimmungen des EU- und Völkerrechts. Kennzeichnend für eine Rechtsnorm ist ihre **Verbindlichkeit**: Jeder muss sich an das Ge- oder Verbot, welches mit ihr ausgesprochen wird, halten. Eine generelle Kenntnis der Rechtsnormen wird vorausgesetzt. Häufig wird auch von „absoluter Geltungskraft" von Rechtsnormen gesprochen.

Wegen ihrer Allgemeinverbindlichkeit ist eine Rechtsnorm allgemein, d. h. **abstrakt**, formuliert: Durch die Verwendung abstrakter Begriffe soll eine **Vielzahl von einzelnen Lebenssachverhalten** mit der Rechtsnorm abgedeckt werden.[13] Es ist klar, dass es unmöglich wäre, für jede Lebenssituation, jeden Konflikt, jeden Fall, eine eigens darauf zugeschnittene Regelung bereit zu halten.

> **Rechtsnormen** werden daher definiert als „generell-abstrakte Regelungen mit Außenwirkung" bzw. als „allgemeinverbindliche Regelungen, die sich an eine unbestimmte Zahl von Personen zur Regelung einer unbestimmten Zahl von Fällen wenden".[14]

Innerhalb der Rechtsordnung gibt es **verschiedene Arten von Rechtsnormen**. Sie unterscheiden sich z. B. danach, von wem sie erlassen wurden oder nach dem Grad ihrer Verbindlichkeit. Generell unterscheidet man zwischen Verfassung, Gesetz, Rechtsverordnung, Satzung und internationalen Rechtsnormen. Zwischen den verschiednen Rechtsnormen besteht eine Rangordnung.

---

12 Einzelheiten s. u. Kap. 12.1.1.
13 Einzelheiten s. u. Kap. 5.3.
14 Vgl. Erichsen/Ehlers, § 2, Rn. 7/8; Maurer, Verwaltungsrecht, § 4, Rn. 4.

1.4.1 Verfassung

Eine Verfassung ist die von einem besonderen Gremium in einem besonderen Verfahren erlassene **rechtliche Grundordnung** eines Staates. In der Bundesrepublik Deutschland ist die Verfassung das Grundgesetz (GG). Das Grundgesetz wurde nach dem Zweiten Weltkrieg durch ein von den Alliierten einberufenes Gremium, dem „Parlamentarischen Rat" ausgearbeitet. Das GG enthält Bestimmungen über die **Staatsorganisation** und über die **Grundrechte der Bürger**.[15]

1.4.2 Gesetz

Gesetze sind Rechtsnormen, die vom Bundestag oder einem Landesparlament in einem vom Grundgesetz oder einer Landesverfassung festgeschriebenen, **förmlichen Verfahren** erlassen wurden. Das Gesetzgebungsverfahren ist für Bundesgesetze in den Art. 76 ff. GG geregelt.

1.4.3 Rechtsverordnung

Rechtsverordnungen sind Rechtsnormen, die von der **Verwaltung** (Regierung, Ministerium, Verwaltungsbehörden) erlassen werden. Genauso wie ein Gesetz sind sie allgemeinverbindlich. Sie sind jedoch nicht durch ein demokratisch legitimiertes Parlament im verfassungsrechtlich vorgesehenen Gesetzgebungsverfahren zustande gekommen. Daher benötigt die Verwaltung zu ihrer Legitimation stets eine **Ermächtigung durch ein Gesetz**, ehe sie eine Rechtsverordnung erlassen kann.[16]

Das Bedürfnis für Rechtsverordnungen besteht in ihrer Entlastungsfunktion für den Gesetzgeber: Die Verwaltung steht den konkreten Lebenssachverhalten näher und muss die Gesetze direkt auf einzelne Fälle anwenden. Daher soll sie berechtigt sein, **Details eines Sachgebietes** zu regeln, während das Parlament mit dem Gesetz den Rahmen vorgibt.

Beispiel: Im Sozialhilferecht ist in den §§ 53-60 SGB XII die Eingliederungshilfe für behinderte Menschen geregelt. Im Gesetzestext heißt es lediglich, dass behinderte Menschen Anspruch auf „Leistungen der Eingliederungshilfe" haben, um ihnen zu einer gleichberechtigten Teilhabe am Leben in der Gemeinschaft zu verhelfen. Welche Leistungen dies sind, wird im Gesetz nicht gesagt.
In § 60 SGB XII findet sich die Verordnungsermächtigung an die Bundesregierung über „Art und Umfang der Leistungen". Durch das zuständige

---

15 Vgl. Maurer, Staatsrecht, § 5, Rn. 10-12; zur Entstehungsgeschichte vgl. Haase/ Keller, Rn. 857-873.
16 Vgl. Art. 80 Abs. 1 GG; Einzelheiten vgl. Ipsen, Verwaltungsrecht, Rn. 105-107; Peine, Rn. 142.

Ministerium wurde eine entsprechende Rechtsverordnung („Eingliederungshilfeverordnung") erlassen, in der genau aufgelistet ist, welche konkreten Leistungen der Eingliederungshilfe es gibt (z.B. Plätze im betreuten Wohnen, Beihilfen für behindertengerechte PKW, besondere Ausbildungsplätze usw.) und welches die einzelnen Leistungsvoraussetzungen sind.

1.4.4 Satzung

Satzungen sind Rechtsnormen von Selbstverwaltungsorganisationen, d.h. von **juristischen Personen mit Selbstverwaltungsbefugnissen**[17] zur Regelung ihrer eigenen Angelegenheiten. Sie sind in ihrer Geltungskraft gegenüber Gesetzen und Rechtsverordnungen eingeschränkt, denn Satzungen gelten nur gegenüber den **Mitgliedern** der juristischen Person. Mit einer Satzung können nur die **eigenen Angelegenheiten** geregelt werden, d.h. nur diejenigen Angelegenheiten für der Selbstverwaltungsorganisation per Gesetz Satzungsautonomie zugewiesen wurde.

> **Beispiel:** Ein eingetragener Verein (e.V.) ist berechtigt eine Vereinssatzung zu erlassen. Diese besitzt Geltungskraft nur gegenüber den Vereinsmitgliedern. Eine Gemeindesatzung gilt nur für den räumlichen Bereich des Gemeindegebietes und nur für die Einwohner der Gemeinde. Eine Hochschule kann mit einer Satzung z.B. die Tätigkeit von Hochschulgremien oder die Hochschulprüfungen regeln. Solche Regelungen sind verbindlich lediglich für die Mitglieder der Hochschule.

1.4.5 Internationale Rechtsnormen

International existieren weitere Arten von Rechtsnormen, nämlich die Bestimmungen des Völker- und des EU-Rechts.[18]

Völkerrecht

Das Völkerrecht umfasst insbesondere die **völkerrechtlichen Verträge** zwischen zwei („bilateral") oder einer Vielzahl von Staaten („multilateral"), z.B. die Genfer Flüchtlings-Konvention, der Internationale Pakt über wirtschaftliche, soziale und kulturelle Rechte oder internationale Sozialversicherungsabkommen. Völkerrechtliche Verträge, die die Bundesrepublik Deutschland als Vertragspartei abgeschlossen hat, werden über Art. 59 Abs. 2 GG in **nationales Recht transformiert**. Sie haben dann innerhalb der Rechtsordnung den **Status eines Bundesgesetzes**. **Völkerrechtssubjekt**, d.h. derjenige, an den sich die Rechte und Pflichten aus dem Vertrag rich-

---

17 Siehe unten Kap. 3.4; vgl. auch Peine, Rn. 148-150; Ipsen, Verwaltungsrecht, Rn. 108-111.
18 Einzelheiten vgl. Kievel, Kap. 2.1.

ten, ist grundsätzlich nicht der einzelne Mensch sondern der Staat. Das heißt, Rechte aus völkerrechtlichen Verträgen sind (unter Beachtung der übrigen, nationalen Rechtsordnung) nur vor den Behörden oder Gerichten des eigenen Heimatstaates geltend zu machen. Eine Ausnahme hierzu ist der Europäische Gerichtshof für Menschenrechte, als ein internationales Gremium, an das sich der einzelne zur Geltendmachung seiner Rechte aus völkerrechtlichen Bestimmungen wenden kann.[19]

EU-Recht

Das EU-Recht unterscheidet sich von dem Völkerrecht dadurch, dass die EU eigene **Hoheitsrechte in ihren Mitgliedsstaaten** hat. Das heißt, mit Gründung der EU wurde eine Organisation geschaffen, die selbst Staatsgewalt[20] in den Mitgliedsstaaten ausüben kann. Die EU-Gründungsverträge („primäres Gesmeinschaftsrecht") bestimmen die Verfassung, d. h. die Grundordnung der EU. Die mittels der Gründungsverträge errichteten Organe der EU (z. B. Parlament, Kommission) sind befugt, in zahlreichen Rechtsbereichen **Verordnungen** und **Richtlinien** zu erlassen („sekundäres Gemeinschaftsrecht"). **Das EU-Recht geht dem nationalen Recht vor**, bzw. es besteht die Verpflichtung, EU-Recht in das nationale Recht zu integrieren.[21] Bedeutsam ist das EU-Recht in vielen Bereichen der Sozialen Arbeit, vgl. z. B. das Freizügigkeitsrecht für Arbeitnehmer, die Bestimmungen über die Anerkennung von Schul- und Hochschulabschlüssen oder das Gleichstellungs- und Antidiskriminierungsrecht.[22]

1.4.6 Rangordnung

Es besteht zwischen den einzelnen Rechtsnormen eine Rangordnung / Hierarchie, da die gesamte Rechtsordnung **in sich widerspruchsfrei** sein muss.[23] Das heißt, die einzelnen Rechtsnormen dürfen einander nicht widersprechen bzw. sich nicht inhaltlich entgegen stehen. Die jeweils niederrangige Rechtsnorm darf den höherrangigen Rechtsnormen nicht widersprechen. Tut sie dies doch, so ist sie wegen „Verstoßes gegen höherrangiges Recht" ungültig. In der Bundesrepublik Deutschland gilt die Hierarchie:

EU-Recht
   Verfassung (GG)
      Gesetz
         Rechtsverordnung
            Satzung

---

19 Auch s. u. Kap. 12.1.1 u. 12.3.2.
20 Zum Begriff s. u. Kap. 2.1.
21 Vgl. Papenheim, Kap. 16.3.
22 Weitere Beispiele vgl. Papenheim, Kap. 16.3.3.
23 Vgl. Erichsen/Ehlers, § 2, Rn. 90; Maurer, Verwaltungsrecht, § 4, Rn. 6-7.

Für das Verhältnis von Rechtsnormen von **Bund und Ländern** gilt die Regel des Art. 31 GG: Bundesrecht geht dem Landesrecht vor.

1.5 Übersichten

Übersicht 1: Rechtsgebiete und Gerichtszweige

Recht							
Öffentliches Recht						Bürgerliches Recht (Privatrecht / Zivilrecht)	
Unterteilung Gerichtszweige und Rechtsgebiete							
Rechts-gebiet	**Verfas-sungs-recht**	**Steuer-recht**	**Verwal-tungs-recht**	**Sozial-recht**	**Strafrecht**	**Zivilrecht**	**Arbeits-recht**
Gericht	Bundes-/ Landes-verfas-sungs-gerichte	Finanz-gerichte	Verwal-tungs-gerichte	Sozial-gerichte	Amts- u. Landge-richte für Straf-sachen	Amts- u. Landge-richte für Zivil-sachen	Arbeits-gerichte
Beispiele für typi-sche Verfahren/ Rechts-streitig-keiten	Verfas-sungs-beschwer-den, Streitigkei-ten zwi-schen Staats-organen	Einsprüche gegen Steuer-bescheide	Ansprüche auf Bau- oder Ge-werbe-genehmi-gungen, auf Zuwei-sung eines Studien-platzes, Erteilung einer Auf-enthalts-erlaubnis	Ansprüche auf Sozial-leistungen, Erhebung von Bei-trägen durch die Sozial-versiche-rungen	Geld- oder Freiheits-strafen wegen De-likten des StGB, Geldbußen wegen Ordnungs-widrigkei-ten	Ansprüche aus Ver-trägen, Ansprüche aus Fami-lien-verhält-nissen	Ansprü-che auf Kündi-gungs-schutz, auf Lohn-zahlung
			Allgemeine Regelun-gen: VwGO, VwVfG =Allge-meines Verwal-tungsrecht	*Allgemeine Regelun-gen:* SGG, SGB I, SGB X =Sozial-verwal-tungsrecht			

Übersicht 2: Sozialrecht

Absicherung von Lebensrisiken		Herbeiführung sozialer Gerechtigkeit Existenzsicherung				Allgemeine Regelungen	
Sozialversicherung		**Soziale Entschädigung**		**Fürsorge/ soziale Förderung**			
Arbeitslosigkeit (Versicherungsleistung)	SGB III	Opfer von Schäden, Allgemeinheit übernimmt die Verantwortung/ Kompensation	BVG, OEG, (u.v.m.)	Arbeitslosigkeit (Sozialhilfeleistung)	SGB II	Grundprinzipien	SGB I
Krankheit	SGB V			Kinder- und Jugendhilfe	SGB VIII	Verwaltungsverfahren	SGB X
Alter Erwerbsunfähigkeit	SGB VI					Gerichtsverfahren	SGG
Unfall	SGB VII			Behindertenintegration	SGB IX	Begriffsdefinitionen in der Sozialversicherung	SGB IV
Pflege-Bedürftigkeit	SGB XI			Sozialhilfe	SGB XII		

Übersicht 3: Rechtsnormen

Rechtsnorm = generell-abstrakt gefasste, allgemeinverbindliche Regelung, die sich an eine unbestimmte Zahl von Personen zur Regelung einer unbestimmten Zahl von Fällen wendet.	
EU-Recht = Gründungsverträge, Verordnungen, Richtlinien der EU	
Verfassung = rechtliche Grundordnung eines Staates	
Gesetz = vom Bundestag oder einem Landesparlament in einem vom Grundgesetz oder einer Landesverfassung festgeschriebenen, förmlichen Verfahren erlassen Völkerrechtliche Verträge erhalten über § 59 Abs. 2 GG den Status eines Bundesgesetzes	*Bundesrecht geht vor Landesrecht* — **Hierarchie**
Rechtsverordnung = Rechtsnormen, die von der Verwaltung (Regierung, Ministerium, Verwaltungsbehörden) erlassen werden	
Satzung = Rechtsnormen von Selbstverwaltungsorganisationen, d. h. von juristischen Personen mit Selbstverwaltungsbefugnissen zur Regelung ihrer eigenen Angelegenheiten	

Übungsfragen

1. Ein ausgesetztes Baby wird auf der Straße gefunden. Die Polizei sorgt für die Unterbringung in einem Kinderheim, die Kosten der Unterbringung übernimmt das Sozialamt. Der Polizei gelingt es, die Mutter des Kindes ausfindig zu machen. Sie überlegen, ein Strafverfahren gegen sie einzuleiten. Das Sozialamt überlegt, sich die Kosten für das Kinderheim von der Mutter bezahlen zu lassen, da diese dem Kind gegenüber unterhaltsverpflichtet ist. Zu welchem Rechtsgebiet gehört
   - die Unterbringung im Kinderheim,
   - die Kostenübernahme durch das Sozialamt,
   - das Strafverfahren gegen die Mutter,
   - der Unterhalt für das Kind?

2. Warum ist die Zuordnung einer Rechtsnorm zu einem bestimmten Rechtsgebiet wichtig?

3. Was ist der Unterschied zwischen allgemeinem Verwaltungsrecht, besonderem Verwaltungsrecht und Sozialrecht?

4. Eine Gemeinde hat kein Geld mehr, um ihre Aufgaben wahrnehmen zu können. Könnte die Gemeinde eine Satzung erlassen, in der jedem Einwohner eine Extrasteuer zur Erhaltung der Finanzkraft der Gemeinde auferlegt wird?

(Lösungen siehe www.lehrbuch-sozialverwaltungsrecht.de)

Weiterführende Literatur

Ipsen, Jörn, Staatsrecht I, 20. Aufl. 2008, §§ 15, 19.

Kievel, Winfried/Knösel, Peter/Marx, Ansgar, Einführung in das Recht für soziale Berufe, 5. Aufl. 2007, Kap. 2, 14 und 19.

Maurer, Hartmut, Allgemeines Verwaltungsrecht, 17. Aufl. 2008, §§ 3 und 4.

2. Staats- und Verwaltungsorganisation

■ Das Kapitel widmet sich den wesentlichen rechtlichen und staatsorganisatorischen Grundprinzipien, die für das Verständnis von Sozialverwaltungsrecht erforderlich sind. Erklärt werden das herrschende Staatsprinzip der Gewaltenteilung, das Föderalismusprinzip sowie das Prinzip von natürlichen und juristischen Personen. Ein weiteres Thema ist die Darstellung der verschiedenen Verwaltungsaufgaben.

2.1 Gewaltenteilung

Ein Staat wird in der Staatsphilosophie und der allgemeinen Staatslehre durch die „Drei-Elementen-Lehre" definiert. Danach ist ein Staat die politische Organisation einer Personengemeinschaft, die ein **Staatsgebiet**, ein **Staatsvolk** und eine **Staatsgewalt** voraussetzt.[24] Die Staatsgewalt ist die **Herrschaftsmacht** (oder auch „Hoheitsgewalt") des Staates über sein Gebiet und seine dort befindlichen Personen. Staatsgewalt bedeutet, dass allein der Staat berechtigt ist, einseitig verbindliche Regelungen und Anordnungen gegenüber seinen Bürgern zu erlassen und sie erforderlichenfalls auch unter Einsatz von Gewalt durchzusetzen.

In der Staatsform der Bundesrepublik Deutschland gilt für die Staatsgewalt das Prinzip der **Gewaltenteilung**. Dies ist ein auf die Lehre der Staatsphilosophen *John Locke (1632-1704)* und *Charles de Montesquieu (1689-1755)* zurückgehendes Staatsorganisationsprinzip, welches die Freiheit des einzelnen gewährleisten soll. Seit dem 19. Jahrhundert ist die Gewaltenteilung ein tragendes Organisationsprinzip der meisten demokratischen Verfassungen und grundlegendes Merkmal eines Rechtsstaates[25].

Durch die Gewaltenteilung wird die Herrschaftsmacht des Staates in **drei Funktionsbereiche – Gesetzgebung, Verwaltung und Rechtsprechung –** aufgeteilt. Durch diese Aufteilung und eine gegenseitige Kontrolle der drei Bereiche untereinander soll eine **Mäßigung** der Staatsgewalt insgesamt, die **Freiheit** des einzelnen und die **demokratische Mitbestimmung** erreicht werden. In der Bundesrepublik Deutschland ist das Prinzip der Gewaltentei-

---

24 Einzelheiten vgl. Maurer, Staatsrecht, § 1 Rn. 5-16.
25 Einzelheiten vgl. Maurer, Staatsrecht, § 12 Rn. 7-12.

lung festgelegt in **Art. 20 Abs. 2 GG**, wonach die Staatsgewalt „durch besondere Organe der Gesetzgebung, der vollziehenden Gewalt und der Rechtsprechung" ausgeübt wird.

Grob zusammengefasst lässt sich das Prinzip der Gewaltenteilung wie folgt beschreiben: Die vom **Staatsvolk** in regelmäßigen Abständen **direkt gewählten Abgeordneten** der Parlamente initiieren Gesetzgebungsverfahren, erlassen oder ändern **Gesetze**. Sie sind die **gesetzgebende Gewalt** („Legislative") und schaffen gültiges Recht, welches nicht nur für die Bürger sondern auch für alle Staatsgewalten gilt. Außerdem ernennen die gewählten Abgeordneten die Regierung.

Die **Regierung** und die ihr nachgeordneten **Verwaltungsbehörden** führen die Gesetze aus und setzen sie um. Sie sind die **vollziehende Gewalt** („Exekutive"). Die vollziehende Gewalt ist berechtigt, das Gemeinwesen zu planen und zu lenken, ebenfalls Gesetzgebungsinitiativen zu starten oder in Bereichen, in denen sie von der Gesetzgebung dazu ermächtigt wurde, selbst Recht zu setzen durch den Erlass von Rechtsverordnungen.[26]

Die **Rechtsprechung** („Judikative") sind die **Gerichte**. Sie wenden die Gesetze in einzelnen Streitfällen an und entscheiden sie durch **Urteile** und **Beschlüsse**. So überwachen sie die allgemeine Einhaltung der Gesetze.

Eine gegenseitige Kontrolle der Staatsgewalten findet z. B. dadurch statt, dass die Gerichte Verwaltungsentscheidungen kontrollieren können, dass die Abgeordneten die Regierung auch wieder abwählen dürfen, dass die Verwaltung die Richter der Gerichte ernennt.[27]

2.2 Verwaltungsaufgaben

Der Begriff „vollziehende Gewalt" ist gleichzusetzen mit Verwaltung. Typische Verwaltungsaufgabe ist die Verwirklichung („Vollziehung") von Gesetzen, d. h. die **Regelung von Einzelfällen** auf der Basis von Gesetzen.

> **Beispiel:** Im SGB VIII ist als eine der Aufgaben des Jugendamtes unter anderem die Hilfe zur Erziehung nach § 27 Abs. 1 SGB VIII geregelt. In der Bestimmung heißt es, dass ein Personensorgeberechtigter Anspruch auf Hilfe durch das Jugendamt hat, wenn eine dem Wohl des Kindes entsprechende Entwicklung nicht mehr gewährleistet ist.
> J, 15 Jahre alt, lebt mit seiner alleinerziehenden Mutter M zusammen. M macht sich große Sorgen: In der Schule ist J total abgesackt, er schwänzt häufig den Unterricht. Aus seinem derzeitigen Freundeskreis ist bekannt, dass dort Drogen konsumiert und gehandelt werden. J lässt sich von M

---

26 Einzelheiten s. u. Kap. 2.2 u. Kap. 4.2.
27 Einzelheiten vgl. Ipsen, Staatsrecht, Rn. 753-774; Wolff/Bachof, § 20, Rn. 4-15.

nichts mehr sagen – M weiß nicht was sie noch tun soll. Das zuständige Jugendamt muss M (und J) Hilfe gewähren und mit allen Mitteln des Jugendhilferechts versuchen, den Fall so zu lösen, dass das Ziel des Gesetzes – eine „dem Wohl des Kindes entsprechende Entwicklung" – verwirklicht wird.

Ein weiterer Aufgabentyp der Verwaltung ist z. B. auch die **Planung** oder Umsetzung von staatlichen Vorhaben und damit die Gestaltung von Zukunft.

Beispiel: Die Verwaltung im Bundesland B erhebt Daten, wie sich zukünftig die Bevölkerung entwickeln wird. In bestimmten Regionen, in denen die Bevölkerung stark zurückgeht, wird der Rückbau von Städten, d.h. der Abriss von Gebäuden und die Schaffung von Grünflächen oder Naturschutzgebieten geplant. In anderen Regionen mit prognostizierbarem Bevölkerungswachstum wird der Bau von Straßen, Wohnungen, Kindergärten und Schulen geplant.

Weiterhin setzt die setzt die Verwaltung durch den Erlass von **Rechtsverordnungen** selbst unmittelbar Recht, d. h. gestaltet die Rechtsordnung mit[28].

Die Sachgebiete, in denen sich die Verwaltung betätigt, sind **umfassend** und betreffen **alle Lebensbereiche**: z. B. Finanzverwaltung, Polizeiverwaltung, Verkehrsverwaltung, Sozialverwaltung, Kulturverwaltung, Gesundheitsverwaltung, Umweltverwaltung, Wirtschaftsverwaltung, Bauverwaltung, Arbeitsverwaltung, Schulverwaltung, Bundeswehrverwaltung u. v. m.

Wegen der **Vielgestaltigkeit** der Aufgaben fehlt es bislang an einer klaren Definition des Begriffes „Verwaltung". Zumeist wird der Begriff negativ zur Gesetzgebung und Rechtsprechung abgegrenzt und definiert als „zweckgerichtete, planmäßige Tätigkeit des Staates, zur Besorgung von öffentlichen Aufgaben die weder Gesetzgebung noch Rechtsprechung ist".[29]

Um dennoch eine generalisierende Einteilung von Verwaltungstätigkeit zu erreichen, wird zwischen **Eingriffs- und Leistungsverwaltung** unterschieden[30]. Ausgangspunkt für die Einteilung ist die Frage, ob die jeweilige Verwaltungsmaßnahme vom Bürger als **belastend** (Eingriffsverwaltung) oder als **begünstigend** (Leistungsverwaltung) empfunden wird.

Die Eingriffsverwaltung umfasst die **Abgabenverwaltung**, d.h. die Beschaffung der für den Staat erforderlichen Geldmittel (z. B. die Erhebung von Steuern, Beiträgen und Gebühren) und die **Gefahren abwehrende**, ordnende Verwaltung (z. B. im Bereich des Polizei- oder des Genehmigungsrechts).

---

28 Siehe oben Kap. 1.5.3.
29 Einzelheiten vgl. Ipsen, Verwaltungsrecht, § 1, Rn. 46-51.
30 Einzelheiten vgl. Peine, Rn. 33-37; Schmidt, Rn. 14-19.

Die Leistungsverwaltung dient zur **Daseinsvorsorge** der Bürger. Sie umfasst zum einen die allgemeine Gestaltung der Lebensbedingungen durch Schaffung einer Infrastruktur (z. B. Verkehrswege, Beförderungsmittel, Wasser, Gas, Strom usw.) sowie durch Schaffung von Einrichtungen (z. B. Kindergärten, Krankenhäuser, Schulen, Universitäten, Schwimmbäder, Theater usw.). Zum anderen umfasst die Leistungsverwaltung die soziale Unterstützung von einzelnen, z. B. durch Sozialleistungen, Subventionen oder Beratungsangebote.[31]

2.3 Verwaltungsträger und Verwaltungsbehörden

Ein Staat besteht aus seinen Einwohnern und die Organe der Staatsgewalt haben diesen gegenüber gesetzlich und verfassungsrechtlich begründete **Rechte und Pflichten**, bzw. Staatsaufgaben. Der Staat ist somit **Träger** von Rechten und Pflichten. Durch die Zuordnung der Staatsaufgabe „Verwaltung" ist der Staat ein **Verwaltungsträger**.

Um Rechte und Pflichten auch durchsetzen und erfüllen zu können, d. h. um **handlungsfähig** zu sein, benötigt der Staat **Personen und Institutionen**, die für ihn rechtlich verbindlich handeln. Dies sind für den Bereich der Verwaltung die **Verwaltungsbehörden**.

Die Verwaltungsbehörden handeln **stellvertretend** für den Staat. Sie treten für ihn nach außen, z. B. gegenüber dem Bürger, in Erscheinung. Die Handlungen der Verwaltungsbehörden werden dem Verwaltungsträger (also dem Staat) zugeordnet. Das heißt, die Wirkungen ihrer Handlungen, bzw. die **rechtliche Verantwortung** für die Handlungen trifft nicht die einzelne Verwaltungsbehörde sondern den Verwaltungsträger.[32]

Beispiel: Eine der Staatsaufgaben der Bundesrepublik Deutschland ist der Jugendschutz. Zur Verwirklichung dieser Aufgabe existiert u. a. die Verwaltungsbehörde „Bundesprüfstelle für jugendgefährdende Medien" (vgl. §§ 17 ff. Jugendschutzgesetz), die zur Verwirklichung des Jugendschutzes Bücher, Filme, Computerspiele etc. auf ihren Inhalt hin prüft und feststellt, ob ein konkretes Medium jugendgefährdend ist oder nicht. Wird Jugendgefährdung festgestellt, wird das Medium entsprechend indexiert und unterliegt dann bestimmten Verkaufsbeschränkungen. Computerfirma C entwickelt ein Computerspiel, welches von der Bundesprüfstelle als jugendgefährdend eingeschätzt und entsprechend indexiert wird. C ist damit nicht einverstanden und möchte sich dagegen wehren. Gegen wen müsste sich C wenden?

---

31 Einzelheiten vgl. Maurer, Verwaltungsrecht, § 1, Rn. 5-19.
32 Einzelheiten vgl. Ipsen, Verwaltungsrecht, Rn. 206-213.

Lösung: Gegen die Bundesrepublik Deutschland, denn sie ist der Verwaltungsträger. Die Bundesprüfstelle handelt als Behörde stellvertretend für die Bundesrepublik Deutschland. Eine Behörde hat keine rechtliche Selbstständigkeit, d. h. sie ist nicht selbst Träger von Rechten und Pflichten. Dies ist nur der hinter ihr stehende Verwaltungsträger. Also müsste C z. B. eine Klage gegen die Bundesrepublik Deutschland, vertreten durch die Bundesprüfstelle für jugendgefährdende Medien, richten.

Das Prinzip der Trennung von „rechtlich verantwortlichem Verwaltungsträger" und „handelnder Verwaltungsbehörde" gilt unter anderen Begrifflichkeiten allgemein in der gesamten Rechtsordnung. Es basiert auf der **Unterscheidung** zwischen der **Rechts- und der Handlungsfähigkeit** von **natürlichen Personen** und von **juristischen Personen**.

2.3.1 Natürliche Personen

Ein Mensch ist eine „natürliche Person". Mit seiner mit seiner Geburt wird er „rechtsfähig", d. h. ein Träger von Rechten und Pflichten.[33] Handlungsfähig ist ein Mensch dann, wenn er fähig ist, seine Rechte und Pflichten selbstständig, eigenverantwortlich und mit rechtlich verbindlicher Wirkung wahrzunehmen, also erst ab Vollendung des 18. Lebensjahres.[34]

> **Beispiele:** Mit der Geburt erwirbt ein Mensch einen gesetzlichen Unterhaltsanspruch gegenüber seinen Eltern. Ihn selbstständig geltend machen kann er erst ab 18. Auch ein neugeborener Mensch kann bereits Eigentümer einer großen Firma sein. Fähig, seine Firma selbstständig zu verwalten, ist er erst ab 18.

Bei einer natürlichen Person **fallen die Rechts- und die Handlungsfähigkeit ab Erreichen der Volljährigkeit zusammen**. Dies ist bei juristischen Personen anders:

2.3.2 Juristische Personen

Eine **juristische Person** ist ein **Zusammenschluss** mehrerer natürlicher Personen, mit einem eigenen **Namen** und **rechtlich anerkannter Selbständigkeit**[35]. Rechtliche Selbständigkeit bedeutet, der Zusammenschluss wird rechtlich so behandelt wie eine natürliche Person: Die juristische Person ist ebenfalls Träger von Rechten und Pflichten, agiert unter ihrem Namen, tätigt Geschäfte, erfüllt Aufgaben, nimmt am Rechtsverkehr teil u. s. w.

---

33 Vgl. § 1 BGB; Einzelheiten vgl. Haase/Keller, Rn. 136-140.
34 Einzelheiten vgl. Falterbaum, Kap. III. 1. u. 2.
35 Einzelheiten vgl. Falterbaum, Kap. III.5.

Beispiel: In einem „Verein für soziale Integration e.V." haben sich mehrere Sozialarbeiter zusammengeschlossen, die als Betreuer für psychisch kranke Menschen arbeiten. Der Verein ist eine juristische Person, d.h. die Büroräume sind auf den Namen des Vereins angemietet, das Geschäftskonto läuft auf den Namen des Vereins, werden Mitarbeiter eingestellt, so ist der Verein der Arbeitgeber.

Es gibt zahlreiche Arten von juristischen Personen, z.B. Vereine, Gesellschaften, Körperschaften, Stiftungen u.v.m. Je nachdem, ob eine juristische Person **hoheitliche Befugnisse** hat, d.h. Staatsgewalt ausüben kann, oder nicht, unterscheidet man zwischen **juristischen Personen des öffentlichen Rechts und juristischen Personen des Privatrechts**.[36] Ein Staat ist eine juristische Person des öffentlichen Rechts.

Eine juristische Person ist zwar rechtsfähig aber als solche nicht handlungsfähig.[37] Es ist klar, dass für Handlungen der juristischen Person nicht stets alle Mitglieder, aus denen sie besteht, synchron handeln können. Die juristische Person benötigt daher, um handlungsfähig zu sein, Personen und Institutionen, die befugt sind, in ihrem Namen zu handeln und sie zu vertreten. Diese Personen und Institutionen sind die „**Vertretungsorgane**" einer juristischen Person. Die rechtliche Verantwortlichkeit für die Handlungen der Vertretungsorgane trifft stets die juristische Person selbst.

Die Vertretungsorgane werden je nach Typus der juristischen Person unterschiedlich bezeichnet, z.B. Vorstand, Geschäftsführung, Vorsitzender – und bei Verwaltungsträgern als Behörden.

2.4 Föderalismus

Als ein weiteres, für die Verwaltung bedeutsames Staatsprinzip gilt in der Bundesrepublik Deutschland das Prinzip des **Föderalismus**[38]. Dies bedeutet, dass der Staat aus einem **Gesamtstaat** und **einzelnen Gliedstaaten** gebildet wird. In der Bundesrepublik Deutschland sind dies der **Bund** und die **16 Bundesländer**. Sowohl der Gesamtstaat als auch die Gliedstaaten besitzen Staatsgewalt. Dies bedeutet, die einzelnen Bundesländer und die Bundesrepublik Deutschland sind jeweils **selbständige juristische Personen des öffentlichen Rechts** bzw. eigenständige Verwaltungsträger.

---

36 Einzelheiten s.u. Kap. 4.1 und 4.2.
37 Vgl. Peine, Rn. 47.
38 Vgl. Art. 20 Abs. 1 GG: „Die Bundesrepublik Deutschland ist ein demokratischer und sozialer **Bundesstaat**."

Die **Aufteilung der Staatsgewalt** zwischen Bund und Ländern ist für die drei Staatsgewalten im Grundgesetz geregelt. Generell gilt die Regelung des Art. 30 GG, wonach die „Ausübung staatlicher Befugnisse" Sache der Länder ist, soweit das GG nicht eine anderweitige, spezielle Regelung getroffen hat.

2.4.1 Föderalismus in der Gesetzgebung

In den Art. 70-75 GG ist die Aufteilung der Staatsgewalt zwischen Bund und Ländern für den **Bereich der Gesetzgebung** geregelt. Die Verteilung richtet sich nach **Sachgebieten**. Für die meisten und bedeutsamsten Sachgebiete, d. h. überall dort, wo die Herstellung gleichwertiger Lebensverhältnisse innerhalb des gesamten Bundesgebietes erforderlich ist, darf der Bund die Gesetze erlassen. Andere Lebensbereiche dürfen von den Ländern mehr oder weniger eigenständig durch eigene Gesetze gestaltet werden.[39]

> **Beispiele:** Der Bund erlässt z. B. nach Art. 73, 74 GG die Gesetze für bürgerliches Recht, Strafrecht und Strafvollzug, Arbeits- und Sozialversicherungsrecht, Staatsangehörigkeitsrecht, Asyl- und Ausländerrecht, Luft- und Eisenbahnverkehr, Recht der Wirtschaft, Recht der öffentlichen Fürsorge (z. B. SGB II, SGB VIII, SGB XII), Personenstandswesen, Passrecht, Zollrecht, Vereins- und Versammlungsrecht, Tierschutz, Lebensmittelrecht u. v. m.
> Den Ländern steht nach Art. 70, 75 GG z. B. die Gesetzgebungsbefugnis zu für das Schul- und Hochschulwesen, das Jagdrecht, das Natur- und Denkmalschutzrecht, das Presserecht, das Melderecht, das Recht zur Unterbringung psychisch kranker Menschen u. v. m.

2.4.2 Föderalismus in der Rechtsprechung

In den Art. 92-96 GG ist die Aufteilung der Staatsgewalt zwischen Bund und Ländern für die **Rechtsprechung** geregelt. Hier findet keine Verteilung nach Sachgebieten statt, sondern die **Bundesgerichte** haben allein die **Funktion von obersten Rechtsmittelgerichten** im Rahmen eines gerichtlichen Instanzenzuges. Es gibt jeweils ein oberstes Bundesgericht pro Gerichtszweig (Zivil- und Strafrecht, Verwaltungs-, Finanz-, Sozial- und Arbeitsrecht)[40]. Die Einrichtung der **unteren Gerichte** (Amts-, Land-, Oberlandesgerichte, sowie die einzelnen Fachgerichte) ist **Ländersache**.[41]

> **Beispiele:** Ein Instanzenzug im Bereich der Verwaltungsgerichtsbarkeit wäre z. B. I. Instanz: Verwaltungsgericht (zuständig für einen Gerichtsbezirk des Landes), II. Instanz: Oberverwaltungsgericht (zuständig für ein Bundes-

---

39 Einzelheiten zur Verteilung der Gesetzgebungsbefugnisse vgl. Papenheim, Kap. 6.2.
40 Siehe oben Kap. 1.2.
41 Zum Aufbau der Gerichtsbarkeit vgl. Kievel, Kap. 19.3.

land) und III. Instanz: Bundesverwaltungsgericht. Das gleiche Prinzip gilt für den Instanzenzug der Sozialgerichtsbarkeit: I. Instanz: Sozialgericht (zuständig für einen Gerichtsbezirk des Landes), II. Instanz: Landessozialgericht (zuständig für ein Bundesland), III. Instanz: Bundessozialgericht[42].

2.4.3 Föderalismus in der Verwaltung

In den Art. 83-90 GG ist die Verteilung der Staatsgewalt zwischen Bund und Ländern für die **Verwaltung** geregelt. Die Verteilung ist wie bei der Gesetzgebung ebenfalls nach **Sachgebieten** zwischen **Bundesverwaltung** und **Landesverwaltung** aufgeteilt. Allerdings deckt sich die Verteilung der Verwaltungsaufgaben nach Sachgebieten nicht mit der Verteilung der Gesetzgebungsbefugnisse. Die Länder sind viel stärker mit Verwaltungsaufgaben befasst, als es sich aus ihren Befugnissen zur Gesetzgebung ergeben würde.

Es gibt **vier Arten** der Verwaltungsaufteilung zwischen Bund und Ländern: Den Vollzug von Bundesgesetzen durch die Länder als eigene Angelegenheit (Regelfall), die Bundesauftragsverwaltung, die bundeseigene Verwaltung und die landeseigene Verwaltung

Vollzug von Bundesgesetzen durch die Länder als eigene Angelegenheit

> Der **Regelfall** von Verwaltung ist nach Art. 83, 84 GG der Vollzug von **Bundesgesetzen** durch die **Länder** als **eigene Angelegenheit**.

Regelfall bedeutet, dass bei allen Sachgebieten, die durch ein Bundesgesetz geregelt werden und bei denen nicht explizit eine andere Verwaltungsform bestimmt wurde, das Prinzip „Vollzug durch die Länder als eigene Angelegenheit" gilt. Der Vollzug als eigene Angelegenheit bedeutet, dass die Länder zwar die Bundesgesetze ausführen, dies jedoch als eigenständige juristische Personen, bzw. eigenständige die Verwaltungsträger tun. Das heißt, sie führen die Bundesgesetze **selbständig, mit ihren eigenen Verwaltungsbehörden** aus. Inhaltlich gilt für die Verwaltungstätigkeit das jeweilige Bundesgesetz. Die Länder erfüllen die Verwaltungsaufgaben jedoch in **eigener Verantwortung**, organisieren selbst den **Aufbau der Verwaltungsbehörden**, bestimmen die generellen Regelungen über das **Verwaltungsverfahren** u. s. w. Der Bund hat lediglich die **Rechtsaufsicht**[43] über die Verwaltungstätigkeit der Länder, d. h. die Möglichkeit, zu kontrollieren, dass die Bundesgesetze dem geltenden Recht entsprechend ausgeführt werden.

---

42 Siehe unten Kap. 12.1.
43 Vgl. Art. 84 Abs. 3 GG; Einzelheiten s. u. Kap. 3.6.

Beispiel: Für das Sachgebiet „Ausländer" hat der Bund die Gesetzgebungskompetenz. Das zu diesem Sachgebiet erlassene Aufenthaltsgesetz (AufenthG) ist ein Bundesgesetz. Darin sind u. a. die Bestimmungen über die Erteilung, Verlängerung oder Versagung von Aufenthaltserlaubnissen für Ausländer geregelt. Nach § 71 AufenthG sind die „Ausländerbehörden" der Bundesländer für den Vollzug des Aufenthaltsgesetzes zuständig. Welche Landesbehörde dies im jeweiligen Bundesland ist und wie sie strukturiert wird, richtet sich nach der eigenen Verwaltungsorganisation des Landes. Das Bundesinnenministerium für Inneres hat lediglich die Rechtsaufsicht darüber, dass die Landesbehörden die Bestimmungen des Aufenthaltsgesetzes korrekt erfüllen.

Bundesauftragsverwaltung

Die Bundesauftragsverwaltung nach Art. 85 GG ist ein Sonderfall der Ausführung der Bundesgesetze durch die Länder. Auch hier ist der Verwaltungsträger das Land und vollzieht die Bundesgesetze mit dem eigenen Verwaltungsapparat. Allerdings hat der Bund hier **mehr Einwirkungsmöglichkeiten** auf die Verwaltungstätigkeit der Länder als bei dem Vollzug als eigene Angelegenheit. Der Bund hat nicht nur die **Rechts-, sondern auch die Fachaufsicht**[44]. Dies bedeutet, der Bund hat die Möglichkeit, die Verwaltungstätigkeit direkt zu steuern und anzuleiten, z.B. durch Weisungen, Dienst- und Verwaltungsvorschriften. Er wirkt damit wesentlich stärker auf die Art und Weise der Verwaltung ein.

Die Sachgebiete der Bundesauftragsverwaltung sind entweder selbst im GG benannt oder es ist im jeweiligen Bundesgesetz bestimmt, dass ein Sachgebiet als Bundesauftragsverwaltung ausgeführt werden muss.[45]

Beispiele: Die Sachgebiete Kernenergie, Luftverkehr, Bundeswasserstraßen und Schifffahrt, Bundesautobahnen- und Bundesstraßen, sind z.B. als Gegenstände der Bundesauftragsverwaltung im GG benannt (Art 87 c, Art 87 d Abs. 2, Art. 89 Abs. 2 S. 3 u. 4, Art. 90 Abs. 2 GG).
Im Bereich der sozialen Leistungen ist z.B. das Sachgebiet Bundesausbildungsförderung als Bundesauftragsverwaltung festgelegt, (vgl. § 39 (BAföG). Das Bundeswohngeldgesetz wird ebenfalls als Bundesauftragsverwaltung von den Ländern ausgeführt (vgl. Art. 104 a GG).

Bundeseigene Verwaltung

Nach Art. 86, 87 GG besteht die Möglichkeit der Ausführung der Bundesgesetze durch den Bund selbst, d.h. durch **eigens von ihm errichtete Behörden**. Verwaltungsträger ist in diesem Falle die Bundesrepublik Deutsch-

---

44 Vgl. Art. 85 Abs. 3 u. 4 GG; Einzelheiten s. u. Kap. 3.6.
45 Einzelheiten vgl. Maurer, Staatsrecht, § 18, Rn. 15-18.

land, die Länder sind von der Verwaltung ausgeschlossen. Die Sachgebiete, für die dieser Verwaltungstyp vorgesehen ist, sind entweder im GG selbst benannt oder können über Art. 87 Abs. 3 GG vom Bundesgesetzgeber durch ein Bundesgesetz als Gegenstand der bundeseigenen Verwaltung bestimmt werden.[46]

Beispiele: Die Sachgebiete Auswärtiger Dienst, Finanz- und Steuerwesen, Verteidigungswesen, Verfassungsschutz, Bundespolizei (ehemals Bundesgrenzschutz) und die Sozialversicherungen sind im GG benannte Gegenstände der bundeseigenen Verwaltung (Art. 87, Art. 87a, Art. 87b Abs. 1 GG).
Über Art. 87 Abs. 3 GG werden zahlreiche Sachgebiete, für die die Gesetzgebungskompetenz des Bundes besteht, in bundeseigener Verwaltung ausgeführt, z.B. Jugendschutz (§ 17 Jugendschutzgesetz), Asylrecht (§ 5 Asylverfahrensgesetz), Statistik (§ 2 Gesetz über die Statistik für Bundeszwecke), Verkehrszentralregister (§ 28 Straßenverkehrsgesetz) u.v.m.

Landeseigene Verwaltung

Selbstverständlich ist, dass die Ausführung von Landesgesetzen ausschließlich Sache der Länder ist und diese dafür ihre eigenen Verwaltungsbehörden einrichten und verwenden.

Beispiel: Das Sachgebiet Schule kann jedes Bundesland durch ein eigenes Schulgesetz regeln. In den §§ 33-35 Landesschulgesetz des Bundeslandes Baden-Württemberg sind z.B. Organisation, Aufgaben und Befugnisse der verschiedenen Schulbehörden des Landes (Landratsämter, Regierungspräsidium, Kultusministerium) festgelegt.

---

46 Einzelheiten vgl. Maurer, Staatsrecht, § 18, Rn. 19-24.

2.5 Übersichten

Übersicht 1: Gewaltenteilung

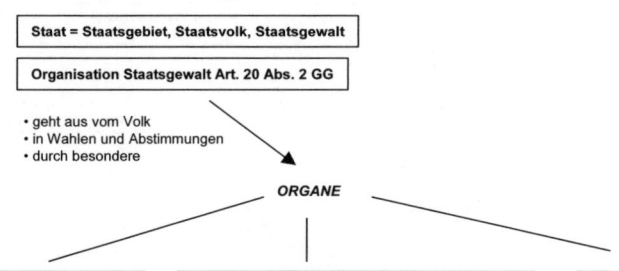

Staat = Staatsgebiet, Staatsvolk, Staatsgewalt

Organisation Staatsgewalt Art. 20 Abs. 2 GG

- geht aus vom Volk
- in Wahlen und Abstimmungen
- durch besondere

ORGANE

Rechtsprechung	**Vollziehende Gewalt**	**Gesetzgebung**
• Gerichte *Amts-, Land-,* *Oberlandesgerichte,* *Fachgerichte der einzelnen* *Gerichtszweige, Bundesgerichte* • Aufgaben *Anwendung (Konkretisierung)* *der Gesetze in einzelnen* *Streitfällen, dadurch Kontrolle* *und Überwachung der* *Einhaltung der Gesetze,* *Weiterentwicklung des Rechts* • Handeln durch *Urteile, Beschlüsse*	• Behörden des Bundes und der Länder *Regierung, Ministerien,* *nachgeordnete Verwaltungsbehörden,* *(z.B. Kommunen, Bezirke,* *Selbstverwaltungskörperschaften)* • Aufgaben *Ausführen und Umsetzen von Gesetzen,* *Planung und Lenkung des Gemeinwesens,* *Erbringung von Leistungen, Durchsetzen von* *Pflichten, Rechtssetzung durch* *Rechtsverordnungen* *und Satzungen, Gesetzgebungsinitiativen* • Handeln durch *Verwaltungsakt, Rechtsverordnung, Satzung,* *privatrechtliche Akte, schlichtes* *Verwaltungshandeln, öffentlich-rechtliche Verträge*	• Parlamente *Bundestag, Landtag,* *Abgeordnete* • Aufgaben *Rechtssetzung durch* *Erlass oder Änderung* *von Gesetzen,* *Gesetzgebungsinitiativen* • Handeln durch *Gesetze*

Übersicht 2: Verwaltung/Verwaltungsaufgaben

Übersicht 3: Rechts- und Handlungsfähigkeit natürlicher und juristischer Personen

Natürliche Person	Juristische Person	Verwaltungsträger (juristische Person des öffentlichen Rechts)
Mensch	Zusammenschluss mehrerer natürlicher Personen, eigener Name, rechtliche Selbstständigkeit	Zusammenschluss mehrerer natürlicher Personen, eigener Name, rechtliche Selbstständigkeit UND hoheitliche Befugnisse (Staatsgewalt)
Träger von Rechten und Pflichten ab Geburt	Träger von Rechten und Pflichten ab Gründung	Träger von Rechten und Pflichten ab Gründung
Handlungsfähig ab 18 Jahren	Handlungsfähig durch Vertretungsorgane (z.B. Vorstand, Geschäftsführung)	Handlungsfähig durch Vertretungsorgane (Verwaltungsbehörden)

Übersicht 4: Föderalismus

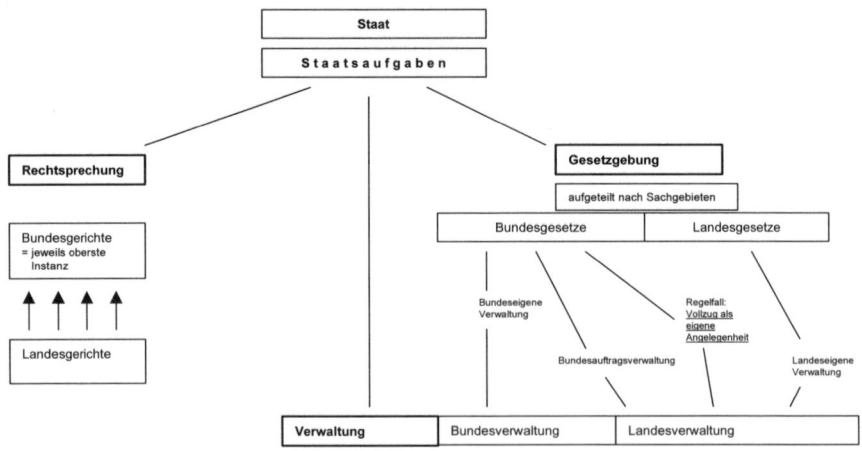

Übungsfragen

1. Das Bundesverfassungsgericht bekommt den Gesetzentwurf eines vom Bundestag geplanten Gesetzes zu lesen. Das Gericht ist der Auffassung, dieses Gesetz sei verfassungswidrig. Sogleich erlässt es einen Beschluss, in dem es ausspricht, dass das Gesetz verfassungswidrig ist, um das Gesetz von vorn herein zu stoppen. Wäre dies möglich?

2. In welche beiden Bereiche lässt sich die Verwaltungstätigkeit einteilen?

3. X ist der Auffassung, er sei beim Jugendamt in einer Frage, die Erziehung seines Sohnes betreffend, sehr schlecht, bzw. falsch beraten worden. Er möchte deswegen eine Klage erheben und überlegt, wen er in Anspruch nehmen soll, den Mitarbeiter, das Jugendamt oder die Kommune zu der das Jugendamt gehört?

4. Was bedeutet, die Länder führen die Bundesgesetze „als eigene Angelegenheit" aus und welches verfassungsrechtliche Prinzip wird damit verwirklicht?

(Lösungen siehe www.lehrbuch-sozialverwaltungsrecht.de)

Weiterführende Literatur

Ipsen, Jörn, Staatsrecht I, 20. Aufl. 2008, §§ 1, 2 und 10-12.

Maurer, Hartmut, Staatsrecht I, 5. Aufl. 2007, §§ 8, 10, 12 und 18.

3. Verwaltungsebenen

■ Im Kapitel werden die verschiedenen Verwaltungsträger, d. h. Bundes-, Landes- und Kommunalverwaltung sowie die selbständigen juristische Personen des öffentlichen Rechts dargestellt. Die zwei verschiedenen Arten von Verwaltung, d. h. unmittelbare und mittelbare Verwaltung, werden behandelt. Abschließendes Thema sind die Kontrollemechanismen innerhalb der Verwaltung (Rechts-, Fach- und Dienstaufsicht).

Die Verwaltung gliedert sich nicht nur in die Bereiche Bundes- und Landesverwaltung sondern auch „vertikal" in verschiedene **Hierarchieebenen**. Die obere Hierarchieebene hat **Aufsichts- und Weisungsbefugnisse** gegenüber der unteren Hierarchieebene.[47] Der Bürger hat regelmäßig mit der unteren Ebene der Verwaltung zu tun.[48]

> **Beispiel:** Die Mitarbeiter des Jugendamtes im Landkreis L des Bundeslandes B bearbeiten die Fälle der Bürger. Sie sind die untere Verwaltungsebene. Sie bearbeiten die Einzelfälle und führen die einzelnen Beratungen durch. Das Landesministerium für Jugend und Familie – als obere Verwaltungsebene – erlässt regelmäßig Dienstanweisungen und Verwaltungsvorschriften. Damit leitet und steuert das Ministerium die Arbeit des Jugendamtes L.

Im föderalistischen Staatsaufbau wird zwischen **Bundes-** und **Landesverwaltung** unterschieden.

3.1 Bundesverwaltung

Für die Bundesverwaltung existiert traditionell ein **dreistufiger** Verwaltungsapparat mit einer obersten, einer mittleren und einer unteren Behörde. **Oberste Bundesbehörden** sind die jeweils nach Ressorts aufgegliederten **Bundesministerien** (z. B. Bundesfinanzministerium, Bundesfamilienministerium, Bundesministerium für Arbeit und Soziales u. s. w.), die zusammen mit dem Bundeskanzler die Regierung bilden. Ihnen nachgeordnet folgt der

---

47 Einzelheiten s. u. Kap. 3.5.
48 Vgl. Ipsen, Verwaltungsrecht, § 4, Rn. 232.

Verwaltungsunterbau mit den mittleren und den unteren Behörden, die flächendeckend im gesamten Bundesgebiet errichtet sind.

> **Beispiele:** Die dreistufige Verwaltung im Sachgebiet Bundesfinanzverwaltung besteht aus: Bundesministerium der Finanzen (oberste Bundesbehörde), Oberfinanzdirektionen (mittlere Bundesbehörden) und Hauptzollämter (untere Bundesbehörden). Im Sachgebiet Verteidigungswesen: Bundesministerium für Verteidigung, Wehrbereichsverwaltungen, Kreiswehrersatzämter.

Allerdings ist dieser mehrstufige Verwaltungsaufbau bei der Bundesverwaltung **selten** und betrifft nur **wenige Sachgebiete**.[49]

Wesentlich häufiger ist die Bundesverwaltung so organisiert, dass ein Sachgebiet, bzw. eine bestimmte Verwaltungsaufgabe, einer einzigen **zentralen Behörde** übertragen ist, die örtlich für das gesamte Bundesgebiet zuständig ist.[50] Diese zentrale Behörde wird per Bundesgesetz errichtet, rangiert unterhalb der Ebene der Bundesministerien und hat keinen weiteren Verwaltungsunterbau mehr. Bezeichnet wird dieser Typus von Behörden als „**Bundesoberbehörden**", als Behördenname wird i. d. R. die Bezeichnung „Bundesamt für …" verwendet.

> **Beispiele:** Bundesamt für Verfassungsschutz, Bundeskriminalamt, Bundesprüfstelle für jugendgefährdende Medien, Statistisches Bundesamt, Bundesamt für Migration und Flüchtlinge, Kraftfahrtbundesamt, Bundesamt für Zivildienst, Bundesverwaltungsamt, Bundesumweltamt u. v. m.

3.2 Landesverwaltung

Jedes Bundesland hat den Aufbau seiner Verwaltungsbehörden durch seine **Landesverfassung** in Verbindung mit einem **Verwaltungs-Organisationsgesetz** geregelt.[51] Weitere, für den Aufbau der Landesverwaltung bedeutsame Regelungen finden sich in den Gemeinde- und Landkreisordnungen der Länder.

---

49 Vgl. Art. 87 Abs. 1 GG, Art. 87 b GG: mehrstufiger Verwaltungsaufbau z. B. für die Sachgebiete auswärtiger Dienst, Bundeswehrverwaltung, Bundesfinanzverwaltung.
50 Vgl. Ipsen, Staatsrecht, Rn. 659.
51 Die Verwaltungs-Organisationsgesetze werden von Bundesland zu Bundesland unterschiedlich bezeichnet, z. B. „Landesverwaltungsgesetz Baden-Württemberg" (LVG BW), „Gesetz über die Zuständigkeiten in der allgemeinen Berliner Verwaltung-Allgemeines Zuständigkeitsgesetz" (AZG Bln), „Gesetz über die Organisation der Landesverwaltung in Nordrhein-Westfalen-Landesorganisationsgesetz" (LOG NRW).

In den Bundesländern gibt es **zwei Arten** von Verwaltungsaufbau, den dreistufigen und den zweistufigen. Der dreistufige Verwaltungsaufbau besteht aus den obersten Landesbehörden, der Mittel- und der unteren Behörde. Der zweistufige Verwaltungsaufbau besteht nur aus der obersten und der unteren Behörde. Typisch ist der **dreistufige Verwaltungsaufbau** in **Flächenstaaten**, der **zweistufige** in **Stadtstaaten**.[52]

Oberste Landesbehörden sind die Landesministerien, die nach Ressorts aufgeteilt, zusammen mit dem Ministerpräsidenten die Landesregierung bilden. Dies entspricht in den Stadtstaaten den Senaten und dem Bürgermeister.

Im dreistufigen Verwaltungsaufbau folgt die Ebene der **Mittelbehörden**. Die Mittelbehörden haben von Bundesland zu Bundesland unterschiedliche Bezeichnungen, z. B. „**Bezirksregierung**" oder „**Regierungspräsidium**". Die Mittelbehörde ist zuständig für alle Sachgebiete. Ihre örtliche Zuständigkeit bezieht sich auf einen bestimmten Bezirk des Landes. Aufgabe der Mittelbehörden ist die Aufsicht über die unteren Verwaltungsbehörden, die Vermittlung der Entscheidungen der Regierungsebene und die Entscheidung über Widersprüche.[53]

Die **unteren Verwaltungsbehörden** in Flächenstaaten sind die **Kommunen**, d. h. die **Landkreise, Gemeinden** oder **kreisfreien Städte**. In den Stadtstaaten sind die unteren Verwaltungsbehörden die **Bezirke**. Die Besonderheit dieser unteren Verwaltungsebene ist, dass es sich bei den Kommunen nicht nur um **reine Verwaltungsuntergliederungen** der Bundesländer handelt, sondern sie gleichzeitig einen verfassungsrechtlich festgelegten Status als **rechtlich selbständige Gebietskörperschaften** haben.[54] Die Tätigkeit der unteren Verwaltungsbehörde entspricht daher der Kommunalverwaltung und ist im folgenden Abschnitt dargestellt.

Wie bei der Bundesverwaltung gibt es auch für die Landesverwaltung die Möglichkeit, **Zentralbehörden** ohne weiteren Verwaltungsunterbau für eine bestimmte Verwaltungsaufgabe einzurichten. Diese Behörden heißen **Landesoberbehörden**. Welche Landesoberbehörden es im jeweiligen Bundesland gibt, ist in dem jeweiligen Verwaltungs-Organisationsgesetz des Landes geregelt[55].

---

52 Allerdings setzt sich der zweistufige Verwaltungsaufbau immer weiter durch: Auch die Flächenstaaten Brandenburg, Mecklenburg-Vorpommern, Niedersachsen, Schleswig-Holstein und Saarland haben bereits nur noch einen zweistufigen Verwaltungsaufbau.
53 Vgl. z. B. §§ 7 ff. Landesverwaltungsgesetz Baden-Württemberg.
54 Vgl. Art. 28 Abs. 2 GG.
55 Vgl. z. B. § 10 Landesorganisationsgesetz Brandenburg (LOG Brb).

3.3 Kommunalverwaltung

Mit dem Oberbegriff „Kommune" werden die **Landkreise, Gemeinden** und **kreisfreien Städte** bezeichnet.

Ein **Landkreis** ist die **größere Organisationseinheit**, in dem mehrere Gemeinden zusammengefasst sind. Die zusammengefassten Gemeinden werden daher als „kreisangehörige Gemeinden" bezeichnet. Der Landkreis wird wegen der Zusammenfassung mehrerer Gemeinden auch als „Gemeindeverband" bezeichnet. Die Landkreise übernehmen die Aufgaben der Gemeinden, wenn diese nicht die Organisations-, Verwaltungs- oder Wirtschaftskraft haben, um die Verwaltungsaufgaben allein zu übernehmen. **Gemeinden** sind organisatorisch die **kleinste Einheit**. Allerdings sind nicht nur kleine Orte Gemeinden sondern auch Großstädte. Ab einer **bestimmten Einwohnerzahl** sind **größere Orte „kreisfreie" Gemeinden**, d.h. nicht mehr einem bestimmten Landkreis zugeordnet.

In **Stadtstaaten** gliedert sich das Bundesland in **Bezirke**, deren Aufgaben und Befugnisse denen der Gemeinde entsprechen.

Die Kommunen gehören zu einem Bundesland und bilden einen Teil von dessen Verwaltungsorganisation. Gleichzeitig sind sie rechtlich selbständige Gebietskörperschaften mit Selbstverwaltungsbefugnis. Rechtlich selbständig bedeutet, die Kommunen haben den Status von **eigenständigen juristischen Personen des öffentlichen Rechts.** Dies bedeutet, die Kommunen verfügen über rechtliche Selbstständigkeit, Selbstverwaltungsbefugnisse und handeln grundsätzlich in Eigenverantwortung. Die Kommunen organisieren ihre internen Strukturen selbst (z.B. durch den Erlass von Satzungen[56]) und ihre Vertretungsorgane werden von den Einwohnern der Kommune demokratisch gewählt.

Als **Gebietskörperschaft**[57] bezeichnet man eine juristische Person des öffentlichen Rechts, die sich aus ihren **Mitgliedern**, d.h. ihren **Einwohnern**, zusammensetzt, und deren Souveränität sich auf ein bestimmtes, regional begrenztes Gebiet bezieht.

Aufgrund der Doppelstellung der Kommune – sowohl als eigenständige juristische Person als auch als untere Verwaltungsbehörde des Bundeslandes – gibt es für ihre Verwaltungstätigkeit **zwei Möglichkeiten**: Entweder handelt die Kommune als eigenverantwortlicher, **rechtlich selbständiger Verwaltungsträger** oder als **rechtlich un-**

---

56 Einzelheiten s. o. Kap. 1.4.
57 Einzelheiten s. u. Kap. 3.4.

selbständige Verwaltungsbehörde des jeweiligen Bundeslandes. Für die Frage, ob sie in der einen oder in der anderen Art und Weise handelt, kommt es darauf an, wie ihr eine Verwaltungsaufgabe zur Erfüllung übertragen wurde. Gilt eine Verwaltungsaufgabe als **„Selbstverwaltungsangelegenheit"** handelt die Kommune selbständig, gilt sie als **„staatliche Auftragsangelegenheit"** handelt sie unselbständig.

Konsequenzen hat diese Differenzierung z. B. bei der Frage der **Aufsicht** durch die Bundesländer oder bei der Frage, wer (Bundesland oder Kommune) über den Widerspruch eines Bürgers gegen eine konkrete Verwaltungsmaßnahme zu entscheiden hätte.[58]

Die Prinzipien der Aufgabenzuweisung lassen sich **grob zusammengefasst** wie folgt darstellen:

Ausgangspunkt für die Klassifizierung einer Verwaltungsaufgabe als Selbstverwaltungs- oder als Auftragsangelegenheit ist die Grundregel des Art. 28 Abs. 2 GG, wonach „alle Angelegenheiten der **örtlichen Gemeinschaft"** zur **Selbstverwaltung** der Gemeinde **„im Rahmen der Gesetze"** gehören.

Die Angelegenheiten der örtlichen Gemeinschaft, sind solche öffentlichen Aufgaben, die in der örtlichen Gemeinschaft wurzeln, die den Einwohnern gemeinsam sind und die das Zusammenleben der Menschen in der Kommune betreffen.[59] Diese Definition ist so umfassend, dass auch von einer grundsätzlichen **„Allzuständigkeit"** der Kommunen gesprochen wird.[60] Es gilt, dass für alle Sachgebiete, bei denen ein örtlicher Bezug besteht, die Kommunen zuständig sind, soweit nicht durch Bundes- oder Landesgesetze eine **andere Zuständigkeit** geschaffen wurde. Soziale Aufgaben haben typischerweise diesen örtlichen Bezug[61] und fallen damit grundsätzlich in die Selbstverwaltungsbefugnis der Kommunen.

Die Einschränkung „im Rahmen der Gesetze" bildet die Grenze für die Selbstverwaltung: Dies bedeutet zum einen, dass der **Staat** (Bund oder Bundesländer) den Kommunen Verwaltungsaufgaben durch Gesetz **ausdrücklich zuweisen** kann. Die Kommunen müssen die Aufgabe sodann übernehmen. Die Zuweisung der Verwaltungsaufgabe per Gesetz kann entweder eine Zuweisung als Selbstverwaltungsangelegenheit sein oder eine als Auftragsangelegenheit. Zum anderen kann der Staat durch Gesetz auch bestimmte Verwaltungsaufgaben aus der Selbstverwaltungsbefugnis der Kommunen ausklammern und **anderen Verwaltungsträgern** zuweisen.

---

58 Vgl. Burgi, § 8, Rn. 6/7.
59 Vgl. Vogelgesang, Rn. 28/29; Aufzählung von Beispielen vgl. Burgi, § 6 Rn. 19.
60 Vgl. Burgi, § 6, Rn. 27.
61 Einzelheiten vgl. Bieker, Kap. B 2.2; Kap. B.7.

Damit ergeben sich folgende **Konstellationen** für die Aufgabenzuweisung:

- Eine Verwaltungsaufgabe ist nicht durch Bundes- oder Landesgesetz geregelt, hat örtlichen Bezug und fällt damit gemäß Art. 28 Abs. 2 GG in die Selbstverwaltungsbefugnis der Kommune.

  Beispiele: Die Einrichtung und der Betrieb von Sportstätten, Museen, Theatern, Badeanstalten, Parkanlagen oder öffentliche Verkehrsmitteln.

- Eine Verwaltungsaufgabe wurde der Kommune per Bundes- oder Landesgesetz ausdrücklich als Selbstverwaltungsangelegenheit zugewiesen.

  Beispiele: Zuweisung per Bundesgesetz: Jugendhilfe (§ 69 SGB VIII), Kindergartenplätze (§ 24 SGB VIII), Sozialhilfe (§ 3 SGB XII), Städtebau (§ 2 Baugesetzbuch).
  Zuweisung per Landesgesetz: Denkmalschutz (vgl. z. B. § 20 Denkmalschutzgesetz NRW), Schule (vgl. z. B. §§ 22, 23 Sächsisches Schulgesetz).

- Eine Verwaltungsaufgabe wurde der Kommune per Bundes- oder Landesgesetz als Auftragsangelegenheit zugewiesen.

  Beispiele: Zuweisung per Bundesgesetz: BAföG (§ 39 BAföG); Aufgaben der Standesämter nach dem Personenstandsgesetz.
  Zuweisung per Landesgesetz: Öffentlicher Gesundheitsdienst (z. B. § 6 Gesetz über den öffentlichen Gesundheitsdienst Nordrhein-Westfalen); Unterbringung von Flüchtlingen (z. B. §§ 1, 4 Hessisches Gesetz über die Aufnahme ausländischer Flüchtlinge); Unterbringung psychisch kranker Menschen (z. B. § 2 PsychKG Schleswig-Holstein).

- Eine Verwaltungsaufgabe wird per Bundes- oder Landesgesetz anderen Verwaltungsträgern als den Kommunen zugewiesen.

  Beispiele: Zuweisung per Bundesgesetz: Arbeitsförderung übernimmt die Bundesagentur für Arbeit (§§ 367, 368 SGB III).
  Zuweisung per Landesgesetz: Gesetz über die Errichtung eines Landesamtes für Gesundheit und Soziales im Land Berlin und die Zuweisung von Aufgaben aus der Gesundheitsförderung[62] (u. a. Einstufung des GdB von Schwerbehinderten).

Selbstverwaltung bedeutet die Erledigung der Verwaltungsaufgaben in **eigener Verantwortung**. Das heißt, die Kommune hat bei der Aufgabenerledigung **Gestaltungsfreiheit**.[63] Ob, wann, wie, mit wieviel oder welchem Personal sie die Verwaltungsaufgabe erledigt, bleibt ihr überlassen. Staatliche Kontrolle bei den Selbstverwaltungsangelegenheiten beschränkt sich nur auf **Rechtsaufsicht**.

---

62 Vgl. GVBl. Berlin, 1997, S. 596.
63 Vgl. Vogelgesang, Rn. 30.

Bei den Selbstverwaltungsangelegenheiten wird zwischen zwei Arten unterschieden: Es gibt „**pflichtige**" und"**freiwillige**" Selbstverwaltungsangelegenheiten. Wenn der Staat den Kommunen eine Verwaltungsaufgabe **per Gesetz als Selbstverwaltungsangelegenheit zugewiesen** hat, handelt es sich um pflichtige Selbstverwaltung, wenn eine **gesetzliche Aufgabenzuweisung fehlt** (und daher nur die Grundregel des Art. 28 Abs. 2 GG gilt) handelt es sich um freiwillige Selbstverwaltung.

Bei den freiwilligen Selbstverwaltungsangelegenheiten kann die Kommune selbst entscheiden, ob sie – je nach finanzieller Leistungskraft – eine bestimmte Aufgabe überhaupt übernehmen will (z. B. die Einrichtung eines Kultur- oder Sportzentrums).

Bei den pflichtigen Selbstverwaltungsangelegenheiten gibt es kein Wahlrecht „ob" die Kommunen die Verwaltungsaufgabe überhaupt auf sich nehmen will – sie muss sie auf jeden Fall erledigen. Wie sie die Erfüllung der Verwaltungsaufgabe gestaltet, bleibt ihr überlassen. Den Rahmen für die Art und Weise der Aufgabenerfüllung bildet das Gesetz, mit dem der Kommune die Aufgabe zugewiesen wurde.

Die staatlichen **Auftragsangelegenheiten** werden in einigen Bundesländern auch als „Pflichtaufgaben zur Erfüllung nach Weisung" bezeichnet.[64] Unabhängig von der Bezeichnung ist diesem Aufgabentyp gemeinsam, dass ein **staatliches Weisungsrecht** bis in die Einzelheiten der Aufgabendurchführung gegenüber der Kommune besteht. Es besteht **Rechts- und Fachaufsicht**. Die staatlichen Behörden, z. B. die Landesministerien oder die Regierungspräsidien lenken und steuern die Art und Weise der Aufgabenerledigung, z. B. durch den Erlass von Verwaltungsvorschriften oder die Versendung von Runderlassen oder Dienstanweisungen. Die Kommunen sind dadurch praktisch ein verlängerter Arm der Landesbehörden.

3.4 Unmittelbare und mittelbare Verwaltung

Unmittelbare Staatsverwaltung bedeutet die Verwaltung durch staatliche Behörden. Sie ist entweder Bundes- oder Landesverwaltung.[65] Die **Bundesrepublik Deutschland** oder ein **Bundesland** sind die **rechtlich verantwortlichen Verwaltungsträger**. Die jeweiligen Behörden sind rechtlich unselbständig und handeln für ihren Verwal-

---

64 Einzelheiten zur Differenzierung der beiden Begriffe vgl. Vogelgesang, Rn. 52-56; Bieker, Kap. C 1.3 und 1.4.
65 Einzelheiten s. o. Kap. 3.1 u. 3.2.

tungsträger.[66] Kennzeichnend für diese Art der Verwaltung ist der hierarchische Aufbau, d. h. die jeweils höheren Behörden sind gegenüber den nachgeordneten aufsichts- und weisungsbefugt. Die Behörden sind unmittelbarer Teil des Staatsapparates, daher der Begriff „unmittelbare" Verwaltung.

Mittelbare Staatsverwaltung liegt vor, wenn der Bund oder ein Land durch ein Gesetz **eigenständige Verwaltungsträger** schaffen und diesen eine oder mehrere Verwaltungsaufgaben zur Erledigung übertragen.[67] Die eigenständigen Verwaltungsträger handeln sodann in ihrem Aufgabenbereich als selbständige Rechtspersönlichkeiten in eigener Verantwortung. Grund für die Aufteilung der Verwaltung in unmittelbare und mittelbare Verwaltung ist die Verwirklichung von Dezentralisierung.[68]

Typisch für die mittelbare Verwaltung sind z. B. die bereits in Art. 87 Abs. 2 GG erwähnten „sozialen Versicherungsträger". Damit ist die Verwaltungsaufgabe „soziale Absicherung" aus der unmittelbaren Verwaltung der Bundesrepublik Deutschland ausgegliedert und den einzelnen **Sozialversicherungsträgern** übertragen worden[69].

> **Beispiel:** Für die Verwaltungsaufgabe Arbeitsförderung/Arbeitslosengeld I ist die juristische Person Bundesagentur für Arbeit zuständig, vgl. §§ 367, 368 SGB III. Diese ist selbständiger Verwaltungsträger und nimmt die Verwaltungsaufgaben durch eigene Behörden (die einzelnen, regionalen Agenturen für Arbeit) wahr.

Die Verwaltungsträger der mittelbaren Verwaltung haben **Selbstverwaltungsbefugnisse**, d. h. sie organisieren sich selbst, können Satzungen erlassen, handeln eigenverantwortlich, wählen sich ihre Vertretungsorgane usw. **Kontrolliert** wird ihr Handeln durch (Aufsichts-)Behörden des Bundes oder des Landes.[70]

> **Beispiele:** Die Bundesagentur für Arbeit wird kontrolliert durch das Bundesministerium für Arbeit und Soziales, vgl. § 393 SGB III. Aufsichtsbehörden für die Krankenkassen sind das Bundesversicherungsamt und das Bundesministerium für Gesundheit, vgl. § 274 SGB V.

---

66 Einzelheiten s.o. Kap. 2.3; vgl. auch Dörr/Francke, Kap. 4, Rn. 56-60.
67 Einzelheiten vgl. Kievel, Kap. 17.1 u. 17.2.
68 Einzelheiten vgl. Erichsen/Ehlers, § 52, Rn. 8.
69 Einzelheiten vgl. Erlenkämper/Fichte, Kap. 1, Ziff. 2, Rn. 1
70 Einzelheiten vgl. Dörr/Francke, Kap. 4, Rn. 22-35 a; auch s. u. Kap. 3.6.

Die selbständigen Verwaltungsträger der mittelbaren Verwaltung sind **juristische Personen**. Je nachdem, ob sie Staatsgewalt ausüben können, d. h. hoheitliche Befugnisse haben oder nicht, sind sie entweder juristische Personen des öffentlichen Rechts oder juristische Personen des Privatrechts.

3.4.1 Juristische Personen des öffentlichen Rechts

Juristische Personen des öffentlichen Rechts sind durch Bundes- oder Landesgesetz gegründete rechtlich verselbständigte Verwaltungsträger für eine (oder mehrere) Verwaltungsaufgaben. Man unterscheidet hierbei **drei Organisationstypen**: Körperschaften, Anstalten und Stiftungen.

Körperschaften

Körperschaften sind durch Gesetz geschaffene, **mitgliedschaftlich** verfasste Organisationen, die eigenverantwortlich und rechtlich selbständig öffentliche Aufgaben mit hoheitlichen Mitteln unter staatlicher Aufsicht wahrnehmen.[71] Die Mitgliedschaft in einer Körperschaft knüpft an eine bestimmte Tatsache an und ist nicht immer unbedingt freiwillig. Man unterscheidet **Gebietskörperschaften** und **Personenkörperschaften**.

Bei einer Gebietskörperschaft ist die Tatsache, die die Mitgliedschaft in der Körperschaft begründet, der **Wohnsitz**. Eine Kommune ist eine Gebietskörperschaft. Auch die Bundesrepublik Deutschland oder ein Bundesland sind Gebietskörperschaften. Mit der Wohnsitznahme in der Bundesrepublik Deutschland, in einem Bundesland X, in einer Kommune Y wird man automatisch Mitglied dieser Gebietskörperschaften und ist damit den dort gültigen Rechtsnormen unterworfen.

Bei Personenkörperschaften knüpft die Mitgliedschaft an **berufliche, wirtschaftliche** oder **soziale Merkmale** an:

Beispiele: Als abhängig beschäftigter Arbeitnehmer ist man z. B. automatisch Mitglied in der gesetzlichen Sozialversicherung, d. h. Mitglied der gesetzlichen Kranken-, Pflege-, Renten-, Unfall- und Arbeitslosenversicherung. Ist man Angehöriger der freien Berufe (z. B. Ärzte, Zahnärzte, Architekten, Rechtsanwälte, Steuerberater u. s. w.), ist man Mitglied in der jeweiligen Berufskammer. Auch Universitäten und Fachhochschulen sind Körperschaften und mit der Immatrikulation wird man Mitglied.[72]

---

71 Einzelheiten vgl. Maurer, Verwaltungsrecht, § 23, Rn. 30-45
72 Weitere Beispiele u. Einzelheiten vgl. Schmidt, Rn. 90-97.

Die beiden großen **Kirchen** haben eine historisch gewachsene Stellung als juristische Personen des öffentlichen Rechts (Körperschaften). Für ihre soziale Tätigkeit haben sie jeweils die Wohlfahrtsverbände Diakonie und Caritas gegründet. Die Wohlfahrtsverbände haben den rechtlichen Status von eingetragenen Vereinen und sind damit – wie auch die nicht konfessionellen Wohlfahrtsverbände – juristische Personen des Privatrechts.

Anstalten

Anstalten sind durch Gesetz geschaffene Verwaltungsträger mit hoheitlichen Befugnissen, die als Verwaltungszweck typischerweise Aufgaben aus der **Leistungsverwaltung** wahrnehmen und die **Benutzer** haben, die die durch die Anstalt dargebotenen Leistungen empfangen[73].

> **Beispiele:** Rundfunkanstalten, Studentenwerke, Zentralstelle für die Vergabe von Studienplätzen, Filmförderungsanstalt, Kreis- und Stadtsparkassen.

Im Unterschied zu den Körperschaften haben die Anstalten keine Mitglieder sondern **Benutzer**. Die Mitglieder einer Körperschaft tragen die Körperschaft mit, daher müssen in den Körperschaften demokratisch Mitwirkungsbefugnisse gegeben sein. Die Benutzer einer Anstalt kommen **von außen**, die Benutzung ist freiwillig, folglich gibt es bei den Anstalten i.d.R. auch keine Mitwirkungsbefugnisse.

Stiftungen

Die Stiftung ist ein durch Gesetz geschaffener Verwaltungsträger mit der Aufgabe, einen von Stiftern dafür zur Verfügung gestellten, **zweckgebundenen Vermögenswert** seiner Bestimmung gemäß zu verwalten und den Stiftungszweck zu verwirklichen.[74] Typischerweise sollen Vermögenswerte bestimmten Personen zugute kommen. Stiftungen gibt es sowohl im öffentlichen als auch im bürgerlichen Recht (vgl. §§ 80 ff. BGB). Öffentlich-rechtliche Stiftungen haben hoheitliche Befugnisse, unterliegen staatlicher Aufsicht, haben keine Mitglieder oder Benutzer sondern **Begünstigte**.

> **Beispiele:** Stiftung „Erinnerung, Verantwortung und Zukunft", die mit der Auszahlung von Entschädigungen an NS-Zwangsarbeiter befasst ist, die Stiftung „Hilfswerk für behinderte Kinder", die behinderte Kinder finanziell unterstützt.

---

73 Einzelheiten vgl. Maurer, Verwaltungsrecht, § 23, Rn. 46-54; Erichsen/Ehlers, § 52, Rn. 13-15.
74 Einzelheiten vgl. Maurer, Verwaltungsrecht, § 23, Rn. 55; Schmidt, Rn. 108/109.

3.4.2 Juristische Personen des Privatrechts

Juristische Personen des privaten Rechts sind **Gesellschaften** (z. B. AG, GmbH), **Vereine** (e. V.) und **Stiftungen**. Bund oder Länder können die Erfüllung einer (oder mehrerer) von Verwaltungsaufgaben durch Gesetz auch juristischen Personen des privaten Rechts übertragen. Dies bedeutet, dass eine staatliche Aufgabe **privatisiert** wird, d. h. die Rechtsbeziehungen zwischen dem Bürger und der juristischen Person des privaten Rechts sind nicht mehr Gegenstand des öffentlichen sondern des **privaten Rechts**.[75]

Grundsätzlich ist der Staat frei, zu wählen, **in welcher Form** – d. h. öffentlich-rechtlich oder privatrechtlich – er seine Aufgaben erfüllt[76]. Dennoch ist die Privatisierung staatlicher Aufgaben nicht unumstritten und wirft im Einzelnen viele rechtliche Probleme auf.[77] Im Grundsatz gilt bei der Übertragung staatlicher Aufgaben durch Private folgendes:

- Soweit der Staat zur Erfüllung einer Aufgabe verpflichtet ist, muss er – auch bei der Übertragung auf Private – eine **Gewährleistungsverantwortung** übernehmen, d. h. die Verantwortung dafür, dass die Aufgabe durch den Privaten auch tatsächlich vollständig erfüllt wird.
- Auch bei der Übertragung einer Aufgabe auf Private bleiben bestimmte öffentlich-rechtliche Grundsätze bestehen, z. B. die Geltung der **Grundrechte**.
- Die **Kontrolle** über die juristisch Person des Privatrechts übt der Staat dadurch aus, dass er alle bzw. die Mehrheit der Gesellschaftsanteile innehat und dadurch die Entscheidungen der juristischen Person des Privatrechts steuern kann.

Typische Beispiele für die Erfüllung von Verwaltungsaufgaben durch juristische Personen des Privatrechts sind z. B. die Leistungen von privaten Wasser-, Energie- und Abfallentsorgungsunternehmen, die Unternehmen des öffentlichen Nahverkehrs sowie die Privatisierung der Bundespost und der Bundesbahn.

Im Bereich des **Sozialleistungsrechts** ist eine Privatisierung in der dargestellten Form **selten**. Als Beispiel wäre lediglich zu nennen die Privatisierung des sozialen Wohnungsbaus. Typisch für das Sozialleistungsrecht ist stattdessen die Einschaltung von privaten Dritten (z. B. freie Träger oder Verbände der Freien Wohlfahrtspflege) zur **ergänzenden Aufgabenerfüllung** durch eine **vertragliche Beauftragung** nach § 97 SGB X.[78] Hierbei

---

75 Einzelheiten vgl. Ipsen, Verwaltungsrecht, Rn. 268-271; Erichsen/Ehlers, § 54, Rn. 11-15.
76 Einzelheiten vgl. Erichsen/Ehlers, § 2, Rn. 33-35; auch s. u. Kap. 4.1.
77 Einzelheiten vgl. Schmidt, Rn. 118-124.
78 Zum Beispiel die Einschaltung privater Arbeitsvermittler (§ 6 S. 2 SGB II, § 37 SGB III); die Erbringung von Rehabilitationsleistungen an Behinderte (§ 21 SGB

bleibt die Verwaltungsaufgabe jedoch öffentlich-rechtlich und der Anspruch auf soziale Leistungen besteht weiterhin gegenüber dem öffentlich-rechtlichen Verwaltungsträger.

> **Beispiele:** Durch §§ 3, 4 SGB VIII sind die freien Träger und die Verbände der freien Wohlfahrtspflege zur Erbringung von Leistungen bei der Kinder- und Jugendhilfe eingebunden. Der Anspruch auf Hilfe besteht jedoch gegenüber der Kommune und ist beim dortigen Jugendamt geltend zu machen.
> Nach § 16 Abs. 2 SGB II gehört zu den Hilfeleistungen der Jobcenter z. B. auch die Schuldner- oder die Suchtberatung. Diese wird jedoch nicht durch die Jobcenter selbst erbracht sondern wird Beratungsstellen von freien Trägern oder den Verbänden der freien Wohlfahrtspflege übertragen.

3.4.3 Sozialleistungsträger

Im Bereich der Sozialverwaltung lassen sich **alle Arten** von Verwaltung finden. Die sozialen Aufgaben übernehmen sowohl staatliche Behörden im Bereich der unmittelbaren Verwaltung als auch die verschiedenen juristischen Personen des öffentlichen Rechts im Bereich der mittelbaren Verwaltung. Juristische Personen des Privatrechts werden ergänzend zur Erfüllung sozialer Aufgaben herangezogen. Einen Überblick über die verschiedenen Verwaltungsträger bieten die **§§ 18-29 SGB I**, in denen die Zuständigkeiten für die einzelnen sozialen Aufgaben festgelegt werden.

Eine **Besonderheit** besteht bei der Trägerschaft für die Sozialleistung ALG II (Grundsicherung für Arbeitssuchende/Erwerbsfähige) nach dem **SGB II**. Mit dem im Rahmen der „Hartz IV"-Gesetzgebung eingeführten SGB II wurden unterschiedliche Möglichkeiten eingeräumt, wie die Trägerschaft für diese Verwaltungsaufgabe organisiert werden soll. Mehrheitlich etabliert hat sich im Bundesgebiet eine **gemischte Trägerschaft**, bestehend aus der **Bundesagentur für Arbeit** und den **Kommunen**. Diese haben für die SGB II Leistungen **Arbeitsgemeinschaften** gebildet. Die Kommunen müssen die Leistungen für Unterkunft und Heizung sowie die Leistungen für die einmaligen Bedarfe tragen. Die Bundesagentur für Arbeit ist Träger der übrigen Leistungen, vgl. § 6 SGB II. Als einheitliche Anlaufstelle für den Bürger, bzw. als Behörden, dienen die „**Jobcenter**".[79]

IX) oder die Einbindung der Verbände der Freien Wohlfahrtspflege bei der Jugendhilfe (§ 76 SGB VIII). Weitere Einzelheiten s. u. Kap. 4.1.

79 Allerdings wurde diese Form der gemischten Trägerschaft vom Bundesverfassungsgericht inzwischen in einem Urteil aus dem Jahr 2007 für verfassungswidrig erklärt und dem Gesetzgeber auferlegt, bis zum Jahr 2010 eine Neuregelung zu treffen; Einzelheiten vgl. SRHB, § 24, Rn. 1-6.

3.5 Aufsicht

Aufsicht sind staatliche **Kontroll- und Überwachungsbefugnisse innerhalb der Verwaltung.** Gemäß Art. 20 Abs. 3 GG ist die **strikte Rechtsbindung** der gesamten öffentlichen Gewalt festgelegt.[80] Das heißt, die Verwaltung – unabhängig ob mittelbar oder unmittelbar – hat die geltenden Gesetze einzuhalten. Gewährleistet wird dies durch Aufsichtsbefugnisse, die die **aufsichtsberechtigte** gegenüber der **aufsichtsunterworfenen Behörde** hat.

Die außerhalb der Verwaltung stehenden Bürger haben keinen einklagbaren Anspruch auf das Tätigwerden der Aufsichtsbehörde, sie können aber mit formlosen Rechtsbehelfen um Aufsichtsmaßnahmen ersuchen.[81]

3.5.1 Aufsichtskonstellationen

Für das Sozialrecht bedeutsam sind **vier verschiedene Konstellationen**, die es innerhalb der Verwaltung zwischen aufsichtsberechtigter und aufsichtsunterworfener Stelle geben kann: Bundesaufsicht, Kommunalaufsicht, Aufsicht über die Sozialversicherungsträger der mittelbaren Verwaltung und die Aufsicht innerhalb eines Verwaltungsträgers.

Bundesaufsicht

Unter der Bundesaufsicht versteht man die Aufsicht des Bundes, d. h. der **Bundesregierung,** über die **Landesverwaltungen** bei der **Ausführung von Bundesgesetzen.**[82] Soweit die Länder die Bundesgesetze ausführen, soll mit der Bundesaufsicht sicher gestellt werden, dass dies auch im Sinne des jeweils zu vollziehenden Bundesgesetzes und **einheitlich** im gesamten Bundesgebiet geschieht.

Für den **Regelfall** des Vollzuges der Bundesgesetze als **eigene Angelegenheit** beschränkt sich die Bundesaufsicht auf die Überwachung der Einhaltung des geltenden Bundesrechts, ist also eine bloße **Rechtsaufsicht.** Nur bei der **Auftragsverwaltung** unterstehen die Länder einem **Weisungsrecht** des Bundes, d.h. auch der **Fachaufsicht.**[83]

Aufsichtsberechtigte Stelle ist die **Bundesregierung** als Kollegium, im Bereich der Fachaufsicht auch das jeweils nach Sachgebiet zuständige, **einzelne Bundesministerium.**

---

80 Siehe unten Kap. 5.1.
81 Erichsen/Ehlers, § 7, Rn. 39, s. u. Kap. 10.1.
82 Vgl. Art. 84 Abs. 3 GG, Art. 85 Abs. 4 GG; Einzelheiten vgl. Jarass, Art. 84 GG, Rn. 18.
83 Vgl. Bull/Mehde, Rn. 393.

Aufsichtsmittel sind die Entsendung von **Beauftragten** zu den obersten Landesbehörden. Die Beauftragten sind berechtigt, **Auskünfte** und **Informationen** aller Art über die Verwaltungstätigkeit der Länder einzuholen, z. B. durch das Recht zur Akteneinsicht. Werden Mängel bei der Verwaltungstätigkeit festgestellt, ergeht eine **Mängelrüge**. Bei Nichtbeseitigung der Mängel kann das Vorliegen oder Nichtvorliegen einer Rechtsverletzung durch einen **förmlichen Beschluss** des **Bundesrates** festgestellt werden. **Rechtsmittel** gegen den Beschluss können beim **Bundesverfassungsgericht** eingelegt werden. Liegt eine Rechtsverletzung vor und weigert sich das Land, sie abzustellen, so kann das korrekte Verwaltungshandeln durch die Verhängung von wirtschaftlichen oder finanziellen Sanktionen erzwungen werden („**Bundeszwang**", vgl. Art. 37 GG).

Im Bereich der **Fachaufsicht** unterstehen die Landesbehörden den Weisungen der zuständigen Bundesministerien. Diese erlassen **Einzelweisungen** oder **Verwaltungsvorschriften** und steuern damit die Verwaltung der Landesbehörden.

Kommunalaufsicht

Die **Kommunen** unterstehen der Aufsicht durch die **Bundesländer**. Je nachdem, ob die Kommunen Verwaltungsaufgaben als **Selbstverwaltungsangelegenheiten** oder als **Auftragsangelegenheiten** wahrnehmen, haben die Länder entweder nur die **Rechtsaufsicht** oder auch die **Fachaufsicht**.[84]

Die **Aufsichtsbehörden variieren** je nach **Aufsichtstyp** und **Verwaltungsaufbau der Länder**. Im Bereich der Rechtsaufsicht ist regelmäßig die **Behörde der nächsthöheren Ebene** die Aufsichtsbehörde.

Im **dreistufigen Verwaltungsaufbau** hat die Aufsicht der Landkreis gegenüber den kreisangehörigen Gemeinden, das Regierungspräsidium gegenüber den Landkreisen und den kreisfreien Gemeinden[85]; oberste Aufsichtsbehörde ist das Landesinnenministerium. Im **zweistufigen Verwaltungsaufbau** fällt die Mittelinstanz weg, so dass die Aufsicht über die Landkreise und die kreisfreien Gemeinden vom Landesinnenministerium (als nächsthöherer Behörde) wahrgenommen wird.[86]

Im Bereich der **Fachaufsicht** werden die Fachaufsichtsbehörden i. d. R. durch die Gesetze bestimmt, mit denen den Kommunen die **Verwaltungsaufgabe übertragen** wurde[87], Fachaufsichtsbehörden sind i. d. R. die jeweils nach **Sachgebiet zuständigen Landesministerien**.

---

84 Vgl. Kap. 3.3; Einzelheiten vgl. Schmidt, Rn. 439-452.
85 Vgl. z. B. § 119 Gemeindeordnung Baden-Württemberg.
86 Vgl. z. B. § 121 Gemeindeordnung Brandenburg.
87 Vgl. z. B. § 132 Gemeindeordnung Brandenburg.

Aufsichtsmittel der Kommunalaufsicht sind in den jeweiligen Gemeinde-ordnungen der Bundesländer geregelt und im Wesentlichen in jedem Bundesland gleich. Es gibt das **Informations-, Beanstandungs- und Anordnungsrecht** sowie die **Ersatzvornahme** und die **Bestellung eines Beauftragten** (in einigen Ländern auch „**Stadtkommissar**" genannt).[88]

Das **Informationsrecht**, welches die Aufsichtsbehörde berechtigt, alle Arten von Informationen über die Verwaltungstätigkeit der Kommune einzuholen, ist **Voraussetzung** für alle anderen Aufsichtsmittel. Stellt die Aufsichtsbehörde fest, dass bestimmte Verwaltungsentscheidungen nicht mit dem Gesetz übereinstimmen, kann sie diese **beanstanden** und die Aufhebung und Korrektur verlangen. Stellt die Aufsichtsbehörde gesetzwidrige **Untätigkeit** der Kommune bei einer ihr obliegenden Verwaltungsaufgabe fest, kann sie die Erledigung der Aufgabe innerhalb einer bestimmten Frist **anordnen**. Passiert dies nicht, kann die Aufsichtsbehörde im Wege der Ersatzvornahme die Aufgabe auf Kosten der Kommune selbst erledigen. Als **äußerstes Mittel** kann die Aufsichtsbehörde einen **Beauftragten** bestellen, der einzelne oder alle Aufgaben der Kommune wahrnimmt.

Den **Fachaufsichtsbehörden** ist gegenüber den Kommunen ein **Informations- und Weisungsrecht** eingeräumt. Weitergehende Eingriffsrechte zur Durchsetzung ihrer Anordnungen haben sie nicht; diese obliegen ausschließlich den Aufsichtsbehörden der Rechtsaufsicht. Diese sind verpflichtet, die Fachaufsichtsbehörden zu unterstützen und mit den ihnen zur Verfügung stehenden Mitteln der Rechtsaufsicht einzugreifen.

Bei der Frage der **Rechtsmittel**, die einer Kommune gegen Aufsichtsmaßnahmen zur Verfügung stehen, kommt es darauf an, ob eine Aufsichtsmaßnahme die Selbstverwaltungs- oder die Auftragsangelegenheiten betrifft. Nur im Fall der Selbstverwaltungsangelegenheiten kann die Kommune gegen sie wie gegen einen **Verwaltungsakt**[89] mit einer **Klage** vor dem Sozial- oder dem Verwaltungsgericht vorgehen. Ergeht eine fachaufsichtsrechtliche Weisung im Bereich der Auftragsangelegenheiten ist dies nicht möglich, da sich die Kommune hier so behandeln lassen muss wie ein Beamter, der Anweisungen seines Dienstherrn zu befolgen hat.[90]

Aufsicht gegenüber den Sozialversicherungsträgern

Die Sozialversicherungsträger (z.B. Bundesagentur für Arbeit, die gesetzlichen Krankenkassen oder die Deutsche Rentenversicherung) sind **Selbstverwaltungskörperschaften**, d.h. sie nehmen die ihnen gesetzlich zugewiesenen Aufgaben in eigener Verantwortung wahr. Als Träger von Staatsge-

---

88 Vgl. z.B. §§ 121-124 Gemeindeordnung Nordrhein-Westfalen.
89 Siehe unten Kap. 4.5.
90 Einzelheiten vgl. Maurer, Verwaltungsrecht, § 23, Rn. 22/23.

walt sind sie zu rechtmäßigem Handeln verpflichtet. Die staatliche Aufsicht über die Versicherungträger ist weitgehend eine **Rechtsaufsicht**, vgl. § 87 Abs. 1 SGB IV, § 393 Abs. 1 SGB III. Zusätzlich ist nach § 88 Abs. 1 SGB IV ein weiterer Gegenstand der Aufsicht auch die Kontrolle der **Geschäfts-** und **Rechnungsführung**.

Aufsichtsbehörden sind die nach Sachgebieten zuständigen Bundesministerien (z. B. Bundesministerium für Arbeit, Bundesministerium für Gesundheit) sowie die speziell für die Versicherungsaufsicht zuständige Bundesoberbehörde „**Bundesversicherungsamt**", vgl. § 90 SGB IV.

Die **Aufsichtsmittel** sind geregelt in § 89 Abs. 1 SGB IV. Bis auf die Bestellung eines Beauftragten entsprechen sie im Grunde denen der Kommunalaufsicht, da sie ebenfalls ein **abgestuftes System** von Informationsrecht, Beratung zur Behebung der Rechtsverletzung, Anordnung zur Behebung der Rechtsverletzung und schließlich zwangsweise Durchsetzung der Verpflichtung vorsehen.[91]

Als **Rechtsmittel** gegen Aufsichtsmaßnahmen steht den Sozialversicherungträgern eine spezielle Klageart, die Aufsichtsklage beim Sozialgericht nach § 54 Abs. 3 SGG, zur Verfügung.

Aufsicht innerhalb eines Verwaltungsträgers

Innerhalb ein und desselben Verwaltungsträgers gilt das Prinzip der **Hierarchie**: die obere Behördenebene leitet die nachgeordnete. Es gilt z. B. die **Weisungsbefugnis** der Vorgesetzen im Beamtenrecht, vgl. §§ 3, 55 BBG oder für die Angestellten des öffentlichen Dienstes das **Direktionsrecht** des Arbeitgebers nach § 8 Abs. 2 BAT. Die höheren Behörden lenken den Gesetzesvollzug und die gesamte Verwaltungstätigkeit durch Einzel- oder allgemeine Weisungen. Die jeweils untergeordneten Stellen sind den Weisungen der höheren Stellen in Bezug auf die Erfüllung ihrer Aufgaben ausgesetzt, und die höhere Instanz ist befugt, Entscheidungen der unteren Stellen ohne weiteres aufzuheben.[92]

3.5.2 Aufsichtsarten

Unter der generellen Bezeichnung „Aufsicht" gibt es verschiedene Arten von Aufsichtsbefugnissen, abgestuft jeweils nach der **Intensität** mit der die aufsichtsberechtigte Stelle in das Handeln der aufsichtsunterworfenen Stelle eingreifen darf. Man unterscheidet **Rechts-, Fach-,** und **Dienstaufsicht**.

---

91 Vgl. Maurer, Verwaltungsrecht, § 23, Rn. 45.
92 Vgl. Bull/Mehde, Rn. 390

Rechtsaufsicht

 Rechtsaufsicht bedeutet staatliche Kontrolle über Verwaltungsträger betreffend der Gesetzmäßigkeit ihres Handelns. Die Aufsichtsbehörde darf nur einschreiten, wenn ein rechtswidriges Handeln festgestellt wurde. In der Regel beschränkt sich die Rechtsaufsicht auf eine **repressive Kontrolle**, d. h. die Maßnahmen greifen erst im Nachhinein ein, wenn bereits ein konkretes Verwaltungshandeln vorliegt. Der Staat ist auf die Rechtsaufsicht beschränkt, wenn selbständige Verwaltungsträger (z. B. Bundesländer, Kommunen, Sozialversicherungsträger und sonstige Selbstverwaltungskörperschaften) im Rahmen ihrer Selbstverwaltungsaufgaben tätig werden und sie insoweit weisungsfrei handeln dürfen.

Fachaufsicht

Hier verfügen die Aufsichtsbehörden über wesentlich größere Steuerungsmöglichkeiten. Die Fachaufsicht **umfasst die Rechtsaufsicht**, geht aber **darüber hinaus** und erstreckt sich z. B. auch auf die **Kontrolle der Zweckmäßigkeit** des Verwaltungshandelns, berechtigt also in Eingriffe in das Ermessen[93], d. h. in die Spielräume, die der handelnden Behörde vom Gesetzgeber zur Verfügung gestellt wurden. Die Aufsichtsbehörde kann hier verbindliche Vorgaben erlassen, wie beim Gesetzesvollzug Ermessensspielräume anzuwenden sind.

 Die Fachaufsicht umfasst das Weisungsrecht sowohl für das **künftige Verhalten** als auch die Korrektur und Aufhebung **bereits erfolgter Maßnahmen**. Das heißt, es besteht sowohl eine **repressive** als auch eine **präventive** Kontrolle des Verwaltungshandelns. Somit bedeutet die Fachaufsicht keine bloße Beaufsichtigung, sondern auch die **Leitung** und die **Steuerung**.

Fachaufsicht umfasst die Befugnis sowohl allgemeine Weisungen (z. B. durch den Erlass von Verwaltungsvorschriften) zu erteilen, als auch die Befugnis eine **bestimmte Entscheidung** in einem **Einzelfall** zu verlangen.

Gerechtfertigt ist dieses Maß an Steuerung immer dann, wenn die aufsichtsunterworfene Stelle **keine eigene Aufgaben** (dies wäre Selbstverwaltung) erfüllt, sondern Aufgaben, die ihr von der aufsichtsberechtigten Stelle zur Ausführung übertragen wurden.

---

93 Siehe unten Kap. 5.4.

Dienstaufsicht

> **Dienstaufsicht** bezeichnet das Aufsichts- und Weisungsrecht der höheren **Behördenebene** gegenüber der **nachgeordneten** sowie das des **Dienstvorgesetzten** gegenüber seinen **untergebenen Beamten bzw. Angestellten.** Sie korrespondiert mit der **Gehorsamspflicht** der nachgeordneten Behördenebene bzw. des Untergebenen. Die Dienstaufsicht geht noch weiter als die Fachaufsicht und erstreckt sich auf den Aufbau, die innere Ordnung, die allgemeine Geschäftsführung und die Personalangelegenheiten der Behörde.[94]

Sie umfasst die **fachliche Kontrolle** der Handlungen und Art und Weise der Ausübung des Dienstes. Der Dienstaufsichtsberechtigte ist weisungsbefugt und kann bei Verstößen gegen die Dienstpflicht z. B. auch **Disziplinarmaßnahmen** veranlassen. Ist jemand der Ansicht, dass sich ein Amtsträger (Beamter oder Angestellter) nicht sachgerecht verhalten hat, kann er bei dessen Vorgesetzten eine **Dienstaufsichtsbeschwerde** erheben, auf die dieser dann reagieren muss.[95]

Die Dienstaufsicht ist ebenfalls sowohl eine **präventive** als auch eine **repressive Kontrolle**. Sie umfasst neben den Mitteln der Fachaufsicht auch **arbeits-** oder **beamtenrechtliche Maßnahmen**: z. B. die Kontrolle schriftlicher Vorgänge durch die Unterschriftsberechtigung, die Überwachung der Arbeitszeiten, die Überwachung des geregelten Dienstablaufs und die Mahnung zur Abstellung festgestellter Mängel.

---

94 Vgl. Maurer, Verwaltungsrecht, § 22, Rn. 31-34.
95 Siehe unten Kap. 10.1.

3.6 Übersichten

Übersicht 1: Unmittelbare und mittelbare Verwaltung auf Bundes- und Landesebene

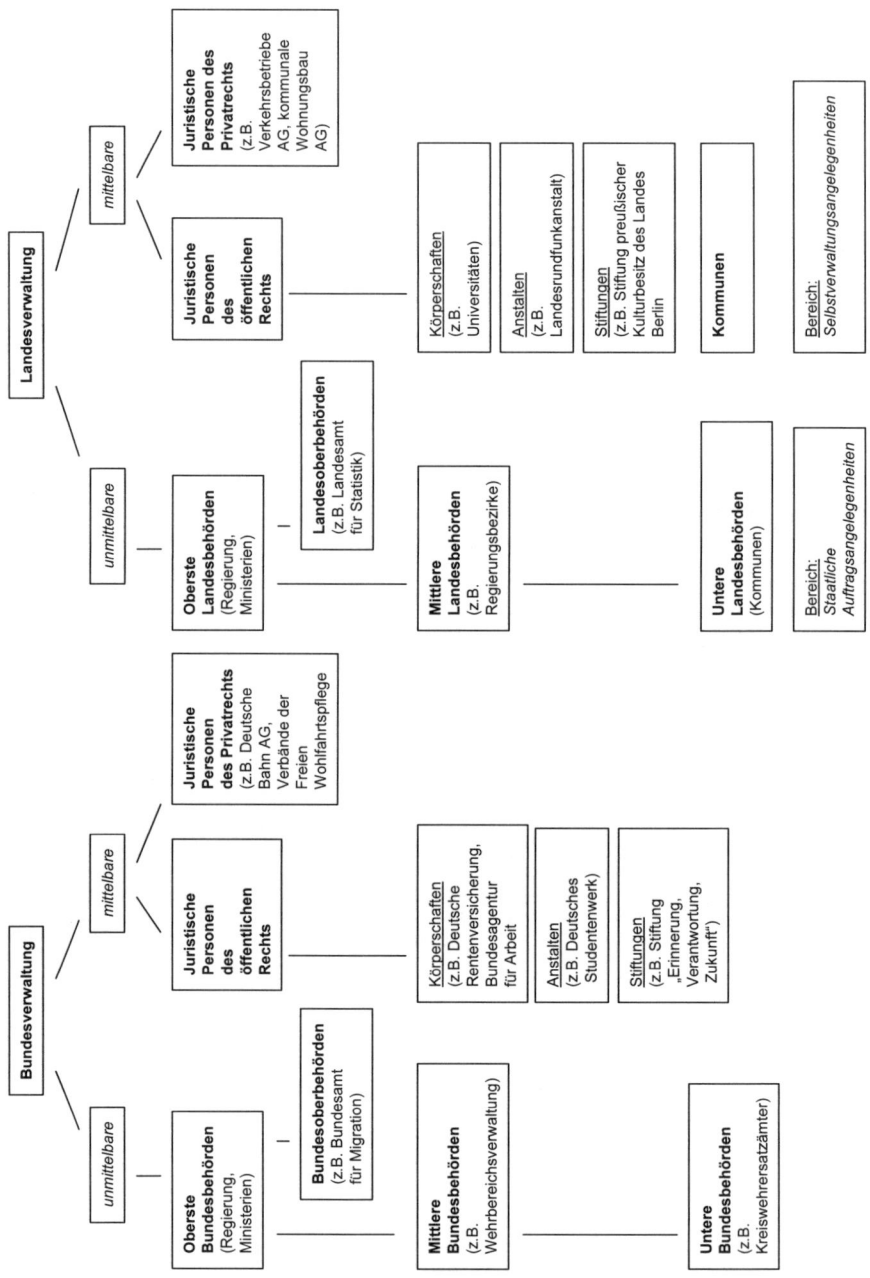

Übersicht 2: Erledigung der Verwaltungsaufgaben durch die Kommunen

Kommunalverwaltung			
Aufgaben-zuweisung	Keine, es gilt nur Art. 28 GG	Zuweisung als Selbstverwaltung	Zuweisung als Auftragsangelegenheit
Aufgabenart	Freiwillige Selbstverwaltung	Pflichtige Selbstverwaltung	Auftragsangelegenheiten
Beispiele	Sportstätten, Museen, Theater, Badeanstalten, Parkanlagen, öffentliche Verkehrsmittel	Feuerschutz, Wasser/Abwasser, Abfallbeseitigung, Schulen, Kitas, Sozialhilfe, Jugendhilfe	Gewerbeaufsicht, Gesundheitsamt, Unterbringung von Flüchtlingen
Entscheidungs-spielraum	Übernahme der Aufgaben freiwillig Selbständige Art und Weise der Aufgabendurchführung	Gesetzliche Pflicht zur Übernahme der Aufgaben Selbständige Art und Weise der Aufgabendurchführung	Gesetzliche Pflicht zur Übernahme der Aufgaben Keine selbständige Art und Weise der Aufgabendurchführung, stattdessen durch Weisungen geregelt
Aufsicht	Rechtsaufsicht	Rechtsaufsicht	Rechts- und Fachaufsicht, teilweise auch Dienstaufsicht

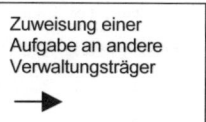

Zuweisung einer Aufgabe an andere Verwaltungsträger

Übersicht 3: Soziale Aufgaben und Verwaltungsträger

Soziale Aufgabe	Verwaltungsträger	Verwaltungsbehörde	Verwaltungstyp
Asylbewerberleistungen	Land	Sozialamt (Kommune)	Unmittelbare Verwaltung
Arbeitsförderung, ALG I	Bundesagentur für Arbeit	Regionale Agenturen für Arbeit	Mittelbare Verwaltung
ALG II	Arbeitsgemeinschaften gebildet aus Bundes-agentur für Arbeit und Kommunen	Jobcenter	Mittelbare Verwaltung
Ausbildungsförderung	Land	Amt für Ausbildungsför-derung (Kommune)	Unmittelbare Verwaltung
Kinder- und Jugendhilfe	Kommune	Jugendämter bei den Kommunen	Mittelbare Verwaltung
Krankenversicherung	Gesetzliche Kranken-kassen	Regionale Geschäfts-stellen der Kranken-kassen	Mittelbare Verwaltung
Sozialhilfe	Kommune	Sozialämter bei den Kommunen	Mittelbare Verwaltung
Wohngeld	Land	Wohngeldamt (Kommune)	Unmittelbare Verwaltung
Unfallversicherung	Berufsgenossenschaf-ten	Geschäftsstellen der Unfallversicherung	Mittelbare Verwaltung
Pflegeversicherung	Gesetzliche Pflegekasse (errichtet bei den ge-setzlichen Kranken-kassen)	Regionale Geschäfts-stellen bei den Pflege-kassen (bei den Ge-schäftsstellen der Kran-kenkassen	Mittelbare Verwaltung
Rente	Deutsche Renten-versicherung	Regionale Geschäfts-stellen der Rentenversi-cherung	Mittelbare Verwaltung
Gesundheitsfürsorge	Land	Gesundheitsamt (Kommune)	Unmittelbare Verwaltung

Übersicht 4: Aufsicht

	Bund ↓ Land	Land ↓ Kommune	Aufsichtsbehörde ↓ Sozialversiche- rungsträger	Übergeordnete Behörde ↓ Nachgeordnete Behörde
Rechtsaufsicht *Repressive Kontrolle*	Art. 84 GG Bereich: „eigene Angelegenheit"	*Landesverfassung, Verwaltungs- organisationsgesetze,* Kreis- und Gemeinde- ordnungen Bereich: Selbstverwal- tungsangelegenheiten	§§ 87–90 SGB IV	Landesverfas- sung, Verwal- tungsorganisa- tionsgesetze, Kreis- und Ge- meindeordnun- gen zusätzlich: Recht der Ange- stellten im öffent- lichen Dienst, Beamtengesetze
	Entsendung von Beauftragten Information Beanstandung Mängelrüge Beschluss des Bundesrates	Information Beanstandung Anordnung Ersatzvornahme Bestellung eines Be- auftragten/Stadt- kommissars	Information Beratung Verpflichtung zur Korrektur Verwaltungsvoll- streckung Zusätzlich: Kontrolle der Geschäftsführung Rechnungsführung	umfasst Maß- nahmen der Rechts- und Fachaufsicht und zusätzlich: Organisations- und Personalkon- trolle, z.B. Ab- mahnungen, Kündigung, Disziplinarmaß- nahmen
Fachaufsicht *Präventive und repressive Kontrolle*	Art. 85 GG Bereich: Bundesauftragsver- waltung	Landesverfassung, Verwaltungs- organisationsgesetze, Kreis- und Gemeinde- ordnungen Bereich: Auftragsangelegenhei- ten		
	umfasst Maßnah- men der Rechtsauf- sicht und zusätzlich: Weisung Verwaltungsvor- schriften	Umfasst Maßnahmen der Rechtsaufsicht und zusätzlich: Weisung Verwaltungs- vorschriften		

*(Spaltenbeschriftung rechts: **Dienstaufsicht** Präventive und repressive Kontrolle)*

Übungsfragen

1. Was ist der Unterschied zwischen einer obersten Behörde und ei- ner Oberbehörde?

2. Was wäre die hierarchisch korrekte Abfolge: Landesministerium für Wirtschaft, Gewerbeamt der Kommune, Landesamt für Ver- braucherschutz, Dezernat Wirtschaft des Regierungspräsidiums, Bundeswirtschaftsministerium?

3. Sind Kommunalbehörden staatliche Behörden?

4. Was ist eine juristische Person des öffentlichen Rechts und welche Arten gibt es?

5. Familie S ist von der Stadt A nach B umgezogen. Diverse Behördengänge und Schriftverkehr sind notwendig:

   ■ Vater S muss die Familie beim Einwohnermeldeamt der Kommune anmelden,

   ■ Mutter S muss der Krankenkasse die Adressenänderung mitteilen,

   ■ Vater S muss den Haushalt bei der Gaswerke AG der Kommune anmelden, um versorgt zu werden,

   ■ Sohn S (20 Jahre) erhält ein Schreiben vom Kreiswehrersatzamt mit der Aufforderung, sich zur Musterung zu melden.

   Um welche Verwaltungsträger und um welche Art von Verwaltung handelt es sich jeweils?

6. Was ist einer der wesentlichen Unterschiede zwischen Rechtsaufsicht und Fachaufsicht?

7. Y ärgert sich über „die Behörden". Es dauert viel zulange bis die Arbeitsagentur seine Anträge bearbeitet, die Anmeldung seines neuen Gewerbes beim Gewerbeamt kostet horrende Gebühren, die Öffnungszeiten der öffentlichen Bücherei sind alles andere als benutzerfreundlich. Er überlegt, an wen er sich wenden soll, damit für Abhilfe gesorgt wird.

8. Könnte ein Regierungspräsidium folgende Maßnahmen gegenüber einer, ihm nach Landesrecht zur Aufsicht unterstellte Kommune erlassen:

   ■ Anordnung gegenüber der Kommune, mehr für den Sport und die Gesundheit ihrer Einwohner zu tun und daher dafür zu sorgen, dass ein auf dem Gemeindegebiet befindlicher See im Sommer als Badesee genutzt wird,

   ■ Anordnung gegenüber der Kommune in Zukunft Sozialhilfeanträge zwischen Weihnachten und Silvester nicht immer erst im neuen Jahr zu bearbeiten.

(Lösungen siehe www.lehrbuch-sozialverwaltungsrecht.de)

Weiterführende Literatur

Bull, Hans Peter/Mehde, Veith, Allgemeines Verwaltungsrecht mit Verwaltungslehre, 7. Aufl. 2005.

Schmidt, Rolf, Allgemeines Verwaltungsrecht, 11. Aufl. 2007, Kap. 1 und 2.

Sodan, Helge/Ziekow, Jan, Grundkurs öffentliches Recht, 2. Aufl. 2007, §§ 18 und 58-60.

4. Handlungsformen

■ **Die einzelnen Handlungsformen der Verwaltung (privatrechtliches Handeln, öffentlich-rechtlicher Vertrag, Verwaltungsakt, Rechtsverordnung, Satzung, schlichtes Verwaltungshandeln) werden behandelt und ihre Abgrenzung wird erklärt. Der Verwaltungsakt und seine wesentlichen Elemente, die Allgemeinverfügung und die Nebenbestimmungen werden erläutert.**

Die Aufgaben der Verwaltung sind außerordentlich vielfältig. Um sie zu erfüllen, kann die Verwaltung auf ebenso viele, verschiedene Handlungsformen zurückgreifen.

 Die Handlungsformen unterscheiden sich durch ihre **Rechtsnatur**, ihre **Rechtswirkungen** und durch die **Rechtsschutzmöglichkeiten**, die dem Bürger gegenüber den einzelnen Handlungsformen zur Verfügung stehen.

Es ist klar, dass es einen großen Unterschied ausmacht, ob eine Behörde z. B. eine Rechtsverordnung erlässt, eine Informationspublikation zu einem bestimmten Thema herausgibt oder einen Leistungsbescheid über eine Sozialleistung in einem konkreten Einzelfall erlässt. Eine Einteilung und Abgrenzung der unterschiedlichen Handlungsformen ist daher von erheblicher Bedeutung.[96]

Eine Differenzierung der Handlungsformen lässt sich zunächst danach vornehmen, ob die Verwaltung auf dem Gebiet des **privaten** oder auf dem Gebiet des **öffentlichen Rechts handelt**. Das heißt, ob die Verwaltung **gleichrangig** auf der Ebene des Bürgers z. B. Verträge abschließt, oder ob sie **hoheitlich** handelt, z. B. in Ausübung von Staatsgewalt, gegenüber dem Bürger einseitig verbindliche Anordnungen erlässt.

Handelt die Verwaltung auf dem Gebiet des öffentlichen Rechts, lassen sich ihre Handlungen danach einteilen, ob die Verwaltung **abstrakt-generell**, d. h. durch den Erlass von Rechtsnormen wie einer Satzung oder einer Rechtsverordnung, handelt, oder **konkret-individuell**, z. B. durch den Erlass eines

---

96 Einzelheiten vgl. Maurer, Verwaltungsrecht, Einführung zu § 9; Kievel, Kap. 17.3; Peine, Rn. 301-309.

Verwaltungsaktes (im Folgenden: „VA"), oder den Abschluss eines öffentlich-rechtlichen Vertrages.

Schließlich lässt sich das Verwaltungshandeln noch danach differenzieren, welche **Wirkungen** die Handlungen der Verwaltung entfalten: Haben sie eine rechtlich **verbindliche** Wirkung oder nicht? Rechtlich verbindliche Handlungen gestalten ein einzelnes Rechtsverhältnis neu, oder beanspruchen, wie im Falle von Rechtsnormen, die Gültigkeit gegenüber der Allgemeinheit. „**Nicht-regelndes Verwaltungshandeln**", wie z. B. eine Beratung, besitzt diese rechtliche Verbindlichkeit nicht. Keine rechtliche Verbindlichkeit gegenüber dem Bürger haben auch Handlungen, die nur innerhalb der Verwaltung („**verwaltungsinternes Handeln**") gelten, wie z. B. eine Dienstanweisung des Vorgesetzten. Verwaltungshandeln ohne rechtlich verbindliche Wirkung außerhalb der Verwaltung werden zusammengefasst auch mit dem Begriff „**schlichtes Verwaltungshandeln**" bezeichnet.

Ausgehend von diesen Kriterien lassen sich **fünf Handlungsformen** der Verwaltung unterscheiden: Privatrechtliches Handeln, öffentlich-rechtlicher Vertrag, schlichtes Verwaltungshandeln, der Verwaltungsakt (VA) und der Erlass von Rechtsnormen.

4.1 Privatrechtliches Handeln der Verwaltung

Während ein Bürger (oder eine juristische Person des Privatrechts) stets privatrechtlich handelt, kann die Verwaltung im gesetzlichen Rahmen wählen, ob sie privatrechtlich oder öffentlich-rechtlich handelt. Handelt sie privatrechtlich, nimmt sie **wie ein Bürger** am privaten Rechtsverkehr teil und unterliegt den privatrechtlichen, gesetzlichen Regelungen (z. B. Bürgerliches Gesetzbuch, Kündigungsschutzgesetz). Typische Erscheinungsformen des privatrechtlichen Handelns der Verwaltung sind der Abschluss von Verträgen zur **Deckung des Bedarfs der Verwaltung**, die Betätigung des **Staates als Unternehmer** oder die Erfüllung von Verwaltungsaufgaben durch juristische Personen des privaten Rechts innerhalb der **mittelbaren Verwaltung**.[97]

Beispiele: Eine Behörde kauft Büromaterial, verpachtet Räume in ihrem Behördengebäude an einen Gastwirtschaftsbetrieb oder stellt Mitarbeiter, d. h. Angestellte des öffentlichen Dienstes, ein. Eine Gemeinde betreibt ein Wohnungsbau- oder ein Energieversorgungsunternehmen in Form einer privaten Aktiengesellschaft.

---

97 Siehe oben Kap. 3.4.2; Einzelheiten vgl. Maurer, Verwaltungsrecht, § 3, Rn. 18-29; Kievel, Kap. 17.3.

Das private Recht regelt die Rechtsbeziehungen der Bürger untereinander und ist vom **Prinzip der Gleichrangigkeit** der beteiligten Rechtssubjekte gekennzeichnet. Das öffentliche Recht regelt dagegen Rechtsbeziehungen zwischen dem Bürger und dem Staat, die vom **Prinzip des hoheitlichen Handelns** gekennzeichnet sind. Hoheitliches Handeln bedeutet Handeln, welches für den Bürger verbindlich ist und welches der Staat ohne weiteres mit Mitteln der Staatsgewalt durchsetzen kann (Über-Unterordnungsverhältnis). Hoheitliches Handeln bedeutet ferner Handeln auf der Basis von öffentlich-rechtlichen Normen. Das heißt, Normen, die überwiegend den Interessen der Allgemeinheit dienen, sich überwiegend an den Staat wenden und den **Staat einseitig berechtigen oder verpflichten**.[98] In der Regel lässt sich privatrechtliches Handeln **unproblematisch** von öffentlich-rechtlichem Handeln abgrenzen. Es leuchtet z.B. sofort ein, dass das Steuer- oder Sozialrecht öffentliches Recht, das Miet- oder Erbrecht privates Recht ist und Handlungen auf der Basis dieser Rechtsnormen jeweils dem öffentlichen bzw. dem privaten Recht unterfallen. Lediglich in **Einzelfällen** ist die Einordnung umstritten.[99]

Verwaltungshandeln im Bereich des **Sozialrechts** geschieht i.d.R. öffentlich-rechtlich.[100] Soweit die Sozialleistungsträger bei ihrer Aufgabenerfüllung Private einschalten, z.B. die Organisationen der freien Wohlfahrtspflege, ist deren Handeln dem Privatrecht zuzuordnen. Anders ist dies nur, wenn den Privaten hoheitliche Befugnisse verliehen wurden, z.B. Ärzten und Pflegkräften in einem psychiatrischen Krankenhaus, in dem psychisch Kranke gegen ihren Willen untergebracht sind.

Die **Rechtschutzmöglichkeiten** gegenüber privatrechtlichen Handlungen der Verwaltung sind die des privaten Rechts, d.h. privatrechtliche Willenserklärungen (z.B. Anfechtung, Rücktritt oder Kündigung) oder Klagen und Anträge vor den **Amts-/Landgerichten der Zivilgerichtsbarkeit** bzw. den **Arbeitsgerichten**.

4.2 Abstrakt-generelles Handeln (Rechtsnormen)

Im Rahmen der Gewaltenteilung ist die Verwaltung berechtigt Rechtsnormen zu erlassen. Dies betrifft zum einen die Befugnis zum Erlass von allgemein-verbindlichen **Rechtsverordnungen**, zum anderen die Befugnis von Selbstverwaltungskörperschaften, ihre eigenen Angelegenheiten durch **Satzungen** zu regeln.

---

98 Siehe oben Kap.1.1; Einzelheiten der Abgrenzung von privatem und öffentlichem Recht: vgl. Papenheim, Kap. 23.2; Maurer, Verwaltungsrecht, § 3, Rn. 7-17; Ipsen, Verwaltungsrecht, Rn. 13-33.
99 Vgl. Übersichtsdarstellung bei Peine, Rn. 124-131.
100 Vgl. Dörr/Francke, Kap. 5, Rn. 14-16.

Beide Handlungsformen wurden bereits in Kapitel 1 dargestellt, so dass auf die dortigen Ausführungen verwiesen werden kann.[101]

Die **Rechtschutzmöglichkeiten** für den Bürger gegenüber Rechtsnormen sind beschränkt: Betroffen ist hierbei ein grundsätzliches Rechtsprinzip des GG, nämlich dass es **keine allgemeine Rechtmäßigkeitskontrolle** für staatliches Handeln durch den Bürger gibt, sondern man (z. B. gemäß § 54 Abs. 1 S. 2 SGG bzw. § 42 Abs. 2 VwGO) stets geltend machen muss, **selbst** und **unmittelbar** durch das staatliche Handeln in seiner eigenen, ganz **persönlichen Rechtsposition** betroffen zu sein. Dieses Erfordernis wird auch bezeichnet als „Betroffensein in einem **subjektiven Recht**"[102]. Bei Rechtsnormen ist das Betroffensein in einem subjektiven Recht grundsätzlich nicht der Fall, denn diese richten sich an einen **unbestimmten Personenkreis** („die Allgemeinheit") und nicht an einen einzelnen Bürger. Daher kann man nur **indirekt** vorgehen, indem man den Erlass eines VA, der auf der strittigen Rechtsnorm beruht, abwartet und diesen mit Widerspruch und Klage vor den Sozial- oder Verwaltungsgerichten angreift. Erst in diesem Zusammenhang lässt sich geltend machen, die Rechtsnorm selbst sei rechtswidrig und verstoße gegen höherrangiges Recht, z. B. gegen ein Gesetz oder die Verfassung.[103]

4.3 Öffentlich-rechtlicher Vertrag

Obwohl ein Vertrag das typische Handlungsinstrument aus dem Bereich des privaten Rechts ist, gibt es auch öffentlich-rechtliche Verträge, geregelt in §§ 53 ff. SGB X bzw. §§ 54 ff. VwVfG. Die Abgrenzung zum privatrechtlichen Vertrag richtet sich nach dem **Vertragsgegenstand**. Lässt sich der Vertragsgegenstand den Rechtsnormen des öffentlichen Rechts zuordnen, liegt ein öffentlich-rechtlicher und kein privatrechtlicher Vertrag vor.[104]

Beispiel: Die Pflegeversicherung P schließt mit dem privaten Pflegedienst D einen Vertrag darüber, dass D als Pflegeeinrichtung, zugelassen wird (vgl. § 72 SGB XI). Das heißt, dass D, die Pflegeleistungen, die er gegenüber den bei P versicherten Mitgliedern erbringt, mit P abrechnen kann. Gegenstand des Vertrages ist das Recht der Pflegeversicherung (SGB XI). Dies ist öffentliches Recht, da die Pflegeversicherung P als Sozialversicherungsträger ein Träger öffentlicher Gewalt ist. Durch das SGB XI wird P einseitig berechtigt und verpflichtet. Zum Beispiel berechtigt dadurch, dass P von jedem,

---

101 Siehe oben Kap. 1.4.
102 Einzelheiten s. u. Kap. 11.3.4; vgl. auch: Art. 19 Abs. 4 GG; dazu v. Münch, Art. 19 GG, Rn. 58.
103 Vgl. Zippelius, § 12, Rn. 109-110.
104 Einzelheiten vgl. Dörr/Francke, Kap. 5, Rn. 12/13; v. Wulffen, § 53, Rn. 6/7.

der sozialversicherungspflichtig ist, Beiträge erheben kann, verpflichtet dadurch, dass P jedem sozialversicherungspflichtigen Mitglied die gesetzlichen Leistungen erbringen muss. Der Pflegevertrag den D mit einem Pflegebedürftigen X abschließt ist demgegenüber ein privatrechtlicher Vertrag.

Als Handlungsform der Sozialverwaltung ist der öffentlich-rechtliche Vertrag **zulässig**, „soweit Rechtsvorschriften nicht entgegen stehen"[105]. Für das Sozialrecht bedeutet dies, dass Verträge zwischen Sozialleistungsträger und Leistungsberechtigtem nur zulässig sind, soweit die Leistungen im **Ermessen**[106] des Sozialleistungsträgers stehen, d.h. ein **behördlicher Spielraum** für die Entscheidung besteht. Dann kann Verwaltung, anstatt einen VA zu erlassen, mit dem Leistungsberechtigten auch einen öffentlich-rechtlichen Vertrag abschließen.

> **Beispiel:** Ein Vertrag mit einem Arbeitslosen über die Gewährung von ALG II Leistungen zum Lebensunterhalt gemäß § 19 SGB II wäre unzulässig, da auf diese Leistung ein gesetzlicher Anspruch besteht (bei Vorliegen der Leistungsvoraussetzungen *muss* die Leistung erbracht werden). Dieser Anspruch ist nicht in Form eines Vertrages verhandelbar. Zulässig wäre jedoch ein Vertrag mit einem Arbeitslosen über eine berufliche Weiterbildung, da diese Leistung nach § 16 Abs. 1 S. 2 SGB II im Ermessen der Verwaltung steht, d.h. alle Einzelheiten frei ausgehandelt und vereinbart werden können.

Genau wie der privatrechtliche Vertrag kommt der öffentlich-rechtliche Vertrag durch eine Einigung der Vertragspartner, d.h. durch **zwei übereinstimmende Willenserklärungen** (Angebot und Annahme) zustande. Anders als im privaten Recht, welches auch mündliche Verträge akzeptiert, kann der öffentlich-rechtliche Vertrag nur **schriftlich** geschlossen werden.

Vertragspartner des öffentlich-rechtlichen Vertrages sind entweder zwei Verwaltungsträger oder ein Verwaltungsträger und eine Privatperson. Ausgehend hiervon wird zwischen **koordinationsrechtlichen** (Verträge zwischen gleichrangigen Vertragspartnern) und **subordinationsrechtlichen** Verträgen (Verträge zwischen Vertragspartnern, bei denen ein Über-Unterordnungsverhältnis besteht) unterschieden.[107]

> **Beispiele:**
> ■ Koordinationsrechtliche Verträge zwischen Verwaltungsträgern: Verträge über die kassenärztliche Versorgung nach § 83 SGB V zwischen Krankenkassen und der Kassenärztlichen Vereinigung, Vereinbarungen über die Verrechnung von gezahlten Sozialleistungen zwischen verschie-

---

105 Vgl. § 53 Abs. 2 SGB X; Fichte, § 5, Rn. 5.
106 Siehe unten Kap. 5.4.
107 Vgl. SRHB, § 11, Rn. 245-249.

denen Leistungsträgern, Verträge zwischen Sozialleistungsträgern im Rehabilitationsrecht.

- Subordinationsrechtliche Verträge zwischen Verwaltungsträger und Privatperson: Zuwendungsvertrag eines Landkreises über die Zuwendung von Haushaltmitteln an einen freien Träger für soziale Dienstleistungen; Eingliederungsvereinbarung zwischen einem Arbeitslosen und dem Jobcenter gemäß § 15 SGB II.

Auch beim öffentlich-rechtlichen Vertrag gilt der prinzipielle privatrechtliche Grundsatz, dass einmal geschlossene Verträge **einzuhalten** sind. Es besteht allerdings ein Recht auf **Anpassung** des Vertrages, bei **wesentlicher Änderung der Verhältnisse**. Wesentlich heißt, die Verhältnisse, die für die Festsetzung des Vertragsinhaltes maßgebend waren, haben sich seit Abschluss des Vertrages so entscheidend geändert, dass einer Vertragspartei das Festhalten an dem ursprünglichen Vertrag nicht mehr zuzumuten ist. Eine Einigung über die Anpassung ist erforderlich. Eine **Kündigung** des Vertrages kommt nur in Betracht wenn eine Anpassung nicht möglich ist.[108]

Die **Rechtschutzmöglichkeiten** bei einem öffentlich-rechtlichen Vertrag sind die Klagen vor den Sozial- oder Verwaltungsgerichten. Einschlägige Klageart ist die Leistungsklage[109] um z. B. Vertragsleistungen, Schadensersatzansprüche aus Nichterfüllung des Vertrages oder auch den Anspruch auf Anpassung des Vertrages durchzusetzen.

4.4 Schlichtes Verwaltungshandeln

Schlichtes Verwaltungshandeln gibt es in zwei Varianten: **Nicht-regelndes Verwaltungshandeln** und **verwaltungsinternes Handeln**.

Nicht-regelndes Verwaltungshandeln ist Handeln der Verwaltung, welches nicht auf einen bestimmten Rechtserfolg oder die (Neu-)Gestaltung eines Rechtsverhältnisses gerichtet ist. Beispiele sind rein tatsächliche Handlungen („Realakte") wie die Auszahlung eines Geldbetrages oder die Auskunftserteilung, Beratung, und Information; ferner Maßnahmen, die der Vorbereitung eines VA dienen (z. B. Gutachten, Untersuchungsberichte, Pläne).

Verwaltungsinternes Handeln sind Maßnahmen der Verwaltung, die zwar Regelungscharakter haben, jedoch **ohne Außenwirkung** sind. D.h. sie sind gerichtet an die Mitarbeiter der Verwaltung und beanspruchen nur innerhalb der Verwaltung Gültigkeit. Beispiele

---

108 Einzelheiten vgl. Papenheim, Kap. 39.3; v. Wulffen, § 59 SGB X, Rn. 4-12; Fichte, § 5, Rn. 81-91.
109 Siehe unten Kap. 13.2.

sind Dienst- und Geschäftsanweisungen, Vorschriften zu Organisation, Aktenführung oder Dienstzeiten, Rundschreiben etc.

Ebenfalls ein Beispiel für verwaltungsinternes Handeln ist die **Verwaltungsvorschrift**:

> Die Verwaltungsvorschrift ist eine **Regelung** oder **Anordnung** der **vorgesetzten Behörde** gegenüber der **nachgeordneten**.[110] Das heißt, Verwaltungsvorschriften bilden für die Verwaltungsmitarbeiter einen **Leitfaden zur Rechtsanwendung**. In der Verwaltungsvorschrift wird festgelegt, wie Rechtsnormen anzuwenden sind, wie die in den Rechtsnormen verwendeten Begriffe zu verwenden sind oder wie in bestimmten Fallgestaltungen das Ermessen der Verwaltung auszuüben ist.

Vom Inhalt her ist die Verwaltungsvorschrift der Rechtsverordnung vergleichbar. Auch die Verwaltungsvorschrift regelt **Details** der abstrakt gefassten Rechtsnormen mit einer größeren Nähe zum Einzelfall und soll damit die oft komplizierte Rechtsanwendung für die Verwaltungsmitarbeiter vereinfachen und konkretisieren. Anders als die Rechtsverordnung darf die Verwaltungsvorschrift **keine allgemeine Gültigkeit** beanspruchen sondern richtet sich **nur an die Mitarbeiter der Verwaltung**. Gleichwohl haben Verwaltungsvorschriften häufig ganz erhebliche Auswirkungen auf die Rechtsstellung des Bürgers, denn gerade auf ihrer Basis werden ja die konkreten Einzelfälle entschieden.[111] Oft stellt sich dabei die Frage, ob es dem einzelnen Verwaltungsmitarbeiter möglich ist, eine (sach-)gerechte Einzelfallentscheidung zu treffen, wenn er an die Verwaltungsvorschriften gebunden ist.

Beispiel: Im Pflegeversicherungsrecht richtet sich die Pflegestufe und damit die Höhe der Zahlungen, die ein Pflegebedürftiger von der Pflegeversicherung erhält nach dem zeitlichen Umfang, der für die Erfüllung seiner körperlichen Grundbedürfnisse anfällt (vgl. §§ 14, 15 SGB XI). In einer Verwaltungsvorschrift („Begutachtungs-Richtlinien") haben die Pflegekassen Zeitspannen festgelegt, wie viel Zeit eine bestimmte Verrichtung i. d. R. dauert, z. B. Waschen 20–25 Min., Kämmen 1–3 Min., Rasieren 5–10 Min. Anhand dieser Zeittabelle errechnen die Pflegekassen, wie viel Pflegebedarf jemand hat und bestimmen danach, wie viel Geld er für die Pflege von der Pflegeversicherung bekommt.
Das Gesetz benennt als Ziel der Pflegeversicherung u. a.: „Die Leistungen der Pflegeversicherung sollen den Pflegebedürftigen helfen, trotz ihres Hilfebedarfs ein möglichst selbständiges und selbstbestimmtes Leben zu führen, dass

---

110 Vgl. Maurer, Verwaltungsrecht, § 24, Rn. 2-4; Bull/Mehde, § 6, Rn. 226/227.
111 Einzelheiten vgl. Papenheim, Kap. 20.2.

der Würde des Menschen entspricht." (vgl. § 2 Abs. 1 SGB XI) Damit verbietet sich eine schematische Anwendung der Zeittabelle aus der Verwaltungsvorschrift. Faktoren, die im Einzelfall einen höheren Zeitaufwand, als den in der Zeittabelle festgelegten, rechtfertigen (z. B. hochgradige Spastik), müssen berücksichtigt werden, denn nur so ist eine menschenwürdige Pflege gewährleistet. Ausnahmeregelungen bzw. ein Abweichen in Einzelfällen von der Schematik muss daher bei jeder Verwaltungsvorschrift möglich sein.

Wie für jedes andere Verwaltungshandeln auch, gilt für die Verwaltungsvorschriften das Prinzip der **strikten Rechtsbindung** der Verwaltung aus Art. 20 Abs. 3 GG, welches durch die **Gerichte überprüft** werden kann.[112] So muss sich auch jegliche Einzelfallentscheidung, die auf der Basis einer Verwaltungsvorschrift ergeht, anhand der gesamten Rechtsordnung messen lassen. Ausreichend ist nicht, dass die Einzelfallentscheidung mit der Verwaltungsvorschrift übereinstimmt. Es darf darüber hinaus nicht zu einem Verstoß gegen Satzung, Rechtsverordnung, Gesetz oder Verfassung kommen.

Insbesondere bedeutsam bei den Verwaltungsvorschriften ist das **Verfassungsprinzip der Gleichheit** aus Art. 3 Abs. 1 GG. Dieses lautet, dass wesentlich Gleiches nicht ungleich und wesentlich Ungleiches nicht gleich behandelt werden darf.[113] Damit muss zum einen die Verwaltungsvorschrift konsequent bei allen Fällen ihres Anwendungsbereichs umgesetzt werden, zum anderen muss jedoch die Möglichkeit gegeben sein, in besonderen Fallkonstellationen von der Verwaltungsvorschrift abzuweichen.

Rechtschutzmöglichkeiten gegen Verwaltungsvorschriften oder sonstiges verwaltungsinternes Handeln bestehen nur **indirekt**, d. h. so wie beim Rechtschutz gegen Rechtsnormen auch, s. o. Die **Rechtschutzmöglichkeit** gegenüber sonstigem, nicht-regelndem Verwaltungshandeln ist die allgemeine Leistungsklage vor den Verwaltungs- oder Sozialgerichten.[114]

4.5 Verwaltungsakt (VA)

Der VA ist **die typische Handlungsform** der Verwaltung und stellt praktisch das **Leitbild des Verwaltungshandelns** dar. Ein VA ist die Handlungsform, mit der man als Bürger am allerhäufigsten konfrontiert wird. Für die Soziale Arbeit ist daher der Umgang mit VAen von größter Bedeutung, so dass der VA als Thema auch in den folgenden Kapiteln des Lehrbuches den breitesten Raum einnehmen wird.

---

112 Siehe unten Kap. 5.1; vgl. auch Ipsen, Verwaltungsrecht, Rn. 156/157; Schmidt, Rn. 874-876.
113 Vgl. Zippelius § 23, Rn. 5-7; v. Münch, Art. 3 GG, Rn. 36-42
114 Siehe unten Kap. 13.2.

Durch den VA verschafft die Verwaltung der abstrakt-generellen Regelung einer Rechtsnorm eine **individuelle, für einen Einzelfall geltende Wirkung**. Mit dem VA wird ein **Rechtsverhältnis konkretisiert**, d. h. das Gesetz vollzogen. Im VA wird ausgesprochen, wie eine konkrete Situation gestaltet wird, d. h. was aus Sicht der Behörde im Fall des Bürgers X gültig sein soll.

Beispiele: Die Erteilung einer Aufenthaltsgenehmigung für einen bestimmte Zeitraum, einer Gewerbeerlaubnis für eine bestimmte Betätigung, eines Sozialhilfe- oder Wohngeldbescheides über eine bestimmte Summe. Alle Entscheidungen haben allgemeine, abstrakt-generelle Regelungen in den jeweiligen Gesetzen zur Grundlage. Die VAe übertragen diese generellen Regelungen auf die konkrete Lebenssituation einer bestimmten Person, die damit unmittelbar neu gestaltet wird.

VAe lassen sich einteilen nach der **Wirkung**, die sie für ihren **Adressaten** haben: Es gibt **begünstigende** oder **belastende** VAe. Begünstigende VAe verschaffen dem Adressaten einen unmittelbaren Vorteil, belastende bilden einen Nachteil bzw. erlegen dem Adressaten eine Verpflichtung auf. Diese Unterscheidung ist bedeutsam u. a. für die Rechtsschutzmöglichkeiten gegenüber VAen[115] und für die Möglichkeiten von Rücknahme und Widerruf[116].

Typische Erscheinungsform des VA ist der **schriftliche Bescheid**. Gleichwohl ist zu beachten, dass ein VA nicht an eine bestimmte **Form** gebunden ist, sondern auch mündlich, elektronisch oder in anderer Art und Weise ergehen kann.[117] Für die Einordnung kommt es allein darauf an, ob die Verwaltungsmaßnahme die unten dargestellten **Merkmale der gesetzlichen Definition** für den VA erfüllt oder nicht.

Als Ausdruck von hoheitlichem Handeln beansprucht der VA Verbindlichkeit, d. h. **sofortige rechtliche Gültigkeit im Zeitpunkt seines Erlasses**. Dies bedeutet, die mit dem VA geschaffene Regelung ist grundsätzlich sofort durchsetzbar und bildet die rechtliche Grundlage für konkrete Leistungen bzw. für Vollstreckungsmaßnahmen.[118]

Rechtschutzmöglichkeiten gegenüber VAen sind das behördliche Widerspruchsverfahren und die Klage vor den Sozial- oder Verwaltungsgerichten.[119]

---

115 Siehe unten Kap. 13.1 u. 13.2.
116 Siehe unten Kap. 9.
117 Vgl. § 33 Abs. 2 SGB X.
118 Einzelheiten s. u. Kap. 6.4.
119 Einzelheiten s. u. Teil 3, Kap. 11-14.

Ob eine Maßnahme der Verwaltung ein Verwaltungsakt ist oder nicht wird definiert in § 31 SGB X bzw. § 35 VwVfG.

> Ausgehend von der gesetzlichen Definition wird der VA definiert als **„Maßnahme einer Behörde auf dem Gebiet des öffentlichen Rechts zur Regelung eines Einzelfalles mit Außenwirkung"**. Unabhängig davon, wie die Verwaltung eine ihrer Handlungen selbst bezeichnet oder qualifizieren möchte, gilt, dass ein VA vorliegt, wenn die Handlung die entsprechenden Definitionselemente aufweist. **Fünf wesentliche Elemente** bestimmen das Vorliegen eines VA und grenzen ihn von den anderen Handlungsformen der Verwaltung ab: 1. Maßnahme auf dem Gebiet des öffentlichen Rechts, 2. Behörde, 3. Regelung, 4. Einzelfall, 5. Außenwirkung.

4.5.1 Maßnahme auf dem Gebiet des öffentlichen Rechts

Wesentlich ist hier die schon dargestellte Abgrenzung von privatrechtlichem und öffentlich-rechtlichem Handeln der Verwaltung, so dass auf die obigen Ausführungen verwiesen werden kann.[120]

4.5.2 Behörde

Eine Behörde ist das **handelnde Organ eines Verwaltungsträgers**[121]. Nach § 1 Abs. 2 SGB X bzw. § 1 Abs. 4 VwVfG ist eine Behörde jede Stelle, die **Aufgaben der öffentlichen Verwaltung wahrnimmt**. Zu beachten ist, dass juristische Personen des Privatrechts (z. B. Organisationen der freien Wohlfahrtsverbände) zwar öffentliche Aufgaben wahrnehmen (z. B. Übernahme der Schuldnerberatung gemäß § 16 Abs. 2 SGB II), sie dabei jedoch in aller Regel keine hoheitlichen Befugnisse haben.[122]

4.5.3 Regelung

Eines der entscheidenden Elemente des VA ist sein Regelungscharakter.

> Eine Regelung (nach § 31 SGB X bzw. § 35 VwVfG auch **„unmittelbare Rechtswirkung"** genannt), liegt vor, wenn mit der Handlung der Behörde eine **einseitig verbindliche Anordnung** an den Adressaten ergeht, die seine **Rechtsstellung unmittelbar berührt**, z. B. ihm ein Recht zuerkennt, ihm eine Pflicht auferlegt, eine Leistung oder

---

120 Siehe oben Kap. 1.1 u. Kap. 4.1.
121 Siehe oben Kap. 2.3.
122 Vgl. v. Wulffen, § 1 SGB X, Rn. 12.

Verpflichtung aufhebt oder verändert.[123] Auch durch einen VA ausgesprochene Feststellungen können Regelungscharakter aufweisen,
wenn die Feststellung für den Adressaten rechtlich erhebliche Folgen
hat (z. B. die Feststellung des Grades der Behinderung gemäß § 69
SGB IX). Mit der Regelung spricht der VA aus, was zukünftig für den
Adressaten des VA gelten soll und **gestaltet** damit dessen Lebenssituation **unmittelbar neu.**

Vorbereitendem Verwaltungshandeln fehlt diese Unmittelbarkeit, so hat
z. B. das Ergebnis eines medizinischen Gutachtens, das für die Zuerkennung
einer Sozialleistung ausschlaggebend ist, noch keine unmittelbare Rechtswirkung. Erst die auf dem Gutachten beruhende Entscheidung der Behörde
gegenüber dem Betroffenen hat diese Wirkung.

Einseitige Verbindlichkeit und **unmittelbare rechtliche Wirkung** sind die
entscheidenden Kriterien für die Abgrenzung des VA zu anderen Handlungsformen, wie z. B. Realakten, nicht-regelndem Verwaltungshandeln
oder dem öffentlich-rechtlichen Vertrag[124]. Realakte gestalten keine Rechtsverhältnisse neu, nicht-regelndem Verwaltungshandeln fehlt die Verbindlichkeit, der öffentlich-rechtliche Vertrag hat zwar eine verbindliche, rechtliche Wirkung, er ist jedoch zweiseitig und nicht einseitig.

4.5.4 Einzelfall

Ein Einzelfall liegt vor, wenn sich die Handlung der Verwaltung an einen
individuell bestimmbaren Adressaten richtet und auf **eine konkrete Situation** bezieht.[125] Damit unterscheidet sich der VA von den Rechtsverordnungen und Satzungen sowie von der unten dargestellten Allgemeinverfügung.
Zu beachten ist, dass auch sogenannte „Massenverwaltungsakte" Einzelfall-
regelungen sind, z. B. die Erhebung eines gesonderten Krankenkassenbei-
trages, bei dem ein gleichlautender Bescheid an jedes einzelne von vielen
tausend Mitgliedern ergeht.

4.5.5 Außenwirkung

Außenwirkung liegt vor, wenn die unmittelbare Rechtswirkung der Maßnahme gegenüber jemandem entsteht, der sich **außerhalb der öffentlichen
Verwaltung** befindet, d. h. Außenwirkung hat eine Regelung gegenüber einem **Bürger** oder einer **juristischen Person des Privatrechts**. Dienstanweisungen gegenüber Verwaltungsmitarbeitern, Mitwirkungshandlungen ande-

---

123 Einzelheiten vgl. Papenheim, Kap. 40.2.3; Ipsen, Verwaltungsrecht, Rn. 335-338.
124 Einzelheiten zur Abgrenzung vgl. Beispielsfälle bei v. Wulffen, § 31 SGB X, Rn.
    52-85; Schmidt, Rn. 384 - 405.
125 Einzelheiten vgl. Ipsen, Verwaltungsrecht, Rn. 339-352.

rer Behörden beim Zustandekommen eines VA[126], oder auch Verwaltungsvorschriften haben diese Außenwirkung grundsätzlich nicht. Sie sind verwaltungsinterne Maßnahmen und fallen in den Bereich des schlichten Verwaltungshandelns.[127]

4.6 VA und Allgemeinverfügung

Eine Allgemeinverfügung ist eine Maßnahme der Verwaltung, die kraft gesetzlicher Regelung **als VA gilt** (§ 31 S. 2 SGB X, § 35 S. 2 VwVfG), obwohl sie die Kriterien des VA **eigentlich nicht erfüllt**. Oben dargestellt wurde, dass die Verwaltung entweder abstrakt-generell durch den Erlass von Rechtsnormen oder konkret-individuell durch den Erlass eines VA handeln kann. Die Allgemeinverfügung stellt eine – im Sozialrecht allerdings sehr seltene – **Zwischenform** dieser beiden Handlungsvarianten dar.

Sie ist **konkret-generell**. Das heißt, eine Maßnahme wendet sich in einer bestimmten (= konkreten) Situation an eine unbestimmte Vielzahl von Adressaten (= generelle Regelung).[128] Typisch ist die Allgemeinverfügung im Polizei- und Ordnungs- oder im Versammlungsrecht (z. B. Verkehrsschild, Platzverweis bei einer Demonstration, Räumungsaufforderung an die Bewohner eines besetzten Hauses). Im Sozialrecht gilt z. B. als Allgemeinverfügung eine Regelung der Krankenkasse, mit der sie einen Festbetrag für ein bestimmtes Medikament festlegt (vgl. § 35 SGB V).[129]

Weitere Varianten der Allgemeinverfügung sind die **öffentlich-rechtliche Eigenschaft** einer Sache („Widmung" genannt) oder die **Benutzung** einer Sache durch die Allgemeinheit.[130] Dies betrifft z. B. die Festlegung, dass eine Freifläche ein Spielplatz werden soll, die Öffnungszeiten eines staatlichen Museums, die Anordnung, einen Badesee wegen Gesundheitsgefahren nicht mehr zu benutzen.

---

126 Vgl. v. Wulffen, § 31 SGB X, Rn. 35.
127 Vgl. LPK-SGB X, § 31, Rn. 58/59; weitere Beispiele u. Einzelheiten vgl. Papenheim, Kap. 40.2.5; Ipsen, Verwaltungsrecht, Rn. 353-368.
128 Einzelheiten vgl. Papenheim, Kap. 40.2.4; Bull/Mehde, § 18, Rn. 700/701; v. Wulffen, § 31 SGB X, Rn. 37-40.
129 Vgl. Fichte, § 3, Rn. 24.
130 Vgl. Bull/Mehde, § 18, Rn. 702/703.

4.7 VA und Nebenbestimmung

Die Regelung eines VA kann für den Betroffenen begünstigend oder belastend sein. Ob das eine oder das vorliegt, ist oft nicht immer eindeutig: Häufig spricht ein VA nicht 100% von dem zu, was der Betroffene erreichen wollte, sondern **begrenzt** oder **modifiziert** eine begünstigende Haupt-Regelung. Diese Modifikationen der Haupt-Regelung nennt man „Nebenbestimmungen" und sie sind in § 32 SGB X bzw. § 36 VwVfG festgelegt.

Beispiel: Einer Elterninitiative wird von der Kommune die Erlaubnis zum Betrieb eines Kinderladens unter der Bedingung erteilt, dass sie die zu diesem Zweck angemieteten Räume mit einem zusätzlichen Schallschutz versieht. Positiv ist die Erlaubnis, negativ die Verpflichtung, für Schallschutzmaßnahmen zu sorgen.

Die Möglichkeit, VAe mit Nebenbestimmungen zu versehen, ist wesentlich für die **Flexibilität der Verwaltung** bei ihren Entscheidungen. Ein VA, der mit einer modifizierenden Nebenbestimmung versehen wurde, ist auch grundsätzlich **vorteilhafter** für den Bürger, als eine komplette Ablehnung seines Begehrens.

Fraglich ist, ob und inwieweit Nebenbestimmungen gesetzlich zulässig sein können. Hierbei gilt, dass Nebenbestimmungen nur erlaubt sind bei VAen, die **nach Ermessen** ergehen, bei denen also von vorn herein ein **behördlicher Spielraum** für die Entscheidung besteht.[131] Soweit es sich um VAe handelt auf die ein **Anspruch** besteht, ist eine Nebenbestimmung nur zulässig, soweit dies **durch eine gesetzliche Vorschrift zugelassen** wurde.[132]

Beispiele: Nach § 57 SGB III besteht ein Anspruch auf Überbrückungsgeld, wenn ein Arbeitsloser in die Selbstständigkeit wechseln möchte. Die gesetzliche Bestimmung sieht aber auch vor, dass Bewilligung des Geldes davon abhängig gemacht werden kann, dass bestimmte Lehrgänge besucht werden. § 42 Abs. 1 S. 3 SGB II legt fest, dass Leistungen zur Sicherung des Lebensunterhalts (auf die ein Anspruch besteht) i. d. R. für sechs Monate bewilligt werden. Aus der Formulierung „i. d. R. sechs Monate" ergibt sich, dass auch eine andere zeitliche Befristung denkbar ist und als Nebenbestimmung der ALG II Bewilligung hinzu gefügt werden kann.
Nach § 91 SGB XII *kann* Sozialhilfe als Darlehen gewährt werden (= Ermessen), wenn einem der Verbrauch seines Vermögens nicht sofort möglich ist (z. B. eine Immobilie nicht sofort verkauft werden kann). Der Ermessensspielraum bewirkt, dass das Darlehen unter allen denkbaren Bedingungen, Befristungen oder Rückzahlungsmodalitäten bewilligt werden kann.

---

131 Einzelheiten s. u. Kap. 5.4.
132 Einzelheiten vgl. Dörr/Francke, Kap. 6, Rn. 95-102; Bull/Mehde, § 18, Rn. 725/726.

Umstritten war lange Zeit die Frage, ob man eine Nebenbestimmung **isoliert** mit Widerspruch und Klage anfechten kann. Das heißt, konnte der positive Teil des VA bestehen bleiben und nur die Nebenbestimmung angegriffen werden, oder musste man stets gegen den VA insgesamt vorgehen? Als herrschende Meinung gilt inzwischen, dass **alle Nebenbestimmungen selbständig angefochten werden können.**[133]

Im Gesetz werden **fünf verschiedene Arten** von Nebenbestimmungen benannt: Befristung, Bedingung, Widerrufsvorbehalt, Auflage, Auflagenvorbehalt.

■ Mit der **Befristung** wird eine Regelung getroffen, die nur für einen bestimmten Zeitraum Gültigkeit hat. Läuft der Zeitraum ab, endet die Regelung, ohne das hierzu eine weitere Entscheidung der Verwaltung getroffen werden muss.

Beispiel: Bewilligung einer Rente für einen bestimmten Zeitraum, vgl. § 102 SGB VI.

■ Die **Bedingung** macht die Wirksamkeit des VA von einem zukünftigen ungewissen Ereignis abhängig.[134] Der Bedingungseintritt lässt die im VA vorgesehene Regelung ohne weiteres entstehen oder erlöschen, ohne dass es eines weiteren Zutuns seitens der Behörde bedarf.

Beispiel: Nach § 12 Abs. 2 AufenthG kann einem Ausländer ein Visum oder eine Aufenthaltserlaubnis unter der Bedingung erteilt werden, dass eine Verpflichtungserklärung eines Deutschen vorliegt, dass er die Kosten des Aufenthalts des Ausländers übernehmen wird. Das Visum oder die Aufenthaltserlaubnis sind in dem Moment gültig, wenn die Verpflichtungserklärung vorliegt.

■ Mit einem **Widerrufsvorbehalt** behält sich die Verwaltung die Möglichkeit der späteren, nachträglichen Rückgängigmachung eines einmal erlassenen VA vor. Der Begünstigte des VA kann insoweit nicht auf den unbegrenzten Bestand dieses VA vertrauen.[135]

Beispiel: Das Überbrückungsgeld welches die Bundesagentur für Arbeit einem Arbeitslosen für die Aufnahme einer selbständigen Tätigkeit gemäß §§ 57, 58 SGB III gewährt, steht unter dem Widerrufsvorbehalt der Rückforderung, wenn der Arbeitslose die selbständige Tätigkeit innerhalb des Bewilligungszeitraums abgebrochen hat. Geschieht dies, wird die Bewilligung rückwirkend aufgehoben, mit der Folge, dass bereits geflossene Leistungen zu erstatten sind.

---

133 Einzelheiten vgl. Bull/Mehde, § 18, Rn. 727-729; Schmidt, Rn. 816-818; Papenheim, Kap. 40.3.2, v. Wulffen, § 32 SGB X, Rn. 36.
134 Einzelheiten vgl. v. Wulffen, § 32 SGB X, Rn. 14-17; Fichte, § 3, Rn. 65/66.
135 Einzelheiten s. o. Kap. 9.4; vgl. auch: LPK-SGB X, § 32, Rn. 15.

- Ähnlich wie bei der Bedingung, wird die **Auflage** von einem zukünftigen Ereignis abhängig gemacht. Es ist aber ein Ereignis, welches eine **eigenständige Verpflichtung** des Begünstigen bildet. Dem Begünstigten wird ein „Tun, Dulden oder Unterlassen" vorgeschrieben.

Beispiel: A bekommt seine Fahrerlaubnis wieder, ist allerdings verpflichtet, in regelmäßigen Abständen der Straßenverkehrsbehörde seine Alkoholabstinenz nachzuweisen.

- Beim **Auflagenvorbehalt** ergeht der VA mit der Ankündigung, dass die Behörde berechtigt ist, nachträglich noch eine Auflage zu erlassen, d. h. die Behörde hält sich die Option offen, eine Begünstigung nachträglich noch an eine Gegenleistung zu knüpfen, die im Auflagenvorbehalt näher beschrieben wurde.[136]

Beispiel: Eine Genehmigung zum Betrieb eines Kinderheims nach § 45 Abs. 2 SGB VIII wird erteilt mit dem Auflagenvorbehalt, dass der Einbau von zusätzlichen Sanitärräumen angeordnet ist, sollte sich die Anzahl der Kinder dauerhaft auf eine bestimmte Zahl erhöhen.

4.8 Übersichten

Übersicht 1: Handlungsformen der Verwaltung

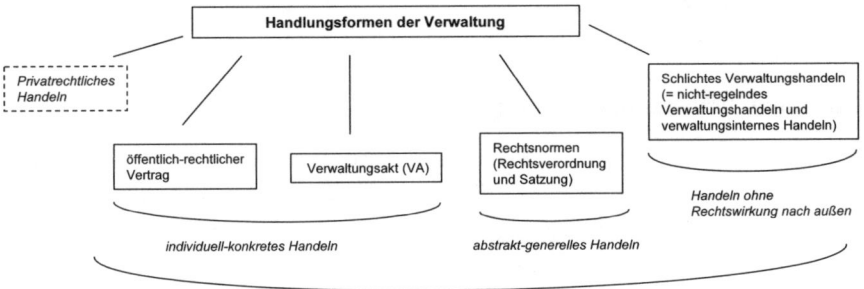

---

136 Einzelheiten vgl. LPK-SGB X, § 32, Rn. 20/21.

Übersicht 2: Elemente des VA

Definition	Merkmale	Abgrenzung
Handeln – im Über-Unterordnungsverhältnis zwischen Bürger und Staat, – aufgrund einer Rechtsnorm, die einen Träger öffentlicher Gewalt einseitig berechtigt oder verpflichtet.	*Maßnahme auf dem Gebiet des öffentlichen Rechts*	Privatrechtliches Handeln der Verwaltung, Handeln einer juristischen Person des Privatrechts der mittelbaren Verwaltung
– Organe einer juristischen Person des öffentlichen Rechts, – jede Stelle, die staatliche Aufgaben wahrnimmt	*Behörde*	Privatrechtssubjekte, d. h. natürliche Personen und juristische Personen des Privatrechts
Einseitig verbindliche Anordnung mit unmittelbarer rechtlicher Wirkung, die die Rechtsposition des Betroffenen neu gestaltet.	*zur Regelung/ unmittelbare Rechtswirkung*	Schlichtes Verwaltungshandeln, d. h. Realakte oder nicht-regelndes Verwaltungshandeln, z.B. Beratung, Informationen, vorbereitende Maßnahmen, z.B. Gutachten, Hausbesuche etc. Öffentlich-rechtlicher Vertrag
Regelung betrifft einen konkreten Sachverhalt, richtet sich an eine bestimmte individualisierbare Person.	*Einzelfall*	Abstrakt-generelle Regelungen: Rechtsverordnung, Satzung Konkret-generelle Regelungen: Allgemeinverfügung
Rechtswirkung der Maßnahme entsteht gegenüber natürlichen oder juristischen Personen, die außerhalb der öffentlichen Verwaltung stehen.	*Außenwirkung*	Verwaltungsinternes Handeln (z.B. Verwaltungsvorschriften, Richtlinien, dienstliche Anweisungen)

Übersicht 3: Nebenbestimmungen

Nebenbestimmungen § 32 SGB X / § 36 VwVfG				
Nur zulässig • **bei Ermessen** • wenn gesetzlich zugelassen				
unabhängig von der Haupt-Regelung anfechtbar				
A r t e n				
Befristung	**Bedingung**	**Widerrufs-vorbehalt**	**Auflage**	**Auflagen-vorbehalt**
= zeitliche Begrenzung der Hauptregelung	= Wirksamkeit Hauptregelung ist von zukünftigem ungewissen Ereignis abhängig	= Hauptregelung darf rückwirkend wieder aufgehoben werden	= Hauptregelung ist verbunden mit einem Tun, Dulden oder Unterlassen des VA-Adressaten	= Auflage kann auch noch nachträglich erlassen werden

Übungsfragen

1. Wofür ist die Abgrenzung der einzelnen Handlungsformen der Verwaltung von Bedeutung?

2. Was sind die Unterschiede und Gemeinsamkeiten zwischen einer Satzung, einer Verwaltungsvorschrift und einer Allgemeinverfügung?

3. E hat familiäre Probleme mit ihren Sohn J. Sie wendet sich an ihr zuständiges Jugendamt. Mit der dortigen Sozialpädagogin führt sie ein längeres Beratungsgespräch. Einige Tage später erhält E eine mit „Bescheid" überschriebene schriftliche Mitteilung, in der sie aufgefordert wird, am 25. des Monats zusammen mit J beim Jugendamt zu erscheinen. VA oder nicht?

4. A ist arbeitslos und beantragt beim zuständigen Jobcenter ALG II. Als er seine Unterlagen abgibt, erklärt sein Sachbearbeiter, es sähe alles ganz gut aus und er könne wohl mit einer Bewilligung in den nächsten Tagen rechnen. Zu seiner Überraschung erhält A dann einige Tage später einen ablehnenden Bescheid. Kann A aufgrund der Aussage seines Sachbearbeiters trotzdem ALG II verlangen?

(Lösungen siehe www.lehrbuch-sozialverwaltungsrecht.de)

Weiterführende Literatur

Dörr, Gernot/Francke, Konrad, Sozialverwaltungsrecht, 2. Aufl. 2006, Kap. 5 u. 6; Ipsen, Jörn, Allgemeines Verwaltungsrecht, 5. Aufl. 2007, §§ 5, 6, 9, 12 und 13.

5. Rechtmäßigkeit des Verwaltungshandelns

■ **Die rechtsstaatliche Pflicht zu rechtmäßigem Verwaltungshandeln wird anhand der verfassungsrechtlichen Begriffe Gesetzesvorrang und Gesetzesvorbehalt erläutert. Weitere Themen sind der Umgang mit unbestimmten Rechtsbegriffen und das Verwaltungsermessen. Die Methoden der juristischen Auslegung und die Subsumtionstechnik, die Unterschiede zwischen formellem und materiellem Recht werden erklärt und es wird die Rechtmäßigkeitsprüfung eines Verwaltungsaktes dargestellt.**

5.1 Rechtsstaatsprinzip

Artikel 20 Abs. 3 GG regelt das **Rechtsstaatsprinzip**, d. h. ein weiteres, für die Verwaltung bedeutsames Staatsprinzip.

Nach dem **Rechtsstaatprinzip** ist die gesamte Staatsgewalt, also auch die vollziehende Gewalt „**an Gesetz und Recht gebunden**". Für die Verwaltung besteht damit das verfassungsrechtliche Gebot zu rechtmäßigem Handeln, d. h. bei ihren Handlungen **alle Rechtsnormen** (Verfassung, Gesetze, Rechtsverordnungen, Satzungen) **zu beachten**.[137] Die Verwaltung kann nicht selbst über Voraussetzungen und Umfang ihrer Handlungen bestimmen, sondern ist, genauso wie der Bürger, an die allgemeinverbindlichen Regelungen unserer **Rechtsordnung** gebunden.

Der Grund für die strikte Gesetzesbindung der Verwaltung ergibt sich aus dem Prinzip des demokratischen Rechtsstaats: Nur die Legislative, die die Gesetze erlässt, ist durch Wahlen vom Volk unmittelbar demokratisch legitimiert worden. Um eine annähernd gleiche Legitimation für die Handlungen der anderen Staatsgewalten zu erreichen, müssen sie den Gesetzen unterworfen sein.[138]

---

137 Einzelheiten vgl. Falterbaum, S. 36-39; Maurer, Staatsrecht, § 8, Rn. 13-18.
138 Vgl. Zippelius, § 12, Rn. 8

Die Einhaltung des Rechtsstaatsprinzips durch die Verwaltung unterliegt der **gerichtlichen Kontrolle**. Nach Art. 19 Abs. 4 GG steht „jedermann der Rechtsweg offen", d.h. die Möglichkeit bei einer Gerichtsbarkeit um Rechtsschutz nachzusuchen, wenn er geltend machen kann, durch eine Handlung „der öffentlichen Gewalt in seinen Rechten verletzt zu sein"[139]. Letztverbindliche und damit maßgebende Entscheidung darüber, ob eine konkrete Handlung der Verwaltung rechtmäßig ist oder nicht, steht den Gerichten zu.[140]

Für die Verwaltung setzt sich das Rechtsstaatsprinzip aus zwei Geboten zusammen: Dem **Gesetzesvorbehalt** und dem **Gesetzesvorrang**.

5.1.1 Gesetzesvorrang

Der Gesetzesvorrang bedeutet, dass die Verwaltung nicht gegen bestehende Rechtsnormen verstoßen darf. Das Gesetz geht der Verwaltung vor. Jedes Handeln der Verwaltung muss **im Einklang mit der geltenden Rechtsordnung** stehen. Das Handeln der Verwaltung darf nicht gegen **höherrangiges Recht** verstoßen, insbesondere nicht gegen die Verfassung oder gegen Verfassungsprinzipien, wie z.B. die Grundrechte.[141]

Konkret ausgedrückt bedeutet dies: Jeder Einzelakt (VA oder öffentlichrechtlicher Vertrag) muss die bestehenden Gesetze einhalten. Gesetze, auf denen der Einzelakt beruht, müssen ihrerseits mit der Verfassung übereinstimmen. Satzungen oder Rechtsverordnungen unterliegen der Hierarchie der Normen[142], auch sie müssen mit dem übergeordneten Recht übereinstimmen. Auch das schlichte Verwaltungshandeln unterliegt der Bindung durch den Gesetzesvorrang: Zum Beispiel müssen Verwaltungsvorschriften im Einklang mit übergeordnetem Recht stehen, Realakte oder Vorbereitungshandeln dürfen die Rechte der Bürger nicht verletzen.

Liegt ein Verstoß gegen den Gesetzesvorrang vor, so werden die Einzelakte und das schlichte Verwaltungshandeln nichtig oder anfechtbar, die Rechtsnormen ungültig.[143]

---

139 Einzelheiten s. u. Kap. 11.3.4.
140 Siehe oben Kap. 2.1.
141 Einzelheiten vgl. Wolff/Bachof, § 30, Rn. 5-27.
142 Siehe oben Kap. 1.4.6.
143 Siehe unten Kap 7.

5.1.2 Gesetzesvorbehalt

> Der Gesetzesvorbehalt geht noch weiter als der Gesetzesvorrang. Nicht nur, dass die Verwaltung nicht gegen bestehende Rechtsnormen verstoßen darf, jegliches Handeln der Verwaltung muss sich **auf ein Gesetz zurückführen lassen** bzw. bedarf einer **Rechtsgrundlage**.

Diese Bindung der Verwaltung an das Gesetz gilt universell: In **allen Sachgebieten** der Verwaltung, sowohl in der **Eingriffs-** als auch in der **Leistungsverwaltung** und für **alle Handlungsformen**, seien es Einzelakte, schlichtes Verwaltungshandeln oder Rechtsverordnungen und Satzungen.[144] Für das **Sozialrecht** wird der Gesetzesvorbehalt noch einmal deutlich formuliert in **§ 31 SGB I**, wonach „die Begründung, Feststellung, Abänderung und Aufhebung von Rechten und Pflichten" nur auf der Grundlage eines Gesetzes geschehen kann.[145]

> Unterschiede gibt es hinsichtlich der **Anforderungen an die Bestimmtheit** der Rechtsgrundlage. Es gilt der Grundsatz, dass, **je stärker** sich das Handeln der Verwaltung auf die Rechtsstellung des Bürgers auswirkt, **desto präziser** die gesetzliche Grundlage sein muss.[146]

Damit ergeben sich folgende Kriterien für die unterschiedlichen Handlungsformen der Verwaltung:

- Mit einem **VA**, wird für den Bürger einseitig verbindlich ein Rechtsverhältnis neu gestaltet. Diese erhebliche Auswirkung auf die Rechtsstellung des Bürgers erfordert eine entsprechend präzise rechtliche Grundlage. Voraussetzungen für den Erlass des VA und gesetzliche Zulässigkeit der ausgesprochenen Regelung muss sich daher aus dem Gesetz (bzw. aus einer auf dem Gesetz beruhenden Rechtsverordnung) ergeben. Dies ist im Folgenden unter Ziff. 5.2 dargestellt.

- Das **schlichte Verwaltungshandeln** (Realakte, nicht-regelndes Verwaltungshandeln, verwaltungsinternes Handeln), welches weniger bzw. keine **unmittelbaren** Auswirkungen auf die Rechtsstellung des Bürgers hat, erfordert keine so deutlich rechtliche Grundlage. Es ist i.d.R. bereits durch die **gesetzliche Aufgabenzuweisung** an die Verwaltung abgedeckt. Das Gesetz welches der Verwaltung eine bestimmte Aufgabe überträgt, ermächtigt sie damit,

---

144 Vgl. Ipsen, Verwaltungsrecht, Rn. 612-617; Bull/Mehde, § 5, Rn. 159-179.
145 Einzelheiten vgl. Dörr/Francke, Kap. 3, Rn. 25-39.
146 Vgl. Detterbeck, Rn. 277/278.

alles zu tun, was notwendig ist, um die Aufgabe zu erfüllen.[147] Zu beachten ist jedoch auch hier das Wechselspiel zwischen präziser gesetzlicher Regelung und Auswirkung des Verwaltungshandelns auf die Rechtsstellung des Bürgers. Im Einzelfall ist daher auch eine genaue gesetzliche Regelung für schlichtes Verwaltungshandeln zu fordern.

Beispiele: In § 17 SGB XI werden die Pflegekassen ermächtigt, Richtlinien (= Verwaltungsvorschriften) zu erlassen über die Merkmale der Pflegebedürftigkeit, der Pflegestufen und zum Verfahren zur Feststellung der Pflegebedürftigkeit. Die Richtlinien haben erhebliche Auswirkungen auf die konkreten sozialen Rechte des Bürgers. Also musste in § 17 SGB XI der Umfang dessen, was die Verwaltung per Verwaltungsvorschrift regeln darf, gesetzlich genau bestimmt werden.
In § 44 Abs. 3 SGB VIII ist geregelt, dass das Jugendamt an Ort und Stelle überprüfen kann, ob jemandem die Erlaubnis für die Aufnahme von Pflegekindern erteilt werden kann. Die Überprüfung ist vorbereitendes Verwaltungshandeln für die Entscheidung darüber, ob jemand eine solche Erlaubnis erhalten kann oder nicht. Die Vorschrift berechtigt die Verwaltung, hierzu den verfassungsrechtlich geschützten Privatbereich des Bürgers (Wohnung, vgl. Art. 13 GG) zu betreten.
In § 21 SGB X ist allgemein die Befugnis für die Sozialverwaltung geregelt, alle Arten von Beweisen zu erheben, die sie für ihre Entscheidung braucht (z.B. Anhörung von Zeugen, Sachverständigen, Anforderung von Urkunden und Inaugenscheinnahme tatsächlicher Verhältnisse). Damit bildet die Vorschrift auch die Rechtsgrundlage für Hausbesuche, z.B. zwecks Prüfungen im Sozialhilferecht. Ob dies eine ausreichend präzise Rechtsgrundlage ist, ist allerdings umstritten.[148]

- Für das **generell-abstrakte Handeln** der Verwaltung (Erlass von Rechtsverordnungen und Satzungen) gelten als Rechtsgrundlagen die Ermächtigungsnormen, die der Verwaltung das Tätigwerden in dieser Handlungsform gestatten.

Beispiele: Art. 80 GG ist die generelle, verfassungsrechtliche Befugnisnorm für den Erlass von Rechtsverordnungen. Einfachgesetzlich geregelt ist die Befugnis zum Erlass von Rechtsverordnungen dann in einer Vorschrift des jeweiligen Spezialgesetzes, z.B. in § 27 SGB II für die Befugnis der Bundesagentur für Arbeit, bestimmte Details des SGB II-Rechts durch Rechtsverordnungen zu regeln.
Die Befugnis zum Erlass von Satzungen befindet sich in jeder Gemeindeordnung, vgl. z.B. § 7 der Gemeindeordnung Nordrhein-Westfalen.
Die Befugnis zum Erlass von Satzungen über Grundlagen und Organisationsstruktur der Sozialversicherungsträger ist ebenfalls in dem jeweiligen Spezialgesetz geregelt, z.B. für die Krankenkassen in § 194 SGB V.

---

147 Einzelheiten vgl. Ipsen, Verwaltungsrecht, Rn. 831-843.
148 Vgl. v. Wulffen, § 21 SGB X, Rn. 10.

5.2 Rechtsgrundlagen

Der VA ist die typische und häufigste Handlungsform der Verwaltung. Mit dem Erlass eines VA wendet die Verwaltung das Recht an, setzt es in Beziehung zu einem konkreten Einzelfall und beeinflusst damit unmittelbar die Rechtsstellung des Bürgers. Gemäß der Verpflichtung zur Rechtmäßigkeit bedarf der VA einer Rechtsgrundlage. Seine einzelfallbezogene Regelung muss der Rechtsgrundlage entsprechen. Fehlt dem VA eine gesetzliche Grundlage oder entspricht der VA nicht den Regelungen der Rechtsgrundlage so ist er rechtswidrig und damit anfechtbar.[149]

Eine Rechtsgrundlage ist eine konditional gefasste Anordnung, bzw. aus der gesetzlichen Formulierung ergibt sich ein „**Wenn-dann**"-Satz, der aus zwei Teilen besteht: **Tatbestandsvoraussetzungen** und **Rechtsfolge**.[150] Wenn ein bestimmter Sachverhalt den Tatbestand einer Rechtsnorm verwirklicht, dann soll die dort vorgesehene Rechtsfolge eintreten.

Somit wird in einer Rechtsgrundlage eine **Regelung unter einer Bedingung** formuliert. Die Bedingungen sind die Tatbestandsvoraussetzungen. Verwirklichen sich die Bedingungen in dem von der Verwaltung zu beurteilenden Fall, so tritt die im Gesetz vorgesehene Rechtsfolge ein.

Beispiel: § 7 Abs. 1 S. 1 SGB II: „ Leistungen nach diesem Buch erhalten Personen, die 1. das 15. Lebensjahr vollendet und das 65. Lebensjahr noch nicht vollendet haben, 2. erwerbsfähig sind, 3. hilfebedürftig sind, 4. ihren gewöhnlichen Aufenthalt in der Bundesrepublik Deutschland haben." Wenn eine Person alle vier Tatbestandsvoraussetzungen erfüllt, dann tritt die Rechtsfolge ein, nämlich dass sie SGB II Leistungen (z. B. ALG II oder Vermittlungsleistungen) erhält.

Die Tatbestandsvoraussetzungen können auch alternativ sein:

Beispiel: § 27 Abs. 1 S. 1 SGB V: „Versicherte haben Anspruch auf Krankenbehandlung, wenn sie notwendig ist, um eine Krankheit zu erkennen, zu heilen, ihre Verschlimmerung zu verhüten oder Krankheitsbeschwerden zu lindern." Tatbestandsvoraussetzungen sind zum einen der „Versicherte" zum anderen die „Notwendigkeit". Zusätzlich muss eine vier Tatbestandsalternativen vorliegen, also z. B. „Krankheit erkennen". Eine Prophylaxe-Untersuchung ist notwendig, weil sie den Tatbestand „Krankheit erkennen" verwirklicht. Die Rechtsfolge ist „Anspruch auf Krankenbehandlung", d. h. Übernahme der Kosten durch die Krankenversicherung.

---

149 Siehe unten Kap. 7.
150 Einzelheiten vgl. Haug, Kap. 1, Rn. 38-51.

Rechtsgrundlagen sind nicht nur Grundlagen für Leistungen, sondern auch Grundlage für belastende Maßnahmen, z. B. für die Aufrechterlegung einer Pflicht:

> **Beispiel:** § 309 SGB III Abs. 1. S. 1 „Der Arbeitslose hat sich während der Zeit, für die er Anspruch auf Arbeitslosengeld erhebt, bei der Agentur für Arbeit oder einer sonstigen Dienststelle persönlich zu melden oder zu einem ärztlichen oder psychologischen Untersuchungstermin zu erscheinen, wenn die Agentur für Arbeit ihn dazu auffordert."
> Tatbestandsvoraussetzung ist „der Arbeitslose" und das Beanspruchen von „Arbeitslosengeld". Rechtsfolge sind die verschiedenen Meldepflichten, je nachdem wozu die Agentur für Arbeit den Arbeitslosen auffordert.

Eine Rechtsgrundlage kann sich auch aus mehreren Vorschriften zusammensetzen:

> **Beispiel:** Rechtsgrundlage für die Erstausstattung einer Wohnung, die ein ehemals Obdachloser erstmalig wieder bezieht: § 23 Abs. 3 Nr. 1 SGB II lautet: „Leistungen für Wohnung einschließlich Haushaltsgeräten sind nicht von der Regelleistung erfasst. Sie werden gesondert erbracht." Diese Regelung ist zu verbinden mit der grundsätzlichen Berechtigung, überhaupt Leistungen nach dem SGB II beanspruchen zu können, also mit § 7 Abs. 1 S. 1 SGB II (s. o.).

Nicht jede Rechtsnorm ist eine Rechtsgrundlage. Abzugrenzen sind die Rechtsgrundlagen z. B. von **Legaldefinitionen**, d. h. Regelungen, in denen lediglich Begriffe erklärt werden, die an anderer Stelle im Gesetz vorkommen. Legaldefinitionen vermitteln jedoch keine Leistungsansprüche oder behördlichen Befugnisse.

> **Beispiel:** § 119 Abs. 1 S.1 SGB III: Arbeitslos ist ein Arbeitnehmer, der 1. nicht in einem Beschäftigungsverhältnis steht, 2. sich bemüht, seine Beschäftigungslosigkeit zu beenden, 3. den Vermittlungsbemühungen der Agentur für Arbeit zur Verfügung steht."
> Welche Leistungen ein Arbeitsloser von der Agentur für Arbeit bekommen kann oder welche Pflichten er hat, sagt die Vorschrift nicht. Dies ist in anderen Bestimmungen des SGB III geregelt, die das Vorliegen von Arbeitslosigkeit i. S. d. § 119 Abs. 1 S. 1 SGB III voraussetzen.

Abzugrenzen sind die Rechtsgrundlagen auch von den **rechtsvernichtenden Bestimmungen**. Diese sind das Gegenteil einer Rechtsgrundlage. Das heißt durch die Verwirklichung einer rechtsvernichtenden Bestimmung wird eine Rechtsgrundlage, die eigentlich verwirklicht ist, wieder aufgehoben.

Beispiel: § 27 Abs. 1 AufenthG verleiht einem Ausländer das Recht, eine Aufenthaltserlaubnis aus familiären Gründen (z. B. der Eheschließung mit einem Deutschen) zu erhalten. In § 27 Abs. 1 a Nr. 1 AufenthG heißt es: „Ein Familiennachzug wird nicht zugelassen, wenn feststeht, dass die Ehe oder das Verwandtschaftsverhältnis ausschließlich zu dem Zweck geschlossen oder begründet wurde, dem Nachziehenden die Einreise in das und den Aufenthalt im Bundesgebiet zu ermöglichen (…)."
Damit wird das formal eigentlich bestehende Recht auf eine Aufenthaltserlaubnis aufgehoben.

Keine Rechtsgrundlagen sind ferner auch Regelungen, mit denen ganz allgemeine Zielvorstellungen und Grundprinzipien eines Gesetzes festgelegt werden, die den **Leitgedanken** eines Gesetzes prägen sollen.

Beispiel: § 1 Abs. 1 S. 1 SGB I: „Das Recht des Sozialgesetzbuchs soll zur Verwirklichung sozialer Gerechtigkeit und sozialer Sicherheit Sozialleistungen einschließlich sozialer und erzieherischer Hilfen gestalten."
Die Vorschrift legt fest, was der Leitgedanke des SGB sein soll: Verwirklichung sozialer Gerechtigkeit und sozialer Sicherheit.

Diese Art von Regelungen werden z. B. herangezogen, wenn Tatbestandsvoraussetzungen aus einer Rechtsgrundlage **ausgelegt**, d. h. konkretisiert, werden müssen.[151] Sie können sich u. U. zur Rechtsgrundlage entwickeln, wenn eine präzise Rechtsgrundlage fehlt. Zwar gilt das Prinzip, dass immer die **speziellere Rechtsnorm anzuwenden ist und allgemeineren Bestimmungen vorgeht.** Fehlt jedoch eine präzise Rechtsgrundlage für einen ansonsten gerechtfertigten Anspruch, kann auf die **nächstallgemeinere Vorschrift zurückgegriffen werden**, um den Anspruch zu begründen, u. U. auch auf Vorschriften, die lediglich einen Leitgedanken des Gesetzes illustrieren.

Es ist eines der Hauptprobleme in der Praxis oder bei der Falllösung in einer Klausur, die **entscheidende Rechtsnorm aufzufinden.** Selbstverständlich führt für die Rechtsanwendung, d. h. auch für die soziale Arbeit, kein Weg daran vorbei, zumindest eine generelle Orientierung über die anzuwendenden Gesetze zu haben. Ausreichend ist jedoch zunächst, zu wissen, **„wo etwas steht",** Einzelheiten können dann durch Nachschlagen ermittelt werden.

Bei der Suche nach der Rechtsgrundlage ist von der Rechtsfolge auszugehen.[152] Das heißt, welche Rechtsnorm sieht als Rechtsfolge den Anspruch, den man gerne erreichen möchte, vor? Oder im umge-

---

151 Einzelheiten s. u. Kap. 5.3.
152 Vgl. Kievel, Kap. 20.2.2.

kehrten Fall: Welche Rechtsnorm sieht als Rechtsfolge das belastende Verwaltungshandeln, mit dem man konfrontiert ist, vor?

Eine Orientierung bieten z. B. die **Stichwortverzeichnisse** in allen gängigen
Textausgaben von Gesetzestexten. Führt dies nicht zum Erfolg, bleibt die
systematische Vorgehensweise: In welchem Gesetz und dort unter welchem
Kapitel könnte die Rechtsgrundlage zu finden sein? Jedes Gesetz ist zumindest so strukturiert, dass sich anhand der **Kapitel-** oder **Abschnittsüber-
schriften** eine Zuordnung möglicher Rechtsgrundlagen vornehmen lässt.
Jede einzelne Rechtsnormen hat eine Überschrift, anhand derer man sich
gleichfalls orientieren kann. **Suchmaschinen** oder juristische **Internetseiten**
bieten gleichfalls eine gute Orientierung.[153]

Gemäß § 35 SGB X ist die Verwaltung verpflichtet, schriftliche VAe zu
begründen, d. h. auch, die Rechtsgrundlagen anzugeben. Tut sie dies nicht
– was leider nicht selten vorkommt – so besteht jedoch gemäß §§ 13-17
SGB I ein **Anspruch auf Information**. Das heißt, mindestens auf Nachfra-
ge hin, muss die Verwaltung die maßgeblichen Rechtsgrundlagen für eine
Entscheidung benennen.

5.3 Tatbestandsvoraussetzungen/ unbestimmte Rechtsbegriffe

Rechtsnormen, die die Rechtsgrundlagen für die Entscheidung über konkrete Einzelfälle bilden, sind **generell-abstrakt** formuliert. Der Grund hierfür
ist klar:

> Rechtsnormen richten sich an einen unbestimmten Personenkreis und
> sollen eine sachgerechte Regelung für eine **unbestimmte Vielzahl
> von Fällen** und **Lebenssituationen** ermöglichen. Damit die Verwal-
> tung flexibel sein kann und damit die Tatbestandsvoraussetzungen ei-

---

153 Gesetzestexte findet man z. B.: www.gesetze-im-internet.de, www.rechtliches.de.
Für die Stichwortsuche stehen diverse juristische Webseiten und Suchmaschinen
zur Verfügung (teils kostenpflichtig, teils kostenfrei).
Kostenpflichtig z. B.: www.juris.de, www.beck-online.de. Kostenfrei: www.zu-
recht.de, www.rechtsfinder.de, www.jura-lotse.de; ferner die Webseiten juristischer Fakultäten, z. B.: www.jura-uni-augsburg.de, www.jura.uni-sb.de; die Webseiten der Gerichte, insbesondere der Bundes- und Oberlandesgerichte, die ebenfalls meist eine Stichwortsuche eingerichtet haben. Informativ auch die Webseiten
von Ministerien (z. B. BMJ, BMGS). Ebenfalls zu empfehlen-zwar keine juristische Datenbank, jedoch ein äußerst umfangreiches und somit häufig äußerst hilf-
reiches Internet-Lexikon: www.wikipedia.org. (dort allerdings keine Qualitätskon-
trolle!). Empfehlenswert für das SGB II und Sozialhilferecht: www.tacheles.de.

ner Rechtsnorm auf zahllose, sich immer wieder neu ergebende Fall-konstellationen Anwendung finden können, ist oft ein sehr hoher **Abstraktionsgrad** bei der Formulierung erforderlich. Die Folge ist die Verwendung von Begriffen, deren Dimension sich nicht auf den ersten Blick erschließt, sondern erst im Wege der **Auslegung** ermittelt werden kann. Solche Tatbestandsvoraussetzungen nennt man **unbestimmte Rechtsbegriffe**.

Beispiele:

- „angemessen", vgl. § 22 Abs. 1 SGB II, § 12 Abs. 3 Nr. 1-5 SGB II,
- „besondere Härte", vgl. § 12 Abs. 3 Nr. 6 SGB II, §§ 31 Abs.2, 32 Abs. 4, 50 AufenthG
- „unabweisbar", vgl. § 23 Abs. 1 SGB II, § 24 Abs. 1 SGB XII, § 1a AsylbLG
- „das Unerlässliche", vgl. § 26 SGB XII
- „unverhältnismäßige Mehrkosten", vgl. § 9 Abs. 2 SGB XII
- „wichtiger Grund", vgl. § 144 Abs. 1 SGB III
- „Wohl des Kindes", vgl. § 27 Abs. 1 SGB VIII

Die Verwaltung muss bei der Rechtsanwendung eine Entscheidung treffen: Verwirklicht der von ihr zu beurteilende Fall die gesetzlichen Tatbestandsvoraussetzungen oder nicht? Es gibt zwar viele Situationen, bei denen dies sofort klar ist. Dazwischen liegen jedoch stets **Grenzfälle**, bei denen Erfüllung des unbestimmten Rechtsbegriffs zweifelhaft und strittig sein kann. Die Auslegung bzw. die Anwendung der unbestimmten Rechtsbegriffe auf den Einzelfall erfordert meist eine **Wertung** und eine **Abwägung** von sehr unterschiedlichen Gesichtspunkten. Obwohl eigentlich mehrere Lösungen gleichermaßen denkbar sind, gilt gleichwohl, dass nur eine Entscheidung richtig – d. h. gültig und verbindlich – sein soll.[154]

Die Auslegung unbestimmter Rechtsbegriffe durch die Verwaltung ist – bis auf wenige Ausnahmen[155] – **gerichtlich voll überprüfbar**. Das heißt, die Sozial- oder Verwaltungsgerichte sind berechtigt, im Rahmen eines gerichtlichen Verfahrens die Auslegung der unbestimmten Rechtsbegriffe durch die Verwaltung zu überprüfen und ggf. durch eine eigene Wertung/Abwägung zu ersetzen. Damit sind es die Gerichte, die **letztendlich entscheiden**, ob die Auslegung eines unbestimmten Rechtsbegriffes, richtig oder falsch war und die Entscheidung der Verwaltung bestehen bleiben kann oder nicht.

---

154 Vgl. Schmidt, Rn. 262. Innerhalb der juristischen Ausbildung gilt jedoch, dass jede vertretbare Lösung zu akzeptieren ist, sofern man sie überzeugend, (z. B. unter korrekter Anwendung der juristischen Auslegungsmethoden) zu begründen vermag.

155 So z. B. bei Prüfungsentscheidungen (Schul- oder Hochschulnoten), weitere Einzelheiten vgl. Schmidt, 283-294; Ipsen, Verwaltungsrecht, Rn. 478-510.

Auslegung ist erforderlich im Rahmen jeder Rechtsanwendung. Unter Auslegung ist die **Klarstellung, Konkretisierung** oder **Interpretation** eines rechtlichen Begriffes (oder einer Rechtsnorm) zu verstehen. Ziel einer jeden Auslegung soll sein, den im Text der Rechtsnorm abstrakt dargestellten **Willen des Gesetzgebers** bezogen auf den konkreten Einzelfall zu verwirklichen.[156]

Bei der Auslegung unbestimmter Rechtsbegriffe stehen **verschiedene Hilfsmittel** zur Verfügung: Zunächst bieten die Gesetze, Rechtsverordnungen oder Verwaltungsvorschriften selbst Hilfestellung, in dem durch **Legaldefinitionen**, unbestimmte Rechtsbegriffe konkretisiert werden.

> **Beispiel:** „Zumutbarkeit" in § 10 SGB II. Es heißt „Dem erwerbsfähigen Hilfebedürftigen ist jede Arbeit zumutbar, es sei denn, dass ..." und es folgt eine Aufzählung von Regelbeispielen, die den Begriff der Zumutbarkeit genauer umschreiben und eine Einordnung vieler Fallgruppen ermöglichen.

Verwaltungsvorschriften werden meist zu dem Zweck erlassen, unbestimmte Rechtsbegriffe zu konkretisieren und die Rechtsanwendung zu vereinfachen. Sie bieten eine gute Hilfestellung bei der Auslegung. Zu beachten ist jedoch, dass sie als verwaltungsinternes Handeln nicht die absolute Geltungskraft wie eine gesetzliche Legaldefinition besitzen. Die Verwaltungsvorschrift kann daher nicht in jedem Fall das Auffinden und Begründen einer eigenständigen Lösung ersetzen.[157]

Das wichtigste Hilfsmittel bei der Rechtsanwendung ist die Verwendung von **Kommentarliteratur,** in der die Anwendung unbestimmter Rechtsbegriffe in Einzelfällen, die in der Praxis bereits entschieden wurden, dargestellt und aufbereitet wird.[158] Durch den Vergleich „seines Falles" mit bereits entschiedenen, kommt man i.d.R. ohne größere Schwierigkeiten zu einem gut begründbaren Ergebnis.

Schließlich steht noch die Verwendung der „klassischen" juristischen Auslegungsmethoden zur Verfügung.[159] Diese sind:

- **Grammatikalische Auslegung** (Auslegung nach dem Wortsinn): Sie ist der Ausgangspunkt jeder Auslegung und stellt ab auf die **Be-**

---

156 Siehe unten Kap. 5.5; Einzelheiten vgl. Falterbaum, S. 25-28.
157 Siehe oben Kap. 4.4; Einzelheiten vgl. Papenheim, Kap. 20.2
158 Vgl. z.B. § 21 Abs. 5 SGB II: „Mehrbedarf wegen kostenaufwändiger Ernährung aus medizinischen Gründen". Dies ist eine unbestimmte Regelung. In Kommentaren zum SGB II, z.B. LPK-SGB II, wird bei dem entsprechenden Paragraphen dargestellt, bei welchen Krankheiten welche Zusatzleistungen erbracht werden (vgl. LPK-SGB II, § 21, Rn. 24-32).
159 Einzelheiten vgl. Schmidt, Rn. 270-280; Haug, Rn. 65-76.

deutung der verwendeten Worte, sowohl im allgemeinen als auch im fachspezifischen Sprachgebrauch. Die Feststellung geschieht z. B. durch die Heranziehung von Sprach- oder Rechtswörterbüchern.

- **Systematische Auslegung** (Auslegung im Kontext des Gesetzes und der Rechtsordnung): Bei dieser Auslegung wird abgestellt auf den Gedanken, dass sich die Bedeutung einer Rechtsnorm/eines Begriffes erst durch den Kontext erschließen lässt.[160] Aufgrund der Widerspruchsfreiheit der Rechtsordnung ist eine Rechtsnorm/ein Begriff nicht isoliert, sondern im Gesamtzusammenhang zu betrachten. Heranzuziehen sind andere Vorschriften des Abschnittes, des Gesetzestextes (z. B. Rechtsnormen, in denen die Zielvorstellungen oder Grundprinzipien des Gesetzes festgelegt werden), anderer, vergleichbarer Gesetze oder die Verfassung.[161] Der auszulegende Begriff ist hiermit in Einklang zu bringen.

- Die **historische Auslegung** fragt nach der geschichtlichen Entwicklung der Rechtsnorm/des Begriffes. Was war die geistige, gesellschaftliche oder politische Ausgangslage im Zeitpunkt seiner Entstehung. Hat sich die Norm z. B. aus einem bereits früher bestehenden Gesetz oder Rechtsgrundsatz entwickelt, so ist dies zu berücksichtigen. Auch lassen sich über die Entstehungsgeschichte eines Gesetzes Rückschlüsse auf die Motive der gesetzgebenden Organe ziehen – also die bei den Beratungen geäußerten Meinungen und Absichten – um den objektiven Gesetzesinhalt zu erschließen.

- **Teleologische Auslegung** (Auslegung nach Sinn und Zweck des Gesetzes): Bei dieser Auslegung wird nach dem gesetzgeberischen Ziel gefragt, welches mit der zu interpretierenden Rechtsnorm/dem zu interpretierenden Begriff verfolgt wird. Welche unterschiedlichen Interessenlagen oder Rechtsgüter stehen sich gegenüber und wie bewertet der Gesetzgeber diese? Welche Interessen oder Rechtsgüter sollen geschützt werden, welche sollen zurücktreten? Unter Umständen sind dabei die anderen Auslegungsmethoden heranzuziehen.

- **Verfassungskonforme Auslegung** (Berücksichtigung von Verfassungsprinzipien, Grundrechten): Sie ist eine Unterform der systematischen Auslegung. Die verfassungskonforme Auslegung besagt, dass eine Norm die verschiedenen Interpretationen zugänglich ist, nicht so ausgelegt werden kann, dass sie gegen die Verfassung verstößt (und damit ungültig wäre). Grenze ist der eindeutige Wortlaut der Norm.

Beispiel: In § 90 SGB XII ist der Einsatz des Vermögens in der Sozialhilfe geregelt. Nach § 90 Abs. 1 SGB XII ist das gesamte verwertbare Vermögen

---

160 Vgl. Rüthers, § 22, Rn. 744-748
161 Hierzu vgl. auch „verfassungskonforme Auslegung".

für den Lebensunterhalt einzusetzen. In § 90 Abs. 2 SGB XII sind verschiedene Beispiele aufgezählt, welche Vermögensgegenstände nicht eingesetzt werden müssen. § 90 Abs. 3 SGB XII enthält eine Auffangregel mit einem unbestimmten Rechtsbegriff „besondere Härte".

T, 70 Jahre alt, bekommt nur so wenig Rente, dass sie ergänzend Sozialhilfe in Anspruch nehmen muss. Ihr Leben lang hat sie Geld in einer Bestattungsversicherung gespart, da es für sie enorm wichtig ist, einmal ein würdiges Begräbnis und ein anständiges Grab zu erhalten. Als das Sozialamt von ihr verlangt, die ersparte Bestattungsversicherung aufzulösen und das Geld für ihren Lebensunterhalt zu verwenden, ist T entsetzt und beruft sich auf § 90 Abs. 3 SGB XII.

Die Frage ist, ob eine besondere Härte vorliegt?

Der Begriff „besondere Härte" bedeutet nach dem Wortlaut einen „atypischen Ausnahmefall". Jeder Sozialhilfeempfänger ist gehalten, vorrangig seine eigenen Mittel zur Deckung seines Lebensunterhalt einzusetzen, ehe er staatliche Hilfe in Anspruch nimmt. Eine „besondere Härte" ist dies nur, wenn jemand mehr als der durchschnittliche Sozialhilfeempfänger von dieser Verpflichtung betroffen würde. Ist T in besonderer Weise betroffen? Würde sie der Verlust ihres Vermögens mehr treffen als den durchschnittlichen Sozialhilfeempfänger? Für sie ist die Bestattungsversicherung enorm wichtig, aber reichen ihre ganz persönlichen Vorstellungen, um anzunehmen, sie sei durch die Verpflichtung zum Vermögenseinsatz wesentlich stärker belastet als der durchschnittliche Sozialhilfeempfänger?

Allein mit der grammatikalischen Auslegung kommt man noch nicht weiter. Systematisch könnte man den Begriff „besondere Härte" im Zusammenhang mit anderen Rechtsnormen des Sozialhilferechts auslegen. In Betracht kommt ein Vergleich z. B. mit § 90 Abs. 2 SGB XII oder § 1 SGB XII.

Der Gedanke, Vermögensbestandteile auch aus rein persönlichen Gründen zu schützen ist dem Sozialhilferecht nicht fremd, wie § 90 Abs. 2 Nr. 6 SGB XII beweist (Schutz von Familien- und Erbstücken). Also könnte sich auch T auf die wichtige persönliche Bedeutung, die die Bestattungsversicherung für sie hat, berufen.

§ 1 SGB XII regelt die Leitgedanken des Sozialhilferechts. Diese sind neben der sparsamen Verwendung öffentlicher Mittel und der primären Verpflichtung zur Selbsthilfe auch die Wahrung der Menschenwürde. Dies entspricht auch dem Grundrecht aus Art. 1 Abs. 1 GG. Also sind im Fall von T auch Verfassungsprinzipien betroffen, die bei der Auslegung des unbestimmten Rechtsbegriffs beachtet werden müssen (verfassungskonforme Auslegung). Der Umgang mit seiner eigenen Sterblichkeit und der Endlichkeit des Lebens betreffen in höchstem Maße die Identität des Menschen. Der Staat darf aus Gründen der Menschenwürde die Identität des Menschen nicht brechen. Nach Art. 1 Abs. 1 GG ist daher auch Anspruch einer würdigen Bestattung verfassungsrechtlich fundiert. Hieraus folgt, dass eine Bestattungsvorsorge zu respektieren ist.[162]

---

162 Das Ergebnis ist nach wie vor strittig, d. h. derartige Fälle wurden von Gerichten auch anders entschieden, vgl. Grube/Wahrendorf, § 90 SGB XII, Rn. 44.

5.4   Rechtsfolge/Ermessen

Eine Rechtsgrundlage besteht aus zwei Teilen, Tatbestandsvoraussetzungen und Rechtsfolge. Liegen die Tatbestandsvoraussetzungen vor, so kann die Rechtsfolge eintreten.

Hierbei ist zu beachten, dass Rechtsgrundlagen **zwei Arten von Rechtsfolgen** vorsehen: **Gebundene Rechtsfolge** und **Ermessen**. Eine Rechtsfolge ist **gebunden**, wenn sie **zwingend** ist. Das heißt, wenn die Tatbestandsvoraussetzungen der Rechtsgrundlage vorliegen, bleibt der Verwaltung nur eine einzige Entscheidungsmöglichkeit, nämlich, dass die vorgesehene Rechtsfolge **automatisch** einzutreten hat.

Ermessen bedeutet die Eröffnung von **Entscheidungsspielräumen**. Das heißt, auch bei Vorliegen der Tatbestandsvoraussetzungen hat die Verwaltung die **Wahl unter verschiedenen Möglichkeiten**, z. B. welche Art von Rechtsfolge eintreten soll oder auch, ob die Verwaltung überhaupt tätig wird.

Welche Art von Rechtsfolge vorliegt, ist anhand der **Formulierung** zu erkennen, mit der in der Rechtsgrundlage Tatbestandsvoraussetzungen und Rechtsfolge verbunden werden.[163] Heißt es: „**ist**", „**hat zu**", „**muss**", „**hat Anspruch auf**", „**werden gewährt**", besteht eine gebundene Rechtsfolge. Werden Formulierungen wie, „**kann**", „**soll**", „**darf**", „**in der Regel**" verwendet, besteht für die Verwaltung ein Ermessensspielraum.

> **Beispiele:** § 53 Abs. 1 S. 1 SGB XII: „Wesentlich Behinderte erhalten Leistungen der Eingliederungshilfe" (= gebundene Rechtsfolge).
> § 53 Abs. 1 S. 2 SGB XII: „Personen mit einer anderen Behinderung (d. h. nicht wesentlich Behinderte) können Leistungen der Eingliederungshilfe erhalten" (= Ermessen).

Zweck der Ermessensspielräume ist es, der Verwaltung eigene Gestaltungsmöglichkeiten einzuräumen. Sie soll nach Zweckmäßigkeitsgesichtspunkten zwischen verschiednen Rechtsfolgen wählen sowie **flexibel** und lebensnah auf Vielgestaltigkeit von Sachverhalten reagieren können. Ermessen dient damit der **Einzelfallgerechtigkeit**[164].

Ermessen bedeutet nicht **Willkür**. Die Grenzen des Ermessens sind für das Sozialrecht in § 39 Abs. 1 SGB I festgelegt.[165] Die Einhaltung der gesetzli-

---

163   Einzelheiten vgl. Dörr/Francke, 3. Kap., Rn. 60-66.
164   Vgl. Schmidt, Rn. 295-298; Peine, Rn. 206.
165   Parallelvorschrift für das übrige Verwaltungsrecht: § 40 VwVfG.

chen Grenzen des Ermessens bedeutet, dass ein Anspruch auf Ausübung des „**pflichtgemäßen**" Ermessens besteht. Beachtet die Verwaltung die Grenzen des Ermessens bei ihrer Entscheidung nicht, liegt ein **Ermessensfehler** vor.[166] Dieser macht einen VA rechtswidrig und anfechtbar.

Im Unterschied zu der Anwendung unbestimmter Rechtsbegriffe eröffnet das Ermessen der Verwaltung einen Entscheidungsspielraum, der **gegenüber gerichtlicher Kontrolle abgesichert** ist. Die Sozial- oder Verwaltungsgerichte können ihre eigene Bewertung nicht an die Stelle der behördlichen Beurteilung des Falles setzen. Durch die Gerichte darf nur überprüft werden, ob ein Ermessensfehler vorliegt. Das Gericht darf das eigene Ermessen nicht an die Stelle des Ermessens der Verwaltung setzen, sondern hat im Fall der Feststellung eines Ermessensfehlers, den Fall an die Verwaltung zurück zu verweisen, mit der Anordnung eine neue fehlerfreie Ermessensentscheidung zu treffen.[167]

5.4.1 Arten des Ermessens

Es lassen sich verschiedene **Arten von Ermessensspielräumen** unterscheiden. Eine Unterscheidung besteht hinsichtlich der **Art und Weise** der Entscheidungsspielräume: Die Behörde hat einmal die Möglichkeit, zu entscheiden **ob sie tätig wird oder nicht**. Dies nennt man „**Entschließungsermessen**". Zum anderen hat sie die Möglichkeit zwischen mehreren Auswahlvarianten zu entscheiden, d.h. zu entscheiden, **wie** sie tätig wird. Dies nennt man „**Auswahlermessen**".[168]

> **Beispiele:** § 38 Abs. 1 S. 1 SGB XII: Geldleistungen können als Darlehen erbracht werden (= Entschließungsermessen, d.h. Entscheidung besteht zwischen ja oder nein).
> § 34 Abs. 1 S. 3 SGB XII: Geldleistungen können als Darlehen oder Beihilfe erbracht werden (= Auswahlermessen, d.h. welche Variante wird gewählt?).

Bedeutsamer ist die Unterscheidung von Ermessensspielräumen hinsichtlich des **Umfangs des Ermessens**. Es werden sogenannte „**Kann**"- und „**Soll**"-Vorschriften unterschieden. Bei den Kann-Vorschriften ist der Ermessensspielraum größer, die Behörde ist in keine bestimmte Richtung gebunden. Bei den Soll-Vorschriften ist der Ermessensspielraum kleiner. **Im Regelfall** ist hier die im Gesetz festgelegte Rechtsfolge verbindlich, nur in begründeten Ausnahmefällen, bei Vorliegen besonderer Umstände darf die Behörde

---

166 Siehe unten Kap. 5.4.2; Einzelheiten vgl. LPK-SGB I, § 39, Rn. 5/6 ; Peine, Rn. 214.
167 Vgl. Dörr/Francke, Kap. 3, Rn. 87 u. 93.
168 Vgl. Dörr/Francke, Kap. 3, Rn. 77-80; Schmidt, Rn. 303-305.

hiervon abweichen. Die Soll-Vorschrift steht damit zwischen Ermessen und gebundener Rechtsfolge.[169]

> **Beispiele:** § 34 Abs. 1 S. 1 SGB XII: Schulden **können** nur übernommen werden, wenn …
> § 34 Abs. 1 S. 2 SGB XII: Sie **sollen** übernommen, wenn …

Häufig findet man Rechtsgrundlagen, die auf der Tatbestandsseite einen unbestimmten Rechtsbegriff enthalten und auf der Rechtsfolgenseite Ermessen einräumen. Diese Rechtsnormen nennt man „**Koppelungsvorschriften**". Die Frage, die sich bei den Koppelungsvorschriften stellt, ist, welche Gesichtspunkte für Ermessenserwägungen eigentlich noch übrig bleiben, wenn man den unbestimmten Rechtsbegriff ausgelegt hat und zu dem Ergebnis gelangte, der Tatbestand ist erfüllt.

> **Beispiel:** § 29 Abs. 1 S. 8 SGB XII: „Eine Zustimmung (des Sozialhilfeträgers zu einem Umzug) soll erteilt werden, wenn der Umzug durch einen Träge der Sozialhilfe veranlasst wird oder aus anderen Gründen notwendig ist (…)."
> Angenommen, die Verwaltung kommt in einem Fall zu dem Ergebnis, der unbestimmte Rechtsbegriff „notwendig" sei bei einem beabsichtigten Umzugs erfüllt. Wäre dann überhaupt noch eine Situation denkbar, in der die Verwaltung bei der Prüfung der Rechtsfolge berechtigt wäre, ihr Ermessen dahingehend auszüben, dass sie die Zustimmung trotzdem nicht erteilt?

Es gilt – wenn im Einzelnen auch nicht unumstritten –, dass die Auslegung des unbestimmten Rechtsbegriffs das Ermessen „verbraucht". Das heißt, kommt man durch Auslegung eines unbestimmten Rechtsbegriffs zu dem Ergebnis, der Tatbestand einer Rechtsnorm sei erfüllt, sind keine Gesichtspunkte mehr denkbar, die zu einer Verneinung der Rechtsfolge führen könnten.[170]

5.4.2 Ermessensfehler

Die Verwaltung darf im Rahmen ihres Ermessensspielraumes eine zweckmäßige Rechtsfolge für einen Fall wählen, ohne dass das Gericht diese Entscheidung durch eine eigene Bewertung abändern darf. Prüfen darf das Gericht lediglich, ob die Verwaltung das Ermessen fehlerfrei, d. h. entsprechend dem „Zweck der Ermächtigung" und unter Beachtung der „gesetzlichen Grenzen" des Ermessens ausgeübt

---

169 Vgl. Wolff/Bachof, § 31, Rn. 40/41.
170 Vgl. Wolff/Bachof, § 31, Rn. 47; Einzelheiten vgl. Maurer, Verwaltungsrecht, § 7, Rn. 47-62.

hat.[171] Ein Verstoß macht die Ermessensentscheidung rechtswidrig und anfechtbar.[172]

Man unterscheidet drei typisierte Fehlergruppen:

- **Ermessensunterschreitung/Ermessensnichtgebrauch**: Dieser Fehler liegt vor, wenn die Verwaltung trotz eines eingeräumten Ermessens davon keinen Gebrauch macht. Die pflichtgemäße Ermessensausübung erfordert, dass der Einzelfall beachtet und **nicht schematisch** verfahren wird. Der Zweck eines Verwaltungsermessens besteht gerade in der **individualisierenden Gesetzeshandhabung**. Demgemäß bedeutet eine schematisch Handhabung von Ermessensvorschriften einen Ermessensfehler[173].

  Beispiel: Erhält ein pflegebedürftiger Mensch Leistungen aus der Pflegeversicherung (z.B. Bezahlung eines ambulanten Pflegedienstes) und zusätzlich aufstockende Sozialhilfeleistungen, „kann" der Sozialhilfeträger das Pflegegeld „um bis zu zwei Dritteln" gekürzt auszahlen, vgl. § 66 Abs. 2 S. 2 SGB XII. Ein Ermessensnichtgebrauch ist es, wenn jeder pflegebedürftige Hilfeempfänger das Pflegegeld automatisch um 2/3 gekürzt erhält, ohne im Einzelfall zu prüfen, ob nicht auch weniger Kürzungen angemessen und gerechtfertigt wären.[174]

- **Ermessensüberschreitung**: Dieser Fehler liegt z.B. vor, wenn die Behörde eine Rechtsfolge wählt, die das Gesetz überhaupt nicht vorsieht.

  Beispiele: Die Rentenversicherung bewilligt jemandem ohne weiteres den Aufenthalt in einer Rehabilitationseinrichtung für zwei Monate, obwohl § 15 Abs. 3 S. 1 SGB VI nur einen Zeitraum von „längstens drei Wochen" vorsieht.
  Ein Hilfesuchender kommt seinen Mitwirkungspflichten (z.B. Erscheinen zu Terminen) nicht nach. Die Verwaltung streicht ihm unverzüglich die Leistung, obwohl § 66 Abs. 3 SGB I vorsieht, dass der Hilfesuchende vorher schriftlich auf die Folgen der fehlenden Mitwirkung hingewiesen werden soll.

  Der (häufigere) Fall einer Überschreitung des Ermessens liegt vor, wenn die Verwaltung höherrangiges Recht, d.h. die Beachtung von Verfassungsprinzipien bei ihren Ermessenserwägungen nicht beachtet. In Betracht kommen hierbei z.B. die Verfassungsgebote **Verhältnismäßigkeitsgrundsatz**, **Gleichbehandlungsgrundsatz**

---

171 Vgl. § 39 SGB I; Parallelvorschrift: § 40 VwVfG.
172 Vgl. Maurer, Verwaltungsrecht, § 7, Rn. 17/18.
173 Vgl. Schmidt, Rn. 312-315
174 Weitere Beispiele vgl. Mrozynski, § 39 SGB I, Rn. 40.

sowie sonstige **Grundrechte**[175]. Diese bilden i. S. d. § 39 SGB I/ § 40 VwVfG die „Grenzen" des Ermessens.

Der **Verhältnismäßigkeitsgrundsatz** ist eine weitere Ausformung des Rechtsstaatsprinzips aus Art. 20 Abs. 3 GG und gilt für alle Rechtsbeziehungen zwischen Staat und Bürger.[176] Der Verhältnismäßigkeitsgrundsatz besagt – grob zusammengefasst – folgendes: Hat die Verwaltung, die Wahl unter mehreren Mitteln zur Erreichung eines legitimen Verwaltungszwecks, ist stets jenes Mittel zu wählen, welches für den Bürger am wenigsten belastend ist. Bei jeder Maßnahme ist zudem die Belastung des Bürgers dem Verwaltungszweck gegenüber zu stellen und abzuwägen, was in Anbetracht der Umstände gerechtfertigt ist.[177] Die Prüfung, ob eine Maßnahme der Verwaltung verhältnismäßig ist, erfolgt in drei Stufen[178]:

- Wird mit der staatlichen Maßnahme ein **legitimer Zweck** verfolgt?
- Stellt die konkrete Entscheidung der Verwaltung ein **geeignetes und erforderliches** (d. h. das mildeste in Betracht kommende) Mittel zur Erreichung des Zweckes dar?
- Steht der Einsatz des Mittels in einem **angemessenen** (proportionalen) Verhältnis zu dem angestrebten Zweck?

Beispiel: Nach § 43 SGB II „kann" das Jobcenter bis zu drei Jahre lang Leistungen um bis zu 30 % kürzen, wenn es eine Erstattungsforderung gegenüber einem Leistungsberechtigten hat, z. B. wegen Überzahlung aufgrund von falschen Angaben.
F ist arbeitslose Leistungsempfängerin und hat Einkommen verschwiegen. Zur Tilgung werden ihr nun schon seit einem Jahr regelmäßig nur um 30 % gekürzte Leistungen zum Lebensunterhalt ausgezahlt. F hat inzwischen ein Baby bekommen und bittet darum, ihr wieder die gesamten Leistungen auszuzahlen und den Rest der Forderung zu stunden oder zu erlassen. Zur Begründung schildert sie, dass ihr Baby häufig krank ist und unter diversen Allergien leidet. Sie ist oft bei verschiedenen Ärzten, bei denen die Praxisgebühr zu bezahlen ist und zum Teil helfen nur Medikamente, die nicht von der Krankenkasse finanziert werden, sondern die sie aus ihrem (gekürzten) Regelsatz bezahlen muss.
Bei der Entscheidung über die weitere Kürzung muss das Jobcenter die Verhältnismäßigkeit beachten: Die Eintreibung einer überzahlten Sozialleistung ein legitimer Zweck. Die Eintreibung durch Aufrechnung, d. h.

---

175 Vgl. Schmidt, Rn. 316-325; Maurer, Verwaltungsrecht, § 7, Rn. 23. Der Verstoß gegen Verfassungsprinzipien/Grundrechte wird in der Literatur teilweise auch als Fall des Ermessensfehlgebrauchs behandelt, vgl. z. B. Papenheim, Kap. 22.2.7. Im Ergebnis macht dies keinen Unterschied aus.
176 Vgl. Bull/Mehde, § 4, Rn. 149-152.
177 Vgl. Falterbaum, S. 42; Dörr/Francke, § 3, Rn. 119-125.
178 Vgl. Schmidt, Rn. 318-324.

durch Kürzung der auszuzahlenden Leistungen ist auch ein geeignetes Mittel, um diesen Zweck zu erreichen und im Falle der F das mildeste, denkbare Mittel. Fraglich ist, ob es bei einer Rechtsgüterabwägung in der jetzigen Situation noch angemessen ist. Auf der einen Seite steht die grundsätzlich berechtigte Rückforderung der restlichen Summe, auf der anderen Seite jedoch die gesundheitlichen Belastungen, die sich durch die finanziellen Einschränkungen noch verstärken. Ein Teil der Forderung ist getilgt, ohne Zweifel benötigt F jeden Cent aus ihrem Regelsatz um die Aufwendungen für die Gesundheit ihres Babys bestreiten zu können. Im Rahmen des Ermessensspielraums verhältnismäßig wäre daher Stundung, Erlass oder Reduzierung der Forderung.

Der **Gleichbehandlungsgrundsatz** aus Art. 3 Abs. 1 GG[179] ist dann betroffen, wenn bei den Ermessensspielräumen bereits eine **Selbstbindung der Verwaltung** infolge ständiger Übung oder durch die Geltung von **Verwaltungsvorschriften** stattgefunden hat. Ermessensfehlerhaft und ein Verstoß gegen die Grenzen des Ermessens wäre es, wenn die Verwaltung **ohne Grund** von der Praxis der ständigen Übung oder der Verwaltungsvorschrift abweichen würde.[180]

Die **Grundrechte** können zu einer „**Ermessensreduzierung auf Null**" führen und damit die Grenze des Ermessensspielraums bilden.[181] Das heißt, der Verwaltung ist – trotz des eingeräumten Ermessensspielraumes – nur eine einzige Entscheidung möglich, um rechtmäßig zu handeln. Denn nur diese eine Entscheidung berücksichtigt die durch die Verfassung geschützte Rechtsposition des Bürgers.

Beispiel: H ist Ausländer und heroinabhängig. Schon mehrfach wurde er wegen Heroinbesitzes verhaftet. Die Ausländerbehörde „kann" gemäß § 55 Abs. Abs. 2 Nr. 4 AufenthG einen Ausländer ausweisen, wenn er „Heroin, Cocain oder ein vergleichbar gefährliches Betäubungsmittel verbraucht und nicht zu einer erforderlichen seiner Rehabilitation dienenden Behandlung bereit ist oder sich ihr entzieht". H ist mit einer Deutschen verheiratet. Art. 6 Abs. 1 GG verpflichtet den Staat zum Schutz von Ehe und Familie. Das Ermessen ist in diesem Fall wegen H's Grundrecht auf Null reduziert, er kann nicht wegen seiner Heroinabhängigkeit ausgewiesen werden.

■ **Ermessensfehlgebrauch**: Dieser Fehler liegt vor, wenn die Verwaltung nicht alles, was für die Entscheidung des Falles wesentlich und berücksichtigungsbedürftig ist, in die Entscheidungsfindung einbezieht oder wenn sie sich von Gesichtspunkten leiten lässt, die keinen Einfluss auf die Entscheidung haben dürften.

---

179 Einzelheiten s.u. Kap. 4.4.
180 Vgl. Bull/Mehde § 16, Rn. 592; Schmidt, Rn. 332-334; LPK-SGB I, § 39, Rn. 9.
181 Vgl. Papenheim, Kap. 25.2.4; jurisPK-SGB I, § 39, Rn. 30-32; Schmidt, Rn. 330/331.

Schlagwortartig bezeichnet man diese Fälle als „**Begründungs-fehler**" und als „**sachfremde Erwägungen**".

Wird eine Ermessensentscheidung durch einen VA in Form eines schriftlichen Bescheides getroffen, ist die Verwaltung verpflichtet, alle Überlegungen, die sie zu der Entscheidung bewogen haben, in der Begründung des VA darzulegen.[182] Tut sie dies nicht, d. h. ist die Begründung **unvollständig** oder **falsch**, wird angenommen, sie habe die richtigen und erforderlichen Überlegungen auch nicht angestellt und der VA ist ermessensfehlerhaft.[183]

Sachfremde Erwägungen bei der Entscheidung sind z. B. Fälle von **Befangenheit**, persönlichem oder politischem **Opportunis-mus**, Außerachtlassung des Grundsatzes, dass die Verwaltung nur nach dem Gesetz und **ohne Ansehung der Person** zu entscheiden hat.[184]

5.5 Schritte der Rechtsanwendung/Subsumtion

Ausgangspunkt jeglicher Rechtsanwendung ist ein konkreter Einzelfall, der eine rechtliche Überprüfung erforderlich macht. Dafür ist zuerst der **Lebens-sachverhalt**, der rechtlich eingeordnet werden soll, so genau wie möglich zu ermitteln. Im Studium wird der Sachverhalt für die Fallbearbeitung vorgege-ben. In der Praxis der sozialen Arbeit bedeutet die Ermittlung des Sachverhal-tes oft viel Arbeit, z. B. längere Gespräche mit dem Betroffenem oder das Zu-sammensuchen und die Durchsicht einer Vielzahl von Unterlagen.

Der nächste Schritt ist das Herausfinden der für die Beurteilung des Falles maßgeblichen Rechtsnorm/-en. Hat man diese gefunden, so besteht die ei-gentliche Rechtsanwendung in dem **Vergleich**, ob der Sachverhalt die in der Rechtsnorm festgesetzten Tatbestandsvoraussetzungen erfüllt und die entsprechende Rechtsfolge eintreten kann. Diesen Vorgang nennt man „**Subsumtion**". Subsumtion wird definiert als die **Unterordnung** eines **Sachverhaltes** unter eine **Rechtsnorm**[185].

> Der Subsumtionsvorgang besteht aus vier Schritten: **Obersatz**, **Defi-nition**, **Untersatz** und Feststellung des **Ergebnisses**. Zunächst wird in einem Obersatz die Rechtsgrundlage benannt und vorangestellt, denn sie stellt den Ausgangspunkt der folgenden Prüfung dar. Die Stufe der Definition bedeutet die Benennung und gegebenenfalls die Definition der einzelnen Tatbestandsvoraussetzungen. Dabei „zer-

---

182 Vgl. § 35 SGB X, Parallelvorschrift: § VwVfG; Einzelheiten s. u. Kap. 7.
183 Vgl. Dörr/Francke, § 3, Rn. 88-90; Papenheim, Kap. 22.2.6.
184 Vgl. jurisPK-SGB I, § 39, Rn. 23/24.
185 Vgl. Kievel, Kap. 20.2.3-20.2.4, S. 358-364.

legt" man die Rechtsnorm in ihre einzelnen Bestandteile und geht diese Schritt für Schritt durch. Im Untersatz – der eigentlichen Subsumtion – wird der konkrete Sachverhalt unter die einzelnen Tatbestandsmerkmale gefasst, d. h. geprüft, ob die einzeln herausgearbeiteten, abstrakten Tatbestandsmerkmale in dem konkreten Sachverhalt verwirklicht sind. Liegt ein unbestimmter Rechtsbegriff vor, so ist dieser, bezogen auf den Lebenssachverhalt ggf. auszulegen. Im Ergebnis wird festgestellt, welche Rechtsfolge eintreten kann.[186]

Beispiel: W ist schwerbehindert. Von seinem Arbeitgeber wurde ihm gekündigt. Das Integrationsamt stimmte der Kündigung zu (vgl. §§ 85 ff. SGB IX). W will sich gegen die Kündigung wehren und legt Widerspruch gegen die Zustimmung zu seiner Kündigung beim Integrationsamt ein. Er möchte wissen, was das Integrationsamt eigentlich dazu bewogen hat, seiner Kündigung zuzustimmen und fordert die Einsicht in die dortigen Akten.
Obersatz: Rechtsgrundlage für W's Begehren ist § 25 Abs. 1, S. 1 SGB X.
Definition: Die Tatbestandsvoraussetzungen dafür, dass W die Akteneinsicht zu gewähren ist, sind
(1) dass W ein „Beteiligter" ist,
(2) dass die Aktenkenntnis zur Geltendmachung oder Verteidigung seiner rechtlichen Interessen erforderlich ist.
Untersatz (1): W hat beim Integrationsamt gegen die Zustimmung zu seiner Kündigung Widerspruch eingelegt. Der Begriff Beteiligter ist definiert in § 12 SGB X. Beteiligte sind gemäß § 12 Abs. 1 Nr. 1 SGB X „Antragsteller und Antragsgegner". Mit der Einlegung des Widerspruchs beantragt W die Überprüfung und Aufhebung der Zustimmung.
Ergebnis (1): Also ist W Antragsteller in einem Verwaltungsverfahren und damit Beteiligter.
Untersatz (2): W hat Widerspruch eingelegt und möchte wissen, was das Integrationsamt zu seiner Entscheidung bewogen hat. Mit dem Widerspruch macht W seine Rechte als Bürger geltend, ihn betreffende Verwaltungsakte überprüfen zu lassen. Die Gründe der Zustimmung sind in den Akten enthalten, z. B. Vermerke darüber, was das Integrationsamt bei W's Arbeitgeber für Ermittlungen angestellt hat, bevor es die Zustimmung erteile. Damit sollte sich W bei der Begründung seines Widerspruchs auseinander setzen können.
Ergebnis (2): W verteidigt mit dem Widerspruch seine rechtlichen Interessen und die Kenntnis des Akteninhalts ist für seine Argumente im Widerspruch erforderlich.
Gesamtergebnis: Die Rechtsfolge muss eintreten, d. h. die Akteneinsicht ist zu gestatten.

Im Studium ist in einer Klausur typischerweise die Rechtmäßigkeit einer staatlichen Maßnahme (i. d. R. eines VA) zu prüfen. Dabei soll ein konkreter Einzelfall in Form eines **juristischen Gutachtens** gelöst werden. Das Ziel ist

---

186 Einzelheiten vgl. Haug, Rn. 52-62.

ein klar gegliedertes, vollständiges Gutachten, welches **alle Aspekte** des Falles erfasst. Als Grundsatz gilt, dass **sämtliche, in Betracht kommende Rechtsnormen** und **Rechtmäßigkeitsanforderungen** durchzuprüfen sind. Der Grund hierfür liegt auf der Hand: Auch in der Praxis wird man sich bemühen, z. B. bei einem Rechtsbehelf so viele Gründe wie möglich für die Rechtswidrigkeit der Maßnahme anzuführen, um so die Erfolgsaussichten zu erhöhen. Ebenso muss z. B. die Verwaltung alle denkbaren Fehlerquellen vor Erlass eines VA ermitteln, um sie soweit als möglich auszuschalten.

Für die Struktur einer Rechtmäßigkeitsprüfung haben sich daher **Aufbau- bzw. Prüfungsschemata** etabliert, die die Vollständigkeit eines Gutachtens gewährleisten. Nahezu alle juristischen Texte orientieren sich an gängigen Aufbau- und Prüfungsschemata. Diese sollten auch im Bereich der sozialen Arbeit zwecks besseren Verständnisses von juristischer Texten bekannt sein.

Mit einem Gutachten soll der Leser schrittweise – über Zwischenergebnisse – an das Endergebnis herangeführt werden. Die Subsumtion gibt den Schreibstil, den sogenannten „**Gutachtenstil**", vor, der durch die **vierstufige Gedankenfolge** (Obersatz, Definition, Untersatz, Ergebnis) gekennzeichnet ist. Im Gutachten wird der Obersatz in Form einer **Hypothese** (oftmals formuliert im Konjunktiv) vorangestellt.

> **Beispiel:** Fall s. o.
> Obersatz/Hypothese: W könnte einen Anspruch auf Akteneinsicht haben.
> Rechtsgrundlage für W's Begehren ist § 25 Abs. 1, S. 1 SGB X.

Die vierstufige Gedankenfolge des Gutachtenstils gilt sowohl für den **großen Rahmen** der gesamten Prüfung als auch für die Prüfung von **einzelnen Tatbestandsmerkmalen**.

> **Beispiel:** Fall s. o.
> Definition: Die Tatbestandsvoraussetzungen dafür, dass W die Akteneinsicht zu gestatten ist, sind,
> (1) dass W ein „Beteiligter" ist,
> (2) dass die Aktenkenntnis zur Geltendmachung oder Verteidigung seiner rechtlichen Interessen erforderlich ist.
> Neuer Obersatz/Hypothese: W müsste rechtliche Interessen geltend machen oder verteidigen wollen.
> Neue Definition: Rechtliche Interessen einer Person sind z. B. dann betroffen, wenn sich eine Maßnahme der Verwaltung direkt auf deren konkrete Lebenssituation auswirkt, denn dann stellt sich die Frage, ob diese Auswirkungen rechtmäßig, d. h. dem Gesetz nach gerechtfertigt sind oder nicht.
> Untersatz: Die Kündigung von W bedurfte nach §§ 85 ff. SGB IX für ihre Wirksamkeit der Zustimmung des Integrationsamtes. Die Zustimmung wurde erteilt und W verliert damit seinen Arbeitsplatz.
> Ergebnis: Damit sind W's rechtliche Interessen betroffen, denn nur eine rechtmäßig erteile Zustimmung könnte diese Auswirkung für W's Lebenssituation rechtfertigen.

Der Gutachtenstil ist häufig sehr aufwendig und wirkt gerade bei der Prüfung von selbstverständlich vorliegenden Tatbestandsvoraussetzungen befremdlich. Daher wird für juristische Texte noch eine zweite Stilart, der „**Urteilsstil**" verwendet. Hier steht das Ergebnis am Anfang und es folgt sodann eine Begründung dieses Ergebnisses. Der Urteilsstil wird in juristischen Texten verwendet, wenn das Ergebnis aus Sicht des Verfassers fest steht, z. B. in Bescheiden oder Urteilen. Zu beachten ist jedoch, dass der Gutachtenstil für jede juristische Fallbearbeitung bzw. jede Rechtsanwendung prägend ist.[187] Er entspricht der juristischen Denk- und Arbeitsweise, denn jede rechtliche Entscheidung steht und fällt mit ihrer Begründung. Daher geht jeder Entscheidung zumindest gedanklich das – zunächst ergebnisoffene – vierstufige Gutachten voraus. In Klausuren oder Hausarbeiten wird stets eine Mischung der beiden Stilarten verwendet: Der Rahmen orientiert sich am Gutachtenstil i. V. m. mit einem Aufbauschema. Selbstverständlichkeiten oder Randfragen werden im Urteilsstil knapp abgehandelt. Für die fallentscheidenden Rechtsprobleme wird der Gutachtenstil verwendet.

5.6 Formelle und materielle Rechtmäßigkeit eines VA

Das Rechtsstaatsprinzip aus Art. 20 Abs. 3 GG gebietet, dass das Handeln der Verwaltung um rechtmäßig zu sein, eine **gesetzliche Grundlage** haben und die **korrekte Umsetzung** dieser Rechtsgrundlage ausdrücken muss. Bezogen auf einen VA bedeutet dies, er muss eine Rechtsgrundlage haben und der Einzelfall, den er regelt, muss den gesetzlichen Tatbestandsvoraussetzungen und der Rechtsfolge aus der Rechtsgrundlage entsprechen. Die Rechtsgrundlage ihrerseits darf nicht gegen höherrangiges Recht verstoßen.[188]

Die rechtsstaatlichen Anforderungen gehen jedoch noch darüber hinaus: Die Verwaltung hat, um rechtmäßig zu handeln, nicht nur die Pflicht, Maßnahmen zu erlassen, die **inhaltlich** mit dem geltenden Recht übereinstimmen, sondern schon das **dazu hinführende Verfahren** muss rechtsstaatlich sein, d. h. bestimmten, gesetzlich festgelegten Anforderungen genügen.

Anknüpfungspunkt hierfür ist die Untergliederung der Rechtsordnung in „**materielles**" und in „**formelles**" Recht.

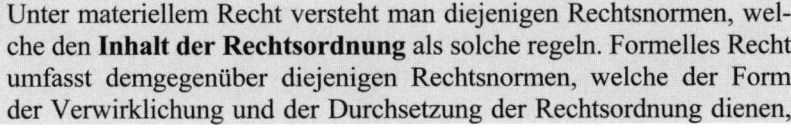

Unter materiellem Recht versteht man diejenigen Rechtsnormen, welche den **Inhalt der Rechtsordnung** als solche regeln. Formelles Recht umfasst demgegenüber diejenigen Rechtsnormen, welche der Form der Verwirklichung und der Durchsetzung der Rechtsordnung dienen,

---

187 Vgl. Haug, Rn. 77.
188 Siehe oben Kap. 5.1 u. 5.2.

insbesondere also **verfahrensrechtliche** und **prozessuale Vorschriften**[189].

Grundsätzlich ist das Recht materielles Recht, d. h. Rechtsnormen die Ansprüche und Verpflichtungen aus allen denkbaren Lebensbereichen regeln. Das formelle Recht regelt demgegenüber Zuständigkeiten, Organisation, Verfahren oder die äußere Form von Rechtsakten (z. B. Schriftform oder Begründungserfordernis eines VA).

Es ist klar, dass eine materielle Rechtsposition entscheidend davon abhängt, ob sie in einem angemessenen und **fairen Verfahren** erworben und **durchgesetzt** werden kann.[190] Das formelle Recht ist daher ebenso entscheidend für rechtmäßiges Handeln der öffentlichen Gewalt wie das materielle. Fehler im Verfahren begründen in manchen Fällen ebenso wie materielle Rechtsfehler einen Anspruch des Betroffenen zur Aufhebung des fehlerhaften Rechtsaktes[191].

Die formellen Regelungen im Bereich des Sozialrechts finden sich im SGB X und im SGB I. Daneben enthalten die **spezifischen Gesetze** für die **einzelnen Sozialleistungsbereiche** ebenfalls Verfahrensregeln. Für das **übrige Verwaltungsrecht** gelten das VwVfG, VwVG, VwZG bzw. die jeweiligen Landes-Verwaltungsverfahrensgesetze[192].

Für die **Rechtmäßigkeit eines VA** ergibt sich ausgehend von diesen Überlegungen ein **Prüfungsschema**, welches die Rechtmäßigkeitsprüfung einteilt in einen formellen und einen materiellen Teil.

> Bei der Prüfung der **formellen Rechtmäßigkeit** wird festgestellt, ob die Vorschriften des formellen Rechts aus den Bereichen **Zuständigkeit**, **Verfahren** und die **Formvorschriften** eingehalten wurden. Bei der Prüfung der **materiellen Rechtmäßigkeit** wird festgestellt, auf welcher **Rechtsgrundlage** der VA beruht (ggf. ob diese Rechtsgrundlage mit höherrangigem Recht übereinstimmt), ob der mit dem VA geregelte Fall die **Tatbestandsvoraussetzungen** der Rechtsgrundlage erfüllt und ob die **Rechtsfolge** korrekt in dem VA umgesetzt wurde.[193]

---

189 Vgl. Falterbaum, Einführung, S. 19/20.
190 Vgl. Bull/Mehde, § 17, Rn. 610-617; Maurer, Verwaltungsrecht, § 19, Rn. 8/9.
191 Einzelheiten s. u. Kap. 7.
192 Einzelheiten s. u. Kap. 6.
193 Vgl. Maurer, Verwaltungsrecht, § 10, Rn. 9-19 sowie auch die Prüfungsschemata bei: Papenheim, Kap. 41.3; Haug, Rn. 304.

5.7   Übersichten

Übersicht 1: Rechtmäßiges Verwaltungshandeln

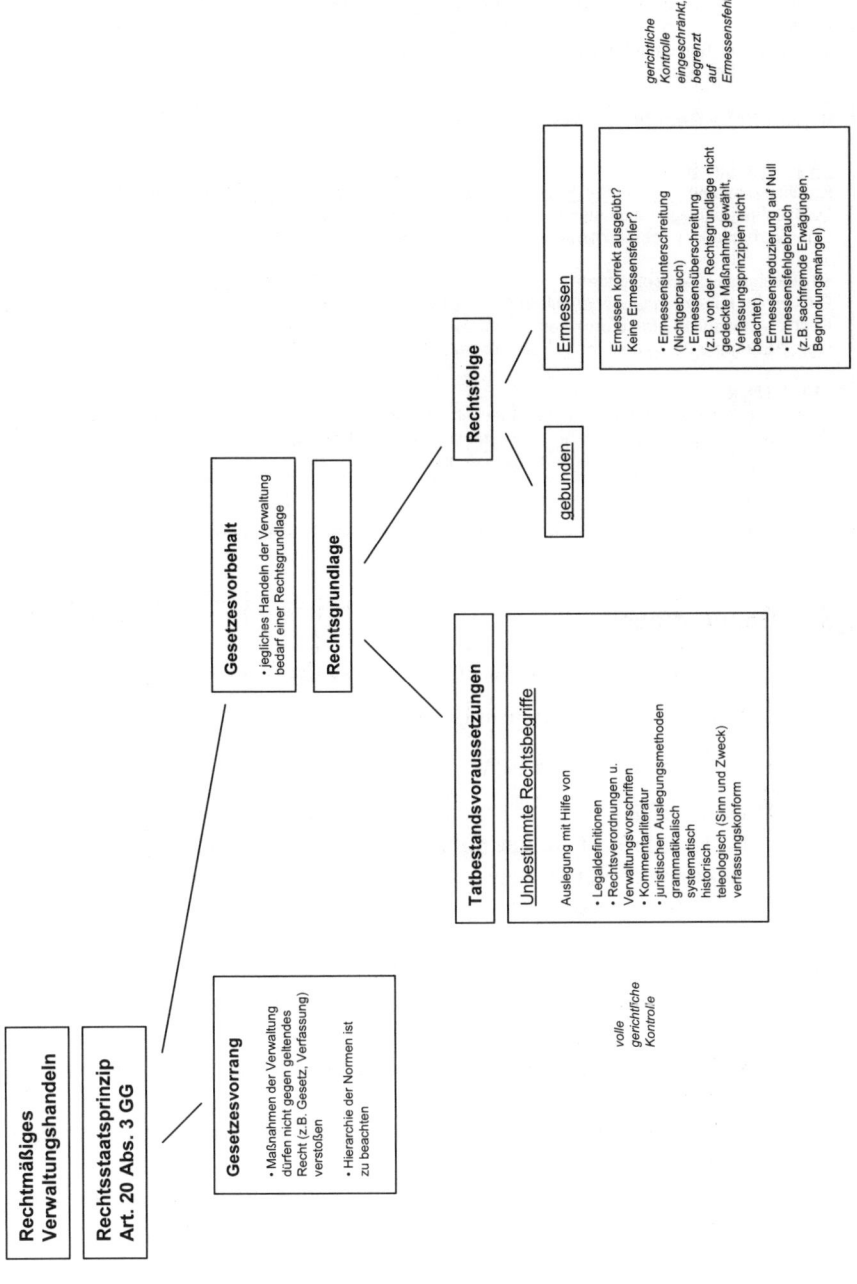

Übersicht 2: Prüfungsschema Rechtmäßigkeit eines VA

I. Formelle Rechtsmäßigkeit

• Zuständigkeit der handelnden Behörde?
• Durchführung eines ordnungsgemäßen Verwaltungsverfahrens?
(gemäß der Vorschriften des SGB I und des SGB X)
• Formvorschriften eingehalten?
(z.B. Schriftform oder Begründung)

II. Materielle Rechtmäßigkeit

• Rechtsgrundlage
Ermittlung ausgehend von der getroffenen (oder beabsichtigten) Regelung des VA.
Die Rechtsgrundlage muss diese Regelung als Rechtsfolge vorsehen.
Ggf.: Vereinbarkeit der Rechtsgrundlage mit höherrangigem Recht?

• Tatbestandsvoraussetzungen
Erfüllen die konkreten Gegebenheiten des Sachverhalts die in der
Rechtsgrundlage abstrakt formulierten Tatbestandsvoraussetzungen?
Ggf.: Auslegung der unbestimmten Rechtsbegriffe.

• Rechtsfolge
gebunden: Die Rechtsfolge muss automatisch eintreten.
Ermessen: Keine Ermessensfehler wie Ermessensunterschreitung,
Ermessensüberschreitung oder Ermessensfehlgebrauch.

Übungsfragen

1. Was bedeutet „rechtmäßiges Handeln der Verwaltung"?

2. Was ist eine Rechtsgrundlage?

3. Was bedeutet Ermessen?

4. Übungsfall:
   F, 43 Jahre alt, leidet an Multiple Sklerose und damit einhergehend an schweren Depressionen. Ihre Beweglichkeit ist bereits erheblich eingeschränkt. Ihre Arbeit hat sie verloren. Sie hat schon einen Rentenantrag wegen Erwerbsminderung gestellt, der aber noch nicht entschieden wurde. Da es ihr nicht gelingt, eine andere Arbeit zu finden und ihre Ersparnisse inzwischen aufgebraucht sind, beantragt sie beim Jobcenter ALG II.
   ▪ Was wäre die Rechtsgrundlage dafür, dass F ALG II erhalten kann?
   ▪ Welche Tatbestandsvoraussetzungen enthält diese Rechtsgrundlage?
   ▪ Stellen Sie in Form eines juristischen Gutachtens dar, ob F die Voraussetzungen für den Erhalt von ALG II erfüllt.

5. Fall s.o.

Die Kosten für F's Wohnung betragen 600 EUR. Damit liegen sie über den i. S. v. § SGB II als „angemessen" anerkannten Kosten für die Wohnung einer alleinstehende Person. Grund für die teure Wohnung ist, dass F's Freund E sich von ihr getrennt hat und ausgezogen ist. F ist alleine in der Wohnung zurück geblieben. F möchte, dass die Wohnkosten trotzdem vom Job-Center übernommen werden. F erhält vom Job-Center die Mitteilung, dass die Kosten in dieser Höhe nicht, sondern nur die als angemessen anerkannten Kosten übernommen werden. In ihrer schweren Lebenssituation möchte F jedoch ihre vertraute Wohnung und Nachbarschaft nicht verlassen. Außerdem fühlt sie sich krankheitsbedingt mit der Organisation und Durchführung eines Umzuges überfordert. Sie übersendet dem Job-Center ärztliche Atteste, aus denen hervorgeht, dass F tatsächlich psychisch und physisch ein Umzug auf absehbare Zeit nicht zuzumuten ist. F macht geltend, dass daher die vollen Wohnungskosten auch weiterhin zu übernehmen sind.

- Was wäre die Rechtsgrundlage dafür, dass auch weiterhin die vollen Wohnkosten vom Jobcenter übernommen werden?
- Welche Tatbestandsvoraussetzungen enthält diese Rechtsgrundlage?
- Stellen Sie in Form eines juristischen Gutachtens dar, ob F die Voraussetzungen für die Übernahme der Wohnkosten erfüllt.

(Lösungen siehe www.lehrbuch-sozialverwaltungsrecht.de)

Weiterführende Literatur

Dörr, Gernot/Francke, Konrad, Sozialverwaltungsrecht, 2. Aufl. 2006, Kapitel 3.

Haug, Volker, Staats- und Verwaltungsrecht 7. Auflage, 2008, 1. Kapitel, Rn. 26-92, 3. Kapitel, Rn. 265-304.

Schmidt, Rolf, Allgemeines Verwaltungsrecht, 11. Aufl. 2007, Kapitel 8 und 9.

Sodan, Helge/Ziekow, Jan, Grundkurs öffentliches Recht, 2. Aufl. 2007, §§ 2, 7, 68 und 69.

6. Verwaltungsverfahren

■ **Das Verwaltungsverfahren wird in seinen einzelnen Abschnitten dargestellt, beginnend mit der Verfahrenseinleitung über die Rechte und Pflichten während des Verfahrens bis hin zum Abschluss und der Verwaltungsvollstreckung. Wesentliche Aspekte des Verwaltungsverfahrens wie z. B. die sozialrechtlichen Beratungspflichten, der Datenschutz, die Pflicht zur Anhörung Beteiligter oder die formalen Anforderungen an einen VA werden erörtert.**

Das Verfahrensrecht umfasst alle Rechtsnormen, die den **Weg** und die **Form** der **Willensbildung** der Verwaltung bei ihrer Aufgabenerfüllung betreffen.[194] Die verfahrensrechtlichen Normen sind umfassend und reichen von der **Vorbereitung** und dem **Beginn** des Verwaltungsverfahrens bis hin zu der **Entscheidung** und deren **Durchsetzung**, ggf. im Wege der **Vollstreckung**.

Regelungen über das Verwaltungsverfahren finden sich für den Bereich des Sozialrechts im SGB X und im SGB I. Daneben enthalten die **spezifischen Gesetze** für die **einzelnen Sozialleistungsbereiche** ebenfalls Verfahrensregeln. Für das **übrige Verwaltungsrecht** gelten das VwVfG, VwVG, VwZG[195] bzw. die jeweiligen Landes-Verwaltungsverfahrensgesetze.

Das SGB X entspricht im wesentlichen dem VwVfG. Modifiziert wird das sozialrechtliche Verwaltungsverfahren gegenüber den anderen Verwaltungsverfahren insbesondere durch das SGB I. Der Leitgedanke des sozialrechtlichen Verwaltungsverfahrens, nämlich die **Verwirklichung der sozialen Rechte,** steht im Vordergrund.[196] Daher sind z. B. die Beratungspflichten der Sozialleistungsträger oder der Datenschutz im SGB X/SGB I wesentlich differenzierter ausgestaltet als im allgemeinen Verwaltungsverfahrensrecht.

Nach § 8 SGB X[197] ist das Verwaltungsverfahren die nach außen wirkende Tätigkeit der Sozialverwaltung, die auf den Erlass eines VA oder den Abschluss eines öffentlich-rechtlichen Vertrages gerichtet ist.

---

194 Vgl. v. Wulffen, § 8 SGB X, Rn. 4.
195 Verwaltungsverfahrensgesetz, Verwaltungsvollstreckungsgesetz, Verwaltungszustellungsgesetz.
196 Vgl. § 1 SGB I; Einzelheiten vgl. SRHB, § 11, Rn. 16-20; Papenheim, Kap. 38.1-38.3.
197 Parallelvorschrift: § 9 VwVfG.

Angesichts der **Vielzahl** von verfahrensrechtlichen Vorschriften ist zur systematischen Erfassung eine Gliederung in die einzelnen Verfahrensabschnitte Verfahrensbeginn, Verfahrensablauf, Entscheidung und Vollstreckung sinnvoll.

6.1 Verfahrensbeginn

Wesentlich für den Verfahrensbeginn sind die Regelungen über die Zuständigkeit, die Verfahrenseinleitung und insbesondere die Vorschriften über die Informations- und Beratungspflichten der Sozialleistungsträger.

6.1.1 Zuständigkeit der Leistungsträger

Zuständigkeit ist die **rechtliche Zuordnung** von bestimmten Verwaltungsaufgaben an bestimmte Verwaltungsträger. Die Zuständigkeit wird den verschiedenen Verwaltungsträgern durch die Verfassung oder durch ein Gesetz übertragen. Wird ein bestimmter Verwaltungsträger oder eine bestimmte Verwaltungsbehörde für zuständig erklärt, hat sie nicht nur das Recht, sondern auch die Pflicht, die entsprechende Aufgabe zu erledigen.

Unterschieden wird die sachliche, örtliche und instanzielle Zuständigkeit.

Die **sachliche Zuständigkeit** bestimmt, welcher Verwaltungsträger welchen **Gegenstand** als Aufgabe zu erfüllen hat. Eine **Orientierung** findet man in **§§ 18-29 SBG I**. Dort sind je nach sozialer Aufgabe die einzelnen Sozialleistungsträger mit ihrem Zuständigkeitsbereich aufgeführt. Dennoch ist die Bestimmung der sachlichen Zuständigkeit oftmals nicht einfach. So sind z.B. verschiedene Sozialleistungsträger oftmals für dieselbe Art von Leistung zuständig. Der zuständige Leistungsträger kann jedoch nicht einfach beliebig gewählt werden. Welcher Leistungsträger wirklich in Anspruch genommen werden kann, richtet sich nach den Zuständigkeitsregeln des SGB I und den **Besonderheiten des jeweiligen Leistungsgesetzes**.

Beispiel: Nahezu alle Sozialleistungsträger sind u.a. zuständig für Eingliederungshilfeleistungen für Behinderte, vgl. §§ 19 Abs. 1 Nr. 3 e), 23 Abs. 1 Nr. 1 a), 28 Abs. 1 Nr. 3 SGB I. In den jeweiligen Leistungsgesetzen sind die Leistungsvoraussetzungen und die Leistungskataloge sehr unterschiedlich ausgestaltet. Ob dann z.B. für eine Maßnahme zur Berufsausbildung die Rentenversicherung, die Bundesagentur für Arbeit oder das Sozialamt zuständig ist, muss je nach Einzelfall festgestellt werden. Jeder Leistungsträger ist nur nach den Vorschriften seines eigenen Leistungsgesetzes zuständig. So ist z.B. nach § 2 SGB XII das Sozialamt nicht zuständig, wenn vorrangig andere Leistungsträger zuständig wären. Die Zuständigkeit der Rentenversicherung oder der Bundesagentur für Arbeit richtet sich jeweils nach dem mit der Eingliederungsmaßnahme verfolgten und erreichbaren Zweck (der in jedem Gesetz unterschiedlich definiert wird). Um die oftmals schwierigen Zuständigkeitsabgrenzungen zu klären gibt es für behinderte Menschen gemäß § 22 SGB IX auch „gemeinsame Servicestellen der Leistungsträger", die die Betroffenen unterstützen und beraten müssen.

Damit die Verwirklichung der sozialen Ansprüche nicht durch die Aufsplitterung in die verschiedenen Sozialleistungsträger verhindert wird, verpflichtet das SGB I jeden Sozialleistungsträger zur umfassenden **Information und Beratung**[198]. Besteht in einem Fall – unbestritten – ein Anspruch auf Sozialleistungen, ist aber zwischen mehreren Leistungsträgern streitig, welcher Leistungsträger zur Leistung verpflichtet ist, so hat gemäß § 43 SGB I der zuerst in Anspruch genommene Leistungsträger **vorläufige Leistungen** zu erbringen.[199]

Die **örtliche Zuständigkeit** bestimmt, welcher sachlich zuständige Verwaltungsträger nach den räumlichen Gegebenheiten zur Erfüllung der öffentlichen Aufgabe ermächtigt ist. Grundsätzlich richtet sich die örtliche Zuständigkeit nach dem **Wohnsitz** bzw. nach dem **gewöhnlichen Aufenthalt**[200] des Betroffenen. Geregelt ist die örtliche Zuständigkeit i.d.R. in den jeweiligen Leistungsgesetzen, vgl. z.B. § 36 SGB II, § 86 SGB VIII, § 98 SGB XII, § 45 BAföG. **Kollisionsregeln**, z.B. was gilt, wenn sich der Wohnsitz im Laufe eines Verwaltungsverfahrens ändert o.Ä., findet man in § 2 SGB X.

Für die **instanzielle Zuständigkeit** gilt das bereits bekannte Verwaltungsprinzip der Verwaltungshierarchie, d.h. dass die (nach Landesrecht festgelegte) **untere Ebene** des Verwaltungsträgers **erstzuständig** ist.[201] Erst im Widerspruchsverfahren oder bei Aufsichtsmaßnahmen wird die Zuständigkeit der nächsthöheren Verwaltungsebene begründet.[202] Daneben gibt es in einzelnen Sozialleistungsgesetzen besondere Vorschriften, die für bestimmte Gegenstände eine Erstzuständigkeit der höheren Verwaltungsebene begründen, z.B. die Zuständigkeit des „überörtlichen Trägers" nach § 85 SGB VIII oder § 97 SGB XII.

---

198 Einzelheiten s.u. Kap. 6.1.3.
199 Einzelheiten s.u. Kap. 6.2.
200 Einzelheiten zum Begriff „gewöhnlicher Aufenthalt" vgl. Erlenkämper/Fichte, Kap. 8, Rn. 12/13.
201 Vgl. Ipsen, Verwaltungsrecht, § 4, Rn. 232.
202 Vgl. Kap. 3.5 u. Kap. 11.2.

6.1.2 Einleitung des Verfahrens

Ob und wann die Behörde das Verwaltungsverfahren i. S. d. § 8 SGB X beginnt, richtet sich nach § 18 SGB X[203].

> Es gibt **drei** verschiedene Anlässe, die zur Einleitung eines Verwaltungsverfahrens führen können: Einleitung des Verfahrens nach **Ermessen**, Einleitung des Verfahrens **von Amts wegen** und Einleitung des Verfahrens auf **Antrag**[204].

Geht es um die Gewährung von Sozialleistungen, insbesondere um die Gewährung von Geldleistungen, ist für die **allermeisten Verfahren ein Antrag zwingend vorgeschrieben**.[205] Ohne Antrag wird die Verwaltung nicht tätig bzw. darf dies auch gar nicht. Darüber hinaus hat der Antrag auch eine erhebliche materiell-rechtliche Wirkung:

> Die Fälligkeit der Sozialleistung setzt erst mit der Antragstellung ein, d. h. für Zeiträume, die vor der Antragstellung liegen, können **rückwirkend keine Leistungen** mehr beansprucht werden.[206]

Hierbei sind jedoch folgende **Besonderheiten** zu beachten: Grundsätzlich ist ein Antrag auf Sozialleistungen beim zuständigen Leistungsträger zu stellen, vgl. § 16 Abs. 1 SGB I. Dies ist angesichts der verwirrenden Vielfalt von Zuständigkeitsvorschriften nicht immer einfach. Daher gilt **§ 16 Abs. 2 SGB I**: Wird ein Antrag bei einem unzuständigen Leistungsträger gestellt, muss dieser den Antrag unverzüglich an den Zuständigen weiterleiten. Der Antrag gilt in diesem Fall bereits zu dem Zeitpunkt als gestellt, in dem er bei der unzuständigen Stelle eingegangen ist. Somit kann es zu einer Rückwirkung eines Antrags kommen.[207]

Einen weiteren Fall der Rückwirkung eines Antrages regelt **§ 28 SGB X**: Ein Leistungsberechtigter hat zunächst von der Antragstellung beim eigentlich zuständigen Leistungsträger abgesehen, weil er eine Sozialleistung eines anderen Leistungsträgers geltend gemacht hat. Wird diese Leistung ver-

---

203 Parallelvorschrift: § 22 VwVfG.
204 Einzelheiten vgl. Papenheim, Kap. 38.3.2-38.3.3.
205 Vgl. z. B. Leistungen der gesetzlichen Krankenversicherung (§ 19 SGB V), der sozialen Pflegeversicherung (§ 33 SGB XI), der gesetzlichen Rentenversicherung (§ 115 SGB VI), der Arbeitsförderung (§ 323 SGB III), der Bundesausbildungsförderung (§ 46 BAföG), Kindergeld (§ 67 EStG), Elterngeld (§ 7 BEEG), Wohngeld (§ 3 WoGG), ALG II (§ 37 SGB II), Grundsicherung im Alter und bei Erwerbsminderung (§ 41 SGB XII).
206 Vgl. z. B. § 37 Abs. 2 S. 1 SGB II.
207 Vgl. jurisPK-SGB I, § 16, Rn. 38-42; LPK-SGB I, § 16, Rn. 16.

sagt, kann er innerhalb von sechs Monaten nach Ablauf des Monats, in dem die Ablehnung bindend geworden ist, die Sozialleistung beim „richtigen" Leistungsträger beantragen. Der Antrag wirkt bis zu einem Jahr zurück. Im SGB II wird die **Sechs-Monats-Frist gemäß § 40 Abs. 3 SGB II modifiziert** mit der Maßgabe, dass der Antrag **unverzüglich** nach Ablauf des Monats, in dem die Ablehnung des anderen Leistungsträgers bindend geworden ist, nachzuholen ist.

> **Beispiel:** V arbeitete als Geschäftsführer einer Verlags-GmbH, wurde aber wegen Insolvenz der Firma arbeitslos. Am 05.03. meldete er sich bei seiner zuständigen Agentur für Arbeit arbeitslos und beantragte ALG I. Voraussetzung für den Anspruch auf ALG I ist, dass V abhängig beschäftigter Arbeitnehmer war. Dies ist bei einer Tätigkeit als Geschäftsführer einer GmbH nicht immer einfach zu beurteilen und kommt auf die innere Struktur der Firma an, z.B. darauf, wie viel Steuerungsmacht V hatte. Bei der Prüfung seines Antrages kommt die Agentur für Arbeit zu dem Ergebnis, dass V Selbständiger und nicht Arbeitnehmer war. Sein Antrag auf ALG I wird daher am 05.04. abgelehnt. Bindend wird die Ablehnung (wenn V keinen Widerspruch einlegt) am 05.05. Spätestens dann muss V unverzüglich beim Jobcenter ALG II Leistungen beantragen, um zu erreichen, dass er rückwirkend ALG II Leistungen ab dem 05.03. erhält.

Anträge sind in der Regel **formlos** wirksam.[208] Die schriftliche Antragstellung ist allerdings aus Beweisgründen empfehlenswert. Soweit von den Leistungsträgern **Vordrucke** für die Antragstellung vorgesehen sind, ist man gemäß § 60 Abs. 2 SGB I im Rahmen seiner Mitwirkungspflichten gezwungen, diese zu verwenden.

Von Amts wegen muss das Verfahren z.B. im Sozialhilferecht nach § 18 SGB XII eingeleitet werden. Ausgangspunkt ist in diesem Fall das „Bekanntwerden" einer sozialhilferechtlichen Notlage.

> **Beispiel:** Die Polizei greift einen offensichtlich psychisch kranken Obdachlosen auf und informiert das Sozialamt. Dieses muss mit Hilfsleistungen auch ohne jeglichen Antrag tätig werden.

Kann die Verwaltung nach **Ermessen** entscheiden, ob und wann sie ein Verwaltungsverfahren durchführt, liegt die Entscheidung über den Beginn eines Verfahrens grundsätzlich bei ihr. Der Bürger hat nur den Anspruch auf die **pflichtgemäße Ausübung** des Ermessens, kann aber kein Tätigwerden erzwingen. Scharf zu trennen ist dies von den Ermessensleistungen i.S.d. § 39 SGB I[209]. Die Verfahrenseinleitung nach Ermessen ist die **Auf-**

---

208 Vgl. § 9 SGB X, Parallelvorschrift: § 10 VwVfG.
209 Vgl. v. Wulffen, § 18 SGB X, Rn. 6; auch s.o. Kap. 5.4.

fangregel, d. h. kommt immer dann zum Tragen wenn weder ein Antragser-
fordernis noch ein Tätigwerden von Amts wegen vorgeschrieben ist. Typi-
sches Beispiel für die Verfahrenseinleitung nach Ermessen sind z. B. die
Verfahren bei Rücknahme und Widerruf von Verwaltungsakten[210].

6.1.3 Informations- und Beratungspflichten

Das sozialrechtliche Leistungssystem, welches in zahlreichen Gesetzen,
Rechtsverordnungen, Satzungen und Verwaltungsvorschriften geregelt ist,
ist für die meisten Bürger undurchschaubar. In den **§§ 13–17 SGB I** sind
daher umfassende Informations- und Beratungspflichten der Leistungsträger geregelt, um eine möglichst weitgehenden Verwirklichung der sozialen
Rechte sicherzustellen.[211]

> Jeder in der Sozialverwaltung Tätige ist verpflichtet, die bei ihm er-
> scheinenden Bürger richtig, klar und unmissverständlich über ihre
> Rechte und Pflichten zu informieren und ihnen bei der Erlangung
> und Wahrung der gesetzlichen Rechte nach Kräften beizustehen. Die
> §§ 13-17 SGB I regeln sowohl **allgemeine Aufklärungs-** und **Infor-
> mationspflichten**, als auch **individuelle Beratungs-,** und **Bearbei-
> tungspflichten**.[212]

Nach **§ 13 SGB I** sind die Sozialleistungsträger verpflichtet, im Rahmen ihrer Zuständigkeit die Bevölkerung über die Rechte und Pflichten nach dem
SGB **aufzuklären**. Diese Art von Aufklärung erfolgt durch **allgemeine Informationen**, d. h. die Sozialleistungsträger erfüllen ihre Aufklärungspflicht
durch die Erstellung von meist **kostenlosen Broschüren**, die z. B. bei den
Leistungsträgern, Kommunen, Ministerien, den Bundes- und den Landes-
zentralen für politische Bildung etc. bezogen werden können (und meist
auch im Internet zu finden sind). Die allgemeine Aufklärung sollte so erfolgen, dass der Bürger möglichst konkret seine eigenen Rechte und Pflichten
aus den allgemeinen Information ableiten kann.

Es besteht kein subjektiv-öffentliches Recht[213] auf Aufklärung, dieses vermitteln erst die §§ 14, 15 SGB I, die auf einzelfallbezogene Auskunft und
Beratung gerichtet sind.[214]

---

210 Vgl. §§ 44-48 SGB X, auch s. u. Kap. 9.
211 Entsprechend weitgehende Regelungen gibt es im sonstigen Verwaltungsrecht
     nicht, vgl. § 25 VwVfG.
212 Einzelheiten vgl. Papenheim, Kap. 30.3-30.7; SRHB, § 6, Rn. 21-59.
213 Zum Begriff s. u. Kap. 11.3.4.
214 Vgl. SRHB, § 6, Rn. 2; Einzelheiten/Übersicht vgl. LPK-SGB I, Vorbem. zu
     §§ 13-15, Rn. 1-2.

Zwischen der allgemeinen Aufklärung und der individuellen Beratung steht die **Auskunft** nach **§ 15 SGB I**. Für die Sozialleistungsträger besteht die Verpflichtung zur Benennung des für eine Sozialleistung **zuständigen Sozialleistungsträgers** sowie zur Auskunft über alle sozialen Angelegenheiten nach dem SGB, soweit sie für den Auskunftssuchenden von Bedeutung haben und der Sozialleistungsträger zur Beantwortung in der Lage ist. Die Auskunft ist gedacht für den **ersten Kontakt** zwischen Bürger und Sozialverwaltung und hat in erster Linie **Wegweiserfunktion**[215].

Wesentlich umfassender ist die **Beratung** nach **§ 14 SGB I**: Hier besteht die Pflicht des Sozialleistungsträgers zur individuellen Unterrichtung des Ratsuchenden über alle tatsächlichen und rechtlichen Voraussetzungen, die für die Erlangung einer konkreten Sozialleistung von Bedeutung sind. Neben der Beantwortung konkret gestellter Fragen umfasst die Beratung auch die Pflicht zu Hinweisen auf nahe liegende Gestaltungsmöglichkeiten, z.B. Hinweisen wie ein vorzeitiges Ausscheiden aus dem Erwerbsleben mit so wenig Rentenverlust wie möglich durchzuführen wäre, o.Ä. Eine falsche Auskunft nach § 15 oder eine falsche oder unvollständige Beratung kann zu **Haftungsansprüchen** führen.[216] Die Sozialleistungsträger haben für die Richtigkeit und Vollständigkeit der Beratung einzustehen. Auch die Verpflichtung zur Hilfestellung bei der Antragstellung nach § 16 SGB I, gehört zur Beratung.

Abgeschlossen werden die Beratungspflichten mit § 17 SGB I, der allgemeine Regelungen für die Bearbeitung sozialrechtlicher Fälle enthält (z.B. Pflicht zur „zügigen" Leistungsgewährung). Anders als §§ 14-16 SGB I vermittelt die Vorschrift kein subjektives Recht, denn sie richtet sich ausschließlich an die Leistungsträger.[217] § 17 SGB I ist jedoch für Aufsichtsmaßnahmen von Bedeutung, da hier ein Maßstab für das, was gesetzmäßige Verwaltung ist, aufgestellt wird.

Aufklärung, Auskunft und Beratung sind keine VAe. Auch die im Rahmen einer Beratung oder Auskunft abgegebene Erklärung, die dem Bürger eine Sozialleistung in Aussicht stellt, ist i.d.R. kein VA. Zu beachten ist in diesem Zusammenhang § 34 SGB X. Der Sozialleistungsträger ist erst gebunden, einen bestimmten (begünstigenden) VA zu einem späteren Zeitpunkt zu erlassen, wenn er dies dem Bürger vorab **schriftlich** zugesichert hat.

---

215 Vgl. SRHB, § 6, Rn. 24/25
216 Siehe unten Kap. 8.2.
217 Vgl. jurisPK, § 17 SGB I, Rn. 18; LPK-SGB I, § 17, Rn. 8; auch s.u. Kap. 11.3.4.

6.2 Rechte und Pflichten im Verfahrensablauf

6.2.1 Beteiligte und Bevollmächtigte

Im SGB X wird der Begriff „**Beteiligter**" häufig verwendet, z.B. in §§ 24, 25 SGB X, wonach nur Beteiligten ein Anhörungs- oder Akteneinsichtsrecht zusteht. Definiert wird der Begriff in § 12 SGB X[218].

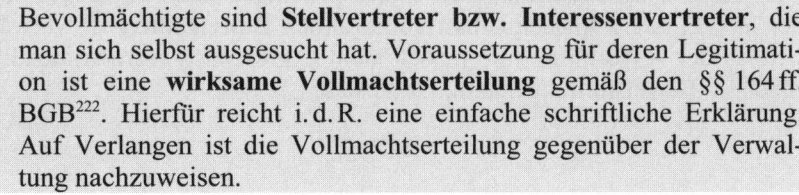

Beteiligte sind Personen, denen entweder in einem Verfahren eine **Funktion** zukommt oder deren **Rechte** durch das Verfahren berührt werden, also **selbst Betroffene**, aber nicht z.B. Zeugen oder Sachverständige. Kraft Gesetzes sind Beteiligte der Antragsteller und Antragsgegner oder derjenige, an den die Verwaltung einen VA richten möchte. Andere Personen, deren „Interessen durch den Ausgang des Verfahrens berührt werden können", kann die Verwaltung als Beteiligte hinzuziehen.[219]

Voraussetzung dafür, Beteiligter an einem Verwaltungsverfahren zu sein, ist die **Beteiligtenfähigkeit** i.S.d. § 10 SGB X[220]. Üblicherweise sind natürliche Personen erst beteiligtenfähig ab Erreichen der Geschäftsfähigkeit (d.h. ab 18 Jahren). Im Sozialrecht wird allerdings von diesem Grundsatz abgewichen: So sind z.B. nach § 36 SGB I generell Personen **ab Vollendung des 15. Lebensjahrs** berechtigt, Anträge auf Sozialleistungen zu stellen – damit also beteiligtenfähig. Das Kinder- und Jugendhilferecht geht naturgemäß noch weiter: So können z.B. nach § 8 SGB VIII Kinder und Jugendliche jeglichen Alters Ansprüche auf Beratung und Unterstützung geltend machen..

Jedermann hat das Recht, sich im privaten oder öffentlichen Rechtsverkehr durch **Bevollmächtigte** vertreten zu lassen – dies gilt selbstverständlich auch für die Beteiligten eines sozialrechtlichen Verfahrens, vgl. § 13 SGB X[221].

Bevollmächtigte sind **Stellvertreter bzw. Interessenvertreter**, die man sich selbst ausgesucht hat. Voraussetzung für deren Legitimation ist eine **wirksame Vollmachtserteilung** gemäß den §§ 164 ff. BGB[222]. Hierfür reicht i.d.R. eine einfache schriftliche Erklärung. Auf Verlangen ist die Vollmachtserteilung gegenüber der Verwaltung nachzuweisen.

---

218 Parallelvorschrift: § 13 VwVfG.
219 Vgl. SRHB, § 11, Rn. 42.
220 Parallelvorschrift: § 11 VwVfG.
221 Parallelvorschrift: § 14 VwVfG.
222 Einzelheiten vgl. Kievel, Kap. 8.1, S. 85-92.

Neben der Bevollmächtigung gibt es die Fälle der **gesetzlichen Stellvertretung** – die unabhängig von dem Willen des Betroffenen eintritt: Typisch hierfür sind z. B. die gesetzliche Vertretung Minderjähriger durch ihre Eltern oder die Vertretung durch einen gerichtlich bestellen Betreuer.[223] Für das Sozialleistungsrecht bedeutsam ist insbesondere die gesetzliche Vertretung der SGB II-Bedarfsgemeinschaft durch den Haushaltsvorstand, vgl. § 38 SGB II[224].

6.2.2 Amtsermittlungsgrundsatz

Die Durchführung des Verwaltungsverfahrens wird vom Amtsermittlungsgrundsatz (auch: „Untersuchungsgrundsatz") geprägt, vgl. §§ 20, 21 SGB X[225].

Amtsermittlung bedeutet die **Pflicht der Verwaltung zur vollständigen Sachverhaltsaufklärung**. Amtsermittlung bedeutet auch, dass die Art und Weise der Sachverhaltsermittlung, die Feststellung der für die Entscheidung maßgeblichen Tatsachen, wie und in welchem Umfang sie überhaupt tätig wird, **allein Sache der Behörde** ist und sie dafür die alleinige Verantwortung trägt.[226] Die Ermittlung liegt im **pflichtgemäßen Ermessen** der Behörde. Dabei muss sie alle für den Einzelfall bedeutsamen Umstände – seien sie für den Betroffenen **günstig oder ungünstig** – erforschen und berücksichtigen.

Zu unterscheiden ist der Amtsermittlungsgrundsatz vom Beibringungsgrundsatz, der z. B. im Zivilprozess gilt. Nach diesem ist die Sammlung der für die Entscheidung wesentlichen Tatsachen sowie die Beweisführung allein Sache der Beteiligten. Im öffentlichen Recht besteht wegen der strikten Gesetzesbindung der Verwaltung ein öffentliches Interesse an der Ermittlung des „wahren" Sachverhalts. Dies soll durch die unparteiische Sachverhaltsaufklärung der Behörde verwirklicht werden.[227]

Die Verwaltung bestimmt nach ihrem pflichtgemäßen Ermessen, welche der in § 21 SGB X beispielhaft aufgezählten **Beweismittel** sie verwenden will. In der Aufzählung (die jedoch nicht exklusiv ist) werden die „klassischen"[228] Beweismittel genannt. Diese sind:

---

223 Vgl. Kievel a. a. O.
224 Vgl. LPK-SGB II, § 38, Rn. 10-13.
225 Parallelvorschriften: §§ 24, 26 VwVfG.
226 Einzelheiten, vgl. v. Wulffen, § 20 SGB X, Rn. 3-8; vgl. auch die Darstellung des Amtsermittlungsgrundsatzes im sozialgerichtlichen Verfahren, s. u. Kap. 12.2.1.
227 Vgl. Kopp/Ramsauer, § 24 VwVfG, Rn. 6/7.
228 Bekannt auch aus anderen Verfahrensarten, z. B. dem Straf- oder dem Zivilprozess.

- Einholung von **Auskünften** aller Art von **Behörden** oder **Privaten**, z. B. Auskünfte von Ärzten oder Psychologen (nach Entbindung von der Schweigepflicht, vgl. § 100 SGB X). Zu beachten ist, dass es eine Vielzahl gesetzlicher Vorschriften gibt (sowohl im SGB I und SGB X als auch in den Spezialgesetzen), die Behörden oder Privatpersonen verpflichten, die erbetenen Auskünfte zu erteilen. Zum Beispiel die §§ 3-7 SGB X über die Amtshilfe zwischen Sozialleistungsträgern oder § 98 SGB X über Auskunftspflichten des Arbeitgebers über ehemalige, arbeitslos gewordene Mitarbeiter gegenüber der Bundesagentur für Arbeit.[229] Die Rechte der Betroffenen werden dabei durch den weiter unten dargestellten **Sozialdatenschutz** gewahrt.
- **Befragung der Beteiligten**: Beteiligte haben bei der Feststellung des Sachverhaltes **mitzuwirken**, d. h. Fragen der Verwaltung **vollständig** und **wahrheitsgemäß** zu beantworten.[230] Im Einzelnen sind die Mitwirkungspflichten in den §§ 60-67 SGB I geregelt und werden im folgenden Abschnitt dargestellt.
- **Befragung von Zeugen**: Zeugen sind an dem Verfahren unbeteiligte Dritte, die verfahrenserhebliche Tatsachen **selbst wahrgenommen** haben und mitteilen können. Als Zeuge ist man zur Aussage verpflichtet, vgl. § 21 Abs. 3 SGB X[231].
- Aussagen von **Sachverständigen**: Sachverständige sind natürliche Personen, die aufgrund besonderer Sachkunde (z. B. der beruflichen Ausbildung) **Schlussfolgerungen** aus Tatsachen ableiten können. Sie sind nach den gleichen Grundsätzen wie die Zeugen zur Aussage verpflichtet, vgl. § 21 Abs. 3 SGB X[232].
- Beiziehung von **Urkunden** und **Akten**: Gemeint ist hiermit die Einsichtnahme oder Heranziehung von Schriftstücken aller Art, z. B. ärztlichen Attesten, Gehaltsbescheinigungen, Verträgen etc. Auch hierbei sind die Vorschriften über die Auskunftspflichten von Behörden und Privaten, die Amtshilfe, die Mitwirkungspflichten des Betroffenen und der Sozialdatenschutz maßgeblich.[233]
- **Inaugenscheinnahme** ist die unmittelbare Überprüfung (bzw. Wahrnehmung) von Tatsachen an Ort und Stelle, z. B. die Feststellung des Jugendamtes über den kindgerechten Zustand einer Einrichtung, vgl. § 46 SGB VIII. Aufgrund des Grundrechtes der **Unverletzlichkeit der eigenen Wohnung** gemäß Art. 13 GG ist die Zulässigkeit von **Hausbesuchen** auf der Grundlage des § 21 SGB X nach wie vor ein umstrittenes rechtliches Problem. „Gelöst" wird

---

229 Vgl. Darstellung von weiteren Beispielen bei Papenheim, Kap. 38.3.15.
230 Vgl. v. Wulffen, § 21 SGB X, Rn. 7, 11.
231 Einzelheiten vgl. SRHB, § 11, Rn. 95/96; Dörr/Francke, § 11, Rn. 39/40.
232 Vgl. SRHB, a. a. O.; Dörr/Francke, a. a. O.
233 Einzelheiten vgl. SRHB, § 11, Rn. 98.

es in der Praxis zumeist über die Mitwirkungspflicht: Zwar ist ein Betroffener rechtlich nicht dazu verpflichtet, einen Hausbesuch zu dulden, die Behörde hat dann jedoch das Recht, die Sozialleistung wegen fehlender Mitwirkung zu verweigern (vgl. § 66 SGB I).[234]

- Nach § 23 SGB X gilt als ein besonders Mittel der Glaubhaftmachung einer Erklärung die **Versicherung an Eides statt**. Mit einer Versicherung an Eides statt wird in einer besonders formalisierten Art und Weise die Richtigkeit und Vollständigkeit einer bestimmten Erklärung bekräftigt.[235] Damit der Versicherung an Eides statt soll die Richtigkeitsgewähr einer Erklärung erhöht werden, weil die Abgabe falscher eidesstattlicher Versicherungen eine Straftat gemäß §§ 156, 163 StGB darstellt.

Nach Abschluss der Ermittlungen bewertet die Behörde die vorliegenden Beweismittel nach dem Grundsatz der **freien Beweiswürdigung**[236]. Das heißt, sie entscheidet je nach Überzeugungskraft der Beweismittel, ob die verfahrenserheblichen Tatsachen erwiesen sind oder nicht. I. d. R. wird ein **hoher Grad an Wahrscheinlichkeit** verlangt, d. h. die gegenteilige Sachlage muss bei vernünftiger Überlegung als praktisch ausgeschlossen erscheinen.[237]

Ist eine Tatsache nicht erwiesen, kommt das innerhalb der gesamten Rechtsordnung gültige **Prinzip der Beweislastverteilung** zur Anwendung: Derjenige, der ein Recht für sich in Anspruch nimmt (z. B. ein Antragsteller für Sozialleistungen), trägt die Folgen, wenn der Beweis für das Vorliegen der rechtsbegründenden Tatsachen nicht geführt werden kann.[238]

Bei der **Eingriffsverwaltung**, z. B. der Belastung des Bürgers mit einer Zahlungspflicht, muss die Behörde beweisen können, dass die gesetzlichen Voraussetzungen für die Inanspruchnahme des Bürgers erfüllt sind. Bei der **Leistungsverwaltung** begehrt der Bürger etwas von der Verwaltung. Also muss er letztlich beweisen, dass die Voraussetzungen für die Leistung in seiner Person erfüllt sind. Anders ist es bei der Frage ob eine **rechtsvernichtende Bestimmung** vorliegt, d. h. ob eine Tatsache, die einem Anspruch des Bürgers entgegensteht, vorliegt. Hier trägt die Behörde die Beweislast, da sie hieraus die für sich günstige Rechtsfolge – Nichtverpflichtung zur Leistung – herleiten möchte.[239]

---

234 Einzelheiten vgl. Papenheim, Kap. 38.3.16; LPK-SGB II, Anhang Verfahren, Rn. 17; SRHB, § 11, Rn. 98.
235 Einzelheiten vgl. SRHB, § 11, Rn. 97; vgl. auch die eidesstattliche Versicherung im sozialgerichtlichen Eilverfahren, s. u. Kap. 14.2.
236 Zum Begriff vgl. v. Wulffen, § 20 Rn. 8; Wolff/Bachof, § 60, Rn. 47-49.
237 Einzelheiten vgl. SRHB, § 11, Rn. 99, Dörr/Francke, § 11, Rn. 41/42.
238 Vgl. v. Wulffen, § 20 SGB X, Rn. 9; Papenheim, Kap. 38.3.16; Kopp/Ramsauer, § 24 VwVfG, Rn. 40-43.
239 Beispiele vgl. Erlenkämper/Fichte, Kap. 28, Rn. 18.

Beispiel: A beantragt SGB II-Leistungen. Also muss er beweisen können, dass er erwerbsfähig und hilfebedürftig i. S. d. § 7 SGB II ist. Das Jobcenter wiederum müsste beweisen können, dass A nicht leistungsberechtigt ist, weil er z. B. über Vermögen i. S. d. § 12 Abs. 1 SGB II verfügt.

Zu beachten ist, dass die Gesetze vielfach Beweiserleichterungen für die Verwaltung beim Vorliegen rechtsvernichtender Tatsachen vorsehen.[240]

Beispiel: Fall s. o.
Das Jobcenter legt A verschiedene Arbeitsangebote vor, die A allerdings unzumutbar findet. Nach § 10 Abs. 1 SGB II ist „jede Arbeit zumutbar, es sei denn dass ..." und es folgt ein Katalog mit verschiedenen Tatbeständen, die eine Unzumutbarkeit begründen können. Hier muss A beweisen, dass die Arbeitsangebote tatsächlich unzumutbar sind. Dadurch dass das Jobcenter ihm Arbeitsangebote vorlegte und der gesetzliche Grundsatz jede Arbeit für zumutbar erklärt, hat das Jobcenter bewiesen, dass A nicht mehr leistungsberechtigt ist. A muss – um weiterhin seine Leistungsberechtigung zu beweisen – auch beweisen können, dass Unzumutbarkeit vorliegt.

6.2.3 Mitwirkungspflichten

Eng verbunden mit dem Amtsermittlungsgrundsatz sind die Mitwirkungspflichten nach den §§ 60-67 SGB I[241]. Sie regeln, in welchem Umfang ein Leistungsempfänger, bzw. jemand der Sozialleistungen beantragt hat, **aktiv** an dem Verfahren mitzuwirken hat.

Die Mitwirkungspflichten im Sozialrecht sind umfassend – zu ihnen gehören z. B. die Angabe relevanter Daten, die Vorlage relevanter Urkunden, die Zustimmung zur Einholung von Auskünften Dritter, die (unaufgeforderte) Mitteilung von Änderungen in den persönlichen Lebensverhältnissen oder beim Gesundheitszustand, das persönliche Erscheinen bei der Behörde, die Wahrnehmung von ärztlichen Untersuchungen oder Heilbehandlungsmaßnahmen u. v. m.[242] Außerhalb des SGB I finden sich zudem in zahlreichen anderen Sozialgesetzen weitere Mitwirkungspflichten, z. B. § 31 SGB II (Aufnahme einer zumutbaren Arbeit), § 144 SGB III (Teilnahme an einer Trainingsmaßnahme der Bundesagentur für Arbeit) u. v. m.[243]

---

240 Vgl. Papenheim, Kap. 38.3.16.
241 Im übrigen Verwaltungsrecht sind die Mitwirkungspflichten wesentlich weniger umfassend geregelt, vgl. § 26 Abs. 2 VwVfG.
242 Vgl. Erlenkämper/Fichte, Kap. 8, Rn. 76; Dörr/Francke, Rn. 90-93 a.
243 Weitere Beispiele f. Mitwirkungspflichten vgl. Dörr/Francke, Kap. 11, Rn. 93 b/ 93 c.

Die Folgen der unterbliebenen Mitwirkung sind **Sanktionen** (z. B. Leistungskürzung oder Sperrzeit) oder ein **vollständiges Leistungsverweigerungsrecht** des Sozialleistungsträgers gemäß § 66 SGB I. Auf die Folgen der fehlenden Mitwirkung muss vor der Leistungsverweigerung schriftlich hingewiesen werden. Wird die Mitwirkung nachgeholt und liegen die Leistungsvoraussetzungen vor, kann der Leistungsträger Sozialleistungen ganz oder teilweise auch rückwirkend wieder erbringen.[244]

Nicht einfach zu beantworten und oftmals streitig zwischen Bürger und Behörde ist die Frage, welche **Grenzen** für die Mitwirkungspflichten gelten. Nach § 65 SGB I bestehen Mitwirkungspflichten z. B. dann nicht, wenn ihre Erfüllung nicht ein einem „**angemessenen**" **Verhältnis** zu der in Anspruch genommenen Sozialleistung steht oder ihre Erfüllung dem Betroffenen aus einem „**wichtigen Grund**" nicht zugemutet werden kann. Hierbei handelt es sich um unbestimmte Rechtsbegriffe, deren Ausfüllung häufig Schwierigkeiten bereitet.[245] Letztlich riskiert es der Bürger, sofern er auf der Auffassung beharrt, er sei nach § 65 SGB I nicht zu einer bestimmten Mitwirkungshandlung verpflichtet, dass der Leistungsträger die Sozialleistung nach § 66 SGB I verweigert. Der Bürger muss dann versuchen, seine Rechtsauffassung mithilfe der Gerichte durchzusetzen.

6.2.4 Anhörungs- und Akteneinsichtsrecht

§ 24 SGB X[246] regelt das Recht eines Beteiligten auf **Anhörung** bevor ein VA erlassen wird, der in seine Rechte eingreift. Die Verwaltung ist verpflichtet, dem Betroffenen die für die Entscheidung erheblichen Tatsachen mitzuteilen und ihn aufzufordern, sich – ggf. binnen einer bestimmten Frist – zu äußern. Damit soll der Betroffene vor **Überraschungsentscheidungen** geschützt werden und die Möglichkeit erhalten, durch seine Stellungnahme die Entscheidung der Verwaltung noch in seinem Sinne zu beeinflussen.

Ob er die Gelegenheit zur Anhörung wahrnimmt oder nicht, entscheidet er selbst. Die Verwaltung muss das Vorbringen entgegennehmen und bei ihrer Entscheidung in Erwägung ziehen. In ihrer Entscheidung und in der Würdigung der Äußerung ist die Verwaltung jedoch frei.[247] Die Verpflichtung zur Anhörung entspricht dem rechtsstaatlichen Grundsatz der Gewährung

---

244 Einzelheiten vgl. jurisPK, § 66 SGB I, Rn. 23-30.
245 Beispielsfälle vgl. jurisPK, § 65 SGB I, Rn. 13-25; LPK-SGB I, § 65, Rn. 7-9.
246 Parallelvorschrift : § 28 VwVfG.
247 Einzelheiten vgl. Erlenkämper/Fichte, Kap. 28, Rn. 23-27; SRHB, § 11, Rn. 104-114; Kopp/Ramsauer § 28 VwVfG, Rn. 12-14.

rechtlichen Gehörs gemäß Art. 103 Abs. 1 GG, der auch in jedem Gerichtsverfahren gilt.[248]

Grundsätzlich gilt die Anhörungspflicht bei allen belastenden VAen. Strittig ist, ob sie auch bei einem VA, mit dem eine **Begünstigung erstmalig abgelehnt** wird, gilt. Zweifellos ist ein solcher VA aus Sicht des Betroffenen ein belastender VA, doch eigentlich wird hier nicht „in ein Recht eingegriffen" wie es die Vorschrift fordert. Denn der Betroffene hat ja gerade noch **keine Rechtsposition erworben**, in die man eingreifen könnte. Somit besteht in diesen Fällen (jedenfalls aus Sicht der h. M.) kein Anhörungserfordernis.[249] Typische Anwendungsbereiche für § 24 SGB X sind VAe, mit denen eine Erstattungsforderung der Verwaltung geltend gemacht wird oder laufende Sozialleistungen herabgesetzt oder entzogen werden.

Daneben regelt § 24 Abs. 2 SGB X eine Reihe von **Ausnahmen**, bei der von einer Anhörung abgesehen werden kann, z. B. wenn Maßnahmen der Verwaltungsvollstreckung[250] getroffen werden oder wenn eine Vielzahl gleichartiger VAe in größerer Zahl erlassen werden sollen.[251]

Eine nicht oder nicht korrekt durchgeführte Anhörung macht den VA rechtswidrig und anfechtbar. Es besteht jedoch gemäß § 41 Abs. 1 SGB X die Möglichkeit, eine Anhörung auch noch **nachzuholen** und die Rechtswidrigkeit des VA damit zu heilen.[252] Dies kann im Widerspruchsverfahren oder auch noch im Gerichtsverfahren geschehen.[253]

Die Verwaltung hat den Beteiligten gemäß **§ 25 SGB X**[254] **Akteneinsicht** in die das Verfahren betreffenden Akten zu gestatten. Voraussetzung ist, dass deren Kenntnis zur Geltendmachung oder Verteidigung der **rechtlichen Interessen** des Beteiligten erforderlich ist. Dies dürfte bei jemandem, der bereits Beteiligter des Verwaltungsverfahrens ist regelmäßig gegeben sein. Denn es liegt auf der Hand, dass die Kenntnis der behördlichen Aktenvorgänge für die effektive Wahrnehmung seiner eigenen sozialen Rechte unverzichtbar ist.[255]

---

248 Siehe unten Kap. 12.2.3.
249 Vgl. v. Wulffen, § 24 SGB X, Rn. 4; Dörr/Francke, Kap. 11, Rn. 50/51; Maurer, Verwaltungsrecht, § 19, Rn. 20; a. A. SRHB, § 11, Rn. 106/107. Darstellung des Streitstandes, vgl. Kopp/Ramsauer, § 28, Rn. 25-27.
250 Siehe unten Kap. 6.4.
251 Vgl. Darstellung der Ausnahmen bei Dörr/Francke, Kap. 11, Rn. 54-56; SRHB, § 11, Rn. 111-113.
252 Einzelheiten s. u. Kap. 7.3.
253 Vgl. Erlenkämper/Fichte, Kap. 28, Rn. 28-31; Papenheim, Kap. 38.3.19.
254 Parallelvorschrift: § 29 VwVfG
255 Vgl. Dörr/Francke, Kap. 11, Rn. 60; SRHB, § 11, Rn. 115-119, Wolff/Bachof, § 60, Rn. 90.

Kollidieren kann das Recht auf Akteneinsicht allerdings mit **berechtigten Interessen anderer Beteiligter** oder **dritter Personen**, z.B. mit dem Schutz der Identität von Informanten. Es gilt § 25 Abs. 3 SGB X, wonach die Behörde in solchen Fällen die Gestattung der Akteneinsicht verweigern kann. Berechtigte Interessen Anderer sind z.B. dann anzuerkennen, wenn sie durch das Sozialdatengeheimnis der §§ 67 d-77 SGB X geschützt sind.[256]

Die Gewährung oder Versagung der Akteneinsicht ist ein **VA**, der allerdings nur zusammen mit dem Haupt-VA angefochten werden kann. Dies entspricht einem allgemein im Verwaltungsrecht geltenden Rechtsgrundsatz, dass **behördliche Verfahrenshandlungen nicht isoliert angefochten** werden können.[257] Grund hierfür ist, dass sich der Abschluss eines anhängigen Verwaltungsverfahrens durch die isolierte Anfechtung einzelner Verfahrens-Teilschritte nicht unnötig in die Länge ziehen soll.

Eine nicht gerechtfertigte Versagung der Akteneinsicht macht den (Haupt-) VA rechtswidrig und anfechtbar, allerdings ist in diesen Fällen auch die Möglichkeit der **Unbeachtlichkeit von Verfahrensfehlern** gemäß § 42 SGB X denkbar.[258]

6.2.5 Befangenheit

Jedes Verwaltungsverfahren muss von der Behörde unvoreingenommenen und sachlich abgewickelt werden. Bereits der Verdacht einer unredlichen Amstsführung (= **Befangenheit**) – gleichgültig ob begründet oder nicht – soll verhindert werden. Das Verfahrensrecht regelt daher **zwei Fallgruppen** von Befangenheit: Die institutionalisierte Befangenheit nach **§ 16 SBG X** und die Besorgnis der Befangenheit nach **§17 SGB X**.[259]

Institutionalisierte Befangenheit liegt vor, wenn ein bestimmtes **Näheverhältnis** zwischen dem Verwaltungsmitarbeiter und den Beteiligten besteht. Dies sind zum einen **verwandtschaftliche Verhältnisse**, die in § 16 Abs. 5 SGB X näher erläutert werden. Zum anderen sind dies auch anders gelagerte Näheverhältnisse z.B. aufgrund von **wirtschaftlicher Anhängigkeit**, wenn beispielsweise der Verwaltungsmitarbeiter gleichzeitig gegen Entgelt

---

256 Einzelheiten zum Sozialdatengeheimnis s.u. Kap. 6.2.6. Weitere Beispielsfälle vgl. Papenheim, Kap. 38.3.20; v. Wulffen, § 25 SGB X, Rn. 9; Kopp/Ramsauer, § 29, Rn. 36-39.
257 Vgl. Erlenkämper/Fichte, Kap. 28, Rn. 19; SRHB, § 11, Rn. 122; v. Wulffen, § 25 SGB X, Rn. 2.
258 Einzelheiten s. u. Kap. 7.3.
259 Parallelvorschriften: §§ 20 u. 21 VwVfG.

bei einem der Beteiligten tätig ist.[260] Bestehen derartige Näheverhältnisse wird ein **Interessenkonflikt** des Verwaltungsmitarbeiters **gesetzlich vermutet** mit der Folge, dass er die Bearbeitung der Sache nicht durchführen darf. Seinen Ausschluss von der Bearbeitung der Angelegenheit muss der Verwaltungsmitarbeiter selbst betreiben – VAe, die trotz des Mitwirkungsverbotes ergehen, sind rechtswidrig und anfechtbar.

Besorgnis der Befangenheit liegt vor, bei einer Situation, die „geeignet ist, Misstrauen gegen eine unparteiische Amtsführung zu rechtfertigen". Gründe dieser Art sind z. B. Freundschaft oder Feindschaft zu einem Beteiligten, unsachliche oder verletzende Äußerungen im Verfahren, Äußerungen, die für eine einseitige Festlegung in der Sache, noch ehe der Sachverhalt hinreichend geklärt ist, sprechen u. dergl.[261] Es besteht eine **Unterrichtungspflicht des Vorgesetzen**, der letztlich darüber entscheidet, ob Befangenheit vorliegt oder nicht. Hierbei kann entweder der Verwaltungsmitarbeiter selbst, der sich für befangen hält, seinen Vorgesetzten unterrichten und sich auf dessen Anordnung hin von der Bearbeitung der Angelegenheit fernhalten. Zum anderen besteht die Pflicht, den Vorgesetzten zu unterrichten und eine Entscheidung von ihm herbeizuführen, **wenn ein Beteiligter einen Befangenheitsgrund behauptet.**[262] Auch hier wäre ein VA, der unter Mitwirkung des befangenen Verwaltungsmitarbeiters ergeht, rechtswidrig und anfechtbar. Dies tritt ebenfalls ein, wenn die Unterrichtungspflicht gegenüber dem Vorgesetzten versäumt wurde.[263]

Bei der Frage der Rechtswidrigkeit von VAen, die gegen die §§ 16, 17 SGB X verstoßen, ist jeweils § 42 SGB X zu beachten, wonach Verfahrensfehler unbeachtlich sein können, wenn sie sich nicht auf die Rechtmäßigkeit des Inhaltes der Entscheidung ausgewirkt haben.[264]

6.2.6 Umgang mit Sozialdaten

Der Datenschutz hat im Sozialrecht erhebliche Bedeutung, da ein Bürger für die Gewährung von Sozialleistungen oftmals sensible Daten und seine allerpersönlichsten Verhältnisse offen legen muss. Gleichwohl hat jedermann das nach Art. 2 Abs. 1 i. V. m. Art. 1 Abs. 1 GG garantierte Recht auf **informationelle Selbstbestimmung**, welches die Grundlage jeglichen Datenschutzes ist. Im Sozialverwaltungsrecht ist der Datenschutz in § 35 SGB I i. V. m.

---

260 Vgl. mit weiteren Beispielen Papenheim, Kap. 38.3.11; v. Wulffen, § 16 SGB X, Rn. 5-11.
261 Vgl. mit weiteren Beispielen Papenheim, Kap. 38.3.12; v. Wulffen, § 17 SGB X, Rn. 4.
262 Vgl. SRHB; § 11, Rn. 26; Kopp/Ramsauer, § 21, Rn. 19.
263 Vgl. v. Wulffen, § 17, Rn. 10; Kopp/Ramsauer, § 21 VwVfG, Rn. 26.
264 Einzelheiten s. u. Kap. 7.3.

§§ 67–85a SGB X geregelt.[265] Zusätzlich gibt es in den Spezialgesetzen eigenständige Regelungen zum Datenschutz, z. B. besondere Datenschutzregelungen im Krankenversicherungsrecht gemäß §§ 284–305 b SGB V oder im Kinder- und Jugendhilferecht gemäß §§ 61-68 SGB VIII.

Zentrale Norm ist **§ 35 SGB I**, in der das **Sozialdatengeheimnis** festgelegt wird. Jeder hat einen Anspruch darauf, dass die ihn betreffenden Sozialdaten von den Leistungsträgern nicht unbefugt **erhoben, verarbeitet** oder **genutzt** werden. **Sozialdaten** werden definiert in **§ 67 SGB X** und umfassen alle Einzelangaben über persönliche oder sachliche Verhältnisse, d. h. neben Name, Geburtsdatum, Anschrift usw. die Angaben über persönliche Lebensverhältnisse, den körperlichen oder psychischen Gesundheitszustand, Berufsausbildung, Erwerbsbiografie usw.[266] Gerichtet ist die Verpflichtung zum Datenschutz ausdrücklich an die **öffentlich-rechtlichen Leistungsträger**, gleichgültig ob Bundes- oder Landesverwaltung, Kommunen, unmittelbare oder mittelbare Verwaltung.

Eine entsprechende gesetzliche Verpflichtung für die privatrechtlichen **freien Träger** oder die **Kirchen** fehlt, doch ist anerkannt, dass sie in gleichem Maße zum Datenschutz verpflichtet sind, wenn sie öffentliche Aufgaben aus dem sozialen Bereich wahrnehmen, vgl. z. B. § 78 Abs. 2 SGB X oder § 61 Abs. 4 SGB VIII[267].

Das **Erheben** von Daten ist die Beschaffung von Informationen über den Betroffenen, vgl. die Definition in § 67 Abs. 5 SGB X. Für das Erheben gilt gemäß § 67a SGB X: Die zu erhebenden Daten müssen **erforderlich** zur Erledigung einer Aufgabe nach dem SGB sein.[268]

> **Beispiele:** Erforderlich: Lückenlose Informationen über den bisherigen schulischen und beruflichen Werdegang zur Erlangung von BAföG-Leistungen, Informationen über Aufenthalte in psychiatrischen Kliniken eines Elternteils bei der Einschaltung des Jugendamts zur Regelung der elterlichen Sorge nach § 17 Abs. 2 SGB VIII.
> Nicht erforderlich: Vorlage des Zeugnisses des letzten Arbeitgebers für die Gewährung von ALG.

---

265 Im übrigen Verwaltungsrecht: vgl. Bundesdatenschutzgesetz und die einzelnen Landesdatenschutzgesetze.
266 Einzelheiten vgl. Kievel, Kap. 17.5.1; v. Wulffen, § 67 SGB X, 5-8; Dörr/Francke, Kap. 11, Rn. 167.
267 Einzelheiten vgl. Falterbaum, Teil XI., S. 207/208; Papenheim, Kap. 35.
268 Vgl. Dörr/Francke, Kap. 11, Rn. 169; Papenheim, Kap. 33.2.3.

Außerdem dürfen die Daten grundsätzlich **nur beim Betroffenen selbst** erhoben werden, denn er soll selbst darüber bestimmen können, welche Daten er von sich preisgeben möchte. **Ausnahmen** hierzu sind jedoch im Rahmen von § 67 Abs. 2 S. SGB X möglich[269], z. B. wenn andere Rechtsvorschriften dies zulassen.

> **Beispiel:** Nach § 118 SGB XII kann das Sozialamt regelmäßig Daten des Leistungsempfängers mit den Finanzämtern beispielsweise über Kapitalerträge abgleichen.

Das **Verarbeiten** bzw. das **Nutzen** von Sozialdaten wird definiert in § 67 Abs. 6 u. 7 SGB X. Umfasst sind **alle denkbaren Verwendungsformen** der Daten: **Speichern, Verändern, Übermitteln, Sperren, Löschen**. Jede Verwendungsform ist nur zulässig, wenn der Betroffene eingewilligt hat und vorher auf den Zweck der vorgesehenen Verwendung hingewiesen wurde oder wenn eine gesetzliche Bestimmung der §§ 67 b-77 SGB X die vorgesehene Verwendung für zulässig erklärt.

Die sensibelste Form der Verwendung von Daten ist ihre **Übermittlung** an Dritte. Sie ist sehr detailliert in den §§ 67 b–77 SGB X geregelt. Die Zulässigkeit der Übermittlung von Daten setzt einen von den gesetzlichen Bestimmungen genannten **Übermittlungszweck** voraus. Liegt dieser nicht vor, ist die Datenweitergabe unzulässig und kann nicht verlangt werden. Übermittlungszwecke sind z. B.[270]:

- die Übermittlung von Daten an Polizei, Staatsanwaltschaft und Gerichte im Rahmen der Amtshilfe gemäß §§ 68, 73 SGB X;
- die Übermittlung zur Erfüllung sozialer Aufgaben gemäß § 69 SGB X, z.B. die Weitergabe gesundheitlicher Daten durch die Krankenversicherung an die Bundesagentur für Arbeit, bei der der Betroffene eine Rehabilitationsmaßnahme zur Wiedereingliederung in das Erwerbsleben beantragt hat;
- die Übermittlung zur Erfüllung besonderer gesetzlicher Mitteilungspflichten gemäß § 71 SGB X, z.B. Mitteilung an das Gesundheitsamt, falls bei einem Betroffenen der Verdacht auf eine gefährliche Infektionskrankheit i. S. d. Infektionsschutzgesetzes besteht;
- die Übermittlung zum Schutz der inneren und äußeren Sicherheit gemäß § 72 SGB X;
- die Übermittlung bei Verletzung der Unterhaltspflicht gemäß § 74 SGB X.

---

269 Einzelheiten vgl. v. Wulffen, § 67 a SGB X, Rn. 7-10.
270 Einzelheiten vgl. Kievel, Kap. 17.5.2.2 u. 17.5.2.3; Papenheim, Kap. 33.6.

Der jeweilige Empfänger der Daten ist gemäß § 78 SGB X verpflichtet, die Daten nur zu dem Zweck, zu dem sie ihm übermittelt wurden, zu verwenden.

Wird gegen Datenschutzbestimmungen verstoßen, kann der Betroffene **Schadensersatzansprüche** gemäß § 82 SGB X geltend machen.[271] Darüber hinaus bestehen gemäß §§ 85, 86 SGB X **Bußgeld-** und **Strafvorschriften**.

Zum Datenschutz gehört schließlich auch das Recht des einzelnen auf **Auskunft** darüber, ob und welche Daten zu seiner Person gespeichert wurden, sowie das Recht auf **Berichtigung**, **Löschung** oder **Sperrung** von Daten. Diese Rechte vermitteln die §§ 83, 84 SGB X. Eine besondere Löschungsfrist gibt es nicht, die Leistungsträger sind jedoch verpflichtet, die Daten zu löschen, wenn ihre Kenntnis nicht mehr erforderlich ist.[272]

6.2.7 Vorschüsse/vorläufige Leistungen

Sozialrechtliche Verwaltungsverfahren können – trotz der Verpflichtungen aus § 17 SGB I – einiges an Zeit in Anspruch nehmen. Gleichzeitig besteht insbesondere bei den existenzsichernden Sozialleistungen häufig das Bedürfnis nach schnellem Handeln. Um dieses Spannungsverhältnis abzumildern, vermitteln die §§ 42, 43 SGB I Ansprüche auf einstweilige Leistungen, d.h. Ansprüche auf Vorschüsse oder Ansprüche auf vorläufige Leistungen.

> Einen Anspruch auf **Zahlung eines Vorschusses** nach § 42 SGB I hat man, wenn **unstreitig**, bzw. nach dem bisherigen Ermittlungsstand **äußerst wahrscheinlich** ist, dass ein **Anspruch** auf die begehrte Sozialleistung **dem Grunde nach** besteht und nur die genaue Berechnung über die Höhe des Anspruches noch aussteht.[273]

Dies schließt die Gewährung von Vorschüssen bei Ermessensleistungen aus. Besteht insoweit ein Anspruch, ist die Vorschussleistung auf den Betrag beschränkt, der **mindestens** zu zahlen wäre. Die Vorschüsse werden später auf die zustehende Leistung angerechnet.

Beispiel: C hat monatlich wechselndes Einkommen aus einer geringfügigen Beschäftigung, jedoch nie mehr als maximal 400 EUR monatlich. Damit kann sie ihren Lebensbedarf nicht decken. Sie findet keine andere Arbeit und hat auch keine Ersparnisse. Als erwerbsfähige Hilfesuchende beantragt

---

271 Einzelheiten, u.a. zur Bezifferung des Schadens: Vgl. Papenheim, Kap. 34.
272 Einzelheiten vgl. v. Wulffen, § 84 SGB X, Rn. 7/8.
273 Einzelheiten vgl. Papenheim, Kap. 37.2.1; SRHB, § 7, Rn. 73-75; jurisPK, § 42, Rn. 22-24, LPK-SGB I, § 42, Rn. 7-8.

sie ergänzend ALG II. Sie kann bis zum vollständigen Nachweis ihres monatlichen Einkommens Vorschüsse verlangen. Ihr Bedarf ist unstreitig in einer die 400 EUR übersteigenden Höhe nicht gedeckt, so dass das Jobcenter einspringen muss.

Die Gewährung von Vorschüssen steht im **Ermessen** des Leistungsträgers, wird jedoch zur **Pflichtleistung**, wenn der Betroffene die Zahlung eines Vorschusses **beantragt**, vgl. § 42 Abs. 1 S. 2 SGB X. Zudem haben die Leistungsträger gemäß § 14 SGB I die Pflicht, auf die Möglichkeit von Vorschüssen hinzuweisen.

> **Vorläufige Leistungen** gemäß § 43 SGB I können gewährt werden, wenn bei einer Sozialleistung ein Zuständigkeitsstreit zwischen mehreren, in Betracht kommenden Leistungsträgern besteht. Dieser soll nicht auf Kosten des Bürgers ausgetragen werden. Die Regelung legt fest, dass der „zuerst angegangene" Leistungsträger zunächst leisten muss, bis die Zuständigkeit geklärt ist.[274]

Wie bei den Vorschüssen auch, steht die Gewährung vorläufiger Leistungen zunächst im Ermessen des Leistungsträgers, wird jedoch zur **Pflichtleistung**, wenn der Betroffene die Zahlung eines Vorschusses **beantragt**, vgl. § 43 Abs. 1 S. 2 SGB X.

Voraussetzung für die vorläufigen Leistungen ist jedoch – anders als bei den Vorschüssen – dass ein **Anspruch unstreitig dem Grunde nach besteht**. Ausgeschlossen sind die vorläufigen Leistungen, wenn noch irgendwelche Zweifel an der Berechtigung zur Leistung bestehen.[275] Für die in der Praxis häufig vorkommenden Zuständigkeitskonflikte im Rehabilitationsrecht für behinderte Menschen wurde mit § 14 SGB IX eine Sonderregelung geschaffen. Bei Ermessensleistungen sind vorläufige Leistungen ausgeschlossen.

6.3 Entscheidung/Ende des Verfahrens

Nach § 8 SGB X endet das Verwaltungsverfahren typischerweise mit einer **Sachentscheidung** (VA oder Abschluss eines öffentlich-rechtlichen Vertrages), d.h. mit einer Regelung, die der Zweck des Verwaltungsverfahrens war und mit der das Rechtsverhältnis zwischen Bürger und Verwaltung neu gestaltet wird. Selbstverständlich kommen auch andere Beendigungsgründe

---

274 Einzelheiten vgl. Papenheim, Kap. 37.3; SRHB, § 7, Rn. 84-91; LPK-SGB I, § 43, Rn. 5-10.
275 Vgl. jurisPK, § 43, Rn. 23/24.

in Betracht, z. B. die Rücknahme des Antrages, die Erledigung oder die Einstellung des Verfahrens.[276] Aufgrund der einseitigen Verbindlichkeit des VA und seiner Wirkung als Vollstreckungstitel sind hinsichtlich seines Erlasses, seiner Bekanntgabe und seiner Form diverse gesetzliche Vorgaben zu beachten.

6.3.1 Bekanntgabe des VA

Nach § 39 SGB X[277] wird ein VA gegenüber dem Betroffenen in dem Zeitpunkt wirksam, in dem er ihm bekannt gegeben wurde.

> Die **Bekanntgabe** ist gleichzusetzen mit dem **Erlass** eines VA. Erst zum Zeitpunkt seiner Bekanntgabe/seines Erlasses wird der VA als solcher existent, entfaltet seine rechtliche Wirkung und wird für den VA-Adressaten verbindlich.[278] So können z. B. Maßnahmen der **Verwaltungsvollstreckung** ab dem Zeitpunkt der Bekanntgabe beginnen. Genauso wesentlich ist der Zeitpunkt der Bekanntgabe für den **Lauf von Fristen**: So beginnt z. B. die einmonatige Widerspruchsfrist ab Bekanntgabe oder die Verjährungsfristen, z. B. für eine Erstattungsforderung, können durch die Bekanntgabe eines entsprechenden VA unterbrochen werden.

Der VA ist gemäß § 37 SGB X[279] demjenigen bekannt zu geben, für den er bestimmt ist oder der von ihm betroffen wird. Bekanntgabe bedeutet, dass der VA so in den **Machtbereich des Empfängers** gelangt, so dass dieser von ihm **Kenntnis nehmen** kann (= **Zugang**)[280]. Keine Voraussetzung für einen wirksamen Zugang/wirksame Bekanntgabe ist es, dass der VA-Adressat tatsächlich von dem Inhalt Kenntnis nimmt.

In der Regel werden im Sozialrecht VAe **mit der Post verschickt**. Hierbei erfolgt der Zugang, d. h. das Gelangen in den Machtbereich und die Möglichkeit zur Kenntnisnahme, durch **Einwurf in den Briefkasten**. Maßgebliche Bestimmung dafür, wann ein schriftlicher VA in den Briefkasten des Empfängers gelangt, ist § 37 Abs. 2 S. 2 SGB X: Danach gilt der VA als zugegangen **drei Tage nachdem er von der Behörde abgesendet wurde** – unabhängig davon, ob der Zugang tatsächlich früher erfolgte. Erfolgte der Zugang später – oder beruft sich der VA-Adressat darauf, er habe den VA erst zu einem späteren Zeitpunkt erhalten (oder gar nicht erhalten) – so liegt

---

276 Vgl. Dörr/Francke, § 11, Rn. 43-48; vgl. auch Stelkens, § 9 VwVfG, Rn. 193-200.
277 Parallelvorschrift: § 43 VwVfG.
278 Vgl. v. Wulffen, § 37 SGB X, Rn. 3.
279 Parallelvorschrift: § 41 VwVfG.
280 Einzelheiten vgl. Stelkens, § 41 VwVfG, Rn. 61-100.

die **Beweislast** bei der Behörde.[281] Will sie also sicherstellen, dass der Zugang zu einem bestimmten Datum nachweisbar feststeht, muss sie eine entsprechende Versendungsform wählen, z.B. Einschreibebriefe oder förmliche Zustellung.[282] Weigert sich jemand, Zustellungen möglich zu machen, z.B. durch Entfernen von Namensschildern, des Briefkastens oder durch „Verschwinden" ohne eine Meldeanschrift zu hinterlassen, bleibt als letztes Mittel der Zustellung die öffentliche Bekanntmachung gemäß § 37 Abs. 3 und 4 SGB X, z.B. durch Veröffentlichung des VA im Amtsblatt der Verwaltung oder in öffentlichen Aushangkästen.

6.3.2 Bestimmtheit und Form des VA

Die §§ 33-36 SGB X[283] regeln die Anforderungen an die inhaltliche Bestimmtheit und die Form (d.h. die äußere Gestalt) eines VA.

Zentrales Element eines VA ist seine **Regelung**. Diese enthält die behördliche Entscheidung, also eine Anordnung über das, was nunmehr zwischen den Beteiligten gelten soll. Inhaltlich ist die Regelung zu trennen von der Begründung des VA, die lediglich die Argumente für die vorangegangene Regelung liefert.

> Die Regelung muss gemäß § 33 Abs. 1 SGB X „**inhaltlich hinreichend bestimmt sein**". Das heißt, unabhängig davon, ob man die Regelung für rechtmäßig oder rechtswidrig, ihre Begründung für rechtlich korrekt oder falsch hält – aus der Regelung muss für den VA-Adressaten **unmissverständlich** hervorgehen, was gelten soll.[284] Etwaige **Unklarheiten gehen zu Lasten der Behörde**. Eine unbestimmte, widersprüchliche oder unverständliche Regelung macht den VA rechtswidrig und anfechtbar, u.U. sogar nichtig.[285]

Ein VA ist grundsätzlich **formfrei**, d.h. sowohl **schriftlich** als auch **mündlich**, **elektronisch** oder **in anderer Weise** möglich, vgl. § 33 Abs. 2 S. 1 SGB X. Für die Frage, ob ein VA vorliegt kommt es nicht auf dessen äußere Erscheinungsform, sondern lediglich darauf an, ob die Elemente des § 31

---

281 Vgl. § 37 Abs. 2 S. 2, 2. HS SGB X: „... im Zweifel hat die Behörde den Zugang des VA und den Zeitpunkt des Zugangs nachzuweisen."; vgl. auch: v. Wulffen, § 37, Rn. 13.
282 Einzelheiten zu den Zustellungsformen vgl. Papenheim, Kap. 40.5.2-40.5.3; vgl. auch §§ 2-10 VwZG.
283 Parallelvorschriften: 37-39 VwVfG.
284 Vgl. Maurer, Verwaltungsrecht, § 10, Rn. 18; einzelne Beispiele vgl. v. Wulffen, § 33 SGB X, Rn. 3-9.
285 Vgl. v. Wulffen, § 33 SGB X, Rn. 10; Stelkens, § 37 VwVfG, Rn. 40; Einzelheiten s.u. Kap. 7.1 u. 7.2.

SGB X erfüllt wurden.[286] Vielfach ist im Sozialrecht allerdings von der Erforderlichkeit der Schriftform auszugehen. Sei es, weil sie gesetzlich vorgeschrieben ist (z. B. für alle Arten von Erstattungs-VAen, vgl. § 50 Abs. 3 SGB X), sei es weil Sozialleistungen häufig nur auf Antrag gewährt werden, über den dann regelmäßig auch nur mit einem schriftlichen Bescheid entschieden werden kann.[287]

Gleichwohl kommt es nicht selten vor, dass die Sozialleistungsträger mündliche VAe erlassen – eventuell auch ohne sich dessen bewusst zu sein, z. B. dann, wenn ein Verwaltungsmitarbeiter einem Bürger, der bei ihm erscheint, lediglich mündlich erklärt, er habe keinen Anspruch auf die begehrte Sozialleistung. Mündliche VAe sind zwar als solche gültig und wirksam, sie bergen jedoch stets die Gefahr der mangelnden Beweisbarkeit – und auch der mangelnden Sorgfalt der Behörde bei der Sachbearbeitung.

Ist man daher als Betroffener mit einem mündlichen VA konfrontiert, besteht gemäß § 33 Abs. 2 S. 2 SGB X ein **Anspruch auf die Erteilung eines schriftlichen, rechtsmittelfähigen Bescheides**. Diese sind aus Sicht des Betroffenen erheblich vorteilhafter, zum einen, weil die Anforderungen an schriftliche VAe gelten, d. h. die Entscheidung eine **schriftliche Begründung** gemäß § 35 SGB X enthalten muss. Zum anderen besteht erheblich größere **Rechtssicherheit**: Das Rechtsverhältnis zwischen den Beteiligten ist klar und nachweisbar definiert worden und der Betroffene hat für ein eventuelles Widerspruchsverfahren einen schriftlich verkörperten Ausgangs-VA als Grundlage.

Voraussetzung für die Bestätigung des mündlichen VA ist, das hieran ein **berechtigtes Interesse** besteht und der Betroffene dies **unverzüglich** verlangt. Für das berechtigte Interesse ist jeder rechtliche, wirtschaftliche oder ideelle Grund ausreichend[288] – es wird also in den allermeisten Fällen unzweifelhaft gegeben sein. Unverzüglich ist ein häufig verwendeter rechtlicher Begriff innerhalb der gesamten Rechtsordnung. Er bedeutet „ohne schuldhaftes Zögern" – dies ist nicht gleichzusetzen mit „sofort" sondern beinhaltet eine angemessene Überlegungsfrist, ggf. die vorherige Einholung einer rechtlichen Beratung.[289]

Eine von der Behörde vor dem Erlass des VA mündlich in Aussicht gestellte Leistung ist – einmal abgesehen von den Beweisproblemen – gemäß § 34

---

286 Siehe oben Kap. 4.5.
287 Vgl. SRHB, § 11, Rn. 185; v. Wulffen, § 33 SGB X; Rn. 13.
288 Vgl. v. Wulffen, § 33 SGB X, Rn. 16; Kopp/Ramsauer, § 37 VwVfG, Rn. 24.
289 Zum Begriff „unverzüglich": vgl. Haase/Keller, Rn. 213.

SGB X[290] nicht wirksam. Rechtsverbindliche Zusicherungen können nur schriftlich erfolgen.

Schriftliche VAe müssen die Behörde, von der sie stammen, klar zu erkennen geben – was i. d. R. durch die Verwendung des entsprechend vorgefertigten Briefpapiers geschieht. Sie müssen aus Rechtssicherheitsgründen grundsätzlich die Unterschrift oder Namenswiedergabe des Bearbeiters enthalten.[291] Als Zugeständnis an die moderne Massenverwaltung und den Einsatz von EDV kann hiervon jedoch nach § 33 Abs. 5 SGB X abgesehen werden bei VAen, die mit „Hilfe automatischer Einrichtungen erlassen wurden"[292]. Die Folgen von Verstößen gegen die Formerfordernisse sind unterschiedlich: Ist die erlassende Behörde nicht erkennbar ist der VA nichtig gemäß § 40 Abs. 2 Nr. 1 SGB X. Ein Verstoß gegen andere Formalien kann den VA u. U. rechtswidrig und anfechtbar machen, jedoch ist auch die Unbeachtlichkeit nach § 42 SGB X möglich.[293]

> Eine der wichtigsten Anforderungen an schriftliche (oder elektronische) VAe ist das Erfordernis der **Begründung** gemäß § 35 SGB X[294]. Der Betroffene hat aus **rechtsstaatlichen** Gründen einen Anspruch darauf, die wesentlichen, die Entscheidung seines Einzelfalles tragenden Gründe zu erfahren. Dies zwingt die Behörde zur sorgfältigen Prüfung ihrer Entscheidungen, erhöht die Akzeptanz beim Betroffenen und ermöglicht ihm die Überprüfung der Rechtmäßigkeit.[295]

Anzugeben sind die wesentlichen „**tatsächlichen** und **rechtlichen**" Gründe, d. h. sowohl der von der Behörde ermittelte und zugrunde gelegte **Sachverhalt** als auch die **Rechtsgrundlage** und die von der Behörde durchgeführte **Subsumtion**[296]. Auch mit den Argumenten, die der Betroffene z. B. im Rahmen einer Anhörung nach § 24 SGB X vorgebracht hat, muss sich die Behörde in der Begründung des VA auseinander setzen.

Besonders wichtig ist die Begründung bei **Ermessensentscheidungen**. Die Begründung muss klar erkennen lassen, von welchem Sachverhalt die Behörde ausging, ob sie die Tatbestandsvoraussetzungen der Rechtsgrundlage als erfüllt ansah oder nicht und ob sie bei der Rechtsfolge ihren Ermessensspielraum erkannte und warum sie ihn wie ausgeübt hat.[297] Nicht oder unzu-

---

290 Parallelvorschrift : § 38 VwVfG.
291 Vgl. Papenheim, Kap. 40.4.3-40.4.4; v. Wulffen, § 33 SGB X, Rn. 21/22; Kopp/ Ramsauer, § 37 VwVfG, Rn. 29-35.
292 Einzelheiten vgl. Kopp/Ramsauer, § 37 VwVfG, Rn. 38-41.
293 Vgl. v. Wulffen, § 33 SGB X, Rn. 24; Einzelheiten s. u. Kap. 7.3.
294 Parallelvorschrift : § 39 VwVfG.
295 Vgl. Erlenkämper/Fichte, Kap. 28, Rn. 41; Kopp/Ramsauer, § 39 VwVfG, Rn. 2 a.
296 Vgl. Kopp/Ramsauer, § 39 VwVfG, Rn. 18.
297 Vgl. Papenheim, Kap. 40.4.5.

länglich begründete Ermessensbescheide sind rechtswidrig und anfechtbar. Nach der gesetzlichen Wertung des § 35 Abs. 1S. 2 SGB X wird unterstellt, dass im Falle einer unvollständigen oder fehlerhaften Begründung die Verwaltung das eingeräumte Ermessen tatsächlich nicht betätigt bzw. zweckwidrig ausgeübt hat.[298]

Folgen von **Verstößen** gegen das Begründungserfordernis sind daher wie folgt zu differenzieren: Bei **gebundenen VAen** können sie noch in einem gerichtlichen Verfahren durch Nachholung der „richtigen" Begründung geheilt werden, vgl. § 41 Abs. 1 Nr. 2 SGB X. Bei **Ermessensentscheidungen** ist dies – jedenfalls nach Abschluss des Widerspruchsverfahrens nicht mehr möglich.[299]

§ 35 Abs. 2 SGB X regelt die **Ausnahmen** vom Begründungserfordernis. Danach kann von einer Begründung z.B. abgesehen werden, wenn die Verwaltung zu 100% dem Antrag des Bürgers entspricht, wenn dem Betroffenen die tatsächlichen und rechtlichen Gründe bereits bekannt sind oder wenn spezielle gesetzliche Vorschriften eine Ausnahme der Begründungspflicht vorsehen.[300]

Den Abschluss des schriftlichen VA bildet die **Rechtsbehelfsbelehrung** gemäß § 36 SGB X[301]. Darin muss der Betroffene darüber aufgeklärt werden, welche Art von Rechtsbehelf (i.d.R. einen Widerspruch) er wo, innerhalb welcher Frist und in welcher Art und Weise einlegen kann. Die Rechtsbehelfsbelehrung muss all diese Punkte vollständig enthalten, d.h. es ist nicht ausreichend, wenn die Behörde z.B. lediglich schreibt: „Gegen diesen Bescheid können Sie Widerspruch einlegen."[302] Eine fehlende oder unvollständige Rechtsbehelfsbelehrung macht den VA an sich nicht rechtswidrig. Sie bewirkt jedoch, dass sich die Frist zur Einlegung des Rechtsbehelfs (Widerspruch) von einem Monat **auf ein Jahr verlängert**, vgl. § 66 SGG[303].

6.4 Verwaltungsvollstreckung

VAe werden mit ihrer Bekanntgabe **wirksam**, vgl. § 39 Abs. 1 SGB X. Wirksamkeit heißt, die getroffene Regelung ist ab diesem Zeitpunkt **verbindlich** und für den Fall, dass der VA-Adressat die Regelung nicht befolgt, auch **durchsetzbar**. Zwangsweise Durchsetzung ist die Vollstreckung.

---

298 Vgl. Erlenkämper/Fichte, Kap. 28, Rn. 42; Dörr/Francke, Kap. 3, Rn. 88.
299 Siehe unten Kap. 7.3, vgl. auch v. Wulffen, § 35 SGB X, Rn. 18 u. § 41 SGB X, Rn. 11-13.
300 Einzelheiten u. Beispiele vgl. v. Wulffen, § 35 SGB X, Rn. 11-15.
301 Eine Parallelvorschrift im VwVfG fehlt.
302 Vgl. Papenheim, Kap. 40.4.6.
303 Parallelvorschrift : § 58 VwGO. Einzelheiten vgl. auch Kap. 10.3 u. 11.3.3.

Anders als im privaten Recht ist für die Verwaltungsvollstreckung kein vorgelagertes Gerichtsverfahren notwendig. Der Inhaber eines privatrechtlichen Anspruchs muss regelmäßig erst vor Gericht klagen, wenn sein Anspruch freiwillig nicht erfüllt wird. Erst das gerichtliche Urteil verschafft ihm einen **„Titel"**, aus dem heraus er in einem sich anschließenden besonderen Verfahren vollstrecken kann. Erlässt die Verwaltung einen VA, handelt sie hoheitlich, d. h. in Ausübung von Staatsgewalt. Dies bedeutet, **sie kann ihre VAe selbst vollstrecken**, ohne dass sie zuvor ein Gerichtsverfahren durchführen muss. Anders ausgedrückt: „Die Verwaltung schafft sich durch die VAe ihre Titel selbst".[304]

Für den umgekehrten Fall gilt dies nicht. Das heißt, wenn der Bürger einen begünstigenden VA erhalten hat, die Behörde freiwillig aber trotzdem nicht die nach dem VA geschuldete Leistung erbringt, muss er vor dem Sozialgericht eine Klage erheben[305] und kann erst aus dem Urteil (Titel) vollstrecken.

Die Einlegung von Rechtsbehelfen wie z. B. Widerspruch und Klage haben **aufschiebende Wirkung**, d. h. verhindern, solange sie noch nicht abgeschlossen sind, die Vollstreckung – so der Grundsatz, vgl. § 86 a Abs. 1 SGG. Jedoch sind von diesem Grundsatz viele Ausnahmen möglich, vgl. § 86 a Abs. 2 SGG.[306]

Nach § 66 SGB X haben die Sozialleistungsträger **mehrere Möglichkeiten** zur Auswahl, wie sie ihre VAe vollstrecken wollen. Entweder sie vollstrecken selbst (d. h. durch **eigenes Vollstreckungspersonal**) oder durch besondere, von ihnen **beauftragte Vollstreckungsbehörden** (z. B. Polizei, Ordnungsbehörde, Finanzamt, Hauptzollamt). Grundlage für die Vollstreckung sind das Bundes- oder die Landesverwaltungsvollstreckungsgesetze (VwVG) – je nachdem ob es sich um einen Sozialleistungsträger aus der Bundesverwaltung handelt (z. B. Bundesagentur für Arbeit) oder um den Sozialleistungsträger eines Landes (z. B. die Kommunen).[307] Eine weitere Vollstreckungsmöglichkeit ist die Vollstreckung in entsprechender Anwendung der ZPO durch Gerichtsvollzieher.[308]

Bei den Vollstreckungsmaßnahmen ist zu unterscheiden, ob die Verwaltung **Geldforderungen** vollstreckt oder ob sie dem Betroffenen **bestimmte Pflichten** (Handlungen, Dulden, Unterlassen) auferlegt hat und diese vollstrecken möchte.

---

304 Vgl. Peine, Rn. 1271/1272.
305 Siehe unten Kap. 13.2.5.
306 Einzelheiten s. u. Kap. 14.1; vgl. auch Falterbaum, Teil X., S. 184.
307 Vgl. v. Wulffen, § 66 SGB X, Rn. 4/5.
308 Einzelheiten vgl. Dörr/Francke, Kap. 11, Rn. 119/120.

6.4.1 Vollstreckung von Geldforderungen

Ist eine Geldforderung durch VA festgesetzt worden und zahlt der Verpflichtete nicht, wird die Verwaltung zuerst versuchen, ihre Forderung durch **Auf- oder Verrechnung** mit laufenden Leistungen einzutreiben, ehe sie mit der umständlicheren Vollstreckung nach dem VwVG beginnt. Hierfür gelten als allgemeine Vorschriften die **§§ 51, 52 SGB I**.

Auf- oder Verrechnung ist die Tilgung der eigenen Forderung durch die Nicht-Zahlung einer Gegenforderung des Schuldners. Bei der **Aufrechnung** gemäß § 51 SGB I sind die beiden Forderungen **gegenseitig**: Ein Sozialleistungsträger hat eine Forderung gegenüber einem Bürger, der Bürger hat Sozialleistungsansprüche gegenüber diesem Sozialleistungsträger.[309] Bei der **Verrechnung** gemäß § 52 SGB I stehen sich **drei Personen** gegenüber: Ein Sozialleistungsträger hat eine Forderung gegenüber einem Bürger, der Bürger hat Sozialleistungsansprüche gegenüber einem anderen Sozialleistungsträger.[310]

Beispiele:
Aufrechnung: Die Rentenversicherung hat eine Erstattungsforderung gegenüber Rentner D aus einer vorherigen Überzahlung. D hat Anspruch auf monatliche Zahlung seiner laufenden Rente. Die Rentenversicherung kann aufrechnen, d. h. D's Rentenanspruch solange kürzen, bis ihre Erstattungsforderung getilgt ist.
Verrechnung: Das Jobcenter hat eine Erstattungsforderung gegenüber E aus Überzahlung. E hat inzwischen erreicht, dass er wegen Erwerbsunfähigkeit eine Rente aus der Rentenversicherung bekommt. Er meldet sich beim Jobcenter ab, da er nun kein ALG II mehr benötigt. Das Jobcenter kann bei der Rentenversicherung seine Erstattungsforderung geltend machen und erreichen, dass E's Rente solange gekürzt wird, bis die Forderung getilgt ist.

Beachten muss die Verwaltung jedoch **§§ 53-55 SGB I**, die **Pfändungsgrenzen** und den **Pfändungsschutz** aus der ZPO[311]. Diese Vorschriften enthalten detaillierte **Schulder-Schutzbestimmungen**, so sind z. B. bestimmte Sozialleistungen unpfändbar[312], es besteht eine Schutzfrist für Kontopfändungen von sieben Tagen[313], ein Mindestbetrag zur Bestreitung seines Le-

---

309 Einzelheiten vgl. SRHB, § 7, Rn. 142-149.
310 Einzelheiten vgl. SRHB, § 7, Rn. 150-159.
311 Vgl. §§ 811, 850 ff. ZPO
312 Vgl. § 54 SGB I; Einzelheiten vgl. SRHB, § 7, Rn. 120-125.
313 Vgl. § 55 SGB I; Einzelheiten vgl. Papenheim, Kap. 37.10.

bensunterhalts muss dem Schuldner verbleiben[314], notwendige Haushalts- oder Arbeitsgeräte sind unpfändbar u. v. m.

Der **Schulderschutz**, insbesondere die Pfändungsgrenzen, würden die Realisierung von Forderung (z. B. Rückforderungen für zu Unrecht bezogene Sozialleistungen) für die Sozialleistungsträger im **SGB II**- oder im **Sozialhilferecht** praktisch unmöglich machen. Daher finden sich in diesen Leistungsgesetzen spezielle, weitergehende Aufrechnungsregelungen:

- Nach **§ 43 SGB II** kann das laufende ALG II monatlich um bis zu 30 % abgesenkt werden, um damit Erstattungsansprüche des Jobcenters zu tilgen, die durch vormals zu Unrecht bezogene ALG II Leistungen entstanden sind.
- Nach **§ 26 Abs. 2 SGB XII** können laufende Sozialhilfeleistungen bis auf das „Unerlässliche" gekürzt werden, um damit Erstattungsforderungen des Sozialhilfeträgers zu tilgen, die durch vormals zu Unrecht bezogene Sozialhilfeleistungen entstanden sind.[315]

Ist eine Realisierung der Forderung durch Auf- oder Verrechnung nicht möglich (weil der Betroffene z. B. gar keine Sozialleistungen mehr erhält), ist die Vollstreckung nach VwVG wie folgt durchzuführen: Im VA wird neben der Geldforderung auch der Termin, zu dem die Zahlung zu erfolgen hat (**Zahlungsauffoderung**), festgelegt. Wird nicht gezahlt, erfolgt i. d. R. noch eine Mahnung mit einer Frist von einer Woche. Passiert wiederum nichts, ergeht die **Vollstreckungsanordnung** (entweder an das eigene Vollstreckungspersonal oder an die mit der Vollstreckung beauftragte Behörde). Diese darf pfänden, z. B. das Arbeitseinkommen beim Arbeitgeber, das Konto bei der Bank, Gegenstände aus der Wohnung (die zu diesem Zweck betreten werden darf), ein Grundstück durch die Einleitung der Zwangsversteigerung etc.[316] Die gleichen **Schulder-Schutzbestimmungen** wie bei der Auf- und Verrechnung sind auch bei der Vollstreckung nach dem VwVG zu beachten.

Eine Forderung der Sozialverwaltung (und gleichermaßen auch ein Sozialleistungsanspruch des Bürgers) **verjährt** i. d. R. innerhalb von **vier Jahren** nach Ablauf des Kalenderjahres, in der sie entstanden ist, vgl. § 45 SGB I.

6.4.2 Vollstreckung von Handlungen, Dulden, Unterlassen

Ist die Regelung eines VA auf eine bestimmte Pflicht des Betreffenden ausgerichtet, die nichts mit der Zahlung von Geld zu tun hat (Handlung, Dulden, Unterlassen) so gelten auch hier zunächst speziellere Vorschriften, die

---

314 Vgl. Falterbaum, Teil X., S. 192. Die jeweiligen Pfändungsgrenzen werden in den Gesetzestexten als Anlage zu § 850 c ZPO veröffentlicht, aber auch z. B. auf den Internetseiten der Gerichte.
315 Einzelheiten zu § 43 SGB II / § 26 Abs. 2 SGB XII s. u. Kap. 9.
316 Einzelheiten vgl. Dörr/Francke, Kap. 11, Rn. 116-118; Papenheim, Kap. 46.4.

die Durchsetzung der Verpflichtung ermöglichen, bevor die Vollstreckung nach dem VwVG in Betracht kommt:

- So werden z.B. alle Arten von **Mitwirkungspflichten** nicht vollstreckt sondern mit Hilfe des Leistungsverweigerungsrechts nach § 66 SGBI durchgesetzt.[317]
- Im **Arbeitslosenrecht** werden Pflichten ebenfalls vorrangig durch spezialgesetzlich geregelte Leistungskürzungen oder Sperrzeiten durchgesetzt, z.B.: § 31 SGB II sieht stufenweise Leistungskürzungen vor, falls sich der Leistungsempfänger weigert, eine zumutbare Arbeit anzunehmen. § 144 SGB III sieht Sperrzeiten für den ALG I-Anspruch vor, falls sich der Arbeitslose versicherungswidrig verhalten hat, z.B. seine Arbeit von alleine aufgegeben hat, keine Eigenbemühungen um eine Arbeit nachweist etc.

Kommen diese Möglichkeiten der Durchsetzung von Pflichten nach den Gesetzen nicht in Betracht, kann nach den §§ 6-16 VwVG mit Mitteln des **Verwaltungszwangs** vollstreckt werden. Die Mittel sind: **Zwangsgeld, unmittelbarer Zwang** oder **Ersatzvornahme**. Zwangsgeld ist die Festsetzung einer Geldstrafe, die sodann wie eine Geldforderung vollstreckt wird oder auch mit der Verhängung von **Ersatzhaft** durchgesetzt werden kann. Unmittelbarer Zwang ist der **Einsatz von Gewalt** zur Durchsetzung der Verpflichtung. Ersatzvornahme ist die Ausführung der Verpflichtung **durch andere**, aber auf Kosten des Verpflichteten (dies ist im Sozialrecht eher selten, sondern typisch für andere Rechtsgebiete, z.B. im Ordnungswidrigkeitenrecht das Abschleppen eines Fahrzeuges oder der Abriss eines Schwarzbaus).

Beim Einsatz der Zwangsmittel ist der **Grundsatz der Verhältnismäßigkeit** zu beachten, d.h. es ist stets das jeweils mildeste, in Betracht kommende Zwangsmittel zu wählen.

Voraussetzung für die Anwendung des Verwaltungszwangs ist der vorher bekannt gegebene VA, der die entsprechende Verpflichtung enthält (**Anordnung**) und die vorherige **Androhung** des Zwangsmittels, vgl. § 13 VwVG. Die **Festsetzung** bzw. die **Durchführung** des Zwangsmittels erfolgt, wenn trotz Androhung die Frist für die Erfüllung der Verpflichtung ergebnislos abgelaufen ist.[318]

> **Beispiel:** Aufgrund einer desolaten Familiensituation soll nach Anordnung des Jugendamtes das Kind K gemäß § 42 SGB VIII aus der Familie herausgenommen und in eine Pflegefamilie gegeben werden. Mit VA wurde den Eltern aufgegeben, K am 15. des Monats an die Mitarbeiter des Jugendamtes herauszugeben. Dies geschieht jedoch nicht. Nunmehr können

---

317 Siehe oben Kap. 6.2.3.
318 Einzelheiten vgl. Papenheim, Kap. 46.3.

Zwangsmittel angedroht werden: Es kann ein Zwangsgeld angedroht werden, falls K am 20. des Monats wiederum nicht herausgegeben werden sollte. Verstreicht der 20. des Monats, ohne dass die Verpflichtung erfüllt wurde, wird das Zwangsmittel festgesetzt. Das heißt, das Zwangsgeld ist fällig und kann im Wege der Vollstreckung von Geldforderungen oder durch die Verhängung von Ersatzhaft eingetrieben werden.

Unter Beachtung des Grundsatzes der Verhältnismäßigkeit kann auch unmittelbarer Zwang (d.h. Herausnahme des Kindes mit Gewalt, z.B. durch den Einsatz der Polizei) angedroht werden, falls K am 20. des Monats wiederum nicht herausgegeben werden sollte. Verstreicht der 20. des Monats, ohne dass die Verpflichtung erfüllt wurde, wird der unmittelbare Zwang angewendet, d.h. die Polizei losgeschickt, um das Kind zu holen.

Besteht eine entsprechend dringliche Situation d.h. **Gefahr in Verzug** so kann auf die Androhung und u.U. sogar auf die Anordnung, d.h. den vorherigen VA verzichtet werden, vgl. § 6 Abs. 2 VwVG..

Beispiel: Fall s. o.
Erfährt das Jugendamt, dass sich das Kind bereits in einer konkreten Leibes- oder Lebensgefahr befindet, so kann es ohne vorherigen VA und ohne die vorherige Androhung von Zwangsmitteln aus der Familie herausgeholt werden.

Neben dem VwVG enthalten die Gesetze verschiedener anderer Sachgebiete ebenfalls Vorschriften, die den Einsatz von Zwang regeln. Zu nennen wären z.B. die **Landes-Polizeigesetze**, die **Landes-Unterbringungsgesetze** für psychisch Kranke, das **Strafvollzugsgesetz** oder die **Abschiebevorschriften** des Aufenthaltsgesetzes.

6.5 Übersicht

Übersicht 1: Verwaltungsverfahren

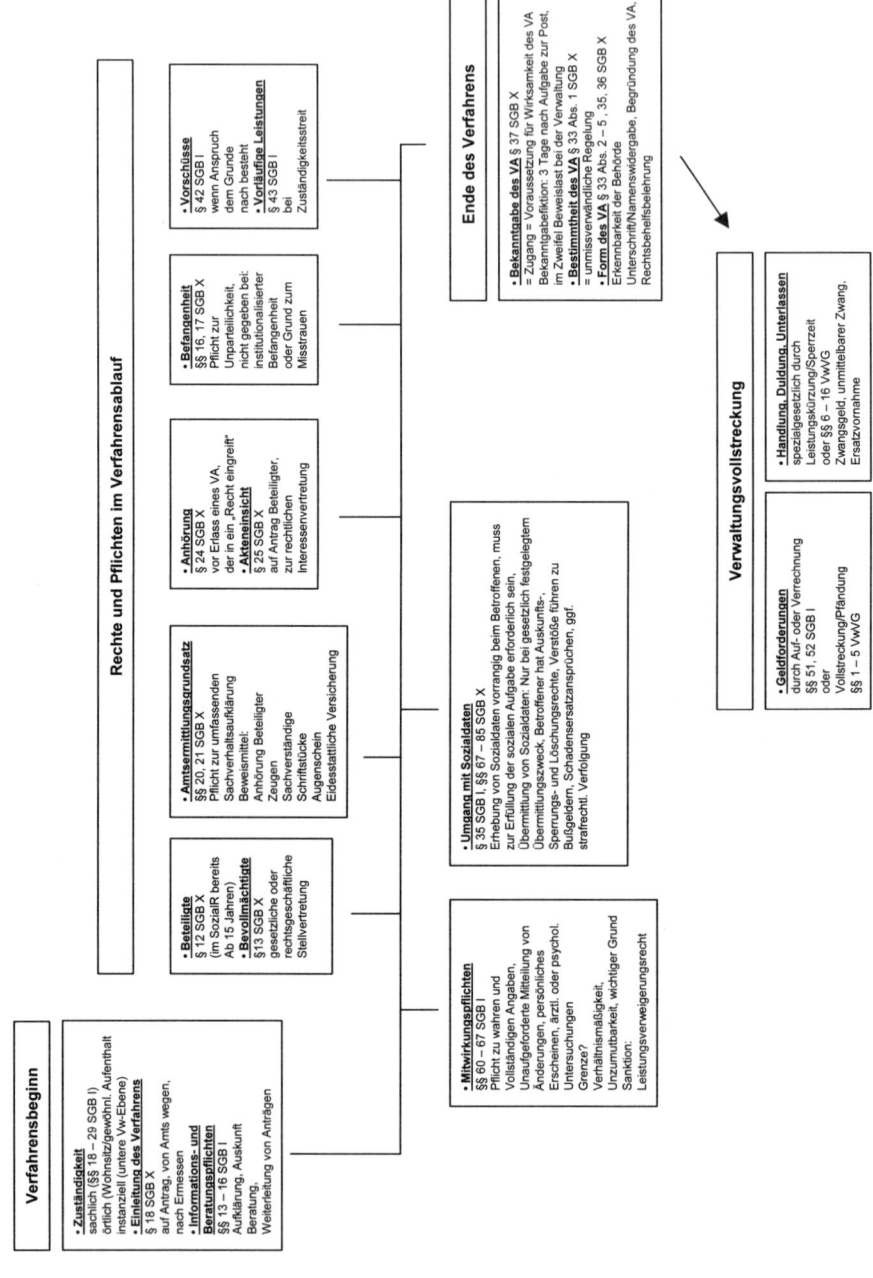

Verfahrensbeginn

- **Zuständigkeit**
  sachlich (§§ 18 – 29 SGB I)
  örtlich (Wohnsitz/gewöhnl. Aufenthalt
  instanziell (untere Vw.-Ebene)
- **Einleitung des Verfahrens**
  § 18 SGB X
  auf Antrag, von Amts wegen,
  nach Ermessen
- **Informations- und Beratungspflichten**
  §§ 13 – 16 SGB I
  Aufklärung, Auskunft
  Beratung,
  Weiterleitung von Anträgen

Rechte und Pflichten im Verfahrensablauf

- **Beteiligte**
  § 12 SGB X
  (im SozialR bereits
  Ab 15 Jahren)
- **Bevollmächtigte**
  §13 SGB X
  gesetzliche oder
  rechtsgeschäftliche
  Stellvertretung

- **Amtsermittlungsgrundsatz**
  §§ 20, 21 SGB X
  Pflicht zur umfassenden
  Sachverhaltsaufklärung
  Beweismittel:
  Anhörung Beteiligter
  Zeugen
  Sachverständige
  Schriftstücke
  Augenschein
  Eidesstattliche Versicherung

- **Anhörung**
  § 24 SGB X
  vor Erlass eines VA,
  der in ein „Recht eingreift"
- **Akteneinsicht**
  § 25 SGB X
  auf Antrag Beteiligter,
  zur rechtlichen
  Interessenvertretung

- **Befangenheit**
  §§ 16, 17 SGB X
  Pflicht zur
  Unparteilichkeit,
  nicht gegeben bei:
  institutionalisierter
  Befangenheit
  oder Grund zum
  Misstrauen

- **Vorschüsse**
  § 42 SGB I
  wenn Anspruch
  dem Grunde
  nach besteht
- **Vorläufige Leistungen**
  § 43 SGB I
  bei
  Zuständigkeitsstreit

- **Mitwirkungspflichten**
  §§ 60 – 67 SGB I
  Pflicht zu wahren und
  Vollständigen Angaben,
  Unaufgeforderte Mitteilung von
  Änderungen, persönliches
  Erscheinen, ärztl. oder psychol.
  Untersuchungen
  Grenze?
  Verhältnismäßigkeit,
  Unzumutbarkeit, wichtiger Grund
  Sanktion:
  Leistungsverweigerungsrecht

- **Umgang mit Sozialdaten**
  § 35 SGB I, §§ 67 – 85 SGB X
  Erhebung von Sozialdaten vorrangig beim Betroffenen, muss
  zur Erfüllung der sozialen Aufgabe erforderlich sein.
  Übermittlung von Sozialdaten: Nur bei gesetzlich festgelegtem
  Übermittlungszweck, Betroffener hat Auskunfts-,
  Sperrungs- und Löschungsrechte, Verstöße führen zu
  Bußgeldern, Schadensersatzansprüchen, ggf.
  strafrechtl. Verfolgung

Ende des Verfahrens

- **Bekanntgabe des VA** § 37 SGB X
  = Zugang = Voraussetzung für Wirksamkeit des VA
  Bekanntgabefiktion: 3 Tage nach Aufgabe zur Post,
  im Zweifel Beweislast bei der Verwaltung
- **Bestimmtheit des VA** § 33 Abs. 1 SGB X
  = unmissverständliche Regelung
- **Form des VA** § 33 Abs. 2 – 5 , 35, 36 SGB X
  Erkennbarkeit der Behörde
  Unterschrift/Namenswidergabe, Begründung des VA,
  Rechtsbehelfsbelehrung

Verwaltungsvollstreckung

- **Geldforderungen**
  durch Auf- oder Verrechnung
  §§ 51, 52 SGB I
  oder
  Vollstreckung/Pfändung
  §§ 1 – 5 VwVG

- **Handlung, Duldung, Unterlassen**
  spezialgesetzlich durch
  Leistungskürzung/Sperrzeit
  oder §§ 6 – 16 VwVG
  Zwangsgeld, unmittelbarer Zwang,
  Ersatzvornahme

1. Die Ausländerbehörde übersendet Z ein Schreiben, dass man beabsichtige, seine Aufenthaltserlaubnis aufzuheben, da die Gründe für seinen Aufenthalt entfallen seien. Er hätte hiermit Gelegenheit bis zum 30. des Monats dazu Stellung zu nehmen. Muss Z (der mit der Aufhebung der Aufenthaltserlaubnis nicht einverstanden ist) jetzt sofort Widerspruch einlegen?

2. Fragen zum Sozialdatenschutz:
   - R ist Rechtsanwalt von Y, 20 Jahre alt. Y hat ein Urteil, aus dem hervorgeht, dass sein Vater verpflichtet ist, ihm monatlich Unterhalt i.H.v. 400 EUR zu zahlen. Der Vater zahlt aber nicht freiwillig, so dass Y den R mit der Vollstreckung beauftragt hat. R würde gerne wissen, wo Y's Vater arbeitet. Das weiß Y nicht, denn er hat keinen Kontakt zu seinem Vater. Y weiß aber, dass bis zu dem Zeitpunkt als er 18 Jahre wurde, das Jugendamt den Unterhalt für ihn geltend gemacht hat und sein Vater dort regelmäßig seine Gehaltsbescheinigungen abgeben musste. R möchte beim Jugendamt erfragen, welches der letzte Arbeitgeber von Y's Vater war, um dort gegebenenfalls den Unterhalt pfänden zu können. Darf das Jugendamt R die Auskunft geben?
   - A ist Arbeitgeber von N. Da N unverhältnismäßig häufig krankgeschrieben war, kündigt A aus personenbedingten Gründen. N klagt dagegen vor dem Arbeitsgericht. Der Richter muss bei seiner Entscheidung, ob die Kündigung berechtigt ist oder nicht, eine Einschätzung treffen, wie sich in Zukunft N's Krankheit entwickeln wird und ob es dem A zuzumuten ist, N weiter in seiner Firma zu behalten. Zu diesem Zweck fragt der Richter bei der Krankenkasse von N nach den näheren Umständen von N's Erkrankung. Darf die Krankenkasse Auskunft erteilen?

3. K war drei Monate zum Praktikum im Ausland. Am 01.10. kommt sie zurück, öffnet ihren Briefkasten und findet ein Schreiben des BAföG-Amtes, Datum 01.08., in dem ihre BAföG-Bewilligung für das kommende Semester abgelehnt wird. Zu welchem Datum ist die Bekanntgabe erfolgt?

4. D erhält einen VA, mit dem er zur Nachzahlung von Krankenkassenbeiträgen aufgefordert wird, da man sein jährliches Einkommen noch einmal nachberechnet habe. Eine gesetzliche Vorschrift, die das Nachzahlungsverlangen stützen würde, enthält der VA nicht. D ruft bei der Krankenkasse an, um die gesetzliche Bestimmung zu erfragen. Der Sachbearbeiter meint, da müsse sich D schon an einen Rechtsanwalt wenden – ist das korrekt?

5. V bezieht ALG II, das Jobcenter übernimmt auch die Kosten für Unterkunft und Heizung. V bekommt aus der Nebenkostenabrechnung für das vergangene Jahr von seinem Vermieter eine Gutschrift i. H. v. 250 EUR überwiesen. Das Geld gibt er sofort aus. Als das Jobcenter von der Gutschrift erfährt, wird V vorgeworfen, er habe seine Mitwirkungspflichten verletzt, stimmt das?

6. Fall s.o.

V erhält nun einen VA des Jobcenters mit der Aufforderung, die 250 EUR, die er zu Unrecht erhalten habe, bis zum 30. des Monats zurückzuzahlen. V ist nicht weiter beunruhigt, da er aus dem Internet erfahren hat, dass die Pfändungsgrenzen höher liegen, als das, was er monatlich an ALG II erhält. Daher sei bei ihm „nichts zu holen". Stimmt das?

(Lösungen siehe www.lehrbuch-sozialverwaltungsrecht.de)

Weiterführende Literatur

Fichte, Wolfgang/Plagemann, Hermann/Waschull, Dirk, Sozialverwaltungsverfahrensrecht, 1. Aufl. 2008, §§ 1, 2, 3 und 6.

Maydell, Bernd von/Ruland, Franz/Becker, Ulrich (Hrsg.), Sozialrechtshandbuch (SRHB), 4. Aufl. 2008, §§ 6, 7 u. 10, 11.

7. Fehler und Fehlerfolgen eines VA

■ **Die rechtlichen Konsequenzen eines fehlerhaften Verwaltungsaktes werden behandelt. Die einzelnen Fehlerfolgen werden unterschieden: Nichtigkeit, Rechtswidrigkeit, Heilung und Unbeachtlichkeit. Die Unterschiede zwischen Wirksamkeit und Unanfechtbarkeit eines Verwaltungsaktes werden erläutert.**

Nach Art. 20 Abs. 3 GG ist die Verwaltung zu rechtmäßigem Handeln verpflichtet. Entspricht ein Verwaltungsakt nicht den gesetzlichen Anforderungen, so ist er rechtswidrig.

Die gesetzlichen Anforderungen an einen VA werden bestimmt durch die Vorgaben des **materiellen** und des **formellen Rechts**[319]. Ein VA muss materiell rechtmäßig sein, d. h. auf einer Rechtsgrundlage beruhen und deren Vorgaben, bezogen auf den Einzelfall, korrekt umsetzen. Ein VA muss auch formell rechtmäßig sein, d. h. den gesetzlichen Zuständigkeits-, Verfahrens- und Formanforderungen genügen.

Tagtäglich werden tausende von VAen erlassen. Da in der Verwaltung auch nur Menschen arbeiten, die irren können, kommt es selbstverständlich vor, dass VAe erlassen werden, die den gesetzlichen Vorgaben nicht entsprechen, d. h. fehlerhaft (= „**rechtswidrig**") sind.

Hierbei stellt sich die grundlegende Frage, wie mit diesen VAen umzugehen ist. Das Spannungsfeld besteht zwischen strikter **Rechtsstaatlichkeit** und dem Funktionieren von Verwaltung bzw. dem Bestehen von **Rechtssicherheit**. Es ist klar, dass es die Verwaltung praktisch handlungsunfähig machen würde, wenn bei jedem VA zunächst in einem längeren Verfahren durch ein Gericht geklärt werden müsste, ob er rechtswidrig ist oder nicht, ehe der VA seine Wirkung entfalten kann. Niemand wüsste während dieser Zeit, was eigentlich gelten soll. Andererseits würde das Rechtsstaatsprinzip leer laufen, wenn rechtswidriges Handeln der Verwaltung ohne jegliche Folgen bliebe.

---

319 Siehe oben Kap. 5.6.

Die Lösung des Konflikts ist im Bereich von Verwaltungsakten **zugunsten der Rechtssicherheit** entschieden worden.[320] Maßgebliche Vorschrift ist § 39 SGB X[321]. Die Vorschrift enthält ein je nach Schwere der Rechtswidrigkeit **abgestuftes System**, wie mit den fehlerhaften VAen umzugehen ist.

Zunächst gilt § 39 Abs. 1 SGB X : **Ein VA wird mit seiner Bekanntgabe wirksam**.

Die Wirksamkeit eines Verwaltungsaktes bedeutet dessen rechtliche Existenz. Ab der Bekanntgabe[322] ist die in dem VA getroffene Regelung für den Rechtsverkehr, insbesondere für den VA-Adressaten, beachtlich. Die in dem Verwaltungsakt getroffene Regelung bestimmt fortan die konkrete Rechtsbeziehung zwischen Bürger und Verwaltung, unabhängig von ihrer Rechtmäßigkeit oder Rechtswidrigkeit.

Es stellt sich sodann die Frage nach der **Dauer der Wirksamkeit**. Wie lange soll die Wirkung eines ggf. rechtswidrigen VA andauern? Hierzu bestimmt § 39 Abs. 2 SGB X – gleichermaßen für rechtmäßige wie für rechtswidrige VAe – dass sie wirksam bleiben, solange nicht einer der **vier, in der Vorschrift aufgeführten, Erledigungsgründe** zutrifft. Diese sind:

- Rücknahme oder Widerruf (d.h. Aufhebung des VA durch die Behörde nach den §§ 44-48 SGB X[323]);
- anderweitige Aufhebung (Aufhebung durch die Behörde oder ein Gericht aufgrund von Anfechtung des VA mit Rechtsbehelfen, d.h. Widerspruch und Klage[324]);
- Zeitablauf (z.B. der Fristablauf von befristeten VAen[325]);
- Erledigung auf andere Weise (z.B. durch vollständige Zweckerreichung, z.B. die vollständige Erfüllung einer Zahlungs- oder Mitwirkungspflicht[326]).

Bedeutsam ist in diesem Zusammenhang die Frage der **Anfechtbarkeit** eines VA. Anfechtbar ist ein VA – gleichgültig ob er sich dann als rechtmäßig oder rechtswidrig erweist – immer dann, wenn er noch nicht bestandskräftig ist. **Bestandskraft** bzw. Unanfechtbarkeit erlangt ein VA, wenn er nicht mehr mit einem **förmlichen Rechtsbehelf** (Widerspruch oder Klage) angefochten werden kann. Dies geschieht entweder wenn die **Frist**[327] für die Einlegung des Rechtsbehelfs ungenutzt verstrichen ist oder wenn ein

---

320   Vgl. Zippelius, § 12, Rn. 5-7; Maurer, Staatsrecht, § 8, Rn. 52.
321   Parallelvorschrift: § 43 VwVfG.
322   Vgl. § 37 SGB X sowie s.o. Kap. 6.3.1.
323   Siehe unten Kap. 9.
324   Siehe unten Kap. 10.3.2.
325   Einzelheiten vgl. v. Wulffen, § 39 SGB X, Rn. 14; Stelkens, § 43 VwVfG, Rn. 204-208.
326   Weitere Beispiele vgl. Stelkens, § 43 VwVfG, Rn. 209-221.
327   Rechtsbehelfsfristen grundsätzlich 1 Monat.

Rechtsbehelfsverfahren zwar fristgemäß durchgeführt wird, jedoch endgültig – ggf. im Instanzenzug – **erfolglos** geblieben ist.[328]

Aus der **Sicht des Bürgers**, der einen an ihn gerichteten VA für rechtswidrig hält, gilt daher folgendes: Er muss **aktiv** werden und den VA mit **Rechtsbehelfen** angreifen.[329] Tut er dies nicht wird der VA bestandskräftig und damit endgültig verbindlich. Dann hat nur noch die Verwaltung von sich aus die Möglichkeit, den VA aufzuheben[330], der Bürger hat jedoch keine Möglichkeit mehr, dies von ihr zu verlangen. Man spricht auch von „formeller" und „materieller" Bestandskraft des VA: Der VA kann formal nicht mehr mit Rechtsbehelfen angefochten werden, ist also formell bestandskräftig. Ebenfalls tritt dann die materielle (= inhaltliche) Bestandskraft ein. Auch der Inhalt des VA, d. h. die mit ihm getroffenen Regelung, ist endgültig verbindlich und rechtsbeständig. Verwaltung und Bürger sind gleichermaßen an die im VA getroffene Reglung gebunden.

Greift der Bürger den VA mit Rechtsbehelfen an, gilt dieser trotzdem noch bis zu seiner Aufhebung durch die Behörde (im Widerspruchsverfahren) oder durch das Gericht (im Klageverfahren) als wirksam. Die Anfechtung des VA hat jedoch Auswirkung auf dessen Vollstreckbarkeit, d. h. sie kann die Vollstreckung hemmen.[331]

Die letzte Stufe des Umgangs mit fehlerhaften VAen regelt § 39 Abs. 3 SGB X: Als von Anfang an unwirksam gelten nur VAe, die **nichtig** sind. Der nichtige VA ist von vorn herein unbeachtlich, muss von niemandem befolgt werden und löst keinerlei rechtliche Wirkungen aus. Nichtige VAe gelten als nicht-existent. Die Nichtigkeit ist eine qualifizierte Form der Rechtswidrigkeit. In welchen Fällen eines fehlerhaften VAs sie gegeben ist, regelt § 40 SGB X.

Im Unterschied zu den VAen gilt für das **übrige Verwaltungshandeln**:

- Rechtswidrige Rechtsnormen der Verwaltung, d. h. Rechtsverordnungen und Satzungen sind i. d. R. nichtig.[332]
- Bei öffentlich-rechtlichen Verträgen, deren Bestimmungen rechtswidrig sind, gilt § 59 VwVfG[333] der ebenfalls verschiedene Nichtigkeitsgründe benennt. Liegt der Fehler außerhalb der Nichtigkeitsgründe kommt Kündigung und Anpassung des Vertrages in Betracht.

---

328 Einzelheiten s. u. Kap. 10.3.2; vgl. auch Wolff/Bachof, § 50, Rn. 10/11
329 Vgl. Maurer, Verwaltungsrecht, § 10, Rn. 30.
330 Siehe unten Kap. 9.
331 Vgl. Maurer, Verwaltungsrecht, § 10, Rn. 22/23; Einzelheiten s. u. Kap. 10.3.2 u. Kap. 14.1.
332 Einzelheiten vgl. Maurer, Verwaltungsrecht, für Rechtsverordnungen: § 13, Rn. 16/17, für Satzungen: § 4, Rn. 48.
333 Einzelheiten vgl. Maurer, Verwaltungsrecht, § 14, Rn. 36/37.

- Bei rechtswidrigem schlichtem Verwaltungshandeln wird die Frage nach dessen Wirksamkeit erst relevant, wenn aufgrund des schlichten Verwaltungshandelns eine Regelung mit Außenwirkung ergeht (für die dann wiederum die Grundsätze des VA oder der Rechtsnormen gelten).

7.1 Nichtigkeit

§ 40 SGB X[334] regelt die Voraussetzungen, unter denen ein VA nichtig, d. h. von Anfang an unwirksam ist.

Nichtigkeit wird in § 40 Abs. 1 SGB X definiert als ein **„besonders schwerwiegender Fehler**, der bei verständiger Würdigung aller in Betracht kommenden Umstände **offensichtlich** ist". Konkretisiert wird diese, in hohem Maße unbestimmte Definition durch die Beispielkataloge in § 40 Abs. 2 und Abs. 3 SGB X, die Fehler beschreiben, die einen VA nichtig machen oder dies gerade nicht tun.

§ 40 Abs. 2 Nr. 1-5 SGB X regelt die sogenannten **„absoluten" Nichtigkeitsgründe**. Das heißt ohne weitere Prüfung, ob ein besonders schwerwiegender und offensichtlicher Fehler i. S. d. § 40 Abs. 1 SGB X vorliegt, ist ein VA. nichtig, der einen der Tatbestände der Nr. 1-5 SGB X verwirklicht. Diese sind[335]:

- § 40 Abs. 2 Nr. 1 SGB X: Es fehlt bei einem schriftlichen oder elektronischen Verwaltungsakt die Angabe der erlassenden Behörde, so dass der Adressat nicht weiß, zu welcher Behörde eigentlich ein Rechtsverhältnis bestehen soll.
- § 40 Abs. 2 Nr. 2 SGB X: Es fehlt die gesetzlich vorgesehene Aushändigung einer Urkunde (z. B. die fehlende Aushändigung der Einbürgerungsurkunde nach § 16 StAG).
- § 40 Abs. 2 Nr. 3 SGB X: Den VA kann aus tatsächlichen Gründen niemand ausführen. Gemeint ist damit objektive Unmöglichkeit und nicht subjektives Unvermögen.[336] Zum Beispiel ist ein VA über die Rückzahlung von zu Unrecht bezogenen Sozialleistungen, der von dem Betroffenen aus Geldmangel nicht erfüllt werden kann, nur subjektives Unvermögen. Objektive Unmöglichkeit liegt z. B. vor bei der Beitragsaufforderung an einen bereits Toten.

---

334 Parallelvorschrift: § 44 VwVfG.
335 Vgl. auch die Beispiele der absoluten Nichtigkeitsgründe bei: v. Wulffen, § 40 SGB X, Rn. 12-16; Stelkens, § 44 VwVfG, Rn. 132-157.
336 Zur Differenzierung der Begriffe vgl. Kopp/Ramsauer, § 44 VwVfG, Rn. 39.

- § 40 Abs. 2 Nr. 4 SGB X: Ein VA, der die Begehung einer rechts-widrigen Tat verlangt, z.B. die Erlaubnis der Betreuungsbehörde an einen Betreuer, gegen den Willen des Betreuten und ohne rich-terliche Erlaubnis in dessen Wohnung zu gehen (dies würde den Straftatbestand des Hausfriedensbruchs erfüllen).
- § 40 Abs. 2 Nr. 5 SGB X: Ein Verwaltungsakt, der gegen die „gu-ten Sitten" verstößt. Der Begriff der guten Sitten ist ein häufig verwendeter Rechtsbegriff. Er wird durch das in der Gesellschaft herrschende, sozial-ethische Wertesystem (z.B. das Wertesystem des GG) bestimmt und definiert als „das Anstandsgefühl aller bil-lig und gerecht denkenden"[337]. Ein sittenwidriger VA wäre z.B. die Schließung einer Zwangsheirat durch das Standesamt oder die polizeiliche Festsetzung, bei einem Beschuldigtenverhöhr Mittel der Folter anzuwenden.

Wie sich aus dem Katalog der Nichtigkeitsgründe unschwer feststellen lässt, ist die Nichtigkeit eines VA – als eine besonders schwerwiegende Form der Rechtswidrigkeit – die Ausnahme. Typischerweise sind fehlerhaf-te VAe nicht nichtig sondern „nur" rechtswidrig.

§ 40 Abs. 3 SGB X enthält den sogenannten „**Negativkatalog**", d.h. eine Auflistung von Fehlern, die den VAe nicht nichtig machen – selbst wenn die Fehler als besonders schwerwiegend und offensichtlich i.S.d. § 40 Abs. 1 SGB X angesehen werden könnten. Die VAe sind jedoch in diesen Fällen stets nur rechtswidrig. Der Negativkatalog betrifft:

- § 40 Abs. 3 Nr. 1 SGB X: VAe, die von einer örtlich unzuständi-gen Behörde erlassen wurden.
- § 40 Abs. 3 Nr. 2 SGB X: VAe, die unter Mitwirkung einer nach § 16 SGB X ausgeschlossenen Person zustande gekommen sind.
- § 40 Abs. 3 Nr. 3 und 4 SGB X: VAe, die unter mangelhafter oder fehlender Mitwirkung (die eigentlich erforderlich gewesen wäre) von Ausschüssen (z.B. Widerspruchsausschuss der Deutschen Rentenversicherung o.Ä.) oder anderen Behörden zustande ge-kommen sind.

Ist man mit einem fehlerhaften VA konfrontiert, dessen Fehler nicht ohne weiteres dem § 40 Abs. 2 oder Abs. 3 SGB X zuzuordnen ist, so stellt sich die Frage, ob Nichtigkeit nach § 40 Abs. 1 SGB X gegeben sein könnte. Auch dies ist eher die Ausnahme, zudem fällt eine klare Einordnung wegen der Unbestimmtheit des § 40 Abs. 1 SGB X denkbar schwer.

---

337 Einzelheiten zum Begriff vgl. Kopp/Ramsauer, § 44 VwVfG, Rn. 48/49.

Ein Fehler ist dann als besonders schwerwiegend anzusehen, wenn er so grundlegend gegen die geltende Rechtsordnung verstößt, dass der weitere Bestand des VA **schlechthin unerträglich** wäre. Anhaltspunkte, wann dies der Fall ist, geben dafür die in § 40 Abs. 2 SGB X geregelten Fälle. Offensichtlich ist der Fehler, wenn ein gedachter, **objektiver Durchschnittsbetrachter** den VA unter allen in Betracht kommenden Gesichtspunkten als nicht bestandsfähig ansehen müsste.[338]

Beispiele hierfür sind die völlige **Unbestimmtheit** und **Unverständlichkeit** der Regelung des VA (vgl. § 33 Abs. 1 SGB X), die **sachliche Unzuständigkeit** der Behörde, d. h. Handeln außerhalb ihres Hoheitsbereiches, VAe, die durch Zwang oder Bestechung zustande gekommen sind oder reine **Willkürmaßnahmen**[339].

7.2 Rechtswidrigkeit

Der weitaus überwiegende Teil der Fehler führt zur bloßen Rechtswidrigkeit des VA, d. h. zu dessen **Aufhebbarkeit** nach § 39 Abs. 2 SGB X. Das heißt, die Aufhebung des VA kann entweder von der Behörde selbst vorgenommen werden, oder durch den Bürger erzwungen werden – mittels Widerspruch und Klage. Der rechtswidrige VA bleibt wirksam. Seine Wirksamkeit endet erst nach seiner Aufhebung.

Eine **Legaldefinition** von Rechtswidrigkeit enthält § 44 Abs. 1 S. 1, 1. HS SGB X[340]: Danach ist ein VA rechtswidrig, wenn sich ergibt, dass **bei seinem Erlass das Recht unrichtig angewandt** oder von einem **Sachverhalt** ausgegangen wurde, der sich als **unrichtig** erweist.

Bei dem **Zeitpunkt**, zu dem die Rechtmäßigkeit oder Rechtswidrigkeit des VAs zu beurteilen ist, ist zu differenzieren: Er richtet sich nach dem **Inhalt des VA**. Geht es – aus Sicht des Bürgers – um einen **belastenden VA**, z. B. eine Zahlungsaufforderung, ist der **Zeitpunkt des Erlasses** maßgeblich.

Anders ist es bei VAen, mit denen Leistungen für den Bürger abgelehnt wurden. Diese sind zwar auch belastende VAe. Das eigentliche Ziel des Bürgers war jedoch der Erhalt eines **begünstigenden VA**. Daher gilt für die Beurteilung der Rechtswidrigkeit der **Zeitpunkt der letzten mündlichen Verhandlung in einem Gerichtsverfahren**.

---

338 Vgl. SRHB, § 11, Rn. 207; Maurer, Verwaltungsrecht, § 10, Rn. 31/32.
339 Vgl. weitere Beispiele bei Stelkens, § 44 VwVfG, Rn. 111-114
340 Eine vergleichbare Vorschrift gibt es im VwVfG nicht.

Beispiel: G hat Erwerbsunfähigkeitsrente beantragt. Die Deutsche Rentenversicherung lehnt G's Antrag ab. Zum Zeitpunkt der Ermittlungen war G's Gesundheitszustand nicht so schlecht, als dass es für eine Rente gemäß § 43 SGB VI reichen würde. G klagt dagegen vor dem Sozialgericht. Im Gerichtsverfahren kommt der gerichtliche Sachverständige zu dem Ergebnis, dass zumindest jetzt G's Gesundheitszustand so schlecht ist, dass sie erwerbsunfähig i. S. d. § 43 Abs. 2 SGB VI ist. Der ablehnende VA der Rentenversicherung wird als rechtswidrig aufgehoben.

Die in § 44 Abs. 1 S. 1, 1. HS SGB X verwendete **Definition von Rechtswidrigkeit** ist **umfassend**: Unrichtige Rechtsanwendung oder unrichtige Sachverhaltsfeststellung erfasst sowohl die **formelle** als auch die **materielle Rechtmäßigkeit** des VA.[341]

Beispiele:
Fehler im Bereich der formellen Rechtmäßigkeit: eine unzuständige Behörde hat gehandelt, ein befangener Amtsträger hat gehandelt, der Sachverhalt wurde mangelhaft aufgeklärt, der VA wurde mangelhaft begründet, die Rechtsbehelfsbelehrung fehlt, u. v. m.
Fehler im Bereich der materiellen Rechtmäßigkeit: die Behörde legt ihrer Entscheidung einen falschen Sachverhalt zugrunde, bei der Auslegung der erforderlichen Tatbestandsvoraussetzungen weicht die Behörde von den anerkannten Auslegungsmethoden ab oder beachtet eine bereits gefestigte Rechtsprechung nicht, bei der Festlegung der Rechtsfolge begeht die Behörde Ermessensfehler.

Jeder Fehler macht den VA **rechtswidrig**. Allerdings macht nicht jeder Fehler den VA **aufhebbar**. Sind die Fehler besonders schwer und offensichtlich können sie zur Nichtigkeit führen. Dann erübrigt sich die Aufhebung, da der VA bereits von Anfang an unwirksam ist und als nicht-existent gilt. Sind die Fehler **nicht gravierend**, können sie unter bestimmten Voraussetzungen **geheilt** werden oder **unbeachtlich** sein. Eine Aufhebung des VA kann dann nicht mehr verlangt werden. Grundsätzlich betrifft dies jedoch nur Fehler aus dem Bereich der formellen Rechtmäßigkeit.

---

341 Beispiele denkbarer Fehler eines VA vgl. Peine, Rn. 673-687.

7.3 Nicht erhebliche Verfahrens- und Formfehler

Form- und Verfahrensfehler, die den VA nicht nichtig machen, sind in bestimmten Fällen **heilbar**, vgl. § 41 SGB X[342], **unbeachtlich**, vgl. § 42 SGB X[343], oder sie können **berichtigt**, vgl. § 38 SGB X[344], oder **umgedeutet**, vgl. § 43 SGB X[345], werden.

7.3.1 Heilung

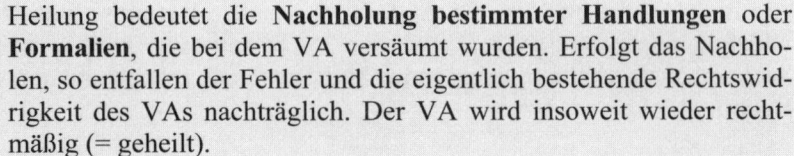

Heilung bedeutet die **Nachholung bestimmter Handlungen** oder **Formalien**, die bei dem VA versäumt wurden. Erfolgt das Nachholen, so entfallen der Fehler und die eigentlich bestehende Rechtswidrigkeit des VAs nachträglich. Der VA wird insoweit wieder rechtmäßig (= geheilt).

Das Prinzip der Heilbarkeit von Fehlern basiert auf dem Gedanken der **Verfahrensökonomie**[346]: VAe, die in der Sache, d. h. inhaltlich, rechtmäßig sind, sollen nicht durch Rechtsbehelfe, die **allein** auf die Verletzung von Verfahrens- oder Formvorschriften gestützt werden, aufgehoben werden. Es wäre unökonomisch, wenn sodann ein **inhaltsgleicher VA** erneut erlassen werden müsste. Auch unter Beachtung der Erfordernisse eines rechtstaatlichen, fairen Verfahrens bleiben daher bestimmte Fehler der Behörde folgenlos, soweit sie die Versäumnisse rechtzeitig nachholt.[347] § 41 Abs. 1 SGB X enthält einen Katalog von Verfahrenshandlungen und Formalien, die nachholbar sind.[348] Es betrifft:

- § 41 Abs. 1 Nr. 1 SGB X: den rechtlich vorgeschriebenen Antrag;
- § 41 Abs. 1 Nr. 2 SGB X: die erforderliche Begründung;
- § 41 Abs. 1 Nr. 3 SGB X: die vorgeschriebene Anhörung eines Beteiligten;
- § 41 Abs. 1 Nr. 4 SGB X: die Mitwirkung eines Ausschusses;
- § 41 Abs. 1 Nr. 5 SGB X: die Mitwirkung einer anderen Behörde;
- § 41 Abs. 1 Nr. 6 SGB X: die erforderliche Hinzuziehung eines (weiteren) Beteiligten.

Alle Handlungen sind nach § 41 Abs. 2 SGB X nachholbar bis zur Berufungsinstanz in einem sozialgerichtlichen Verfahren, im Falle der Nachholung eines vorgeschriebenen Antrages sogar zeitlich unbegrenzt.

---

342 Parallelvorschrift: § 45 VwVfG.
343 Parallelvorschrift: § 46 VwVfG.
344 Parallelvorschrift: § 42 VwVfG.
345 Parallelvorschrift: § 47 VwVfG.
346 Vgl. Wolff/Bachof, Band II, § 49 Rz. 65; Kopp/Ramsauer
347 Vgl. Kopp/Ramsauer, § 45 VwVfG, Rn. 4.
348 Einzelheiten vgl. Peine, Rn. 722-733; Kopp/Ramsauer, § 45 VwVfG, Rn. 15-32.

Besonderheiten gelten bei der Nachholung der (nach § 35 SGB X erforderlichen) **Begründung** gemäß § 41 Abs. 1 Nr. 2 SGB X: Es kann vorkommen, dass ein VA zwar eine formal korrekte Begründung aufweist, diese jedoch inhaltlich unzureichend ist und die im VA ausgesprochene Regelung eigentlich nicht trägt. In einem Rechtsbehelfsverfahren versucht die Behörde dann, durch das **Nachschieben von Gründen**, ihre ursprüngliche Begründung zu ergänzen, zu berichtigen oder auszutauschen. Obwohl dies keine Heilung im eigentlichen Sinne ist, werden nachgeschobene Gründe akzeptiert und können einen zunächst rechtswidrigen VA nachträglich rechtmäßig machen.[349] Dies gilt auch bei nachgeschobenen Ermessensgründen.[350]

Umstritten ist ferner die Zulässigkeit der Nachholung der (nach § 24 SGB X erforderlichen) **Anhörung** gemäß § 41 Abs. 1 Nr. 3 SGB X: So wird die Funktion einer Anhörung – Gewährung von rechtlichem Gehör vor einer Entscheidung[351] – im Nachhinein gerade nicht mehr erreicht. Auch die Einlegung eines Rechtsbehelfs, z.B. eines Widerspruchs, stellt keine Anhörung dar. Auch das Bundessozialgericht akzeptiert die Heilung einer versäumten Anhörung nur dann als zulässig, wenn die Verwaltung den Fehler **nicht vorsätzlich rechtsmissbräuchlich** oder durch **Organisationsverschulden** begangen hat.[352]

Nach § 41 Abs. 3 SGB X gilt sowohl für die fehlende Begründung als auch für die fehlende Anhörung, dass wenn dadurch die **rechtzeitige Anfechtung** des VA versäumt worden ist, das Versäumnis der Rechtsbehelfsfrist als nicht verschuldet gilt und dass innerhalb von zwei Wochen nach der nachgeholten Anhörung/Begründung der Rechtsbehelf noch eingelegt werden kann.

7.3.2 Unbeachtlichkeit

Ebenfalls dem Zweck der Verfahrensökonomie dient die Vorschrift des § 42 SGB X, nach der die Aufhebung eines VA, der nicht nach § 40 SGB X nichtig ist, nicht allein deshalb beansprucht werden kann, weil er unter Verletzung von Vorschriften über das **Verfahren**, die **Form** oder die **örtliche Zuständigkeit** zustande gekommen ist, wenn offensichtlich ist, dass die Verletzung die **Entscheidung in der Sache nicht beeinflusst hat**.

Hintergrund der Norm ist ebenfalls der Gedanke, dass ein VA, der inhaltlich richtig ist und „nur" an formellen Mängeln leidet, gleichwohl den Bür-

---

349 Im Einzelnen sehr str., vgl. Peine, a. a. O.
350 Vgl. Maurer, Verwaltungsrecht, § 10, Rn. 40.
351 Vgl. Kap. 6.2.4.
352 Vgl. Papenheim, Kap. 38.3.19.

ger nicht in seinen Rechten verletzt. Die Norm ist außerordentlich umstritten, weil durch sie Verfahrensgarantien erheblich entwertet werden.

§ 42 SGB X kommt immer dann in Betracht, wenn eine **Heilung** des Verfahrens- oder Formfehlers **nicht möglich** oder **nicht erfolgt** ist.

Maßgebend bei der Anwendung des § 42 SGB X ist die Frage, ob der Verfahrens- oder Formfehler für die inhaltliche Entscheidung **kausal** sein konnte. Fehlt es an der Kausalität, d. h. wirkte sich der Fehler in keiner Weise auf den Inhalt der Entscheidung und deren Rechtmäßigkeit aus, handelt es sich nicht um einen wesentlichen Fehler. Der Verfahrens- oder Formfehler bleibt unbeachtlich, da der VA inhaltlich rechtmäßig ist.

> **Beispiele:** Fehlen bzw. Unkorrektheit der Rechtsbehelfsbelehrung (vgl. § 36 SGB X). Es ist praktisch undenkbar, dass sich dieser Fehler in irgendeiner Weise auf den Inhalt des VA auswirkt, da die Formalie nichts mit der eigentlichen Regelung zu tun hat. Folge: Der Fehler ist nach § 42 SGB X unbeachtlich. Die einzige Konsequenz des Fehlers besteht hier in der Verlängerung der Widerspruchsfrist[353] auf ein Jahr, vgl. § 66 Abs. 2 SGG.
> Ein VA wird von einer örtlich nicht zuständigen Kommune erlassen. I.d.R. hat die Verletzung der örtlichen Zuständigkeit keine Auswirkungen auf den Inhalt des VA, denn jede Kommune muss die Gesetze in gleicher – rechtmäßiger – Weise umsetzen. Also kann davon ausgegangen werden, dass die andere, örtlich zuständige Kommune einen VA mit dem gleichen Inhalt erlassen hätte. Folge: Der Fehler ist nach § 42 SGB X unbeachtlich.
> Ein Unterschied kann jedoch bei Ermessensentscheidungen gegeben sein, wenn sich z. B. feststellen lässt, dass die eigentlich zuständige Kommune ihr Ermessen stets in einer ganz bestimmten Weise ausübt, was sich von der unzuständigen Kommune unterscheidet. Dann hat der Verfahrensfehler der örtlichen Unzuständigkeit auch Konsequenzen für den Inhalt des VA. Folge: Der Fehler ist erheblich, § 42 SGB X kann nicht angewendet werden, der VA ist rechtswidrig.

7.3.3 Umdeutung/Berichtigung

In § 43 SGB X ist die Möglichkeit der **Umdeutung** eines fehlerhaft/anfechtbaren VA in einen anderen – rechtmäßigen – VA geregelt. Der praktische Anwendungsbereich der Vorschrift ist **gering**, da eine zulässige Umdeutung an zahlreiche Voraussetzungen geknüpft ist.[354] So muss der neue VA

- auf das gleiche Ziel gerichtet sein wie der alte VA;
- alle gesetzlichen Voraussetzungen für seinen Erlass erfüllen;
- keine ungünstigeren Rechtsfolgen für den Betroffenen aufweisen als der alte VA;

---

353 Siehe unten Kap. 11.3.3.
354 Vgl. Maurer, Verwaltungsrecht, § 10, Rn. 44.

- eine vorherige Anhörung des Betroffenen vorsehen;
- nicht entbehrlich sein, weil man den alten VA auch nach §§ 44, 45 SGB X hätte zurücknehmen dürfen.

Bei der **Berichtigung** gemäß § 38 SGB X geht es um **offensichtliche Schreib- oder Rechenfehler**, die die Verwaltung jederzeit korrigieren kann.[355] Voraussetzung ist, dass der Regelungsinhalt des VA unverändert bleibt. Anhand des Textes des VA muss sich – ggf. durch Auslegung – unzweideutig feststellen lassen, was die Verwaltung tatsächlich gewollt hat. Etwaige Zweifel gehen zu Lasten der Verwaltung.

Beispiel: Das Jobcenter erlässt einen ALG II Bescheid. Darin heißt es: „Ihnen werden folgende, monatlichen Leistungen bewilligt: Leistungen zur Sicherung des Lebensunterhalts: 351 EUR, Leistungen für Unterkunft und Heizung: 400 EUR. Summe: 7.751 EUR." Aus den vorangegangenen Positionen sowie i. V. m. den §§ des SGB II lässt sich eindeutig erkennen, dass nur ein Anspruch auf monatliche Leistungen i. H. v. 751 EUR besteht. Das Jobcenter kann jederzeit berichtigen.

---

355 Einzelheiten vgl. Papenheim, Kap. 42.1.

7.4 Übersichten

Übersicht 1: Fehler des VA

Verwaltungsakt	Fehler	Folge
Zuständigkeit sachlich örtlich/instanziell	sachlich unzuständige Behörde örtlich/instanziell unzuständige Behörde	Nichtigkeit Rechtswidrigkeit + Möglichkeit der Unbeachtlichkeit
Verfahren **§§ 8 ff. SGB X:** Verfahrenseinleitung, § 18 SGB X	kein Antrag	Rechtswidrigkeit + Möglichkeit der Heilung
Amtsermittlung, §§ 20, 21 SGB X	Sachverhalt falsch/ unvollständig	Rechtswidrigkeit + Möglichkeit der Unbeachtlichkeit
Befangenheit, §§ 16, 17 SGB X Verwaltungsmitarbeiter unparteiisch	Verwaltungsmitarbeiter befangen	Rechtswidrigkeit + Möglichkeit der Unbeachtlichkeit
Anhörung, § 24 SGB X	versäumte Anhörung	Rechtswidrigkeit + Möglichkeit der Unbeachtlichkeit
Bekanntgabe, § 37 SGB X	keine Bekanntgabe erfolgt	VA nicht wirksam, § 39 SGB X
Form Bestimmtheit, § 33 Abs. 1 SGB X	Unbestimmtheit	Nichtigkeit
Unterschriften § 33 Abs. 3-5 SGB X	Fehlende Unterschriften/ Namenswidergabe	Rechtswidrigkeit + Möglichkeit der Unbeachtlichkeit
Begründung § 35 SGB X	Falsche/unvollständige Begründung	Rechtswidrigkeit + Möglichkeit der Heilung
Rechtsbehelfsbelehrung § 36 SGB X	Falsche/unvollständige Rechts- behelfsbelehrung	immer unbeachtlich, aber Ver- längerung der Rechtsbehelfs- frist auf 1 Jahr
Rechtsgrundlage	falsche / es gibt keine/ sie stimmt nicht mit höherrangigem Recht überein	Rechtswidrigkeit oder Nichtigkeit
Tatbestands- **voraussetzungen**	unrichtige Tatsachenfest- stellung	Rechtswidrigkeit oder Nichtigkeit
	Subsumtionsfehler, z.B. falsche Auslegung der unbe- stimmten Rechtsbegriffe	Rechtswidrigkeit oder Nichtigkeit
Rechtsfolge gebunden	falsche Rechtsfolge	Rechtswidrigkeit oder Nichtigkeit
Ermessen	Ermessensfehler (Über-, Unter- schreitung, Fehlgebrauch)	Rechtswidrigkeit oder Nichtigkeit

Formelle Rechtmäßigkeit (rows from Zuständigkeit through Rechtsbehelfsbelehrung)

Materielle Rechtmäßigkeit (rows from Rechtsgrundlage through Ermessen)

Übersicht 2: Fehlerfolgen

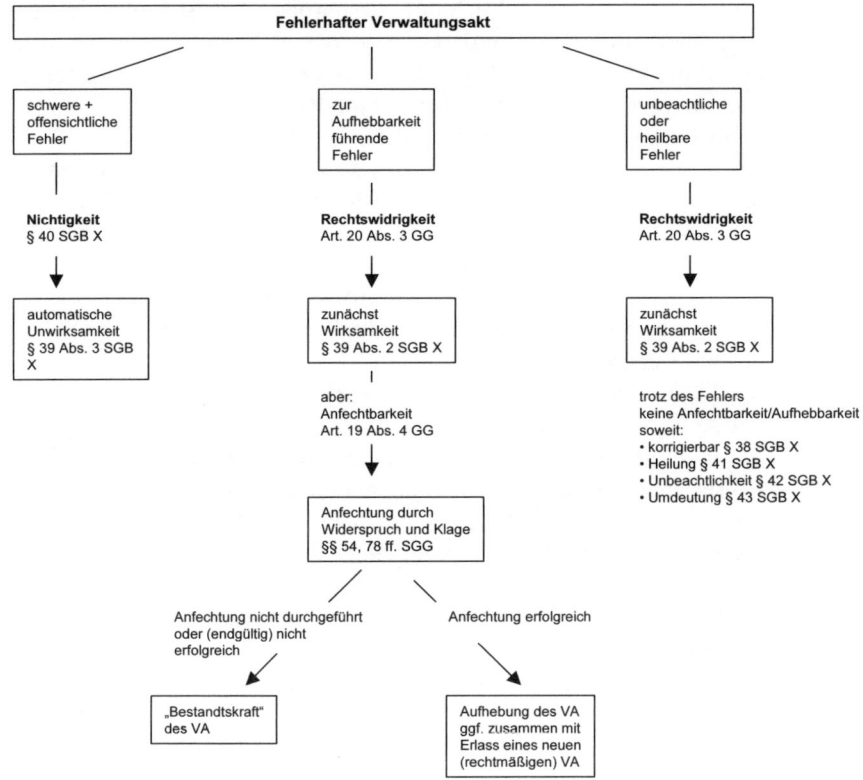

```
                    ┌──────────────────────────────────────┐
                    │      Fehlerhafter Verwaltungsakt      │
                    └──────────────────────────────────────┘
```

| schwere + offensichtliche Fehler | zur Aufhebbarkeit führende Fehler | unbeachtliche oder heilbare Fehler |

Nichtigkeit
§ 40 SGB X

Rechtswidrigkeit
Art. 20 Abs. 3 GG

Rechtswidrigkeit
Art. 20 Abs. 3 GG

automatische Unwirksamkeit § 39 Abs. 3 SGB X

zunächst Wirksamkeit § 39 Abs. 2 SGB X

zunächst Wirksamkeit § 39 Abs. 2 SGB X

aber: Anfechtbarkeit Art. 19 Abs. 4 GG

trotz des Fehlers keine Anfechtbarkeit/Aufhebbarkeit soweit:
• korrigierbar § 38 SGB X
• Heilung § 41 SGB X
• Unbeachtlichkeit § 42 SGB X
• Umdeutung § 43 SGB X

Anfechtung durch Widerspruch und Klage §§ 54, 78 ff. SGG

Anfechtung nicht durchgeführt oder (endgültig) nicht erfolgreich

Anfechtung erfolgreich

„Bestandtskraft" des VA

Aufhebung des VA ggf. zusammen mit Erlass eines neuen (rechtmäßigen) VA

Übungsfragen

1. Was ist die Bedeutung der Begriffe Rechtswidrigkeit, Nichtigkeit, Wirksamkeit und Bestandskraft und welcher Zusammenhang besteht zwischen ihnen?

2. P erhält – für ihn völlig überraschend – eine Rückzahlungsaufforderung über von ihm vor 15 Jahren bezogene Sozialleistungen. Diese soll er angeblich zu Unrecht erhalten haben. P ist der Meinung, nach so langer Zeit könne dieser VA ja nur nichtig sein. Er will den VA deswegen einfach ignorieren. Ist das empfehlenswert?

3. Übungsfall:
M, 54 Jahre alt, hat als Einzelhandelskaufmann erst ca. 15 Jahre lang als Angestellter, die letzten 15 Jahre selbständig als Handelsvertreter gearbeitet. Seine Umsätze sind jedoch stark zurückgegangen, so dass er wegen drohender Überschuldung sein Geschäft schließen muss. Er meldet sich arbeitslos und weil er so schnell

149

keine neue Arbeit finden kann, beantragt er SGB II Leistungen bei seinem zuständigen Job-Center. Ersparnisse hat M nicht. Er verfügt über eine kapitalbildende Lebensversicherung, bei der ihm mit Vollendung seines 65. Lebensjahrs ein bestimmter Kapitalbetrag ausgezahlt wird. Der momentane Rückkaufswert der Lebensversicherung würde 25.000 EUR betragen.

Bei seinem Sachbearbeiter, S, im Job-Center, der seinen Antrag entgegennimmt, gibt M diese Tatsachen wahrheitsgemäß an und legt alle Unterlagen vor. Dabei entdeckt S, dass M eine Woche vor seinem Antrag auf SGB II Leistungen mit der Versicherungsgesellschaft eine Vereinbarung getroffen hat, dass der Lebensversicherungs-Vertrag zukünftig unkündbar und nicht vor Erreichen des 65. Lebensjahrs verwertbar sei.

S erklärt dazu, dass eine solche Vereinbarung – kurz vor der Beantragung von Sozialleistungen – ja wohl sittenwidrig sei und daher nicht gültig. M könne sich seinen Antrag daher gleich sparen. Er sei nicht hilfebedürftig. Für seinen Lebensunterhalt habe M nämlich auch sein Vermögen einzusetzen. Lebensversicherungen seien Vermögen. Sein Vermögensfreibetrag würde gemäß § 12 Abs. 2 Nr. 1 SGB II bezogen auf sein Lebensalter 8.100 EUR betragen. Also sei bei Auflösung und Verkauf von M's Lebensversicherung auch unter Berücksichtigung dieses Freibetrages noch genug Vermögen übrig und hiervon müsse M zunächst seinen Lebensunterhalt bestreiten.

M wendet ein, dass dies nicht sein könne. Die Vereinbarung mit der Lebensversicherung sei gültig. Wie solle er sie überhaupt wieder rückgängig machen? Er habe die Lebensversicherung für seine Alterssicherung vorgesehen, da er während der 15 Jahre seiner Selbstständigkeit nicht in die gesetzliche Rentenversicherung eingezahlt habe. Seine private Vorsorge für das Alter müsse doch berücksichtigt werden. Er brauche jetzt dringend Geld, da er bereits „mit dem Rücken zur Wand" stehen und kaum einen Cent mehr zur Verfügung haben würde.

S zeigt sich hiervon nicht beeindruckt und erklärt, dass eine andere Entscheidung aufgrund der gesetzlichen Bestimmungen leider nicht möglich sei. Er fordert M auf zu gehen, da jede weitere Diskussion sinnlos sei und auch noch andere Fälle warten würden. M ist entrüstet und möchte sich nicht so einfach abspeisen lassen. S beendet die Diskussion einfach damit, dass er M einen der vorgedruckten, mit der Adresse des Job-Centers versehenen Terminzettel in die Hand drückt, auf dem er handschriftlich Name, Adresse und Geburtsdatum von M vermerkt sowie den Zusatz „keine Hilfe zum Lebensunterhalt" und das Datum.

M ist der Meinung, S habe offensichtlich etwas gegen ihn gehabt und ihn mit Sicherheit nicht korrekt behandelt. Hat er recht?

- Erstellen Sie eine Lösungsskizze, in der Sie prüfen:
  - Ist das Handeln des S ein VA?
  - Falls ja, ist dieser VA formell und materiell rechtmäßig? Verwenden Sie dazu das Prüfungsschema „formelle und materielle Rechtmäßigkeit" (vgl. Kap. 5.7.2)
- Formulieren Sie anhand der Lösungsskizze ein juristisches Gutachten.

(Lösungen siehe www.lehrbuch-sozialverwaltungsrecht.de)

Weiterführende Literatur

Bull, Hans Peter/Mehde, Veith, Allgemeines Verwaltungsrecht mit Verwaltungslehre, 7. Aufl. 2005, § 19.

Peine, Franz-Joseph, Allgemeines Verwaltungsrecht, 9. Aufl. 2008, § 7 Teil VIII bis XI.

8. Staatshaftung

■ **Das Kapitel widmet sich dem öffentlich-rechtlichen Haftungsrecht. Es werden die für das Sozialrecht wesentlichen Anspruchsgrundlagen der Staatshaftung dargestellt und voneinander abgegrenzt: Amtshaftungsanspruch, Sozialrechtlicher Herstellungsanspruch und Folgenbeseitigungsanspruch.**

Das Staatshaftungsrecht befasst sich mit der Frage, inwieweit der Staat verpflichtet ist, Kompensation, Schadensersatz, Beseitigung von Nachteilen oder die Wiederherstellung des ursprünglichen Zustandes zu leisten, wenn ein Bürger geschädigt wurde.

Dies betrifft zum einen das **Recht der sozialen Entschädigungsleistungen**, welches Bestandteil des Sozialrechts ist. Hierbei übernimmt der Staat die Kompensation für bestimmte Schäden (i. d. R. Gesundheitsschäden), die ein einzelner erlitten hat und für die die Allgemeinheit – unabhängig von der Frage der individuellen Verantwortlichkeit – aus Gerechtigkeits- und sozialen Gründen die Verantwortung übernimmt.[356]

> **Beispiele:** Nach dem Opferentschädigungsgesetz (OEG), erhalten Personen eine Versorgung, die infolge eines vorsätzlichen, rechtswidrigen, tätlichen Angriffs eine gesundheitliche Schädigung erlitten haben. Die straf- oder verwaltungsrechtlichen Rehabilitierungsgesetze (StrRehaG, VwRehaG) regeln Entschädigungen für Personen, die im Gebiet der früheren DDR aufgrund rechtsstaatswidriger Inhaftierung oder Verwaltungsentscheidungen Schäden erlitten haben. Das Bundesversorgungsgesetz (BVG) regelt die Versorgung von Personen, die durch militärischen Dienst oder Kriegsauswirkungen des 2. Weltkrieges Schäden erlitten haben. Das Soldatengesetz (SVG) und das Zivildienstgesetz (ZDG) regeln die Ansprüche von ehemaligen Soldaten oder Zivildienstleistenden, die während der Ausübung ihres Dienstes Schäden erlitten haben.

---

356 Siehe unten Kap. 1.2 u. vgl. § 5 SGB I. Einzelheiten vgl. SRHB, § 26, Rn. 14-31; Dörr/Francke, Kap. 9, Rn. 72-99. Im allgemeinen Verwaltungsrecht werden diese Form von Ansprüchen als „Aufopferungsanspruch" bezeichnet. Einzelheiten dazu vgl. Papenheim, Kap. 48.9.

Das **eigentliche Staatshaftungsrecht** widmet sich der Frage nach einer staatlichen Kompensation, wenn die Entstehung des Schadens, d. h. der Eingriff in die Rechtspositionen des Bürgers **rechtswidrig** war, also auf **fehlerhaftem Verwaltungshandeln** beruhte.

Zwar stehen dem Bürger Rechtsschutzmöglichkeiten (z. B. Widerspruch und Klage) zur Verfügung, um fehlerhaftes und rechtswidriges staatliches Handeln korrigieren lassen.[357] Damit erreicht er die Aufhebung eines rechtswidrigen und – je nach Fallkonstellation – den Erlass eines neuen, rechtmäßigen VA.

Bereits eingetretene nachteilige Auswirkungen von rechtswidrigem staatlichem Handeln können damit jedoch nicht behoben werden. Hierbei geht es um die Frage der Haftung im Nachhinein. Es gilt der prinzipielle, auch aus dem Privatrecht bekannte Gedanke, dass derjenige, der andern einen Schaden zugefügt hat, zum Schadensersatz, d. h. zur **Wiedergutmachung** verpflichtet ist.[358]

Das Staatshaftungsrecht ist kein in sich geschlossenes Rechtssystem. Es setzt sich zusammen aus verschiedenen gesetzlich normierten oder richterrechtlich oder gewohnheitsrechtlich herausgebildeten Anspruchsgrundlagen, die verschiedene Fallkonstellationen regeln. Die für das Sozialrecht[359] wesentlichen Ansprüche sind:

- Amtshaftung
- Sozialrechtlicher Herstellungsanspruch
- Folgenbeseitigungsanspruch

8.1 Amtshaftung

Einen Kernbereich der Staatshaftung bildet die Amtshaftung, d. h. die Haftung wegen schuldhafter Pflichtverletzung eines Amtsträgers gegenüber einem Bürger und der Ersatz des daraus entstandenen Schadens. Sie ist geregelt in **§ 839 BGB i. V. m. Art. 34 GG**.

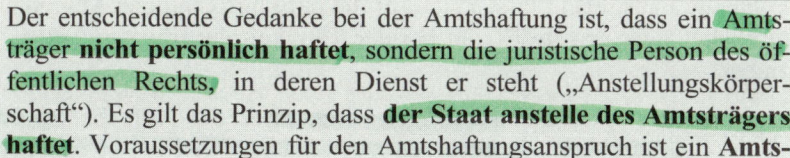

Der entscheidende Gedanke bei der Amtshaftung ist, dass ein Amtsträger **nicht persönlich haftet**, sondern die juristische Person des öffentlichen Rechts, in deren Dienst er steht („Anstellungskörperschaft"). Es gilt das Prinzip, dass **der Staat anstelle des Amtsträgers haftet**. Voraussetzungen für den Amtshaftungsanspruch ist ein Amts-

---

357 Siehe unten Teil 3.
358 Überblick zum privaten Haftungsrecht: vgl. Kievel, Kap. 10.1-10.4.
359 Im allgemeinen Verwaltungsrecht ist als ein weiterer Bestandteil des Staatshaftungs-Systems noch der Anspruch aus Enteignung/enteignungsgleichem Eingriff von Bedeutung; vgl. dazu: Papenheim, Kap. 48.8.

träger, der eine **öffentlich-rechtliche**, ihm dem Bürger gegenüber obliegende **Amtspflicht schuldhaft verletzt hat**, und dem Bürger dadurch ein **Schaden** entstanden ist.

Beispiele: A wird von einem Mitarbeiter der Rentenversicherung falsch beraten und verliert dadurch wesentliche Rentenanwartschaften – die Rentenversicherung muss ihm Schadensersatz leisten. B wird aufgrund eines falschen Gutachtens eines Psychiaters des Gesundheitsamtes in die Psychiatrie eingewiesen – das Bundesland als verantwortlicher Verwaltungsträger muss Schadensersatz leisten.

Amtsträger

Amtsträger i.S.d. Amtshaftungsrechts sind nicht nur **Beamte** sondern auch **Arbeiter oder Angestellte im öffentlichen Dienst**. Außerdem können auch **Privatpersonen** Amtsträger sein, sofern sie mit der **Erledigung öffentlicher Aufgaben** betraut sind.[360] Hierbei ist wiederum die Abgrenzung von öffentlich-rechtlichem oder privatrechtlichem Handeln von Bedeutung. Denn je nachdem, ob das schädigende Verhalten des Handelnden dem öffentlichen oder dem privaten Recht zuzuordnen ist, kann der Staat für eine Kompensation in Anspruch genommen werden, oder nur der Schädiger selbst.

Praxisrelevant ist dies im Bereich des Sozialrechts z.B. bei den **freien Trägern** oder den **Wohlfahrtsverbänden**, die als privatrechtliche Organisationen für die Sozialleistungsträger Aufgaben übernehmen. Einerseits werden sie als **Verwaltungshelfer** angesehen, die im Auftrag der öffentlichen Träger handeln.[361] Zudem gilt im Verhältnis öffentlicher und privater Träger die **Alleinverantwortlichkeit der öffentlichen Träger** für die Erfüllung der gesetzlichen Sozialleistungsansprüche der Bürger[362]. Verwaltungshelfer gelten daher haftungsrechtlich in vielen Fällen als Amtsträger i.S.d. Amtshaftungsrechts.[363] Andererseits wird die **Selbstständigkeit der privaten Träger** bei der Erfüllung sozialer Aufgaben betont, z.B. gemäß § 17 Abs. 3 SGB I, und vielfach handeln private Träger auf der Basis von **privatrechtlichen Verträgen**.

Folgende Faustregeln lassen sich für die haftungsrechtliche Abgrenzung öffentliches oder privates Recht bei der Tätigkeit der privaten Träger heranziehen:

- Je stärker der **hoheitliche Charakter** der Aufgabe im **Vordergrund** steht, je enger die Verbindung zwischen der übertragenen Tätigkeit und der von der Verwaltung zu erfüllenden Aufgabe ist,

---

360 Vgl. v. Münch, Art. 34 GG, 12-16.
361 Vgl. Peine, Rn. 109, Wolff/Bachof, § 90a, Rn. 8.
362 Vgl. z.B. § 3 Abs. 2 SGB VIII, § 5 Abs. 5 SGB XII.
363 Vgl. Peine, Rn. 1092/1093; Schmidt, Rn. 1067/1068.

je stärker die Weisungsgebundenheit und je begrenzter der Entscheidungsspielraum des Privaten, desto eher wird er als Amtsträger im haftungsrechtlichen Sinne angesehen[364];

- im Bereich der **Eingriffsverwaltung** eingeschaltete Private sind Amtsträger i. S. d. Amtshaftungsrechts[365];
- werden Sozialleistungen auf der Basis **privatrechtlicher Verträge** erbracht, gilt das private Haftungsrecht.

Beispiele: Haftungsfälle in einer geschlossenen Wohngruppe straffällig gewordener Jugendlicher, die von einem freien Träger betrieben wird, fallen in die öffentlich-rechtliche Amtshaftung, da es sich um Eingriffsverwaltung handelt.

Gleiches gilt für die ärztliche Behandlung in einem psychiatrischen Landeskrankenhaus, in dem ein psychisch Kranker gegen seinen Willen aufgrund PsychKG untergebracht ist. Kommt es zu einem Haftungsfall, gelten die Grundsätze der Amtshaftung. Betrifft der Haftungsfall jedoch eine Person, die sich in demselben Krankenhaus freiwillig in Behandlung begeben hat, gilt privatrechtliche Haftung (da ein privatrechtlicher Vertrag vorliegt).

Ambulante Pflegedienste erbringen Versorgungsleistungen für die Pflegeversicherungen an pflegebedürftige Menschen. Sie tun dies im Auftrag der Pflegeversicherungen, die verantwortlich sind für die Erfüllung der sozialen Leistungsansprüche ihrer Versicherten und ihnen deswegen die Leistungen der Pflegedienste bezahlen. Die Pflegedienste schließen mit den Pflegebedürftigen privatrechtliche Dienstleistungsverträge. Also gilt privatrechtliche Haftung.

Amtspflichtverletzung

Eine Amtspflicht ist jede persönliche Verhaltenspflicht des Amtsträgers bezüglich seiner Amtsführung.

Amtspflichten sind vor allem die Pflicht zum **rechtmäßigen Verwaltungshandeln** (z. B. fehlerfreie Ermessensausübung, Beachtung von Gleichbehandlungs- und Verhältnismäßigkeitsgrundsatz, Entscheidungen ohne Verzögerung, korrekte und sachgerechte Bearbeitung von Anträgen, Erteilung von klaren, unmissverständlichen und richtigen Auskünften usw.[366]), ferner die Pflicht, **keine unerlaubten Handlungen**, z. B. Amtsmissbrauch oder Aufsichtspflichtverletzungen, zu begehen[367].

Geht es um die Amtspflicht zum rechtmäßigen Verwaltungshandeln, darf die konkret verletzte Pflicht nicht nur der öffentlichen Ordnung, dem Schutz der Allgemeinheit oder dem Interesse des Staates an einer ordentli-

---

364 Vgl. Palandt/Sprau, § 839 BGB, Rn. 20; Schmidt, a. a. O.
365 Vgl. Maurer, Verwaltungsrecht, § 26, Rn. 13.
366 Vgl. Kap. 5 u. Kap. 6.
367 Vgl. § 823 BGB; weitere Beispiele unerlaubter Handlungen: vgl. Schmidt, Rn. 1075/1076; Palandt/Sprau, § 839, Rn. 31-42; Papenheim, Kap. 48.3.3.

chen Amtsführung dienen, sondern muss zumindest auch die Interessen des Einzelnen berücksichtigen.[368] Bezeichnet wird dies als „drittbezogene Amtspflicht", (damit ist der Bürger als außerhalb der Verwaltung stehender „Dritter" gemeint). Eine drittbezogene Amtspflicht liegt in jedem Falle vor, wenn sie zugleich ein subjektives öffentliches Recht[369] des Bürgers betrifft. Das heißt, die gesetzlich normierte Amtspflicht, um deren Verletzung es geht, muss zumindest auch den Schutz des einzelnen Bürgers bezwecken. Sozialrechtliche Leistungsansprüche, aber auch die allgemeinen Ansprüche auf Beratung und Betreuung (vgl. §§ 14, 15 SGB I), betreffen subjektive öffentliche Rechte. Keine subjektiven öffentlichen Rechte des Einzelnen bestehen jedoch i.d.R. bei Vorschriften, die Ordnungs- und Kontrollbefugnisse der Verwaltung regeln.

> **Beispiel:** Keine Verletzung einer drittbezogenen Amtspflicht liegt vor, wenn die Heimaufsichtsbehörde entgegen der Vorschrift des § 15 Abs. 1 HeimG[370] keine jährliche Kontrollen der ihrer Aufsicht unterstellten Heime durchführt und dadurch Missstände in einem bestimmten Heim erst zu spät entdeckt werden. Anders liegt der Fall, wenn ein Bewohner die Heimaufsicht kontaktiert und über Mängel informiert hat, die Heimaufsichtsbehörde dann jedoch nichts unternommen hat.

Die **Verletzung** der Amtspflicht kann entweder in der Vornahme einer fehlerhaften und nicht pflichtgemäßen **Handlung** oder in einem **Unterlassen** der eigentlich gebotenen Handlung bestehen.[371]

Verschulden

Die Verletzung der Amtspflicht muss schuldhaft gewesen sein, d.h. der Amtsträger muss **vorsätzlich** oder **fahrlässig** gehandelt haben. Vorsätzliches Handeln bedeutet, der Amtsträger weiß, dass er pflichtwidrig handelt, er setzt sich jedoch bewusst darüber hinweg. Fahrlässiges Handeln bedeutet die Außerachtlassung der gebotenen Sorgfalt.[372]

Für die Festlegung, was als „gebotene Sorgfalt" von dem handelnden Amtsträger erwartet wird, sind objektive Kriterien maßgeblich. D.h. es wird nicht auf die (subjektiven) Kenntnisse und Fähigkeiten des einzelnen, handelnden Amtsträgers abgestellt, sondern auf Kenntnisse und Fähigkeiten des sogenannten „**pflichtgetreuen Durchschnittsbeamten**". Das heißt, maßgebend für sorgfältiges Handeln ist das, was im Durchschnitt für die

---

368 Vgl. Schmidt, Rn. 1087-1090.
369 Einzelheiten vgl. Kap. 11.3.4.
370 Vgl. Landes-Heimgesestz Baden-Württemberg.
371 Vgl. Maurer, Verwaltungsrecht, § 26, Rn. 22
372 Einzelheiten zu den Begriffen vgl. Palandt/Sprau, § 839 BGB, Rn. 51/52.

Ausübung der jeweiligen Tätigkeit erforderlich bzw. von einem Mitarbeiter mit durchschnittlicher Qualifikation erwartet werden kann. Für das Verwaltungspersonal bedeutet das z. B. die für die Ausübung ihrer Tätigkeit erforderlichen Rechts- und Verwaltungskenntnisse.[373]

Kommt es zu Pflichtverletzungen infolge behördeninterner Organisationsmängel (z. B. Personalknappheit, ungenügende Vertretungen) gilt das sogenannte „**Organisationsverschulden**". Die Pflichtverletzung trifft dann im Zweifel nicht den einzelnen Amtsträger, sondern den Behördenleiter, der für die mangelhafte Ausstattung der Behörde verantwortlich ist.[374]

Die Frage, in welchem **Grad** die Amtspflichtverletzung als verschuldet angesehen wird, ist relevant für einen möglichen **Regress** des Staates gegenüber dem handelnden Amtsträger. Unterschieden wird zwischen Vorsatz, grober oder leichter Fahrlässigkeit. Hat der Amtsträger bei seinem Pflichtenverstoß vorsätzlich oder grob fahrlässig gehandelt, muss der Staat zwar an seiner Stelle den Geschädigten kompensieren, kann sich diese Leistung jedoch von dem Amtsträger zurückholen.[375] Handelt es sich nur um leichte Fahrlässigkeit – wie in den allermeisten Fällen – ist der Verantwortliche nicht regresspflichtig.[376]

Grobe Fahrlässigkeit liegt vor, wenn der Handelnde dasjenige außer acht lässt, was jedem unter den gegebenen Umständen hätte einleuchten müssen, z. B. einfachste und naheliegendste Vorsichtsmaßnahmen missachtet. Der Handelnde rechnet mit einer Pflichtverletzung, vertraut jedoch in sorgfaltswidriger Weise darauf, dass sie sich vermeiden lässt – nach dem Motto: „Es wird schon gut gehen."[377]. Erreicht die Fahrlässigkeit diesen Grad an Sorgfaltswidrigkeit nicht, liegt nur **leichte Fahrlässigkeit** vor.

Beispiel:
Grobe Fahrlässigkeit: Die verantwortliche Sozialpädagogin verlässt für einige Stunden die Jugend-Freizeiteinrichtung, in der sie die alleinige Aufsicht hat. Einem der älteren und aus ihrer Sicht verantwortungsvollem Jugendlichen vertraut sie solange die Aufsicht an.
Leichte Fahrlässigkeit: Fall s. o., doch vertraut die Sozialpädagogin die Aufsicht stattdessen einer bereits seit einigen Wochen bei ihr im Praktikum ausgebildeten Studentin an.

---

373   Vgl. Peine, Rn. 1119/1120; Wolff/Bachof, Bd. II, § 67, Rn. 92-95.
374   Vgl. Schmidt, Rn. 1094; Maurer, Verwaltungsrecht, § 26, Rn. 24.
375   Vgl. Art. 34 S. 2 GG.
376   Vgl. Maurer, Verwaltungsrecht, § 26, Rn 10.
377   Zur Abgrenzung leichte/grobe Fahrlässigkeit vgl. Papenheim, Kap. 48.10.2.

Schaden

Der Umfang des zu ersetzenden Schadens besteht grundsätzlich in einer Wiedergutmachung in Form von **Geldersatz** und richtet sich nach den BGB-Vorschriften §§ 249 Abs. 2, 253 BGB[378]. Nicht von der Amtshaftung erfasst sind die Vornahme oder Rückgängigmachung von behördlichen Handlungen i. S. einer Naturalrestitution[379]. Diese könnten allenfalls über den sozialrechtlichen Herstellungs- oder den Folgenbeseitigungsanspruch ausgeglichen werden.[380]

> **Beispiel:** N kann seinen ursprünglichen Beruf als Krankenpfleger wegen Rückenproblemen nicht mehr ausüben. Die Deutsche Rentenversicherung gewährt ihm Leistungen zur beruflichen Rehabilitiation, d. h. eine Umschulung. Bei der Beratung, welche Umschulung er machen soll, wird ihm die Umschulung zum Pflegedienstleiter empfohlen. Nach erfolgreich absolvierter Umschulung stellt sich jedoch heraus, dass N gar nicht als Pflegedienstleiter arbeiten kann, weil ihm dazu die erforderliche Voraussetzung von zwei Jahren leitender Tätigkeit fehlt. Die Deutsche Rentenversicherung, die N insoweit falsch beraten hat, kann keine Naturalrestitution leisten, d. h. sie kann ihm nicht den gewünschten Job verschaffen. Lediglich ein Geldersatz ist möglich.

Mit Geldersatz ausgeglichen werden **materielle** und **immaterielle Schäden**.

Materielle Schäden liegen vor, wenn der Geschädigte einen **in Geld bezifferbaren Verlust** erlitten hat, z. B. durch Verdienstausfall, Reparatur- oder Heilbehandlungskosten. Immaterielle Schäden liegen vor, wenn der Geschädigte durch die **Verletzung seines Körpers**, **seiner Psyche** oder **seines Persönlichkeitsrechts** z. B. Schmerzen, Ängste, Kummer oder Beleidigungen erfahren musste. Die Entschädigung dafür wird als „Schmerzensgeld" bezeichnet.[381]

Kausalität

Ein wesentlicher Aspekt im Schadensersatzrecht die Frage nach der Kausalität des Schadens, d. h. nach dem **ursächlichen Zusammenhang**, der zwischen der verletzten Amtspflicht und dem Auftreten des Schadens besteht. Die Feststellung der Kausalität des Schadens erfolgt nach der auch im privaten Schadensersatzrecht geltenden Theorie des **„adäquaten Kausalzusammenhangs"**. Danach ist ein Schaden kausal, wenn die pflichtwidrige

---

378 Vgl. Maurer, Verwaltungsrecht, § 26, Rn. 44.
379 Vgl. § 249 Abs. 1 BGB; Naturalrestitution = (Wieder-)Herstellung des Zustandes, der ohne das schädigende Ereignis bestehen würde.
380 Siehe unten Kap. 8.2 u. 8.3.
381 Vgl. § 253 BGB; vgl. Kievel, Kap. 10.1.5.

Handlung/Unterlassung des Amtsträgers nicht hinweggedacht werden kann, ohne dass der eingetretene Schaden entfiele. Die pflichtwidrige Handlung/Unterlassung des Amtsträgers muss zudem bei gewöhnlichem Geschehensablauf und nach allgemeiner Lebenserfahrung geeignet sein, den eingetretenen Schaden herbeizuführen.[382] Damit besteht z.B. kein Kausalzusammenhang bei Schäden die auf Grund eines außergewöhnlichen, nicht vorhersehbaren Geschehensablaufs eingetreten sind oder die auch dann eingetreten wären, wenn sich der Amtsträger pflichtgemäß verhalten hätte.

> **Beispiele:** Die verantwortliche Sozialpädagogin verlässt für einige Stunden die Jugend-Freizeiteinrichtung, in der sie die alleinige Aufsicht hat und vertraut sie stattdessen einer bereits seit einigen Wochen bei ihr im Praktikum ausgebildeten Studentin an. Zwischen einigen Jugendlichen kommt es zu einer Schlägerei, wobei ein Jugendlicher verletzt wird. Vorhersehbarer Geschehensablauf, dass derartiges passiert, wenn die „eigentliche Aufsichtsperson" abwesend ist.
>
> In einem anderen Gebäudeteil kommt es zu einem plötzlichen Brandausbruch, der auf die Räumlichkeiten der Jugend-Freizeiteinrichtung übergreift, dabei wird ein Jugendlicher verletzt. Kein vorhersehbarer Geschehensablauf, dies hätte auch passieren können, wenn die verantwortliche Sozialpädagogin in der Einrichtung geblieben wäre.

Einschränkungen

Eingeschränkt oder ausgeschlossen werden Amtshaftungsansprüche durch alle Formen des **Mitverschuldens** i. S. d. § 254 BGB. Das Mitverschulden ist ein grundsätzliches Rechtsprinzip und besagt, dass derjenige, der die Sorgfalt außer Acht lässt, die nach Lage der Sache erforderlich ist, um sich selbst vor Schaden zu bewahren, die Kürzung oder den Ausschluss seines Schadensersatzanspruchs hinnehmen muss.

> **Beispiel:** Fall s. o.
> Kommt bei der Schlägerei genau derjenige Jugendliche zu Schaden, der die Schlägerei begonnen hat, so muss er aufgrund seines Mitverschuldens eine Kürzung oder sogar einen vollständigen Ausschluss seines Schadensersatzanspruchs hinnehmen.

Als ein Mitverschulden, welches den völligen Ausschluss des Amtshaftungsanspruchs bewirkt, gilt gemäß § 839 Abs. 3 BGB auch die **schuldhafte Versäumung der Einlegung eines Rechtsbehelfs.**

Rechtsbehelfe, die eine Beseitigung und Berichtigung des schädigenden Verwaltungshandelns und zugleich eine Abwendung des Schadens ermöglichen, sind insbesondere Widerspruch und Klage, aber auch die anderen

---

382 Einzelheiten vgl. Kievel, Kap. 10.1.2.1; vgl. auch: Musielak, Rn. 417-422.

Rechtsbehelfe wie z.B. einstweiliger Rechtsschutz oder Beschwerden bei der Aufsichtsbehörde.[383]

Die **schuldhafte Versäumung** bedeutet, dass dem Geschädigten die Nichteinlegung von Rechtsbehelfen als vorsätzliches oder fahrlässiges Untätigbleiben vorgeworfen werden kann.[384] Voraussetzung hierfür ist, dass die Einlegung des Rechtsbehelfes dem Betroffenen **zumutbar** war. Wann dies im Einzelfall gegeben ist, ist nicht immer einfach festzustellen. Maßgeblich ist, welcher Umfang an Sorgfalt von einem Angehörigen des Personenkreises, dem der Betroffene angehört, erwartet werden kann.[385] Grundsätzlich ist man verpflichtet, z.B. die einen selbst betreffende VAe sorgfältig zu lesen und die Begründung nachzuvollziehen. Bestehen Unklarheiten oder Rechtsunkenntnis, ist man verpflichtet, entsprechenden Rat einzuholen. Andererseits darf ein Bürger auch grundsätzlich auf die Richtigkeit von Erklärungen eines Amtsträgers vertrauen, sofern nicht gewichtige Anzeichen dagegen sprechen.

Geltendmachung/Fristen

Der Amtshaftungsanspruch ist vor den **Zivilgerichten** geltend zu machen, vgl. Art. 34 S. 3 GG § 40 Abs. 2 VwGO. Zuständig sind die Landgerichte im Bezirk, in dem der Geschädigte seinen Wohnsitz hat.

Der Amtshaftungsanspruch **verjährt** gemäß § 852 BGB – ebenso wie ein privatrechtlicher Schadensersatzanspruch – innerhalb von **drei Jahren** ab Kenntnis von dem Schaden und der Person des Ersatzpflichtigen, ohne Rücksicht auf diese Kenntnis in **30 Jahren** von dem Zeitpunkt der schädigenden Handlung an.

8.2 Sozialrechtlicher Herstellungsanspruch

Anders als der Amtshaftungsanspruch ist der sozialrechtliche Herstellungsanspruch gerichtet auf die Beseitigung eines rechtswidrigen Zustandes und die **Herstellung des rechtmäßigen, an sich durch das Gesetz gewollten Zustandes**.

Typischer Anwendungsbereich für den sozialrechtlichen Herstellungsanspruch sind Fälle, in denen die **Pflichten zur Auskunft, Beratung und Betreuung der §§ 14, 15, 16 SGB I**[386] verletzt wurden. Die Mitarbeiter der Sozialleistungsträger haben innerhalb der Auskunfts-, Beratungs- und Be-

---

383 Vgl. Schmidt, Rn. 1107; Palandt/Sprau, § 839 BGB, Rn. 69; auch s. u. Kap. 10.
384 Vgl. Maurer, Verwaltungsrecht, § 26, Rn. 32.
385 Einzelheiten vgl. Palandt/Sprau, § 839, Rn. 71/72.
386 Siehe oben Kap. 6.1.3.

160

treuungspflichten für die aktive und richtige Erteilung von Auskünften und Beratung einzustehen. Wird eine unrichtige oder unvollständige Beratung erteilt und der Bürger dadurch zu einer Fehldisposition veranlasst, z.B. erforderliche Anträge auf Sozialleistungen werden nicht oder nicht rechtzeitig gestellt, hilft der auf Geldersatz gerichtete Amtshaftungsanspruch oft nicht weiter. Stattdessen ist im Wege einer **Naturalrestitution** dem Betroffenen diejenige Rechtsposition einzuräumen, die er haben würde, wenn er von Anfang an korrekt informiert und beraten worden wäre.[387]

> **Beispiel:** T übernimmt die häusliche Pflege ihrer pflegebedürftigen Mutter M. Dafür bekommt sie Pflegegeld aus der Pflegeversicherung. Nach § 44 SGB XI hätte T zusätzlich einen Anspruch darauf, dass die Pflegeversicherung für sie Extra-Beiträge zur Rentenversicherung zahlt, damit T auch für die Zeit, in der sie M versorgt, Rentenanwartschaften erwirbt, die bei ihrer späteren Rente berücksichtigt werden. Fälschlicherweise wird T hierüber von der Pflegeversicherung nicht informiert, so dass T auch keinen Antrag stellt, für sie Beiträge nach § 44 SGB XI an die Rentenversicherung zu zahlen. Klärt sich das Versäumnis auf, ist T nicht mit Geldersatz geholfen sondern nur damit, dass sie so gestellt wird, als habe sie den Antrag auf die zusätzlichen Rentenbeiträge rechtzeitig gestellt und die Pflegeversicherung die Beiträge nachentrichtet.

Der sozialrechtliche Herstellungsanspruch beruht auf **Richterrecht** und wurde durch die Rechtsprechung des Bundessozialgerichts entwickelt.[388] Er gilt im unmittelbaren Sozialrechtsverhältnis bzw. im Bereich der **Sozialgerichtsbarkeit** i.S.d. § 51 SGG[389]. Geschützt durch den sozialrechtlichen Herstellungsanspruch sind die Personen, die mit einem Sozialleistungsträger (§§ 18-29 SGB I) in Kontakt stehen, z.B. Versicherte und Beitragszahler, Leistungsempfänger, oder diejenigen, die erstmalig Leistungsanträge stellen oder sich beraten lassen wollen.[390]

Die Voraussetzungen des sozialrechtlichen Herstellungsanspruchs sind:

Behörde der Sozialverwaltung

Der Anspruch ist gerichtet an die in den §§ 18-29 SGB I aufgeführten Sozialleistungsträger (Kranken-, Pflege-, Renten-, Unfallversicherung, Bundesagentur für Arbeit sowie die sonstigen öffentlich-rechtlichen Körperschaften Bund, Länder und Kommunen im Bereich ihrer sozialrechtlichen Ver-

---

387 Vgl. Dörr/Francke, Kap. 9, Rn. 109-112; Erlenkämper/Fichte, Kap. 7, Rn. 4/5.
388 Zur Entwicklung des sozialrechtlichen Herstellungsanspruchs vgl. SRHB, § 6, Rn. 66-72.
389 Zur Frage der Ausweitung auch auf andere Rechtsbereiche: vgl. Mrozynski, § 14 SGB I, Rn. 23, Maurer, Verwaltungsrecht, § 30, Rn. 24.
390 Vgl. jurisPK, § 14 SGB I, Rn. 40

waltungsaufgaben. Zu beachten ist, dass für den sozialrechtlichen Herstellungsanspruch handelnde und haftende Stelle nicht immer identisch sein müssen. Es besteht eine **Einstandspflicht zwischen den Sozialleistungsträgern,** wenn die handelnde Stelle in den Verwaltungsablauf des eigentlich verantwortlichen Sozialleistungsträgers eingebunden ist, bzw. wenn zwischen ihnen eine Arbeitsteilung mit enger Aufgabenverbindung besteht, so dass sie nach außen als Funktionseinheit wahrgenommen werden.[391]

> **Beispiel:** Einen Fehler der Krankenkasse, die gemäß § 28 h SGB IV für die anderen Sozialleistungsträger die Beiträge zur Sozialversicherung („Gesamtsozialversicherungsbeitrag") einzieht, müsste sich z. B. auch die Rentenversicherung oder die Bundesagentur für Arbeit zurechnen lassen.

Pflichtverletzung

Gegenstand des Anspruchs ist ein fehlerhaftes und somit rechtswidriges Handeln oder Unterlassen gegenüber dem sozialleistungsberechtigten Bürger, welches sich auf seine **subjektiven-öffentlichen Rechte** bezieht.[392] Der Hauptanwendungsfall, d. h. die Verletzung der Pflichten aus §§ 14-16 SGB I erfüllen dieses Kriterium. Demgegenüber ist z. B. eine fehlende oder ungenaue Aufklärung der Allgemeinheit nach § 13 SGB I noch keine Verletzung eines subjektiven-öffentlichen Rechts.[393] Rechtswidrig bedeutet „Nicht- oder Schlechterfüllung" der Beratungspflichten. Zu beachten ist, dass auch aktive Hinweise auf nahe liegende, für den Betroffenen günstige Gestaltungsmöglichkeiten seines Sozialrechtsverhältnisses zu den Beratungspflichten gehören.[394]

(Kein) Verschulden

Auf ein Verschulden, d. h. Vorsatz oder Fahrlässigkeit des handelnden Verwaltungsmitarbeiters, kommt es bei der Pflichtverletzung im Rahmen des Herstellungsanspruchs nicht an. Es geht nicht um die Entschädigung für individuelles Fehlverhalten. Der Herstellungsanspruch soll allein den rechtmäßigen Zustand herstellen, mit dem die gesetzlichen, sozialen Rechte des Bürgers verwirklicht werden und der bestehen würde, wenn sich die Verwaltung rechtmäßig verhalten hätte.[395]

---

391 Vgl. Erlenkämper/Fichte, Kap. 7, Rn. 8.
392 Vgl. Dörr/Francke, Kap. 9, Rn. 125-127.
393 Vgl. SRHB, § 6, Rn. 76-78.
394 Einzelheiten vgl. Erlenkämper/Fichte, Kap. 7, Rn. 13-16
395 Vgl. SRHB, § 6, Rn. 80.

Sozialrechtlicher Schaden

Es muss ein sozialrechtlich relevanter Schaden eingetreten sein. Dieser besteht zumeist in einer **nachteiligen Disposition**, die der Bürger in seinem Sozialrechtsverhältnis trifft, z.B. keine oder verspätete Abgabe von Anträgen oder keine, zu niedrige oder zu hohe Beitragszahlungen. Der Schaden realisiert sich z.B. in dem Verlust von sozialrechtlichen Ansprüchen oder dem Erhalt von sozialen Leistungen erst zu einem späteren Zeitpunkt oder nicht in der eigentlich möglichen Höhe.[396]

Der Herstellungsanspruch verpflichtet die Sozialleistungsträger den Bürger so zu stellen, als habe er die Fehldisposition nicht getroffen, sondern die einzig richtige für die optimale Verwirklichung seiner sozialen Rechte. So kann z.B. ein Antrag auf Versicherung neu gestellt werden und wird als rechtzeitiger Antrag fingiert, ungünstig gewertete Beiträge können auf andere (günstigere Zeiträume im Versicherungsverlauf) umgewertet werden usw.[397]

Kausalität

Die Pflichtverletzung führt nur dann zu einem sozialrechtlichen Herstellungsanspruch, wenn sie ursächlich dafür war, dass der Betroffene falsche Dispositionen in seinem Sozialrechtsverhältnis trifft und diese sich in einem sozialrechtlichen Schaden realisieren. Dieser ursächliche Zusammenhang ist gegeben, wenn der Fehler der Verwaltung die **nicht hinwegdenkbare Bedingung** – wenn auch nicht notwendigerweise die alleinige – für die nachteilige Fehldisposition des Betroffenen und den Eintritt des Schadens gesetzt hat.[398] Es wird z.B. generell vermutet, dass ein richtig beratener Betroffener den Rat auch befolgt hätte und die jeweils für ihn günstigste Disposition im Sozialleistungsverhältnis getroffen hätte.

Der Gedanke des **Mitverschuldens** schließt im Bereich des sozialen Herstellungsanspruchs die Kausalität aus. Mitverschulden bedeutet in diesem Zusammenhang, dass der Betroffene selbst durch eigenes Verhalten die maßgebliche Ursache für die Pflichtverletzung (z.B. die Falschberatung) der Behörde gesetzt hat (z.B. durch falsche oder unvollständige Angaben).[399]

Einschränkungen

Die von der Verwaltung vorzunehmende Handlung, um nachteilige Disposition und Schaden des Betroffenen zu überwinden, muss rechtlich möglich und zulässig sein. Von den Sozialgesetzen nicht vorgesehene oder nicht

---

396 Vgl. jurisPK, § 14 SGB I, Rn. 43/44.
397 Vgl. Dörr/Francke, Kap. 9, Rn. 136-140; jurisPK, § 14 SGB I, Rn. 48.
398 Vgl. SRHB, § 6, Rn. 82.
399 Vgl. jurisPK, § 14 SGB I, Rn. 45/46; SRHB, § 6, Rn. 83-85.

mögliche Handlungen können von der Behörde auch nicht im Rahmen des Herstellungsanspruchs verlangt werden, so ist z. B. eine Fiktion tatsächlicher Handlungen des Betroffenen, wie eine persönliche Arbeitslosmeldung gemäß § 122 SGB III nicht möglich.[400]

Geltendmachung/Fristen

Bislang angewendet wird der sozialrechtliche Herstellungsanspruch nur im Bereich der **Sozialgerichtsbarkeit**, vgl. § 51 SGG. Fristen für die Geltendmachung bestehen nicht. Allerdings ist zu beachten, dass für eine rückwirkende Leistungserbringung die Fristen des § 44 Abs. 4 SGB X[401] angewendet werden. Danach können Sozialleistungen rückwirkend nur für einen Zeitraum von **vier Jahren** erbracht werden.[402]

8.3 Folgenbeseitigungsanspruch

Anders als der sozialrechtlich Herstellungsanspruch ist der Folgenbeseitigungsanspruch gerichtet auf die **Wiederherstellung eines früher bestehenden Zustandes**. Dieser wurde durch rechtswidriges Verwaltungshandeln verändert – die Veränderung ist im Rahmen des Folgenbeseitigungsanspruchs rückgängig zu machen.

In der Praxis geht es meist um einen bereits vollzogenen, aber rechtswidrigen VA, der aufgehoben wurde (z. B. durch ein gerichtliches Urteil oder im Rahmen des § 44 SGB X), dessen beeinträchtigende Folgen jedoch noch andauern. Entscheidendes Merkmal sind fortdauernde Belastungen des Bürgers, die allein mit der Aufhebung eines rechtswidrigen VA nicht aus der Welt zu schaffen sind.

> **Beispiel:** Eine Behörde der Sozialverwaltung erlässt einen Rückforderungsbescheid über angeblich zu Unrecht erhaltene Sozialleistungen gegenüber einem Bürger X. X hält den Bescheid für rechtswidrig, legt Widerspruch ein und klagt dagegen. Um eine Vollstreckung zu vermeiden zahlt X jedoch den geforderten Betrag. Im Klageverfahren gewinnt X und das Gericht hebt den rechtswidrigen Rückforderungsbescheid auf. Nun kann X als Folgenbeseitigung verlangen, dass ihm das gezahlte Geld zurück erstattet wird.

---

400 Einzelheiten u. weitere Beispiele vgl. jurisPK, § 14 SGB I, Rn. 49; Erlenkämper/Fichte, Kap. 7, Rn. 19, 22.
401 Einzelheiten s. u. Kap. 9.
402 Vgl. Erlenkämper/Fichte, Kap. 7, Rn. 20/21.

Der Folgenbeseitigungsanspruch greift auch bei schlichtem Verwaltungshandeln ein, wenn dadurch Rechtspositionen des Betroffenen fortdauernd
belastet werden.[403]

> **Beispiel:** In einem Zeitungsbericht äußert sich ein Mitarbeiter des Jugendam-
> tes negativ über eine bestimmte Einrichtung eines freien Trägers und stellt in
> diesem Zusammenhang unwahre Tatsachenbehauptungen auf. Als Folgenbe-
> seitigung kann eine presserechtliche Gegendarstellung verlangt werden.

Mit dem Folgenbeseitigungsanspruch sollen bestehende Lücken im Staatshaftungsrecht geschlossen werden. Er ist als **gewohnheitsrechtliches
Rechtsinstitut** anerkannt.[404] Soweit daneben auf das gleiche Ziel gerichtete,
gesetzliche Bestimmungen existieren, gehen sie dem Folgenbeseitigungsanspruch vor.

> **Beispiele:**
> § 44 SGB X: Wurden aufgrund eines rechtswidrigen belastenden VA Sozi-
> alleistungen nicht gewährt, sind sie für maximal vier Jahre nachzugewähren,
> wenn die Verwaltung den rechtswidrigen VA zurückgenommen hat.
> § 84 SGB X: Es besteht ein Anspruch des Betroffenen auf Löschung unzu-
> lässig erhobener und gespeicherter Daten.

Die Voraussetzungen des Folgenbeseitigungsanspruch sind:

Hoheitliches Handeln

Es geht um **Handlungen** der Verwaltung (VA oder schlichtes Verwaltungshandeln). Fehlt es am hoheitlichen Handeln (z. B. bei einer privat be-
triebenen öffentlichen Einrichtung) existiert ein privatrechtlicher Beseiti-
gungsanspruch nach § 1004 BGB, der auf das gleiche Ziel gerichtet ist. Besteht die Rechtswidrigkeit nur in einem **Unterlassen** der Verwaltung, gibt
es i. d. R. nichts, was wiederherzustellen wäre. Somit greift hierbei der Folgenbeseitigungsanspruch nicht ein.[405]

Rechtswidriger Eingriff in ein subjektives Recht

Durch das fehlerhafte und rechtswidrige Verwaltungshandeln muss der Betroffene in einem subjektiven-öffentlichen Recht verletzt worden sein. Verletzt die Verwaltung mit ihrem Handeln lediglich Rechtsnormen, die allein

---

403 Vgl. auch Beispiele bei Papenheim, Kap. 48.6.
404 Vgl. Dörr/Francke, Kap. 9, Rn. 59;
405 Vgl. Maurer, Verwaltungsrecht, § 30, Rn. 8/9.

dem Interesse der Allgemeinheit dienen, kann dies nicht mithilfe des Folgenbeseitigungsanspruchs rückgängig gemacht werden.[406]

(Kein) Verschulden

Auch der Folgenbeseitigungsanspruch ist unabhängig vom individuellen Verschulden eines einzelnen Verwaltungsmitarbeiters, da es ausschließlich um die Wiederherstellung des ursprünglichen – rechtmäßigen – Zustandes geht.[407]

Schaden/fortdauernde Rechtsbeeinträchtigung

Der Schaden des Betroffenen besteht in einer fortdauernden Beeinträchtigung seiner Rechte durch einen rechtswidrigen Zustand, den die öffentlich-rechtliche Verwaltung geschaffen hat (z.B. die Vollzugsfolgen eines rechtswidrigen, bereits vollzogenen VA). Auf eine fortdauernde Rechtsbeeinträchtigung kann sich der Betroffene allerdings nicht berufen, wenn ein VA noch wirksam ist, der die Rechtsbeeinträchtigung deckt. Es bedarf somit zunächst einer Aufhebung dieses VAs. Dann hat der Betroffene einen Anspruch auf die Rückgängigmachung des Zustandes, der durch das rechtswidrige Verwaltungshandeln eingetreten ist, bzw. auf die Herstellung des ursprünglichen (rechtmäßigen) Zustandes.[408]

Kausalität

Kausalität besteht zwischen dem rechtswidrigen Verwaltungshandeln und der fortdauernden Rechtsbeeinträchtigung soweit es um die **unmittelbaren Folgen** geht.

Einschränkungen

Der Gesichtspunkt des **Mitverschuldens**, d.h. dass ein Schaden zu teilen ist, wenn mehrere, u.U. auch der Geschädigte daran beteiligt sind, gilt auch beim Folgenbeseitigungsanspruch.[409]

Einschränkungen können sich für den Anspruch auch dadurch ergeben, dass die Wiederherstellung des früheren Zustandes für die Verwaltung **tatsächlich möglich, rechtlich zulässig** und **zumutbar** sein muss.

---

406 Einzelheiten s.u. Kap. 11.3.4.
407 Vgl. Papenheim, Kap. 48.6.
408 Vgl. Ipsen, Verwaltungsrecht, Rn. 1348/1349.
409 Einzelheiten vgl. Maurer, Verwaltungsrecht, § 30, Rn. 18.

Beispiel: Eine Kommune hat in unmittelbarer Nachbarschaft zu Wohnhäusern einen Spielplatz errichtet. Die Anwohner halten dies wegen der Lärmbeeinträchtigungen für rechtswidrig und klagen dagegen. Das Gericht stellt fest, dass die Errichtung des Spielplatzes tatsächlich rechtswidrig war, weil lärmschutzrechtliche Vorgaben nicht beachtet wurden. Bei der Frage der Folgenbeseitigung ist abzuwägen, ob die Kosten für den Rückbau des Spielplatzes für die Verwaltung zumutbar sind – ggf. könnte nach pflichtgemäßem Ermessen eine kostengünstigere Lösung gewählt werden.

Geltendmachung/Fristen

Der Folgenbeseitigungsanspruch ist vor den Verwaltungs- oder Sozialgerichten geltend zu machen. Je nachdem welches Handeln von der Verwaltung zur Folgenbeseitigung verlangt wird (Erlass eines weiteren VA oder tatsächliches Handeln) ist eine entsprechende Klageart zu wählen.

Der Folgenbeseitigungsanspruch verjährt in längstens 30 Jahren.

8.4 Übersicht 1: Staatshaftung

Rechts-institut	Entschädigung nach den sozialen Entschädigungsgesetzen (Sonst: gewohnheitsrechtlich „Aufopferungsanspruch")	Amtshaftung Art. 34 GG i.V.m. § 839 BGB	Sozialrechtlicher Herstellungsanspruch (richterrechtlich)	Folgenbeseitigung (gewohnheitsrechtlich)
Typischer Anwendungsbereich	Spezialgesetzlich geregelte Fälle	Eintritt von Schäden durch rechtswidriges Verwaltungshandeln	Verletzung von sozialrechtlichen Beratungspflichten	Beseitigung der Vollzugsfolgen eines rechtswidrigen VA
Voraussetzungen	Umfasst sowohl rechtmäßiges als auch rechtswidriges Verwaltungshandeln	Rechtswidriges Verwaltungshandeln		
	• Bürger hat einen Schaden erlitten • Allgemeinheit übernimmt aus sozialen Gründen die Verantwortung • Detaillierte Voraussetzungen nach dem jeweiligen Entschädigungsgesetz, z.B. BVG, OEG	• Amtsträger (Beamte, Arbeiter u. Angestellte im öffentl. Dienst, u. U. Private, z.B. als Verwaltungshelfer) • Verletzung einer drittbezogenen Amtspflicht (subjektives Recht) durch Handeln/ Unterlassen (z.B. Pflicht zum rechtmäßigen Verwaltungshandeln, keine unerlaubten Handlungen)	• Sozialverwaltungsstelle/bzw. Handeln im Entscheidungsbereich der Sozialgerichtsbarkeit • Pflichtverletzung durch Handeln/ Unterlassen (subjektives Recht) insbesondere: Nicht- oder Schlechterfüllung der Pflichten nach §§ 14-16 SGB I	• Hoheitliches Handeln (VA oder schlichtes Verwaltungshandeln), kein Unterlassen • Rechtswidrigkeit des Handelns, Eingriff in ein subjektives Recht, z.B. rechtswidrige Zahlungspflicht
		• Verschulden (Vorsatz, grobe Fahrlässigkeit, leichte Fahrlässigkeit)	• verschuldensunabhängig	• verschuldensunabhängig
		• Schaden	• Fehldisposition des Betroffenen/ sozialrechtlicher Schaden	• Folgen der Rechtsbeeinträchtigung dauern an
	• Kausalität	• Kausalität	• Kausalität	• Kausalität
Rechtsfolge	Versorgung und/oder angemessener wirtschaftlicher Ausgleich	Geldersatz für materielle und/oder immaterielle Schäden	Herstellung des rechtmäßigen Zustandes, Verwirklichung der gesetzlichen Ansprüche	Wiederherstellung des ursprünglichen rechtmäßigen Zustandes

Übungsfragen

1. Welches sind die eine Haftung auslösenden Pflichtverletzungen bei
   - Amtshaftung,
   - Sozialrechtlichem Herstellungsanspruch,
   - Folgenbeseitigungsanspruch,

   und welches sind die Wiedergutmachungsarten?

2. Im Jugendamt einer Kommune herrscht Personalmangel, da mehrere Mitarbeiterinnen gleichzeitig im Mutterschutz sind und noch keine adäquaten Ersatzkräfte gefunden wurden. Hinzu kommen mehrere Krankmeldungen. So hat auch Mitarbeiter J doppelt und dreifache Arbeit. Aufgrund dessen entgehen ihm mehrere Anzeigen einer Kindertagesstätte über ein Kind, bei dem der Verdacht auf häusliche Misshandlung besteht. Erst als das Kind mit erheblichen Verletzungen in ein Krankenhaus kommt, wird J aktiv und verfügt die Unterbringung in einer Pflegefamilie. Der Landrat fragt sich nun, ob seine Kommune schadensersatzpflichtig geworden ist.

3. Rentner H erkundigt sich bei der Deutschen Rentenversicherung nach den Hinzuverdienstgrenzen. Aufgrund einer falschen Auskunft, „man darf gar nichts hinzu verdienen", gibt er seinen Job (einige Stunden Verkauf in einem Zeitungskiosk, für die er monatlich 250 EUR erhält) auf, denn er möchte seine Rente nicht gefährden. Den richtigen Sachverhalt (vgl. § 34 SGB VI) erfährt er erst ½ Jahr später. Nun ist sein Job weg. Auf welchen Staatshaftungsanspruch könnte H sein Wiedergutmachungsverlangen stützen und was könnte H verlangen?

(Lösungen siehe www.lehrbuch-sozialverwaltungsrecht.de)

Weiterführende Literatur

Detterbeck, Steffen, Allgemeines Verwaltungsrecht mit Verwaltungsprozessrecht, 6. Aufl. 2008, §§ 21 und 24.

Dörr, Gernot/ Francke, Konrad, Sozialverwaltungsrecht, 2. Aufl. 2006, Kapitel 9.

Maurer, Hartmut, Allgemeines Verwaltungsrecht, 17. Aufl. 2009, §§ 25, 26, 29 und 30.

9. Rücknahme und Widerruf von Verwaltungsakten

■ **In dem Kapitel wird das System von Rücknahme und Widerruf von Verwaltungsakten nach dem Eintritt der Unanfechtbarkeit sowie die Aufhebung von Verwaltungsakten mit Dauerwirkung behandelt. Die Grundsätze des Vertrauensschutzes, die Fristen und der Umfang für die Rückgängigmachung sowie die Erstattungspflichten werden erläutert.**

Rücknahme und Widerruf regeln die gesetzlichen Möglichkeiten, ob und wie die Verwaltung einmal erlassene und bestandskräftig gewordene VAe nachträglich wieder aus der Welt schaffen oder abändern kann. Es geht um die **Aufhebung von VAen** außerhalb eines vom Bürger initiierten Rechtsbehelfsverfahrens.

Das Bedürfnis für diese Möglichkeit liegt auf der Hand: Nach Erlass eines VA können Ereignisse eintreten oder neue Erkenntnisse auftauchen, die die ursprüngliche Entscheidung der Verwaltung einem ganz anderen Licht erscheinen lassen. Gerade im Sozialleistungrecht gehört es z.B. zum Alltag, dass es zu Überzahlungen von Sozialleistungen kommt, die auf der Grundlage von VAen bewilligt wurden, die inzwischen bestandskräftig geworden sind.

Beispiele: Bewilligung und Zahlung einer Rente wegen Erwerbsunfähigkeit aufgrund einer ärztlichen Fehldiagnose, Bewilligung und Zahlung von durch die Behörde irrtümlich zu hoch berechnetem ALG II, Bewilligung und Zahlung von Grundsicherung im Alter nach §§ 41 ff. SGB XII für ein Jahr, doch innerhalb dieses Jahres erhält der Hilfeempfänger von anderer Seite plötzlich einen größeren Geldbetrag.

Nach dem Prinzip von § 39 Abs. 2 SGB X gilt die Verbindlichkeit von einmal erlassenen VAen, es sei denn, sie werden „zurückgenommen, widerrufen, anderweitig aufgehoben ...". Dies bedeutet, dass ein VA, auch ein rechtswidriger, mit seiner Bekanntgabe wirksam wird. Die Wirksamkeit ist zunächst vorläufig – solange der VA noch mit einem Rechtsbehelf angegriffen und damit seine Aufhebung erreicht werden kann. Erst wenn keine förmlichen Rechtsbehelfe mehr möglich sind, ist der VA **„bestandskräftig"** bzw. **„unanfechtbar"**[410].

Bei dem System von Rücknahme und Widerruf geht es darum, **die Bestandskraft des VA zu durchbrechen.** Die Durchbrechung der Bestandskraft von VAen führt zu einem Konflikt zwischen dem Interesse an Rechtssicherheit, welches das Festhalten an einmal getroffenen Entscheidungen verlangt, und dem Interesse an der Gerechtigkeit, welches die Beseitigung eines nicht (oder nicht mehr) rechtmäßigen Zustandes fordert.[411] Beide Interessen sind Bestandteile des Rechtsstaatsprinzips, dem jegliches Handeln der öffentlichen Gewalt verpflichtet ist. Das System von Rücknahme und Widerruf der §§ 44-48 SGB X[412] versucht, einen Ausgleich in diesem Spannungsfeld zu regeln und bildet gleichzeitig das System der Rechtsgrundlagen für die behördlichen Aufhebungsakte.

Die gesetzlichen Regelungen differenzieren verschiedene Fallkonstellationen: Je nachdem ob der aufzuhebende VA **begünstigend** oder **belastend, rechtmäßig** oder **rechtswidrig** war, oder sich die einem **VA mit Dauerwirkung** zugrundeliegenden Verhältnisse geändert haben („nachträglich eingetretene Rechtswidrigkeit"), gilt eine andere gesetzliche Regelung (bzw. **Rechtsgrundlage**). Begrifflich gilt **„Aufhebung"** als **Oberbegriff** für die Beseitigung eines VA durch einen weiteren VA der Behörde. Das Aufhebungsverfahren ist ein eigenständiges Verwaltungsverfahren i. S. d. § 8 SGB X, dessen Endpunkt der Erlass eines AufhebungsVA bildet. Die Aufhebung rechtswidriger VAe bezeichnet man als „Rücknahme", die Aufhebung rechtmäßiger VAe als „Widerruf".

Es bestehen folgende Regelungen:

- § 44 SGB X: Rücknahme eines rechtswidrigen, belastenden VA,
- § 45 SGB X: Rücknahme eines rechtswidrigen, begünstigenden VA,
- § 46 SGB X: Widerruf eines rechtmäßigen, belastenden VA,

---

410 Siehe oben Kap. 7; vgl. auch Maurer, Verwaltungsrecht, § 11, Rn. 1-9.
411 Vgl. Bull/Mehde, Rn. 789-794; Fichte, § 4, Rn. 18 - 21.
412 Für das übrige Verwaltungsrecht gelten die §§ 48, 49 VwVfG, die im Prinzip den SGB X-Vorschriften entsprechen. Zu beachten ist jedoch, dass das SGB X ein Verfahrensgesetz für die **soziale Leistungsverwaltung** ist. Fürsorge und Schutz des Bürgers stehen wesentlich stärker im Vordergrund als im übrigen Verwaltungsrecht. So gilt auch bei den Aufhebungsregelungen des VwVfG z. B. ein geringerer Vertrauensschutz des Bürgers und belastenden VAen kommt eine wesentlich stärkere Bindungswirkung zu. Daneben können Spezialgesetze aus bestimmten Verwaltungsbereichen ebenfalls eigene Aufhebungsregelungen enthalten, z. B. § 20 BAföG, § 330 SGB III, §§ 9, 73 AsylVfG, weitere Beispiele vgl. Schmidt, Rn. 647; Fichte, § 4, Rn. 6.

- § 47 SGB X: Widerruf eines rechtmäßigen, begünstigenden VA,
- § 48 SGB X: Aufhebung eines VA mit Dauerwirkung bei Änderung der Verhältnisse.

9.1 Rücknahme eines rechtswidrigen, belastenden VA

Gemäß § 44 Abs. 1 S. 1 SGB X besteht **ein Anspruch** auf die Rücknahme eines rechtswidrigen, belastenden VA mit Wirkung für die Vergangenheit auch nach dessen Bestandskraft.[413]

9.1.1 Voraussetzungen

Es muss sich um einen **belastenden VA** handeln, z.B. einen ablehnenden Leistungsbescheid, einen leistungsmindernden oder leistungsentziehenden Bescheid, die Auferlegung von Zahlungs- oder Mitwirkungspflichten. Der VA muss **rechtswidrig** sein, weil entweder das Recht unrichtig angewandt oder von einem unrichtigen Sachverhalt ausgegangen wurde.

Maßgeblich ist die **Rechtswidrigkeit zum Zeitpunkt des Erlasses** des VA („anfängliche Rechtswidrigkeit").[414] Tritt erst nach Erlass des VA ein Ereignis ein, das den VA rechtswidrig macht, fällt dies nicht in den Anwendungsbereich des § 44 SGB X, sondern ist ggf. in einem neuen Verwaltungsverfahren zu beurteilen.

Beispiel: R hat Pflegeleistungen beantragt, doch der medizinische Dienst der Pflegversicherung stellte bei Prüfung seines Gesundheitszustandes fest, dass der für die Leistungen aus der Pflegeversicherung erforderliche Umfang an Pflegebedarf nicht erreicht ist (vgl. § 15 SGB XI). Es ergeht ein ablehnender VA. Kurze Zeit später verschlechtert sich R's Gesundheitszustand. Es besteht kein Anspruch nach § 44 SGB X auf Rückgängigmachung der ursprünglichen Ablehnung sondern es ist ein neuer Antrag auf Pflegeleistungen zu stellen. R's Gesundheitszustand ist erneut zu begutachten.
Anders wäre es, wenn R beweisen könnte – z.B. durch ein Gegengutachten –, dass die ursprüngliche Einschätzung des medizinischen Dienstes falsch war. Dann liegt anfängliche Rechtswidrigkeit vor und der ablehnende VA ist gemäß § 44 SGB X aufzuheben.

---

413 Im übrigen Verwaltungsrecht ist die Vorschrift nur als Ermessensregelung ausgestaltet, vgl. Papenheim, Kap. 44.2.
414 Vgl. Dörr/Francke, Kap. 7, Rn. 47-57; v. Wulffen, § 44 SGB X, Rn. 9/10.

Besteht die Rechtswidrigkeit darin, dass sich im Nachhinein die **höchstrichterliche Rechtsprechung**, die für die rechtliche Beurteilung eines Falles maßgebend war, geändert hat, wirkt dies auch auf den Zeitpunkt des Erlasses des VA zurück.[415] Der VA gilt in diesem Fall bereits als rechtswidrig zum Zeitpunkt seines Erlasses und es kann eine Aufhebung nach § 44 Abs. 1 SGB X verlangt werden.

Weitere Voraussetzung ist, dass wegen der Rechtswidrigkeit des VA **Sozialleistungen zur Unrecht nicht erbracht oder Beiträge zu Unrecht erhoben** wurden.

Sozialleistungen sind alle Geld-, Sach- und Dienstleistungen i. S. d. § 11 SGB I, z. B. Renten, ALG, Sozialhilfe aber auch Beratung oder Leistungen zu persönlichen oder erzieherischen Hilfen. Eine Leistung ist zu Unrecht nicht erbracht worden, wenn sie dem Betroffenen zugestanden hätte, bzw. in einem höheren Maße als bewilligt, zugestanden hätte. Als Beitrag ist jegliche Zahlung anzusehen, die im Rahmen der Sozialversicherungspflicht zu leisten ist, vgl. §§ 20 ff. SGB IV.

Sind diese Voraussetzungen nicht gegeben, weil es sich z. B. nur um einen feststellenden VA handelt (z. B. Feststellung des Grades der Schwerbehinderung), gilt **§ 44 Abs. 2 SGB X**. Auch bei diesen VAen ist eine Rücknahme nach Eintritt der Bestandskraft möglich, allerdings nur **mit Wirkung für die Zukunft** bzw. nur **nach Ermessen**[416].

9.1.2 Rechtsfolge

Zu Unrecht nicht erbrachte Sozialleistungen bzw. zu Unrecht erhobene Beiträge müssen rückwirkend, auch **für die Vergangenheit**, nachbewilligt bzw. erstattet werden. Die nachträgliche Erbringung von Sozialleistungen (oder die Beitragserstattung) ist allerdings auf den Zeitraum von **vier Jahren** beschränkt – gerechnet ab dem Zeitpunkt der Rücknahme des rechtswidrigen Verwaltungsaktes, vgl. § 44 Abs. 4 SGB X. Erfolgte die Rücknahme aufgrund eines Antrages[417] berechnet sich die Nachbewilligung ab dem Zeitpunkt der Antragstellung[418].

Ein praxisrelevantes, rechtliches Problem ist die Anwendbarkeit des § 44 SGB X im **SGB II/SGB XII**: Grundsätzlich war im früheren Bundessozialhilfegesetz (BSHG) eine rückwirkende Gewährung von Sozialhilfe wegen des im Sozialhilferecht geltenden **Bedarfsdeckungsprinzips** nicht mög-

---

415 Vgl. SRHB, § 11, Rn. 220; v. Wulffen, § 44 SGB X, Rn. 11.
416 Vgl. Dörr/Francke, Kap. 7, Rn. 68/68 a.
417 Siehe unten Kap. 9.1.3.
418 Einzelheiten vgl. Fichte, § 4, Rn. 114-124.

lich. Das sozialhilferechtliche Bedarfsdeckungprinzip ist eines der Strukturprinzipien im Sozialhilferecht und besagt u.a., dass die Sozialhilfe nur eine aktuell bestehende Notsituation auffangen soll und nur einen aktuell bestehenden Bedarf decken soll.[419] Leistungen für die Vergangenheit oder die Berücksichtigung von Schulden waren daher grundsätzlich ausgeschlossen. Daher war auch eine Anwendung von § 44 SGB X mit der Folge von rückwirkender Leistungsgewährung ausgeschlossen. Nur wenn der Hilfesuchende fristgerecht gegen ablehnende Entscheidungen des Sozialhilfeträgers Widerspruch eingelegt hatte, war eine nachträgliche Leistungsgewährung möglich. Ob dieses Prinzip auch für die seit 2005 bestehenden Leistungsgesetze SGB II und SGB XII, die das BSHG ersetzt haben, gilt, ist strittig und mangels eindeutiger höchstrichterlicher Rechtsprechung nach wie vor ungeklärt.[420] Unstreitig anzuwenden ist § 44 SGB X jedenfalls bei der Grundsicherung im Alter/bei Erwerbsminderung (§§ 41 ff. SGB XII). Im Bereich des ALG II werden von den Jobcentern Anträge nach § 44 SGB X, mit denen nachträgliche Leistungen eingefordert werden, jedoch regelmäßig mit dem Hinweis auf das Bedarfsdeckungsprinzip abgelehnt.

> **Beispiel:** O ist arbeitslos und beantragt am 29.5. ALG II. Am 1.6. wird ihm ein ablehnender VA bekannt gegeben. O legt fristgemäß innerhalb eines Monats Widerspruch ein. Seinem Widerspruch wird stattgegeben und O erhält rückwirkend Leistungen ab dem 29.5., dem Datum seiner erstmaligen Antragstellung.
> **Variante:** O hat nicht fristgemäß Widerspruch eingelegt, sondern erst am 15.7. einen Überprüfungsantrag gestellt (i.d.R. werden von den Behörden zu spät eingegangene Widersprüche umgedeutet in Überprüfungsanträge nach § 44 SGB X). Es erweist sich, dass der ablehnende VA vom 1.6. rechtswidrig ist. O kann jedoch keine rückwirkenden Leistungen mehr erhalten, nur noch Leistungen für die Zukunft.

9.1.3 Geltendmachung/Fristen

Die Überprüfung und Aufhebung des rechtswidrigen, belastenden VA und die Nachbewilligung von Leistungen ist nicht von einem Antrag des Betroffenen abhängig, d.h. die Behörde kann auch im Rahmen des § 18 S. 1 SGB X von sich aus tätig werden. Es besteht jedoch keine Pflicht der Behörde, ihre Akten ständig auf Rücknahmemöglichkeiten hin zu kontrollieren. Daher sollte der Betroffene von sich aus aktiv werden und einen „**Antrag auf Überprüfung des unanfechtbaren VAs**" bei der Stelle geltend machen, die VA erlassen hat. Diese hat dann das Verwaltungsverfahren durchzuführen und eine Überprüfungsentscheidung zu treffen.

---

419 Vgl. LPK SGB XII, § 9, Rn. 7/8.
420 Darstellung des Streitstandes: vgl. Fichte, § 4 Rn. 96-100.

Der Antrag ist an keine Formalien gebunden, besteht zeitlich unbegrenzt, kann aber **verwirkt** werden. Der Antrag sollte begründet werden und es sollte dargelegt werden, warum – aus Sicht des Betroffenen – der ursprüngliche VA rechtswidrig ist. Die Verwaltung ist berechtigt, **querulatorische** oder **rechtsmissbräuchliche** Anträge ohne weitere Prüfung zurückzuweisen.

> **Beispiel:** Q hat beantragt bei der Krankenkasse die Übernahme von der Kosten einer bestimmten Behandlungsmaßnahme, was jedoch im Ermessen der Krankenkasse steht. Die Krankenkasse lehnt seinen Antrag ab. Q legt Widerspruch ein. Er hat keinen Erfolg und es ergeht ein ablehnender Widerspruchsbescheid. Statt nun Klage zu erheben (d. h. weiter den vorgesehenen Rechtsweg zu beschreiten[421]) unternimmt Q nichts. Der Widerspruchsbescheid wird nach Ablauf der Monatsfrist bestandskräftig. Erst danach entschließt sich Q erneut, etwas gegen die Ablehnung zu unternehmen und stellt einen Überprüfungsantrag nach § 44 SGB X. Diesen könnte die Krankenkasse ohne weitere Prüfung als rechtsmissbräuchlich zurückweisen.

Ebenfalls zurückzuweisen ist der Antrag gemäß § 44 Abs. 1 S. 2 SGB X, wenn die Rechtswidrigkeit des ursprünglichen VA dadurch zustande kam, dass der Betroffene unrichtige oder unvollständige Angaben gemacht hatte.

Der Überprüfungsantrag und die Pflicht der Behörde, diesen zu bearbeiten stehen dem Prinzip der Bestandskraft entgegen, so dass sich die Frage aufdrängt, warum die **strikten Widerspruchs- und Klagefristen** zu vom Bürger überhaupt zu beachten sind, wenn ohnehin zeitlich unbegrenzt Überprüfungsanträge möglich sind.

Hierbei ist zu berücksichtigen, dass die Gerichte der Verwaltung ein geringeres Ausmaß an **Verwaltungsaufwand** bei der Behandlung von Überprüfungsanträgen des § 44 SGB X zugestehen. Vermag es der Betroffene nicht, in der Begründung seines Überprüfungsantrages konkrete und entscheidungserhebliche Aspekte vorzutragen oder ursprünglich nicht beachtete Tatsachen, Beweismitte oder Erkenntnisse zu benennen, hat die Behörde die Möglichkeit, sich **ohne jede Sachprüfung** auf die **Bestandskraft** des ursprünglichen VA berufen und den Antrag abzulehnen.[422] Demgegenüber erzwingt man mit der Einlegung eines Widerspruchs die Behörde zu einer erneuten, vollständigen Sach- und Rechtsprüfung – ohne Rücksicht darauf, ob man den Widerspruch fundiert begründen zu vermochte oder nicht. Auch kann nur die Einlegung eines Widerspruchs zur Aussetzung des Vollzugs des VA führen[423] – ein Überprüfungsantrag nach § 44 SGB X regelmäßig nicht.

---

421 Siehe unten Kap. 10.3.2.
422 Vgl. Dörr/Francke, Kap. 7, Rn. 73/73 a; Fichte, § 4, Rn. 88-90.
423 Siehe unten Kap. 11.4.

9.2 Rücknahme eines rechtswidrigen, begünstigenden VA

Anders als bei § 44 SGB X besteht bei der Rücknahme rechtswidriger, begünstigender VAe das Interesse des Bürgers in dem Erhalt der Bestandskraft des VA. In § 45 SGB X muss daher eine **Abwägung** getroffen werden zwischen dem (öffentlichen) Interesse der Verwaltung an der Herstellung rechtmäßiger Zustände, welches für eine Aufhebung spricht, und dem (privaten) Interesse des Bürgers, der die Begünstigung nicht verlieren möchte und auf die Bestandskraft einer einmal getroffenen Entscheidung vertraute. Hierbei zeigt sich deutlich das oben dargestellte Spannungsfeld zwischen **Gerechtigkeit** und **Rechtssicherheit**.

9.2.1 Voraussetzungen

Es muss ein begünstigender VA vorliegen, der in § 45 Abs. 1 S. 1 SGB X definiert wird als VA, der ein Recht oder einen rechtlich erheblichen Vorteil begründet oder bestätigt. Dies umfasst **jede vorteilhafte Rechtsposition** des Betroffenen, also alle denkbaren Arten von positiven Leistungsbescheiden sowie auch rechtlich vorteilhafte Feststellungen (z.B. die Anerkennung einer Krankheit als Berufskrankheit i.S.d. § 9 SGB VII).

Die Rechtswidrigkeit des VA muss eine **anfängliche Rechtswidrigkeit** sein, d.h. zum Zeitpunkt des Erlasses des VA bestanden haben. Ein nachträglich eingetretenes Ereignis (z.B. die nachträgliche Erzielung von Einkommen während des Bewilligungszeitraums von Sozialhilfe oder ALG II) ist nur im Rahmen des § 48 SGB X (VA mit Dauerwirkung) relevant.[424]

9.2.2 Rechtsfolge

Bei Vorliegen der Voraussetzungen ist die Behörde nach § 45 Abs. 1 SGB X nicht zur Rücknahme verpflichtet, sondern hat nach **pflichtgemäßem Ermessen** darüber zu entscheiden ob und in welchem Umfang sie eine Rücknahmeentscheidung vornimmt. Es besteht sowohl Entschließungs- als auch Auswahlermessen.[425] Die Verwaltung kann entscheiden ob sie den VA **ganz** oder **teilweise**, nur mit Wirkung für die **Zukunft** oder auch mit Wirkung für die **Vergangenheit** zurücknimmt. Begrenzt wird der Ermessensspielraum der Verwaltung durch § 45 Abs. 2–4 SGB X.

---

424 Siehe unten Kap. 9.5.
425 Siehe oben Kap. 5.4.1.

§ 45 Abs. 2 S. 1 SGB X verbietet die Rücknahme eines rechtswidrigen, begünstigenden VA, wenn und soweit der Betroffene auf den Bestand des VA vertraut hat und dieses Vertrauen schutzwürdig ist. Der **Vertrauensschutz** bildet das wichtigste Kriterium bei der Prüfung einer Rücknahmeentscheidung, da sich an ihm bemisst, ob dem Gerechtigkeits- oder dem Rechtssicherheitsinteresse der Vorzug zu geben ist.

Positiver Vertrauensschutz

§ 45 Abs. 2 S. 1 u. 2 SGB X nennt positive Vertrauensschutzgründe. Die Bestimmungen enthalten sowohl eine allgemeine Beschreibung des Vertrauensschutzes (§ 45 Abs. 2 S. 1 SGB X), als auch eine Konkretisierung durch Regelbeispiele (§ 45 Abs. 2 S. 2 SGB X).

> **Beispiele:**
> *§ 45 Abs. 2 S. 2 SGB X:* Schutzwürdig ist das Vertrauen, wenn der Betroffene die Sozialleistungen verbraucht oder damit eine Vermögensdisposition getroffen hat, die er nicht mehr oder nur unter unzumutbaren Nachteilen rückgängig machen kann. Zum Beispiel der Verbrauch der Sozialleistungen für Haushaltsausgaben, für Kosten für Instandhaltungs- oder Modernisierungsarbeiten in der Wohnung oder für Reisen. Unzumutbare Rückgängigmachung von Vermögensdispositionen z.B. bei Anschaffung neuer, dringend benötigter Gegenstände, die alte ersetzen, z.B. neuer Rollstuhl, neues behindertengerechtes PKW u.Ä. Bei angelegtem Kapital i.d.R. keine Unzumutbarkeit.
> *§ 45 Abs. 2 S. 1 SGB X:* Liegt keines der Regelbeispiele aus S. 2 vor, können z.B. Alter oder Krankheit des Betroffenen Vertrauensschutz begründen oder das Ausmaß des Verschuldens auf Seiten der Behörde beim Zustandekommen des rechtswidrigen VA.

Liegen positive Vertrauensschutzgründe vor und sind sie nicht durch die unten dargestellten negativen Vertrauensschutzgründe ausgeschlossen, so gilt, dass der VA entweder **gar nicht** oder nur **mit Wirkung für die Zukunft** zurückgenommen werden kann.[426] Dies entscheidet die Behörde nach Ermessen, wobei jedoch ein VA, mit dem laufende Leistungen bewilligt wurden, i.d.R. mit Wirkung für die Zukunft zurückgenommen wird.[427] Mit Wirkung für die Zukunft bedeutet die Aufhebung für die Zeit ab Bekanntgabe der Rücknahmeentscheidung.

> **Beispiel:** G erhält Grundsicherung nach §§ 41 ff. SGB XII. Am 01.01.2009 erhielt er einen Bescheid über die Grundsicherung für die nächsten 12 Monate, d.h. bis zum 31.12.2009. Die Behörde hat sich bei der Bemessung der

---

426 Dies ergibt sich aus dem Gegenschluss zu § 45 Abs. 4 S.1 SGB X, vgl. Fichte, § 4, Rn. 142.
427 Vgl. v. Wulffen, § 45 SGB X, Rn. 40.

Leistung verrechnet, so dass G monatlich 50 EUR mehr erhält als ihm eigentlich zustünde. Am 30.06.2009 erlässt die Behörde daher einen Rücknahmebescheid, mit dem die ursprünglich bewilligte Grundsicherung aufgehoben wird. Soweit sich G auf Vertrauensschutz berufen kann, kann die Grundsicherungsbewilligung nur für die Zukunft, d. h. ab 01.07.2009 zurückgenommen werden.

G vertraute darauf, er werde die Grundsicherung in der ursprünglich bewilligten Höhe auch bis zum 31.12.2009 erhalten. Das „öffentliche Interesse" i. S. d. § 45 Abs. 2 S. 1 SGB X an der Herstellung rechtmäßiger Zustände und der sparsamen Verwendung öffentlicher Mittel gebietet es jedoch, dass G's Vertrauen in diesem Punkt zurückzutreten hat und er ab 01.07.2009 nur die geringeren – aber nun korrekt berechneten – Grundsicherungsleistungen erhält.

Ausschluss/negativer Vertrauensschutz

§ 45 Abs. 2 S. 3 SGB X nennt Ausschluss- bzw. negative Vertrauensschutzgründe. Liegen diese vor, so entfällt der Vertrauensschutz komplett (d. h. auch unabhängig davon, ob die Sozialleistungen z. B. schon i. S. d. § 45 Abs. 2 S. 2 SGB X verbraucht wurden oder nicht).

Liegt somit kein Vertrauensschutz vor, so kann der VA mit **Wirkung für die Vergangenheit** zurückgenommen werden. Mit Wirkung für die Vergangenheit bedeutet die Aufhebung zu einem Zeitpunkt der vor der Rücknahmeentscheidung liegt. Die Aufhebung mit Wirkung für die Vergangenheit führt i. d. R. zu einer **Erstattungspflicht gemäß § 50 SGB X** für bereits erbrachte Leistungen.

„**Kann**" zurückgenommen werden mit Wirkung für die Vergangenheit, bedeutet grundsätzlich Ermessen der Behörde. Das heißt, auch beim Vorliegen von Vertrauensausschlussgründen besteht ein Ermessensspielraum, ob für die Vergangenheit zurückgenommen wird oder doch nur für die Zukunft oder gar nicht. Anders ist dies nur im Arbeitslosenrecht (SGB II und SGB III). Gemäß §§ 40 SGB II, 330 Abs. 2 SGB III „muss" hier die Behörde bei Vorliegen von Vertrauensausschlussgründen den VA mit Wirkung für die Vergangenheit zurücknehmen.

Die Vertrauensausschlussgründe des § 45 Abs. 2 S. 3 SGB X sind:

- § 45 Abs. 2 S. 3 **Nr. 1** SGB X:
  Der Vertrauensschutz entfällt bei Bewirken des VA durch **Drohung**, **Bestechung** oder **arglistiger Täuschung**. Gemeint ist damit **strafwürdiges Verhalten** des VA-Adressaten, welches ursächlich für den rechtswidrigen VA gewesen sein muss. Eine vorsätzliche Falschangabe i. S. d. § 45 Abs. 2 S. 3 Nr. 2 SGB X wird zumeist gleichzeitig eine arglistige Täuschung darstellen.[428] Hat ein **Be-**

---

428 Der Begriff „arglistige Täuschung" wird gleichgesetzt mit vorsätzlichem Handeln vgl. Musielak, Rn. 377.

vollmächtigter des VA-Adressaten eine der genannten Handlungen begangen, muss sich dieser – anders als bei § 45 Abs. 2 S. 3 Nr. 2 u. Nr. 3 SGB X – das Verhalten nicht zurechnen lassen.[429]

- **§ 45 Abs. 2 S. 3 Nr. 2** SGB X:
Der Vertrauensschutz entfällt bei **vorsätzlichen** oder **grob fahrlässigen Falschangaben**, d. h. unrichtigen oder unvollständigen Angaben. Verwirklicht werden kann dieser Ausschlussgrund sowohl durch aktives Handeln aber ebenso durch Verschweigen oder Auslassungen von Tatsachen oder durch das Unterlassen von Mitwirkungspflichten.
Vorsatz bedeutet, die Falschangaben machte der Betroffene „mit Wissen und Wollen". Da dies eine innere Haltung ist, ist vorsätzliches Handeln regelmäßig schwer nachzuweisen.
Grobe Fahrlässigkeit wird definiert in § 45 Abs. 2 S. 3 Nr. 3 SGB X und bedeutet „besonders schwere Verletzung der im Verkehr erforderlichen Sorgfalt". Die erforderliche Sorgfalt ist daran zu messen, welches Verhalten vom Personenkreis, zu dem der Betroffene gehört, normalerweise erwartet werden kann. Das heißt, für den Sorgfaltsmaßstab ist auf eine sorgfältig handelnde **Durchschnittsperson seiner Personengruppe** abzustellen. Die erforderliche Sorgfalt ist besonders schwer verletzt, wenn der Betroffene nicht getan hat, was einfachste Überlegungen nahe gelegt hätten und jedem eingeleuchtet hätte. Auch **fehlende Sprachkenntnisse** schließen grobe Fahrlässigkeit nicht aus. Grundsätzlich kann erwartet werden, dass ein Dolmetscher/Übersetzer eingeschaltet wird, zumal nach § 19 SGB X auch ein Anspruch des Betroffenen hierauf besteht.[430]

Beispiele: Ein dem VA beigefügtes Merkblatt informiert über Mitwirkungspflichten während des Leistungszeitraums, insbesondere über die unaufgeforderte Mitteilung von Tatsachen. Teilt der Betroffene dann die Tatsachen nicht mit, erfüllt er den Ausschlussgrund „grob fahrlässiges Verschweigen". Er kann sich nicht darauf berufen, dass Merkblatt nicht gelesen zu haben.
Grob fahrlässig ist auch die falsche oder unvollständige Beantwortung von Fragebögen aufgrund der Annahme, die Fragen seien für den eigenen Fall unerheblich. Z.B. die Nichtangabe von unbebauten Grundstücken bei der Frage nach Immobilienbesitz (weil man glaubt, dies sei davon nicht erfasst) oder die Nichtangabe von Bankkonten, bei denen man zwar nicht Inhaber aber Verfügungsberechtigter ist (weil man glaubt, dies sei bei Fragen nach dem „eigenen" Vermögen nicht relevant).

---

429 Str. vgl. v. Wulffen, § 45 SGB X, Rn. 47; a. A. Fichte, § 4, Rn. 148.
430 Einzelheiten zur groben Fahrlässigkeit vgl. v. Wulffen, § 45 SGB X, Rn. 52/53; Dörr/Francke, Kap. 7, Rn. 96/96 a; Musielak, Rn. 417-422.

- § 45 Abs. 2 S. 3 **Nr. 3** SGB X:
Der Vertrauensschutz entfällt auch bei **Kenntnis** oder **grob fahrlässiger Unkenntnis** der Rechtswidrigkeit des VA. Dies bedeutet, dass auch vom eigenen Verhalten unabhängige **Behördenfehler** Vertrauensausschlussgründe sein können, wenn der Betroffene in der Lage war, diese zu erkennen. Es kann wegen der Kompliziertheit der Sozialgesetze häufig sehr schwierig sein, festzulegen, wann diese Kenntnis dem Betroffenen unterstellt werden kann. Abgestellt wird wiederum auf eine sorgfältig handelnde Durchschnittsperson aus der Personengruppe des Betroffenen, mit dessen Kenntnissen und Bildungshintergrund. Grundsätzlich wird erwartet, dass der Betroffene einen ihn begünstigenden VA **vollständig durchliest** und zumindest daraufhin überprüft, ob die zugrunde gelegten Tatsachen, den Angaben entsprechen, die er im Verwaltungsverfahren gemacht hat.[431] Eine Verpflichtung, als juristischer Laie, auch die rechtliche Bewertung der Tatsachen in allen Einzelheiten nachzuvollziehen und zu überprüfen, besteht demgegenüber nicht.

Beispiel: M ist arbeitslos geworden und hat beim Jobcenter ALG II-Leistungen beantragt. Wahrheitsgemäß hat er alle Angaben gemacht und alle Unterlagen vorgelegt, insbesondere auch die Gehaltsbescheinigungen seiner Frau, F, die arbeitet und ca. 1.000 EUR netto verdient. Er erhält einen positiven Bewilligungsbescheid. Im Berechnungsbogen des Bescheides sind die für die Bewilligung maßgeblichen Faktoren in einer Tabelle eingetragen. Darin heißt es bei M: Einkommen = 0 EUR. In der Spalte für F heißt es ebenfalls: Einkommen = 0. Hier ist für M ohne weiteres erkennbar, dass der Bewilligungsbescheid falsch ist, weil F's Einkommen bei der Berechnung des ALG II übersehen wurde. Erkennt die Behörde später ihren Fehler und fordert das zuviel gezahlte ALG II zurück, kann sich M nicht auf Vertrauensschutz berufen.

Anders wäre es, wenn der Fehler versteckt und nicht ohne weiteres nachzuvollziehen wäre. Zum Beispiel das Jobcenter hat F's Einkommen gesehen, jedoch einen Fehler bei der Umsetzung der Einkommensanrechnung gemäß § 11 SGB II gemacht. Es gehört nicht zu M's Sorgfaltspflichten, § 11 SGB II nachzuvollziehen und anhand der Vorschrift die Richtigkeit der Anrechnung von F's Einkommen zu überprüfen.

Grundsätzlich ist man als Empfänger von Sozialleistungen nicht dazu verpflichtet, die Behörde von sich aus auf Fehler in ihren Bescheiden hinzuweisen. Ist der Fehler jedoch erkennbar und damit der Vertrauensschutz ausgeschlossen, muss man mit einer späteren Aufhebung und der Rückforderung zuviel gezahlter Leistungen rechnen.

---

431 Vgl. v. Wulffen, § 45 SGB X, Rn. 56-58

9.2.3 Fristen

In § 45 Abs. 3 u. Abs. 4 SGB X werden verschiedene Fristen benannt, die die Behörde zu beachten hat, wenn sie einen rechtswidrigen, begünstigenden VA aufheben möchte. Dabei ist zu differenzieren zwischen den **Rücknahmefristen** nach § 45 Abs. 3 SGB X und der **Handlungsfrist für die Rücknahmeentscheidung** nach § 45 Abs. 4 S. 2 SGB X. Gegenüber diesen Fristen ist die allgemeine vierjährige Verjährungsfrist (vgl. § 45 SGB I) nicht anzuwenden, da die Fristenregelungen der §§ 44-48 SGB X als spezialgesetzliche Regelung vorgehen.

Rücknahmefrist

Bei § 45 Abs. 3 SGB X geht es um die Frage, bis wann in die Vergangenheit hinein, ein VA zurückgenommen werden kann. Eine zeitliche Begrenzung der Rücknahme gilt nur für **VAe mit Dauerwirkung**, d. h. VAen, mit denen eine laufende Leistung bewilligt wird.[432] VAe, die eine einmalige Begünstigung enthalten, können dagegen jederzeit, ohne irgendeine zeitliche Einschränkung zurück genommen werden.

Grundsätzlich gilt beim VA mit Dauerwirkung zunächst eine **Zweijahresfrist**, d. h. die Rücknahme kann nur bis zum Ablauf von zwei Jahren nach der Bekanntgabe (vgl. § 37 SGB X) des zurückzunehmenden VAs erfolgen. Die Fristen berechnen sich nach § 26 SGB X[433].

> **Beispiel:** Am 15.03.2007 wurde ein Rentenbescheid erlassen, der rechtswidrig ist. Eine Rücknahme muss bis zum 15.03.2009 erfolgen.

Diese Regel gilt für VAe, bei denen sich Betroffene auf den positiven Vertrauensschutz des § 45 Abs. 2 S. 1 und 2 SGB X berufen kann.

Verwirklicht der Betroffene einen der Vertrauensausschlussgründe des § 45 Abs. 2 S. 3 SGB X gilt eine **Zehnjahresfrist** oder sogar die **zeitlich unbegrenzte** Rücknahme.

Verwirklicht der Betroffene § 45 Abs. 2 S. 3 Nr. 2 oder Nr. 3 SGB X, d. h. entweder vorsätzliche oder grob fahrlässige Falschangaben oder Kenntnis bzw. grob fahrlässige Unkenntnis der Rechtswidrigkeit des VA, gilt die Zehnjahresfrist. Verwirklicht der Betroffene § 45 Abs. 2 S. 3 Nr. 1 SGB X, d. h. Drohung, Bestechung oder arglistige Täuschung, ist eine zeitlich unbegrenzte Rücknahme möglich.[434]

---

432 Einzelheiten s. u. Kap. 9.5.
433 Siehe unten Kap. 11.3.3.
434 Vgl. Dörr/Francke, Kap. 7, Rn. 105.

Ferner benennt § 45 Abs. 3 S. 2 SGB X noch die zeitlich unbegrenzte Rücknahmemöglichkeit, wenn bei einem VA „Wiederaufnahmegründe nach § 580 ZPO vorliegen". Hiermit ist eine Durchbrechung der Bestandskraft entsprechend der ZPO-Vorschriften gemeint, die für Gerichtsurteile gelten. Ein bestandskräftiges Gerichtsurteil kann z.b. aufgehoben und der Fall erneut verhandelt werden, wenn es auf den Aussagen eines Zeugen beruhte, dieser jedoch strafbare Falschaussagen gemacht hat. Gleiches gilt nach § 45 Abs. 3 S. 2 SGB X für den VA.[435]

Handlungsfrist

Bei der Handlungsfrist gemäß § 45 Abs. 4 S. 2 SGB X geht es um die Frage, wie lange die Behörde Zeit hat, einen Rücknahme-VA zu erlassen, sobald sie von einem Rücknahmegrund erfahren hat. Es geht um die Bearbeitungs- und Entscheidungsfrist der Behörde zwischen **Kenntnis des Rücknahmegrundes** und **Erlass der Rücknahmeentscheidung** gegenüber dem Betroffenen (d.h. Bekanntgabe gemäß § 37 SGB X). Die Behörde ist zur Rücknahme nur **innerhalb eines Jahres** berechtigt. Zweck dieser Frist ist es, zügig Rechtssicherheit darüber zu schaffen, was mit dem rechtswidrigen VA geschehen soll.

Die Einjahresfrist beginnt, wenn **alle Fakten** auf dem Tisch liegen, die eine Basis für die Rücknahmeentscheidung der Behörde bilden können. Daher muss sich die Kenntnis sowohl auf die Rechtswidrigkeit des zurückzunehmenden VA als auch auf die Rücknahmegründe, z.B. das Vorliegen von positiven oder negativen Vertrauensschutzgründen beziehen. Die Kenntnis bedeutet **Aktenkundigkeit** der die Rücknahme rechtfertigenden Tatsachen i.S.v. „Kennenmüssen". Das heißt, es kommt nicht darauf an, wann sich der einzelne Verwaltungsmitarbeiter mit dem Fall befasst und die Tatsachen wahrgenommen hat, sondern wann sich die Tatsachen aus den Akten der Behörde ergeben.[436]

Die Kenntnis der die Rücknahme rechtfertigenden Tatsachen ist der Beginn für die einjährige Handlungsfrist. Dies setzt nicht voraus, dass die Behörde immer erst **nach Erlass** des zurückzunehmenden VA die Kenntnis erworben hat. Die Jahresfrist gilt vielmehr auch dann, wenn die Kenntnis schon bei Erlass des VA vorhanden war.

> **Beispiel:** s.o. Fall von M und F. Hier hatte M bei Beantragung des ALG II alle Tatsachen korrekt angegeben, insbesondere den Gehaltsbescheid von F vorgelegt. Die Behörde übersah dies und erließ den rechtswidrigen VA. Dieser war zum Zeitpunkt seines Erlasses rechtswidrig und alle Tatsachen,

---

435 Einzelheiten u. Darstellung weiterer Wiederaufnahmegründe vgl. LPK-SGB X, § 45, Rn. 88-91.
436 Einzelheiten vgl. Fichte, § 4, Rn. 191-206; v. Wulffen, § 45 SGB X, Rn. 81-85.

aus denen sich seine Rechtswidrigkeit und die Befugnis zu seiner Rücknahme ergaben, waren zu diesem Zeitpunkt bereits bekannt. Die Handlungsfrist für die Rücknahme begann also bereits mit dem Zeitpunkt des Erlasses des rechtswidrigen VA.

Wird die Jahresfrist verpasst, so ergibt sich aus § 45 Abs. 4 S. 2 SGB X, dass der rechtswidrige VA dann nur noch für die Zukunft zurückgenommen werden kann – unabhängig davon, ob Vertrauensausschlussgründe verwirklicht wurden oder nicht.

9.2.4 Erstattung

Liegen die Voraussetzungen dafür vor, dass ein VA mit Wirkung für die Vergangenheit zurückgenommen werden kann, besteht eine **Erstattungspflicht** nach § 50 Abs. 1 SGB X. Bereits erhaltene Leistungen „sind" zu erstatten, d. h. es besteht i. d. R. kein Ermessen der Verwaltung. In der Praxis werden der Aufhebungs-VA, in dem die Rücknahme erklärt wird, und Erstattungs-VA, in dem die Behörde ihre Erstattungsforderung festsetzt, meist zusammen in einem Bescheid verbunden. Erfüllt der Betroffene die Erstattungsforderung nicht freiwillig, ist die Behörde berechtigt, ihre Forderung mittels Verwaltungsvollstreckung oder in Form einer Aufrechnung durchzusetzen.[437]

9.3 Widerruf eines rechtmäßigen, belastenden VA

Geht es um den Widerruf eines belastenden, rechtmäßigen VA gemäß § 46 SGB X ist die Aufhebung eines solchen VA nach Bestandskraft i. d. R. **problemlos möglich**. Der Grund ist klar: Da es sich um einen belastenden VA handelt, hat ein Widerruf für den Bürger **keine Nachteile**, d. h. es müssen keine Vertrauensschutzgesichtspunkte berücksichtigt werden. Da der VA rechtmäßig ist, besteht auch für die Verwaltung keine Verpflichtung, ihr Handeln zu korrigieren so wie bei einem rechtswidrigen VA.[438]

Voraussetzung ist, dass ein belastender VA i. S. d. § 44 SGB X vorliegt. Dieser VA muss rechtmäßig sein. Zu beachten ist, dass ein rechtmäßiger VA auch dann vorliegt, wenn Verfahrens- oder Formfehler nach §§ 41, 42 SGB X geheilt wurden oder unbeachtlich sind.[439] Der VA muss zum **Zeitpunkt seines Erlasses rechtmäßig** gewesen sein. § 46 SGB X gilt sowohl

---

437 Siehe oben Kap. 6.4; Einzelheiten vgl. auch Dörr/Francke, Kap. 8, Rn. 22-29.
438 Vgl. LPK-SGB X, § 46, Rn. 1-3.
439 Siehe oben Kap. 7.3; Einzelheiten vgl. auch LPK-SGB X. § 46, Rn. 4.

für den VA mit Dauerwirkung als auch für den VA, der ein Rechtsverhältnis nur mit einmaliger Wirkung gestaltet. Kommt es jedoch beim VA mit Dauerwirkung zu einer Änderung der Verhältnisse, die nachträglich zur Rechtswidrigkeit des VA führt, so gilt § 48 SGB X. Führt die Änderung der Verhältnisse nicht zu einer Rechtswidrigkeit, besteht hingegen die Möglichkeit des Widerrufs nach § 46 SGB X.

Der belastende, rechtmäßige VA „kann" ganz oder teilweise nur **mit Wirkung für die Zukunft** widerrufen werden, d.h. als **Rechtsfolge** besteht **Ermessen** der Behörde. Ausgeschlossen ist ein Widerruf, wenn die Behörde den belastenden VA mit gleichem Inhalt erneut erlassen müsste, damit ansonsten nicht ein rechtswidriger Zustand eintritt. Ausgeschlossen ist ein Widerruf auch „aus anderen Gründen", z.B. durch ein gesetzliches Verbot des Widerrufs oder durch den verfassungsrechtlichen Grundsatz der Gleichbehandlung aus Art. 3 Abs. 1 GG[440].

Die **Anwendung** des § 46 SGB X beschränkt sich im wesentlichen auf den **Widerruf von Ermessens-VAen**. Der Ermessensspielraum bringt es mit sich, dass mehrere Möglichkeiten einer Entscheidung denkbar sind, die auch alle gleichermaßen rechtmäßig sein können, solange keine Ermessensfehler vorliegen.[441] Kommt die Behörde im Rahmen des Ermessensspielraums zu einer anderen, für den Betroffenen günstigeren Einschätzung, hat sie die Möglichkeit, nach § 46 SGB X ihre ursprüngliche Entscheidung zu modifizieren.[442]

> **Beispiel:** Das Jobcenter hat einen Erstattungsanspruch gegenüber Z wegen überzahlten ALG II Leistungen. Es wurde mit VA die Aufrechnung nach § 43 SGB II erklärt und das ALG II von Z monatlich um 30% gekürzt, um die Forderung zu tilgen. Der Aufrechnungs-VA ist eine Ermessensentscheidung, das Ermessen wurde vom Jobcenter fehlerfrei ausgeübt. Nach einigen Monaten bittet Z wegen Krankheit um eine geringere Kürzung als die 30%. Das Jobcenter kann den ursprünglichen Aufrechnungs-VA widerrufen und im Rahmen seines Ermessensspielraums stattdessen auch eine Kürzung von monatlich nur 10% festlegen.

9.4 Widerruf eines rechtmäßigen, begünstigenden VA

Auch bei begünstigenden, rechtmäßigen VAen ist gemäß § 47 SGB X eine Aufhebung und eine Durchbrechung von deren Bestandskraft **nach Ermessen** der Behörde möglich. Eigentlich dürfte bei diesen VAen niemand ein Interesse an der Aufhebung haben: Der Bürger

---

440 Vgl. Dörr/Francke, Kap. 7, Rn. 123-125.
441 Siehe oben Kap. 5.4.
442 Vgl. LPK-SGB X, § 46, Rn. 11.

nicht, da der VA begünstigend ist, und die Verwaltung nicht, da der VA rechtmäßig ist. Gleichwohl ist der Widerruf begünstigender, rechtmäßiger VAe in sehr engen Grenzen möglich. Die Vorschrift differenziert den **Widerruf für die Zukunft** gemäß § 47 Abs. 1 SGB X und den **Widerruf für die Vergangenheit** gemäß § 47 Abs. 2 SGB X.

9.4.1 Widerruf für die Zukunft

Voraussetzung für eine Aufhebung für die Zukunft ist das Vorliegen eines begünstigenden VA i. S. d. § 45 Abs. 1 SGB X. Darüber hinaus muss der Widerruf

- entweder gemäß § 47 Abs. 1 S. 1 Nr. 1 SGB X durch **Rechtsvorschrift zugelassen** oder im **VA vorbehalten** sein,
- oder gemäß § 47 Abs. 1 S. 1 Nr. 2 SGB X durch eine mit dem VA verbundene **Auflage** zugelassen sein, die von dem Begünstigen nicht oder nicht fristgemäß erfüllt wurde.

In diesen Fällen kann sich der Begünstigte nicht auf Vertrauensschutz berufen. Denn er konnte bereits von vorn herein aus dem begünstigenden VA erkennen, dass dieser **unter bestimmten Umständen nicht mehr gültig sein sollte**. Er konnte auch von vorn herein erkennen, welches diese Umstände sind.

Beispiele:

- Vorbehalt des Widerrufs durch Rechtsvorschrift: Das Gesetz selbst bestimmt, dass der begünstigende VA widerrufen werden kann und legt die Voraussetzungen für diesen Fall fest. Zum Beispiel der Widerruf einer ausländerrechtlichen Duldung nach § 60 a Abs. 5 AufenthG bei Wegfall des Abschiebungshindernisses, der Widerruf von Pflegeerlaubnissen oder Erlaubnissen für den Betrieb einer Einrichtung nach §§ 44 Abs. 3 S. 2, 45 Abs. 2 S. 5 SGB VIII bei Gefährdung des Kindeswohls.
- Vorbehalt des Widerrufs im VA: Der Widerrufsvorbehalt ist eine Nebenbestimmung gemäß § 32 Abs. 2 Nr. 3 SGB X und jederzeit zulässig, wenn damit sichergestellt wird, dass der Zweck des VA erfüllt werden kann.[443] Im Widerrufsvorbehalt selbst werden von der Verwaltung die Voraussetzungen geregelt, die vorliegen müssen, damit der VA widerrufen werden kann. So z. B. die Verbindung der Bewilligung einer Weiterbildungsmaßnahme nach § 16 Abs. 1 SGB II mit dem Vorbehalt des Widerrufs, falls an der Maßnahme nicht mehr regelmäßig teilgenommen wird.
- Auflage: Auch die Auflage ist eine Nebenbestimmung gemäß § 32 Abs. 2 Nr. 4 SGB X und ebenfalls in den gleichen Grenzen zulässig wie der Widerrufsvorbehalt. Auch hier legt die Verwaltung selbst die Pflich-

---

443 Siehe unten Kap. 4.7; Einzelheiten zu Widerrufsvorbehalt u. Auflage vgl. auch LPK-SGB X, § 47, Rn. 6-11.

ten des Bürgers fest, die mit dem Erhalt des begünstigenden VA verbunden sind. So z. B. die Verbindung der Bewilligung einer zusätzlichen Beihilfe nach § 65 Abs. 1. SGB XII an einen Pflegebedürftigen mit der Auflage, das Geld an seine Helfer weiterzuleiten.

9.4.2 Widerruf für die Vergangenheit

Die Voraussetzungen dafür, dass ein rechtmäßiger begünstigender VA gemäß § 47 Abs. 2 SGB X auch mit Wirkung für die Vergangenheit widerrufen werden kann, sind:

- die Begünstigung bestand in Geld- oder Sachleistungen zur Erfüllung von einem bestimmten **Zweck**, der im begünstigenden VA ausdrücklich festgelegt wurde,
- die Leistung wurde nicht alsbald für den im VA bestimmten Zweck verwendet oder eine mit dem VA verbundene Auflage wurde **nicht erfüllt**,
- es besteht **kein Vertrauensschutz** entsprechend § 45 Abs. 2 S. 1 und S. 2 SGB X, sondern es liegen Vertrauensausschlussgründe entsprechend § 45 Abs. 2 S. 3 Nr. 3 SGB X vor.

Beispiel: Ein freier Träger im Bereich der Jugendhilfe betreibt einen Kinder-Bauernhof. Er beantragt bei der Kommune zusätzliche Fördermittel nach § 74 SGB VIII, damit eine zusätzliche Kraft eingestellt werden kann, die den sehr beliebten Reitunterricht übernimmt. Die Förderungsmittel werden bewilligt und im Bewilligungs-VA ist festgelegt „zur Einstellung einer geeigneten Hilfskraft, die den weiteren Ausbau des Reitangebots übernimmt". Werden nun die Fördermittel nicht alsbald für den festgelegten Zweck verwendet – wobei es sich für die Behörde empfiehlt, eine bestimmte Frist festzulegen –, kann die Kommune ihre Bewilligung auch mit Wirkung für die Vergangenheit widerrufen und von dem freien Träger zurückfordern.[444]

Für Rücknahmeentscheidung gilt die **einjährige Handlungsfrist** der Behörde wie bei § 45 Abs. 4 S. 2 SGB X. Kommt es zur Rücknahme für die Vergangenheit, besteht ebenfalls eine **Erstattungspflicht** gemäß § 50 SGB X.

9.5 Aufhebung des VA mit Dauerwirkung

Die Aufhebung des VA mit Dauerwirkung nach § 48 SGB X stellt die in der Praxis bedeutsamste Regelung neben § 45 SGB X dar. Sie gilt sowohl für **belastende** als auch für **begünstigende** VAe[445]. Das maßgebliche Krite-

---

444 Weitere Beispiele vgl. Dörr/Francke, Kap. 7, Rn. 137/138.
445 Vgl. Dörr/Francke, Kap. 7, Rn. 143.

rium für den Anwendungsbereich der Regelung ist die **nachträgliche** – d. h. die nach dem Erlass des VA eingetretene – **Änderung der Verhältnisse**.

Die Vorschrift differenziert danach, ob ein VA gemäß § 48 Abs. 1 S. 1 SGB X mit **Wirkung für die Zukunft** aufzuheben ist, d. h. ab dem Zeitpunkt der Bekanntgabe des Aufhebungs-VA, oder rückwirkend bereits ab dem **Zeitpunkt der Änderung der Verhältnisse** nach § 48 Abs. 1 S. 2 SGB X.

9.5.1 Voraussetzungen

Es muss ein **VA mit Dauerwirkung** vorliegen. Dies ist ein VA, der über den Zeitpunkt seines Erlasses hinaus Wirkungen hat. Die Regelung des VA erschöpft sich nicht in einer einmaligen Gestaltung der Rechtslage sondern begründet ein auf bestimmte oder unbestimmte Dauer angelegtes Rechtsverhältnis.[446]

Beispiele: Bewilligung einer Rente, Bewilligung von ALG I und ALG II, Bewilligung einer Weiterbildungsmaßnahme, Feststellung des Grades der Schwerbehinderung, Festlegung einer Beitragszahlung, Festlegung einer Pflegestufe.

Bei der Bewilligung von **Leistungen des SGB XII** ist zu beachten, dass im früheren Bundessozialhilfegesetz (BSHG) der Grundsatz galt, dass Sozialhilfe keine rentengleiche Dauerleistung ist, sondern Monat für Monat neu zu bewilligen ist. § 48 SGB X wurde daher für die Sozialhilfe nicht angewendet, sondern stattdessen § 45 SGB X. Nunmehr ist zumindest für die Grundsicherung, die nach § 44 SGB XII für 12 Monate bewilligt wird, geklärt, dass sie ein VA mit Dauerwirkung ist. Für die übrigen Sozialhilfeleistungen, z. B. die Hilfe zum Lebensunterhalt, soll § 48 SGB X gelten, wenn eine Auslegung des Bescheides eine Dauerwirkung ergibt[447], z. B. wenn die Hilfe zum Lebensunterhalt nicht für nur einen Monat sondern gleich für ein halbes Jahr bewilligt wird.

VAe, die eine **Dauerleistung ablehnen** oder **entziehen**, sind selbst kein VA mit Dauerwirkung.

Eine weitere Voraussetzung des § 48 SGB X ist die wesentliche Änderung der tatsächlichen oder rechtlichen Verhältnisse. **Wesentlich** ist eine Änderung, wenn dadurch der VA mit Dauerwirkung rechtswidrig wird, d. h. so nicht mehr hätte erlassen werden dürfen.[448] Eine

---

446 Einzelheiten u. Beispiele Vgl. LPK-SGB X, § 45, Rn. 77-80.
447 Vgl. v. Wulffen, § 45 SGB X, Rn. 66
448 Einzelheiten vgl. Fichte, § 4, Rn. 226-244.

tatsächliche Änderung der Verhältnisse liegt vor, wenn sich der dem ursprünglichen VA zugrundeliegende Sachverhalt geändert hat.[449] Eine **rechtliche** Änderung der Verhältnisse liegt vor, wenn **Gesetzesänderungen** die Rechtsgrundlagen für den ursprünglichen VA betreffen.

Für den Fall, dass sich die **höchstrichterliche Rechtsprechung** ändert, wird mit § 48 Abs. 2 SGB X eine eigene Bestimmung getroffen. Ändert sich infolge der geänderten Rechtsprechung die Anwendung der für den VA mit Dauerwirkung maßgeblichen Rechtsgrundlage, so dass der VA nun rechtswidrig wird, ist mit Wirkung für die Zukunft aufzuheben.[450]

9.5.2 Rechtsfolge

§ 48 SGB X unterscheidet grundsätzlich zwei Rechtsfolgen, nämlich zum einen die Aufhebung mit Wirkung für die Zukunft (d.h. ab dem Zeitpunkt des Erlasses des Aufhebungs-VA), und zum anderen die Aufhebung mit Wirkung ab Änderung der Verhältnisse.

Aufhebung mit Wirkung für die Zukunft

Nach § 48 Abs. 1 S. 1 SGB X gilt als Grundregel zunächst nur die Aufhebung mit Wirkung für die Zukunft. Hierbei handelt es sich um eine gebundene Entscheidung der Behörde.

Aufhebung ab Zeitpunkt der Änderung der Verhältnisse

In § 48 Abs. 1 S. 2 SGB X werden verschiedene Fallkonstellationen geregelt, in denen auch eine Aufhebung ab dem Zeitpunkt der Änderung der Verhältnisse erfolgen soll. „Soll" eröffnet zwar einen Ermessensspielraum für die Behörde, bedeutet jedoch, dass „in der Regel" die rückwirkende Aufhebung vorzunehmen ist.[451] Nur wenn atypische Besonderheiten gegen eine rückwirkende Aufhebung sprechen, z.B. eine schwere Erkrankung des Betroffenen oder die Verwendung von nicht mitgeteiltem Einkommen für

---

449 Beispiele vgl. Dörr/Francke, Kap. 7, Rn. 147.

450 Zu beachten ist, dass dies nur beim VA mit Dauerwirkung gilt. Handelt es sich z.B. um einen Ablehnungsbescheid so gilt § 44 SGB X, vgl. Kap. 9.1.1.

451 Siehe oben Kap. 5.4, vgl. auch v. Wulffen, § 48 SGB X, Rn. 20/21. Zu beachten ist hier ebenso wie bereits bei § 45 SGB X, dass im Arbeitslosenrecht (SGB II/ SGB III) keinerlei Ermessensspielraum für die Verwaltung besteht Es gelten die §§ 40 SGB II/330 SGB III, wonach bei Vorliegen der Voraussetzungen des § 48 Abs. 1 S. 2 SGB X der VA immer zwingend ab Zeitpunkt der Änderung der Verhältnisse aufzuheben ist.

einen Zweck, für den sonst der Sozialleistungsträger aufzukommen hätte[452], kann die Behörde davon absehen und lediglich mit Wirkung für die Zukunft aufheben.

Die Situationen, bei denen ab dem Zeitpunkt der Änderung der Verhältnisse aufgehoben wird, sind:

- § 48 Abs. 1 S. 2 **Nr. 1** SGB X:
  Hier wird darauf abgestellt, wie sich die Aufhebung aus Sicht des Betroffenen darstellt. Wirkt sie sich **zugunsten des Betroffenen** aus, ist ab Änderung der Verhältnisse aufzuheben. Ist dies nicht der Fall, so gilt die Grundregel des § 48 Abs. 1 S. 1 SGB X (soweit nicht eine der anderen Fallkonstellationen des § 48 Abs. 1 S. 2 SGB X vorliegt) und es erfolgt eine Aufhebung nur mit Wirkung für die Zukunft.

  Beispiel: T erhält Grundsicherung im Alter gemäß §§ 41 ff. SGB XII. Sie lebt zusammen mit einem Partner, der eine Rente bezieht, die ihr bei der Bemessung ihrer Grundsicherung mit angerechnet wird. T's Partner verlässt sie. Die Bewilligung der Grundsicherung ist aufzuheben, neu zu berechnen und nunmehr ohne Berücksichtigung der Rente von T's Partner zu zahlen. Dies muss rückwirkend zu dem Zeitpunkt erfolgen, an dem T verlassen wurde.

- § 48 Abs. 1 S. 2 **Nr. 2** SGB X:
  Die Nr. 2 bis 4 regeln Fälle, bei denen ein **Verschulden** des Betroffenen vorliegt. Im Fall der Nr. 2 geht es um gesetzliche **Mitteilungspflichten** (vgl. § 60 Abs. 1 Nr. 2 SGB I), denen der Betroffene **vorsätzlich** oder **grob fahrlässig** nicht nachgekommen ist. Für die Maßstäbe der groben Fahrlässigkeit gelten dieselben Anforderungen wie im Rahmen des § 45 Abs. 2 S. 3 SGB X: Grobe Fahrlässigkeit liegt vor, wenn der Betroffene aufgrund einfachster und naheliegendster Überlegungen die von ihm geforderte Mitteilungspflicht hätte erkennen können.[453]

  Beispiel: Fall s. o.
  T findet nach einer Weile wieder einen neuen Partner, der bei ihr einzieht. Dieser verfügt ebenso wie ihr früherer Partner über ein mehr als ausreichendes, eigenes Einkommen. Das Zusammenleben mit einem finanzkräftigen Partner ist für die Bemessung der Grundsicherung erheblich, wie T ohne weiteres hätte erkennen können. Unterlässt sie es, die neue Partnerschaft dem Sozialhilfeträger mitzuteilen, handelt sie grob fahrlässig. Die zu hoch berechnete Grundsicherung kann ab Änderung der Verhältnisse (d. h. ab Einzug des neuen Partners) aufgehoben werden.

---

452 Weitere Beispiele vgl. Dörr/Francke, Kap. 7, Rn. 167; LPK-SGB X, § 48, Rn. 48-55.
453 Vgl. LPK-SGB X, § 48, Rn. 62/63.

- § 48 Abs. 1 S. 2 **Nr. 3** SGB X:
  Nach Antragstellung oder Erlass des Verwaltungsaktes wurde **Einkommen** oder **Vermögen** erzielt, welches zum Wegfall oder zur Minderung des Anspruchs geführt haben würde, z. B. die Aufnahme einer geringfügigen Beschäftigung während des Bezuges von ALG I oder ALG II.

- § 48 Abs. 1 S. 2 **Nr. 4** SGB X:
  Der Betroffene wusste bzw. hätte bei Anwendung der erforderlichen Sorgfalt wissen können, dass der sich aus dem VA ergebende Anspruch kraft Gesetzes **zum Ruhen** gekommen oder ganz oder teilweise **weggefallen** ist. Für den Sorgfaltsmaßstab gelten wiederum die Kriterien der groben Fahrlässigkeit, wobei zu beachten ist, dass von dem Betroffenen nicht erwartet werden kann, die Gesetze über seine Sozialleistungsansprüche in allen Einzelheiten zu kennen. Daher muss der Betroffene unmissverständliche und präzise Informationen der Behörde über das Ruhen oder den Wegfall seines Anspruchs nicht zur Kenntnis genommen haben, damit ihm ein entsprechender Verschuldensvorwurf gemacht werden kann.[454]

Ruhens- oder Wegfallregelungen sind z. B. die Sperrzeiten beim ALG I nach § 144 SGB III, oder der Wegfall der Gründe für die Zahlung einer Erwerbsunfähigkeitsrente gemäß § 100 Abs. 3 SGB VI[455].

Eine weitere Rechtsfolge regelt **§ 48 Abs. 3 SGB X**. Der Anwendungsbereich sind VAe mit Dauerwirkung, die eine **laufende Geldleistung** zusprechen, welche **gesetzlichen Änderungen** angepasst ist. Dies betrifft i. d. R. die Renten. So wird z. B. eine Rente kraft Gesetzes laufend an die allgemeine Einkommensentwicklung angepasst, vgl. § 68 SGB VI. Dies geschieht durch schlichte Änderung des auszuzahlenden Betrages, ohne dass jedes Mal ein neuer Renten-VA erlassen werden würde. § 48 Abs. 3 SGB X regelt den Fall, dass der VA über die laufende Geldleistung entweder i. S. d. § 45 SGB X von Anfang an rechtswidrig war oder durch Änderung der Verhältnisse rechtswidrig geworden ist. Es kann sein, dass dieser VA, z. B. wegen Vertrauensschutzes oder Fristablauf, nicht zurückgenommen werden kann. Kommt es dann zu einer gesetzlichen Anpassung bzw. Erhöhung der Leistung, so sollen die rechtswidrigen Leistungen nicht auch noch daran teilhaben. Es gilt das der Betroffene weiterhin „nur" die ursprünglichen rechtswidrigen Leistungen erhält, solange bis der eigentlich rechtmäßige Betrag erreicht ist.[456] Dieser Vorgang wird als **„Aussparung"**, **„Abschmelzen"** oder **„Einfrieren"** bezeichnet.

---

454 Vgl. Dörr/Francke, Kap. 7, Rn. 165.
455 Weitere Beispiele vgl. v. Wulffen, § 48 SGB X, Rn. 28.
456 Vgl. Dörr/Francke, Kap. 7, Rn. 178-183 b.

Beispiel: R bekommt Rente i. H. v. 1.000 EUR. Dies ist zu hoch, eigentlich würden ihm nur 900 EUR zustehen. Der rechtswidrige Renten-VA kann jedoch nicht mehr zurückgenommen werden und die Rentenversicherung muss weiterhin 1.000 EUR zahlen. Es kommt zu einer gesetzlichen Rentenerhöhung um 50 EUR. R bekommt jedoch gemäß § 48 Abs. 3 SGB X weiterhin nur 1.000 EUR. Erst wenn die rechtmäßige Rente die rechtswidrige übersteigen würde, kann R wieder an den gesetzlichen Rentenerhöhungen teilhaben.

9.5.3 Fristen

In § 48 Abs. 4 SGB X wird auf die Fristen der §§ 44 und 45 SGB X verwiesen. Dies bedeutet folgendes:

- Für die Erstattung oder die Nachzahlung von Sozialleistungen gilt die Frist von **vier Jahren** gemäß § 44 Abs. 4 SGB X.
- Bei Änderungen der Verhältnisse **zugunsten des Betroffenen** kann **zeitlich unbegrenzt** aufgehoben werden.
- Bei Änderungen der Verhältnisse **zuungungsten des Betroffenen** kann zeitlich begrenzt innerhalb der **Zehnjahresfrist** des § 45 Abs. 3 S. 3 SGB X aufgehoben werden.
- Es gilt für die Behörde ebenfalls die **einjährige Handlungsfrist** des § 45 Abs. 4 S. 2 SGB X. Fristbeginn ist die Kenntnis der Behörde von den Tatsachen, die die wesentliche Änderung der Verhältnisse begründen sowie die Kenntnis der Tatsachen, die eine rückwirkende Aufhebung ab Änderung der Verhältnisse rechtfertigen würde. Wird die einjährige Frist verpasst, kann nur noch mit Wirkung für die Zukunft aufgehoben werden.

9.5.4 Erstattung

Kommt es zu einer rückwirkenden Aufhebung ab Änderung der Verhältnisse, so besteht ebenso wie bei § 45 SGB X eine Erstattungspflicht im Rahmen des § 50 SGB X.

9.6 Übersichten

Übersicht 1: System der §§ 44-48 SGB X

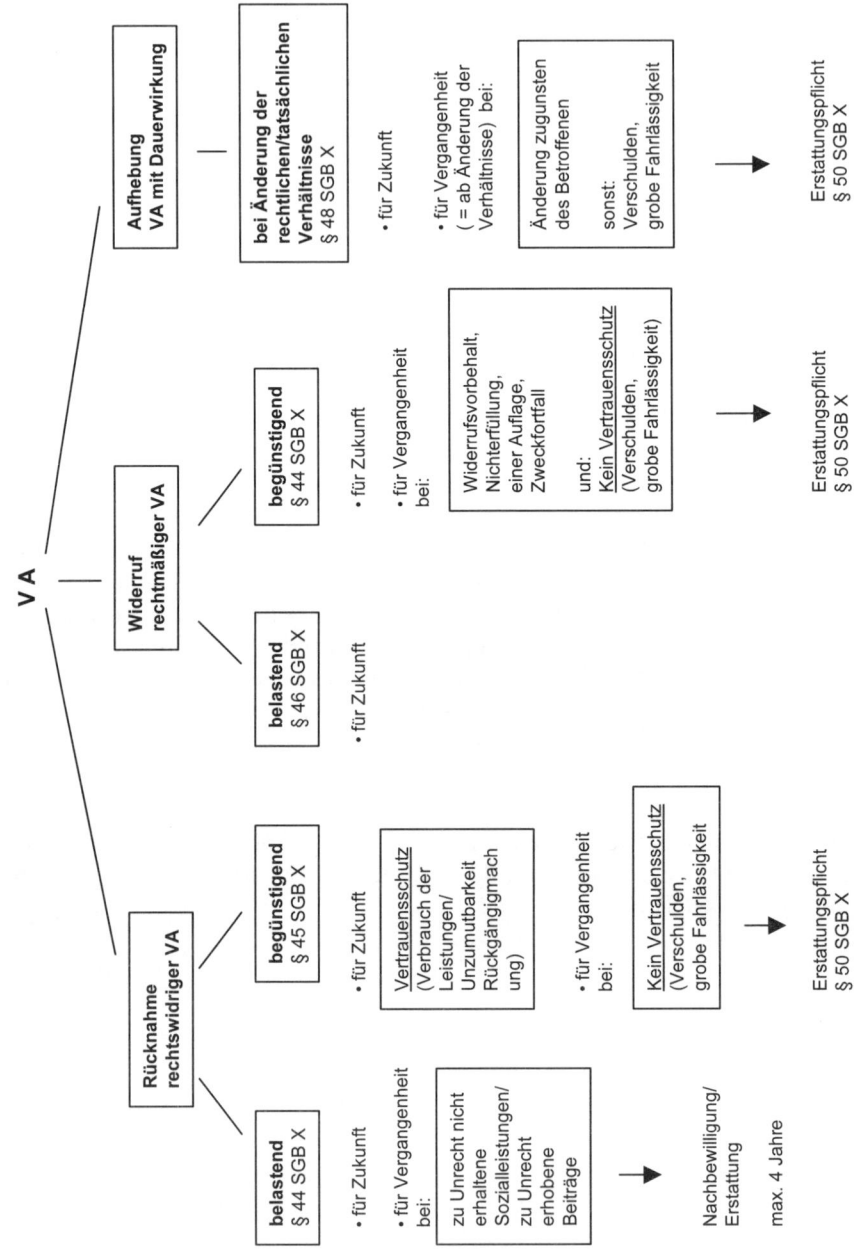

Übersicht 2: Prüfungsschema § 44 SGB X

§ 44 Abs. 1

Voraussetzungen:

(S. 1)

Belastender VA ? Recht unrichtig angewandt? Falscher Sachverhalt?

deswegen:

Sozialleistungen zu Unrecht nicht erhalten?

Beiträge zu Unrecht erhoben?

wenn ja = Rechtsfolge:

Anspruch auf Rücknahme

und auf neuen – korrekten – Bescheid

(S. 2)

Ausschluss:

falsche/unvollständige Angaben

wenn nein=

§ 44 Abs. 2

Rechtsfolge: Rücknahme

für Zukunft / nach Ermessen

§ 44 Abs. 4

Anspruch auf Nachbewilligung von Leistungen /

Erstattung zu Unrecht gezahlter Beiträge

max. 4 Jahre

Übersicht 3: Prüfungsschema § 45 SGB X

§ 45 Abs. 1
Voraussetzungen: begünstigender VA? von Anfang an rechtswidrig? unanfechtbar?
wenn ja = Rechtsfolge: Rücknahme nach Ermessen
(ob Rücknahme oder nicht, ob ganz oder teilweise, ob für Zukunft oder Vergangenheit)
Ermessensbegrenzungen: Abs. 2 – Abs. 4

§ 45 Abs. 2
Vertrauensschutz
positiv (S. 1 + 2)
wenn Leistungen verbraucht /   Rücknahme nur
Rückgängigmachung Vermögensdisposition   für Zukunft
unzumutbar

negativ (S. 3)
Nr. 1: Täuschung, Drohung, Bestechung
Nr. 2: vorsätzliche, grob fahrlässige falsche Angaben
Nr. 3: Kennen / Kennenmüssen (grob fahrlässige
Unkenntnis) der Rechtswidrigkeit

Rücknahme
für Vergangenheit

§ 45 Abs. 3
Fristen
für VA mit einmaliger Wirkung: zeitlich unbegrenzt
für VA mit Dauerwirkung:
Rücknahmefrist 2 Jahre wenn kein negativer (aber auch kein positiver) Vertrauensschutz
Rücknahme 10 Jahre, wenn § 45 Abs. 2 S. 3 Nr. 2 + 3
zeitlich unbegrenzt, wenn § 45 Abs. 2 S. 3 Nr. 1 oder § 580 ZPO

§ 45 Abs. 4
Handlungsfrist der Behörde
1 Jahr ab Kenntnis (Aktenkundigkeit) der Tatsachen für die Rücknahme
wenn verpasst nur : Rücknahme für Zukunft

Insgesamt beachten: fehlerfreie Ausübung des Ermessens i.S.d. § 39 SGB I

Übersicht 4: Prüfungsschema § 48 SGB X

---

§ 48 Abs. 1

Voraussetzungen:

VA mit Dauerwirkung?   wesentliche Änderung nach Erlass?

tatsächliche/rechtliche Verhältnisse?

wenn ja = Rechtsfolge: Aufhebung

für Zukunft

(S. 2) Ermessen = „Soll"-Aufhebung für Vergangenheit

(ab Änderung der Verhältnisse)

wenn:

Nr. 1. Änderung zugunsten

Nr. 2. Verletzung Mitteilungspflichten

Nr. 3. Erzielung von Einkommen/Vermögen

Nr. 4. Kenntnis / grob fahrlässige Unkenntnis vom

Ruhen / Wegfall des Anspruchs

§ 48 Abs. 2

Aufhebung für Zukunft bei Änderung der Rechtsprechung

§ 48 Abs. 3

Aussparung bei Geldleistungen, die gesetzlicher Anpassung unterliegen

§ 48 Abs. 4

Fristen für die Rücknahme und Handlungsfrist wie bei § 45

Insgesamt beachten: fehlerfreie Ausübung des Ermessens i.S.d. § 39 SGB I.

Übungsfragen

1. Im Jahr 2004 bezog V eine neue Wohnung. Er bekam zu dieser Zeit Sozialhilfe nach dem damaligen Bundessozialhilfegesetz (BSHG). Der Sozialhilfeträger übernahm auch die Kosten für die Mietkaution und gewährte V diese Zahlung als ein Darlehen, welches zurückzuzahlen sei, wenn V umzieht oder genügend Einkommen erzielt. Seit der Gesetzesänderung, d.h. seit dem 01.01. 2005 erhält V ALG II vom Jobcenter. Der Sozialhilfeträger schickt an V folgenden Bescheid: „Wie Sie wissen, gilt das frühere BSHG nicht mehr. Die gesetzliche Grundlage, auf deren Basis wir Ihnen damals die Zahlung für die Mietkaution gewährten, ist damit weggefallen. Daher wird die Bewilligung der Mietkaution aufgehoben

und Sie werden aufgefordert, den Betrag zu erstatten". Auf welcher gesetzlichen Grundlage der §§ 44 – 48 SGB X könnte der Bescheid des Sozialhilfeträgers beruhen?

2. Übungsfall:

M und F sind beide 65 Jahre alt und leben zusammen in einer nichtehelichen Lebensgemeinschaft. Sie leben in einer angemessenen Wohnung deren monatliche Warmmiete 500 EUR beträgt. M verfügt über eine monatliche Rente i. H. v. 800 EUR netto. F hat keinerlei eigenes Einkommen und beantragt Grundsicherung nach §§ 41 SGB XII. Auf ihren Antrag hin, am 02.01.2009, werden F mit Bescheid vom selben Tage für das Jahr 2009 monatlich 432 EUR Grundsicherung unter Berücksichtigung der folgenden Berechnung bewilligt:

Bedarf F (EUR)		Einkommen F	Bedarf M (EUR)		Einkommen M
Lebensunterhalt	323	–	Lebensunterhalt	323	800
Mehrbedarf	55		Mehrbedarf	55	
Wohnung	250		Wohnung	250	
gesamt	628		gesamt	628	
			Differenz	+ 172	
		172			
Grundsicherung	456				

Die Berechnung erfolgte auf der Grundlage der seit 1.7.2009 geltendenden Regelsätze nach § 28 SGB XII i. V.m. § 3 Regelsatzverordnung.

Aus seiner früheren Ehe hat M noch eine erwachsene und berufstätige Tochter T, die ihn freiwillig schon seit längerem mit monatlich 200 EUR unterstützt. Teilweise überweist T diese Summe auf M's Konto, teilweise übergibt sie sie ihm in bar. F weiß davon nichts. Sie und M haben getrennte Konten und bislang hatte M der F zur Bestreitung des gemeinsamen Haushalts lediglich regelmäßig Beträge i. H. v. 50 bis 100 EUR in bar übergeben, ohne dass F genauer über seine finanziellen Verhältnisse informiert gewesen wäre. Bei Beantragung der Grundsicherung hatte F als Einkommen von M nur die 800 EUR Rente angegeben, jedoch u. a. folgende Unterlagen eingereicht: Ihre und M's von ihr nicht weiter überprüfte Kontoauszüge der letzten 6 Monate, M's Rentenbescheid und den Mietvertrag.
Bei der Bearbeitung des Folgebescheides für die Grundsicherung, im Dezember 2009, wird der Sachbearbeiter des Sozialamtes, S, auf die sporadischen Überweisungen von T auf M's Konto aufmerksam, die bei der Berechung der Grundsicherung für das Jahr 2009 keine Berücksichtigung gefunden hatten. Aufgrund seiner Nachfragen bei M und F, im Februar 2010, stellt sich die regelmäßige monatliche Unterstützung von T heraus.

S schickt F im April 2010 einen Anhörungsbogen, in dem er sie mit den monatlichen 200 EUR konfrontiert und ihr die Aufhebung und Erstattung der Grundsicherung für das Jahr 2009 in Aussicht stellt. F macht in ihrer Antwort geltend, nichts gewusst zu haben und schildert die Situation mit den getrennten Konten. Zudem macht sie sich M's Argumente zu eigen: Die Zahlungen seiner Tochter seien eine freiwillige Unterstützung auf die M rechtlich keinen Anspruch habe und die damit sozialhilferechtlich nicht als Einkommen anzusehen seien.

S ist hiervon nicht beeindruckt und erlässt am 05.05.2010 folgenden Bescheid:

„Die Bewilligung von Grundsicherung für das Jahr 2009 wird i.H.v. insgesamt 2.400 EUR aufgehoben. Rechtsgrundlage hierfür ist § 45 SGB X. Grund hierfür ist, dass innerhalb Ihrer Einsatz- und Bedarfsgemeinschaft monatlich 200 EUR mehr an Einkommen erzielt wurde. Dies hätte angegeben werden müssen und war für die Berechnung der Höhe Ihrer Grundsicherung maßgebend. Die Erstattung der zuviel gezahlten Grundsicherung und die Verrechnung mit laufenden SGB XII Leistungen behalten wir uns vor. Hierüber wird ein gesonderter Bescheid ergehen." Es folgen Unterschrift und ordnungsgemäße Rechtsbehelfsbelehrung. Der Bescheid wird F schriftlich zugestellt.

Ist der Bescheid rechtmäßig?

▪ Lösen Sie den Fall in Form eines juristischen Gutachtens unter Verwendung des Prüfungsschemas: „Formelle und materielle Rechtmäßigkeit eines VA" (vgl. Kap. 5.7.2).

(Lösungen siehe www.lehrbuch-sozialverwaltungsrecht.de)

Weiterführende Literatur

Dörr, Gernot/Francke, Konrad, Sozialverwaltungsrecht, 2. Aufl., 2006, Kapitel 5.

Fichte, Wolfgang/Plagemann, Hermann/Waschull, Dirk, Sozialverwaltungsverfahrensrecht, 1. Aufl. 2008, § 4.

10. Verwaltungskontrolle und Rechtsbehelfe

■ **Das Kapitel gibt einen Überblick über das Rechtsschutzsystem. Gerichtliche und außergerichtliche, förmliche und nichtförmliche Rechtsbehelfe werden dargestellt und voneinander abgegrenzt. Die Beschreitung des Rechtsweges sowie die zeitliche Staffelung bei der Einlegung von Rechtsbehelfen werden erörtert.**

Die Verwaltung ist zu **rechtmäßigem Handeln**, d.h. zur Einhaltung der Gesetze und zur Wahrung der Rechte der Bürger, verpflichtet.[457] Um dies sicherzustellen, existieren verschiedene Kontrollmöglichkeiten, die als verwaltungsinterne und verwaltungsexterne Kontrolle (bzw. Kontrolle durch Rechtsbehelfe) bezeichnet werden.

10.1 Verwaltungsinterne Kontrolle

Mit Maßnahmen der verwaltungsinternen Kontrolle sorgt die Verwaltung selbst dafür, dass das Prinzip der Rechtmäßigkeit ihrer Handlungen gewährleistet ist. Typisch hierfür sind Maßnahmen der **verwaltungsinternen Hierarchie**, d.h. Maßnahmen der Dienstaufsicht oder Maßnahmen der Rechts- oder Fachaufsicht durch die **übergeordnete Behörde**[458].

> **Beispiel:** Ein Landkreis L ist Träger der Sozialhilfe und damit auch zuständig für die Hilfe zur Pflege für pflegebedürftige Personen nach §§ 61 ff. SGB XII. Hilfe zur Pflege ist denjenigen zu leisten, die die Kosten für notwendige Pflege nicht über die Pflegeversicherung abdecken können und auch nicht die notwendigen Mittel aus ihrem eigenen Einkommen haben. Im Landkreis L ist es leider üblich, die Geldleistungen für die Hilfe zur Pflege mit durchschnittlich halbjährlicher Verzögerung zu zahlen, was die darauf angewiesenen Pflegebedürftigen regelmäßig in große Bedrängnis bringt. L verstößt damit gegen das Prinzip aus § 17 Abs. 1 Nr. 1 SGB I, wonach jeder Berechtigte die ihm zustehenden Sozialleistungen „zügig" erhalten soll. Als übergeordnete Behörde kann das für Gesundheit und Soziales zuständige Landesministerium den Landkreis L anweisen, die Leistungen künftig rechtzeitig zu zahlen.

---

457 Vgl. Art. 20 Abs. 3 GG; Einzelheiten s.o. Kap. 5.1.
458 Siehe Kap. 3.5.

Daneben ist gemäß §§ 44-48 SGB X auch schon die Ausgangsbehörde selbst verpflichtet und berechtigt, ihre Entscheidungen bei Fehlern eigenständig zu korrigieren.[459]

> **Beispiel:** Bei der Prüfung eines ALG II Folgebescheides entdeckt der Verwaltungsmitarbeiter, dass dem Hilfeempfänger ursprünglich zuviel Leistungen bewilligt und ausgezahlt wurden. Nach § 45 SGB X ist die Behörde verpflichtet und berechtigt, den ursprünglichen Bescheid zurückzunehmen und die Überzahlung zurück zu verlangen.

10.2 Verwaltungsexterne Kontrolle

Bei der verwaltungsexternen Kontrolle wird die Kontrolle „von außen", d. h. durch den Bürger, in Gang gesetzt. Der Bürger ist berechtigt, soweit er von Verwaltungshandeln **betroffen** ist, mit **Rechtsbehelfen** das rechtmäßige Verwaltungshandeln einzufordern und nicht rechtmäßiges Verwaltungshandeln beseitigen zu lassen.

„Betroffen sein" bedeutet, dass das Handeln der Verwaltung eine gesetzlich oder durch die Grundrechte geschützte Rechtsposition des Bürgers berührt. Dies ist dann der Fall, wenn eine bestimmte Rechtsnorm oder die Grundrechte dem Bürger die Befugnis verleihen, von der Verwaltung eine konkrete Maßnahme oder eine Unterlassung zu verlangen. Diese Rechtsposition nennt man **„subjektives öffentliches Recht"**[460].

Ist der Bürger in einem subjektiven öffentlichen Recht betroffen, kann er die Rechtmäßigkeit des Verwaltungshandelns und die Einhaltung der ihn betreffenden Gesetze selbst durchsetzen. Das heißt, er kann verlangen, dass das ihn betreffende Verwaltungshandeln kontrolliert wird und dass nur das rechtmäßige Verwaltungshandeln bestehen bleibt.

Ist der Bürger nicht in einem subjektiven Recht betroffen, kann er nicht selbst die Einhaltung der Gesetze vom Staat erzwingen. Eine allgemeine Rechtmäßigkeitskontrolle von Verwaltungshandeln durch sogenannte **„Popularklagen"** oder **„Popularwidersprüche"** ist unzulässig.[461]

10.3 Rechtsbehelfe

Verwaltungsexterne Kontrolle wird ausgeübt durch **Rechtsbehelfe**. Rechtsbehelf ist ein **Oberbegriff** für alle Arten von Rechtsschutzbegehren, mit denen die Überprüfung einer Entscheidung der Verwaltung

---

459 Siehe oben Kap. 9.
460 Zum Begriff s. u. Kap. 11.3.4.
461 Vgl. Kievel, Kap. 2.2.4; Schmidt, Rn. 228-239.

durch eine neuerliche Entscheidung angestrebt wird. Die Rechtsbehelfe lassen sich einteilen in **gerichtliche** und **außergerichtliche** Rechtsbehelfe, sowie in **förmliche** und **nicht förmliche** Rechtsbehelfe.

Bei den **gerichtlichen** Rechtsbehelfen liegt die Befugnis, über die Aufhebung oder Abänderung der Verwaltungsmaßnahme zu entscheiden, bei der **Judikative**, also einer anderen Staatsgewalt. Bei den **außergerichtlichen** Rechtsbehelfen liegt die Entscheidung über das Rechtsschutzbegehren bei der **Verwaltung** selbst.

Sind Rechtsbehelfe an Formerfordernisse gebunden, z.B. an eine Frist, spricht man von „förmlichen" Rechtsbehelfen, andernfalls von „nicht förmlichen" Rechtsbehelfen. Zu den **förmlichen Rechtsbehelfen** gehören außergerichtlich der **Widerspruch**, gerichtlich die **Klage** und die Verfahren des **vorläufigen Rechtsschutzes (Eilverfahren)**, die je nach Rechtsweg an die Sozial- oder die allgemeinen Verwaltungsgerichte zu richten sind.[462]

Nicht förmliche Rechtsbehelfe sind z.B. **Dienstaufsichtsbeschwerden**, gerichtet an die **vorgesetzte Stelle** des betreffenden Verwaltungsmitarbeiters mit dem Antrag auf Überprüfung oder dienstliche Maßnahmen aufgrund eines Fehlers oder Fehlverhaltens bei der Sachbearbeitung. In die gleiche Richtung zielen **Fachaufsichtsbeschwerden**, gerichtet an die **übergeordnete Behörde**, mit dem Antrag, Aufsichtsmaßnahmen gegenüber der untergeordneten Behörde zu veranlassen, weil diese sich nicht gesetzmäßig verhalten habe.[463]

Daneben gibt es nach Art. 17 GG die Möglichkeit, sich mit Bitten oder Beschwerden an „die zuständigen Stellen oder die Volksvertretung" zu wenden. Gemeint sind hiermit entweder **spezielle Beauftragte**, wie z.B. Datenschutzbeauftragter, Ausländerbeauftragter, Wehrdienstbeauftragter usw., oder die **Petitionsausschüsse** der Landesparlamente oder des Deutschen Bundestages.[464] Zu beachten ist, dass die Beauftragten und die Parlamente – anders als die Gerichte – selbst keine Maßnahme der Verwaltung aufheben oder ändern können. Dies würde dem Grundsatz der Gewaltenteilung widersprechen.[465] Eine Intervention der Beauftragten oder der Parlamente bewirkt jedoch stets ein starkes Signal an die Verwaltung, ihre Maßnahme noch einmal zu überprüfen und zu korrigieren, was nicht einfach unbeachtet bleiben kann.

Auch ein auf Rücknahme eines belastenden VA gerichteter **„Überprüfungsantrag nach § 44 SGB X"** gilt als nicht förmlicher Rechtsbehelf.[466]

---

462 Vgl. § 51 SGG und s. u. Kap. 12.
463 Vgl. Dörr/Francke, Kap. 11, Rn. 123-126.
464 Einzelheiten/weitere Beispiele vgl. Papenheim, Kap. 49.1-49.2; Brühl, Rn. 105.
465 Siehe oben Kap. 2.1.
466 Siehe oben Kap. 9.1.

10.3.1 Formlose Rechtsbehelfe

Der Bürger ist grundsätzlich frei bei der Einlegung von Rechtsbehelfen. Er kann selbst wählen, ob und welchen Rechtsbehelf er in Anspruch nehmen möchte. Dies gilt uneingeschränkt für die formlosen Rechtsbehelfe. Diese können auch beliebig miteinander oder mit förmlichen Rechtsbehelfen kombiniert werden. Allerdings ist zu beachten, dass mit den geringen Anforderungen an formlose Rechtsbehelfe auch ein geringerer Rechtsschutz einhergeht.[467]

> **Beispiel:** D ist körperbehindert und beantragte beim Sozialamt Eingliederungshilfeleistungen für einen behindertengerechten PKW. Sein Antrag wurde mit einem VA abgelehnt. D fühlt sich dadurch diskriminiert und erhebt Dienstaufsichtsbeschwerde gegen seinen Sachbearbeiter bei der Behörde. Dies ist jederzeit ohne besondere Formalien möglich, wenn ein Bürger der Meinung ist, er selbst oder sein Fall sei von einem Verwaltungsmitarbeiter falsch behandelt worden. Allerdings hemmt die Erhebung einer Dienstaufsichtsbeschwerde nicht ein Eintritt der Bestandskraft des VA. Dies kann D nur durch die Erhebung eines förmlichen Widerspruchs erreichen. Bei der Bearbeitung von D's Dienstaufsichtsbeschwerde findet auch kein für ihn überprüfbares Verfahren statt, an dem er beteiligt ist und eigene Verfahrensrechte hat, wie bei einem Widerspruch oder einer Klage.

10.3.2 Förmliche Rechtsbehelfe

Bei den förmlichen Rechtsbehelfen sind nicht nur die gesetzlichen Formalien zu beachten, sondern sie sind auch nicht beliebig wählbar und unterliegen einer **bestimmten Reihenfolge**. Für das Sozial- und Verwaltungsrecht gilt, dass vor Erhebung einer Klage zunächst die „Rechtmäßigkeit und Zweckmäßigkeit des Verwaltungsaktes in einem Vorverfahren" nachzuprüfen ist.[468] Das heißt, es muss zuerst ein Widerspruch bei der Behörde gegen einen VA erhoben werden, ehe die Möglichkeit besteht, sich mit einer Klage an das Gericht zu wenden.[469]

Ein wesentliches Prinzip des **Rechtsstaates** ist es, dass jedermann gegen Maßnahmen der öffentlichen Gewalt der **Rechtsweg** zu den Gerichten offen steht.[470] Für diese Aufgabe steht ein ausgebautes System von Gerichten zur Verfügung, das sich über mehrere Instanzen erstreckt.[471] Die **formalen An-**

---

467 Vgl. Dörr/Francke, Kap. 11, Rn. 122
468 Vgl. § 78 SGG, Parallelvorschrift: § 68 VwGO.
469 Siehe unten Kap. 11.
470 Vgl. Art. 19 Abs. 4 GG; Einzelheiten vgl. Maurer, Staatsrecht, § 8, Ziff. 5., Rn. 23-29.
471 Siehe unten Kap. 12.1.1 sowie 12.3.2.

forderungen für den Zugang zu den Gerichten sowie Regelungen, welche Rechtsbehelfe in welcher Reihenfolge zur Verfügung stehen, sind Inhalt der **Verfahrensordnungen** der jeweiligen Gerichtszweige, z. B. des SGG für die Sozialgerichtsbarkeit oder der VwGO für die Verwaltungsgerichtsbarkeit.

Mit der Einlegung von gerichtlichen Rechtsbehelfen erreicht der Betroffene, dass ein Gericht die für ihn ungünstigen Verwaltungsentscheidung überprüft, gegebenenfalls aufhebt und die Verwaltung zu einer für ihn günstigen, anderweitigen Entscheidung verurteilt. Scheitert dies auf der unteren Instanzebene der Gerichte, besteht die Möglichkeit, weitere Rechtsbehelfe bei höheren Gerichten einzulegen.

> Die nach den Verfahrensordnungen der Gerichte erfolgende, nacheinander gestaffelte Einlegung der verschiedenen Rechtsbehelfe nennt man die „**Beschreitung des Rechtsweges**". Erster gerichtlicher Rechtsbehelf ist die **Klage** auf der I. Instanzebene der Gerichte. Gegen das im Klageverfahren ergangene Urteil ist als Rechtsbehelf die **Berufung** auf der II. Instanzebene der Gerichte möglich. Gegen das im Berufungsverfahren ergangene Berufungsurteil ist als Rechtsbehelf noch die **Revision** auf der III. Instanzebene möglich.[472] Die Rechtsbehelfe Berufung und Revision werden auch als „**Rechtsmittel**" bezeichnet.

Die typische Reihenfolge bei der Beschreitung des Rechtsweges im Sozial- und im Verwaltungsrecht ist daher: **AusgangsVA – Widerspruch – Klage – Berufung – Revision**.

Ist dieser Instanzenzug erschöpft, bleiben als weitere Rechtsbehelfsmöglichkeiten die **Verfassungsbeschwerde**, gerichtet an das **Bundesverfassungsgericht**[473], oder die **Menschenrechtsbeschwerde**, gerichtet an den **Europäischen Gerichtshof für Menschenrechte**[474]. Allerdings ist hierbei zu beachten, dass diese Gerichte nicht einfach eine weitere Instanz für die Überprüfung der Rechtmäßigkeit der angefochtenen Verwaltungsmaßnahme darstellen. Sie sind nur dann zuständig, wenn der Betroffene geltend machen kann, bei seiner Beschreitung des Rechtsweges seien **Verstöße gegen seine Grundrechte** aus dem GG oder aus der EMRK erfolgt.[475]

Bei der Beschreitung des Rechtsweges ist wesentlich, dass der VA, der mit den Rechtsbehelfen angegriffen wird, nicht **bestandskräftig** bzw. **unan-**

---

472 Vgl. Francke/Dörr, Kap. 6.1-6.2; zur VwGO: vgl. Tettinger/Wahrendorf, § 5 I., Rn. 1.
473 Vgl. Art. 93 Abs. 1 Nr. 4 a GG
474 Vgl. Art. 34 EMRK
475 Einzelheiten vgl. Kievel, Kap. 19.3.1 u. 19.4.1; Papenheim, Kap. 50.6.

fechtbar werden darf. Bestandskraft bzw. Unanfechtbarkeit bedeutet, dass der VA in der Sache für die Beteiligten bindend wird, weil die vorhandenen Rechtsbehelfe entweder nicht oder nicht erfolgreich eingelegt wurden.[476] Hatte die Einlegung eines Rechtsbehelfs keinen Erfolg, muss daher rechtzeitig (d. h. innerhalb der gesetzlich vorgesehenen Fristen von i. d. R. einem Monat[477]) der nächstmögliche Rechtsbehelf eingelegt werden. Ansonsten tritt Bestandskraft ein und es sind keine Rechtsbehelfe mehr möglich.

Die gerichtlichen **Eilverfahren** können als **„vorläufige" Rechtsschutzmaßnahmen** parallel zu Widerspruch und Klage erhoben werden.[478] Voraussetzung ist, dass – ehe ein gerichtliches Eilverfahren in Gang gesetzt wird – schon eine konkrete Maßnahme der Verwaltung, i. d. R. also mindestens der AusgangsVA, vorliegen muss, ehe der Rechtsweg zu den Gerichten beschritten wird. Mit einem gerichtlichen Eilverfahren kann der Betroffene erreichen, dass die Gerichte in einem Schnellverfahren zumindest eine **vorläufige Regelung** treffen. Dadurch sollen wesentliche Nachteile für den Betroffenen oder die Schaffung von vollendeten Tatsachen verhindert werden. Neben dem Eilverfahren muss der vorgesehene Rechtsweg konsequent beschritten werden, damit der VA nicht bestandskräftig wird.

> **Beispiel:** A ist arbeitslos und hat weder Einkommen noch Vermögen. Er hat bei seinem Träger der Grundsicherung ALG II beantragt. Sein Antrag wurde mit VA abgelehnt. A legt dagegen Widerspruch ein. Die Auskunft der Behörde lautet, dass die Bearbeitungszeit für seinen Widerspruch mindestens drei Monate dauern wird. In seiner Notlage kann A mit einem Eilverfahren bei dem Sozialgericht eine zügige Entscheidung des Gerichts über seinen Fall beantragen. Das Gericht kann allerdings nur eine vorläufige Regelung zur Sicherung seiner Existenz treffen. Die endgültige Entscheidung, ob A Anspruch auf ALG II hat oder nicht, kann nur im Widerspruchs- bzw. gegebenenfalls in einem anschließenden Klageverfahren getroffen werden. Diesen Rechtsweg muss A konsequent beschreiten, damit der ablehnende VA nicht bestandskräftig wird.

Die Entscheidung in Eilverfahren wird durch das Gericht per **Beschluss** getroffen. Fällt die Entscheidung negativ für den Betroffenen aus, steht ihm dagegen noch der Rechtsbehelf der **Beschwerde** zur Verfügung.[479]

---

476 Vgl. § 77 SGG und s. o. Kap. 7, weitere Einzelheiten vgl. Hk-SGG § 77, Rz. 1-9.
477 Vgl. §§ 84, 87, 151, 164 SGG; 70, 74, 124a, 139 VwGO
478 Siehe unten Kap. 14.
479 Vgl. § 173 SGG; Parallelvorschrift: § 147 VwGO

10.4 Übersichten

Übersicht 1: Rechtsschutzsystem

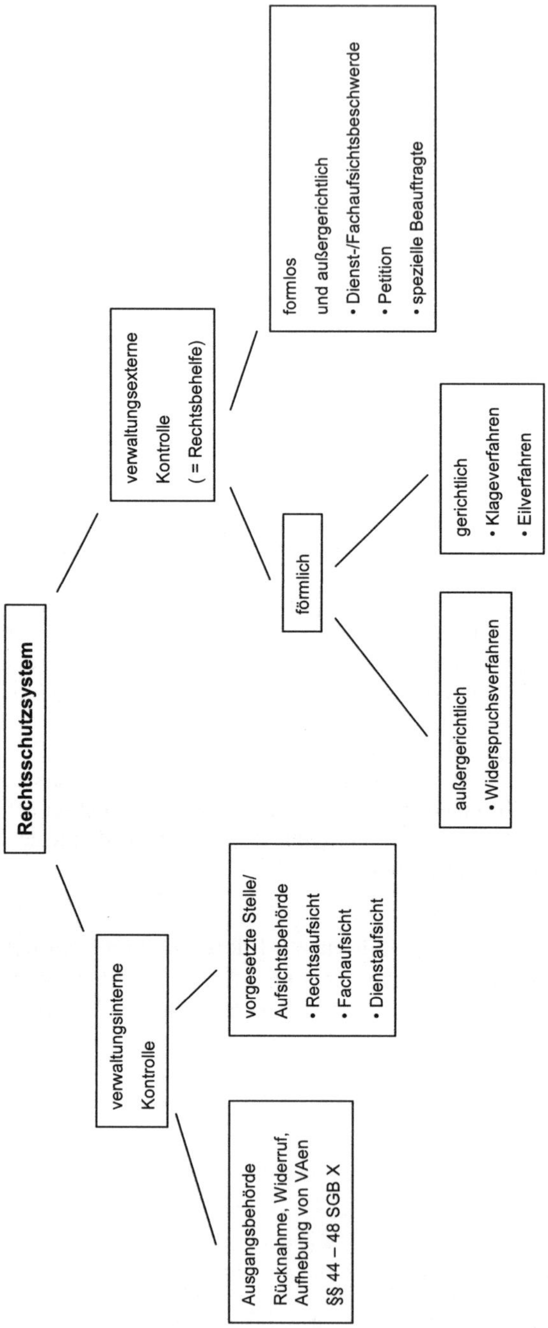

Rechtsschutzsystem

- verwaltungsinterne Kontrolle
  - Ausgangsbehörde
    Rücknahme, Widerruf, Aufhebung von VAen
    §§ 44 – 48 SGB X
  - vorgesetzte Stelle/ Aufsichtsbehörde
    • Rechtsaufsicht
    • Fachaufsicht
    • Dienstaufsicht

- verwaltungsexterne Kontrolle (= Rechtsbehelfe)
  - formlos und außergerichtlich
    • Dienst-/Fachaufsichtsbeschwerde
    • Petition
    • spezielle Beauftragte
  - förmlich
    - außergerichtlich
      • Widerspruchsverfahren
    - gerichtlich
      • Klageverfahren
      • Eilverfahren

Übersicht 2: Einlegung von Rechtsbehelfen

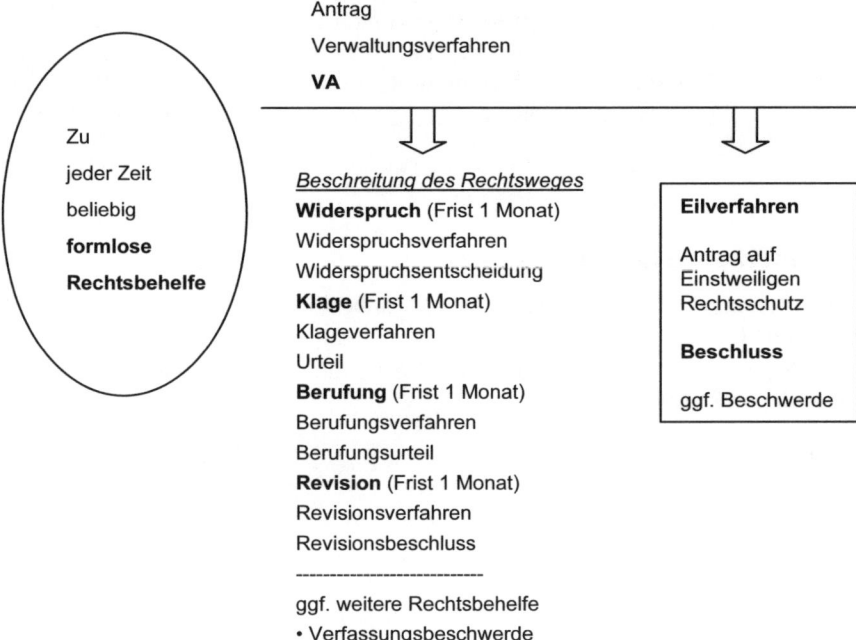

Antrag

Verwaltungsverfahren

VA

Zu

jeder Zeit

beliebig

formlose

Rechtsbehelfe

Beschreitung des Rechtsweges

Widerspruch (Frist 1 Monat)

Widerspruchsverfahren

Widerspruchsentscheidung

Klage (Frist 1 Monat)

Klageverfahren

Urteil

Berufung (Frist 1 Monat)

Berufungsverfahren

Berufungsurteil

Revision (Frist 1 Monat)

Revisionsverfahren

Revisionsbeschluss

----

ggf. weitere Rechtsbehelfe
• Verfassungsbeschwerde
• Menschenrechtsbeschwerde

Eilverfahren

Antrag auf
Einstweiligen
Rechtsschutz

Beschluss

ggf. Beschwerde

Übungsfragen

1. Was bedeutet „Beschreitung des Rechtsweges"?

2. Welche Möglichkeiten stehen den betroffenen Bürgern zur Verfügung, sich gegen folgende Maßnahmen der Verwaltung zu wehren:

  ▪ B wird vom Jugendamt aufgefordert sein Einkommen anzugeben und Gehaltsbescheinigungen zu übersenden, damit der Unterhalt für sein minderjähriges, nichteheliches Kind, für das das Jugendamt die Beistandschaft hat, festgesetzt werden kann. Schon zweimal hat B die angeforderten Kopien an das Jugendamt geschickt, doch jedes Mal kommen Mahnungen, er möge nun endlich seine Unterlagen schicken. Als die dritte Mahnung kommt, ist B so empört, dass er etwas unternehmen möchte.

  ▪ G ist behindert, Sozialhilfeempfängerin und pflegebedürftig. Sie hat vor 4 Monaten Pflegegeld beantragt, alle Formulare ausgefüllt, alle Atteste eingereicht, doch es ist noch immer nichts entschieden worden. Bei telefonischen Nachfragen wird sie immer wieder vertröstet.

- M ist nicht einverstanden mit Angemessenheitskriterien für Wohnraumkosten i. S. d. § 22 Abs. 1 SGB II, die in seinem Landkreis per Verwaltungsvorschrift festgesetzt wurden. Da er gezwungen ist, ALG II in Anspruch zu nehmen, fürchtet er, dass dann seine Wohnung als zu teuer gelten wird. Er hält die Angemessenheitskriterien jedoch insgesamt für unrealistisch.

(Lösungen siehe www.lehrbuch-sozialverwaltungsrecht.de)

Weiterführende Literatur

Brühl, Raimund, Verwaltungsrecht für die Fallbearbeitung, 6. Aufl. 2003, 3. Teil, Kap. A und B.

Papenheim, Heinz-Gert/Baltes, Joachim, Verwaltungsrecht für die soziale Praxis, 20. Aufl. 2008, Kap. 49.

11. Widerspruchsverfahren

■ **Die Zulässigkeit eines Widerspruchs, insbesondere Frist und Formerfordernisse werden dargestellt. Die Wiedereinsetzung in den vorigen Stand bei Fristversäumnis wird behandelt. Weitere Themen sind das öffentlich-rechtliche Grundprinzip des „subjektiven öffentlichen Rechts" als Grundlage für die Widerspruchsbefugnis sowie die Auswirkungen eines Widerspruchs auf das behördliche Handeln.**

11.1 Gesetzliche Grundlagen

Wesentliche gesetzliche Regelungen für das Widerspruchsverfahren finden sich – obwohl es sich beim Widerspruch um einen außergerichtlichen Rechtsbehelf handelt – in den Gesetzen über das Gerichtsverfahren, d.h. dem SGG oder der VwGO[480]. Grund hierfür ist, dass die Durchführung des Widerspruchsverfahrens als **„Vorverfahren"** Voraussetzung für die Klageerhebung, d.h. für den Rechtsweg zu den Gerichten, ist.[481] Neben dem SGG und der VwGO gelten für das Widerspruchsverfahren auch die allgemeinen verfahrensrechtlichen Regelungen und Grundsätze aus dem SGB I, SGB X bzw. dem VwVfG, so wie bei jedem anderen Verwaltungsverfahren auch.

▌ Die Zuordnung eines Widerspruchs entweder zu den Regelungen des SGG/ SGB I, SGB X oder der VwGO/ VwVfG entnimmt man § 51 SGG. Dort sind die Gegenstände des Sozialrechts aufgeführt, die den Sozialgerichten zugewiesen sind. Gegenstände, die in der Aufzählung nicht genannt werden, gehören zum übrigen Verwaltungsrecht.[482]

---

480 Regelungen des Widerspruchsverfahrens: §§ 83-86 SGG; Parallelvorschriften: §§ 69-73 VwGO
481 Vgl. § 78 SGG, § 68 VwGO
482 Siehe unten Kap. 12.1.1; vgl. auch: § 62 SGB X

11.2 Gang des Widerspruchsverfahrens

Geht bei einer Behörde ein Widerspruch ein, so hat sie zu überprüfen, ob der Widerspruch **zulässig** und **begründet** ist.[483] Kommt sie zu einem für den Betroffenen positiven Ergebnis, wird ein sogenannter **„Abhilfebescheid"** erlassen.[484] Abhilfe bedeutet, dass die Behörde das Begehren des Betroffenen erfüllt, d. h. entweder den belastenden VA aufhebt oder die erstrebte, begünstigende Regelung erlässt.

Hält die Behörde den Widerspruch für unzulässig oder unbegründet, wird ein sogenannter **„Widerspruchsbescheid"** erlassen, in dem der Widerspruch zurückgewiesen wird. Der Widerspruchsbescheid ist schriftlich zu erlassen, mit einer Begründung und einer Rechtsbehelfsbelehrung zu versehen und dem Betroffenen bekannt zu geben.[485]

Ferner entscheidet die Behörde über die **Kosten** des Widerspruchsverfahrens. Im Sozialrecht sind die Widerspruchsverfahren kostenfrei, d. h. Verwaltungsgebühren für die Durchführung eines Widerspruchsverfahrens werden nicht erhoben. Gegenstand einer Kostenentscheidung können aber mögliche Aufwendungen sein, die der Betroffene in dem Widerspruchsverfahren „zur zweckentsprechenden Rechtsverfolgung" hatte, z. B. Rechtsanwaltskosten.[486]

Den Widerspruchsbescheid erlässt grundsätzlich die **nächsthöhere Behörde**, es sei denn, diese ist gleichzeitig eine **oberste Landesbehörde**[487]. Hierbei kommt es auf den **Verwaltungsaufbau** in dem jeweiligen Bundesland an: In Bundesländern mit **zweistufigem Verwaltungsaufbau**, ist die der Ausgangsbehörde übergeordnete Behörde gleichzeitig die oberste Landesbehörde. Den Widerspruch erlässt daher die Ausgangsbehörde. Anders in Bundesländern mit **dreistufigem Verwaltungsaufbau**: Hier sind die Entscheidungen über Widersprüche der mittleren Verwaltungsebene zugewiesen.[488]

Die Träger der **Sozialversicherung** (z. B. Bundesagentur für Arbeit, gesetzliche Krankenkassen, Deutsche Rentenversicherung usw.) sind selbständige Körperschaften des öffentlichen Rechts und haben **eigene Organisationsstrukturen**. Das heißt, sie haben für ihre VAe die Gremien, die über die Widersprüche zu entscheiden haben, selbständig eingerichtet.[489]

---

483 Siehe unten Kap. 11.3.
484 Vgl. § 85 Abs. 1 SGG; Parallelvorschrift: § 72 VwGO
485 Vgl. § 85 Abs. 3 SGG; Parallelvorschrift: § 73 Abs. 3 VwGO
486 Vgl. § 63 SGB X; Parallelvorschrift: § 80 VwVfG. Weitere Einzelheiten vgl. SHRB, Kap. 11, Rn. 274-282
487 Vgl. § 85 Abs. 2 SGG; Parallelvorschrift: § 73 Abs. 1 VwGO
488 Vgl. Kap. 3.2.
489 Einzelheiten vgl. Francke/Dörr, Kap. 3.4, S. 66-68

Eine konkrete **Frist** für die Behörde, über den Widerspruch zu entscheiden, gibt es nicht. Im Gesetz formuliert ist lediglich die Pflicht, innerhalb „angemessener Frist" zu entscheiden und es besteht die Möglichkeit, drei Monate nach Einlegung des Widerspruchs Untätigkeitsklage zu erheben, wenn bis dahin noch nichts passiert ist.[490]

Eine **Schlechterstellung** des Widerspruchsführers ist nur unter den Voraussetzungen der §§ 44-48 SGB X zulässig.[491]

> **Beispiel:** A hat einen Bescheid von der Arbeitsagentur erhalten, dass er 800 EUR zuviel gezahltes ALG I zurückzahlen soll. Er legt dagegen Widerspruch ein. Im Widerspruchsverfahren wird von der Behörde entdeckt, dass die Überzahlung noch höher, nämlich 1.000 EUR war. Nur unter den Voraussetzungen des § 45 SGB X, z. B. nur unter Wahrung der Frist nach § 45 Abs. 4 SGB X, könnten mit dem Widerspruchsbescheid jetzt auch die 1.000 EUR zurück gefordert werden.

11.3 Zulässigkeit und Begründetheit eines Widerspruchs

Damit ein Widerspruch – oder jeder andere förmliche Rechtsbehelf auch – erfolgreich ist, muss er zulässig und begründet sein.

> **Zulässig** ist ein Rechtsbehelf, wenn die vorgesehenen, gesetzlichen Kriterien für dessen ordnungsgemäße Einlegung erfüllt sind. Zu prüfen sind hierbei folgende Fragen:
> - Wurde für die angegriffene Verwaltungsmaßnahme der richtige, gesetzlich vorgesehene Rechtsbehelf gewählt, d. h. ist der Rechtsbehelf **statthaft**?
> - Sind die gesetzlich vorgesehenen Formalien, d. h. die **Form**, die Einlegung bei der richtigen Stelle und die Frist für die Einlegung eingehalten worden?
> - Ist derjenige, der den Rechtsbehelf eingelegt hat, überhaupt berechtigt, die Überprüfung der angegriffenen Verwaltungsmaßname zu verlangen?
>
> **Begründet** ist ein Widerspruch, wenn sich die Behauptung, der angefochtene VA sei rechtswidrig, als wahr erweist. Hierbei geht es um die Prüfung der formellen und materiellen Rechtmäßigkeit des angefochtenen VA, d. h. um dessen inhaltliche Richtigkeit und Übereinstimmung mit den Gesetzen.[492]

---

490 Vgl. § 88 SGG; Parallelvorschrift: § 75 VwGO. Einzelheiten s. u. Kap. 13.2.4.
491 Vgl. Krasney/Udsching, IV. Kap., Rn. 44; Meyer-Ladewig, § 85 Rn. 5.
492 Siehe oben Kap. 5.6.

Bei der Prüfung der Erfolgsaussichten eines jeden Rechtsbehelfs wird die Zulässigkeit stets **vor der Begründetheit** geprüft. Denn erst nach Feststellung der korrekten Einhaltung der Formalien für den jeweiligen Rechtsbehelf wird eine Behörde oder ein Gericht die inhaltliche Auseinandersetzung mit der Richtigkeit der angegriffenen Verwaltungsmaßnahme vornehmen.[493]

11.3.1 Statthaftigkeit

Die **Statthaftigkeit** ist gegeben, wenn der Widerspruch **als Rechtsbehelf gesetzlich vorgesehen** ist. Dies ist generell bei VAen der Fall. Gegen Maßnahmen des schlichten Verwaltungshandelns, Satzungen, privatrechtlichen Verwaltungshandelns u. Ä. kann dagegen kein Widerspruch erhoben werden. Es kommt also darauf an, einzuordnen, welchen Charakter die Maßnahme der Verwaltung hat, die man angreifen möchte.[494]

Ein Problem kann sich dann ergeben, wenn das Handeln der Verwaltung nicht eindeutig ist, d. h. wenn sich die Verwaltung z. B. weigert, sich mit einer bestimmten Angelegenheit überhaupt zu befassen, oder mündlich die „Auskunft" erteilt, man könne nichts weiter für den Bürger tun.

> **Beispiel:** X ist Ausländer und hat eine unbefristete Aufenthaltserlaubnis nach § 28 AufenthG. Weil er arbeitslos geworden ist, beantragt er bei dem Träger der Grundsicherung ALG II. S, der Sachbearbeiter, erklärt mündlich gegenüber X, dass er sich seinen Antrag gleich sparen könne, die Sache hätte sowieso keine Aussicht auf Erfolg, da er als Ausländer grundsätzlich keinen Anspruch auf ALG II hätte.
> Kann X dagegen Widerspruch einlegen?
> *Lösung:* Ein Widerspruch wäre statthaft, denn auch die Ablehnung oder Unterlassung eines VA kann zweifellos selbst einen VA darstellen (nur ein bloßes Untätigbleiben ist kein VA). Ein VA ist nach § 33 Abs. 2 SGB X an keine bestimmte Form gebunden. Entscheidend ist allein, ob die Maßnahme die Kriterien des § 31 SGB X erfüllt oder nicht. Hier handelte der S in Vertretung für den Träger der Grundsicherung hinsichtlich der Frage einer Sozialleistung nach dem SGB II. Also handelte es sich um eine hoheitliche Maßnahme auf dem Gebiet des öffentlichen Rechts. X' Angelegenheit ist ein Einzelfall und X steht als Bürger außerhalb der öffentlichen Verwaltung, so dass auch Außenwirkung vorliegt. Die Äußerungen von S haben auch Regelungscharakter: Hierbei kommt es nämlich nicht darauf an, wie S seine „Auskunft" gemeint haben könnte, sondern wie X diese verstehen musste. Maßgeblich ist der sogenannte „Empfängerhorizont"[495]. Die Aussage von S war für X zweifellos als definitive Ablehnung seines Begehrens zu verstehen. Also liegt ein (mündlicher) VA vor, gegen den X Widerspruch einlegen kann.

---

493 Vgl. Dörr/Francke, Kap. 11, Rn. 132. Für die VwGO: vgl. Tettinger/Wahrendorf, § 6, Rn. 1.

494 Vgl. § 31 SGB X; Parallelvorschrift § 35 VwVfG. Einzelheiten s. o. Kap. 4.

495 Vgl. v. Wulffen, § 31, Rn. 26.

Zweckmäßig ist es, bei nicht eindeutigen, mündlichen Erklärungen durch Verwaltungsmitarbeiter, Klarheit dadurch zu erreichen, dass man die **Erteilung eines schriftlichen VA** verlangt.[496] Einerseits wird das Handeln der Verwaltung durch die Schriftlichkeit beweisbar, darüber hinaus hat man bei schriftlichen VAen auch den Anspruch auf eine Begründung.[497] Die Verwaltung ist dadurch gezwungen, sich entsprechend sorgfältig mit der Angelegenheit zu befassen.

11.3.2 Form

Der Widerspruch ist **schriftlich** oder **zur Niederschrift** bei der Stelle einzulegen, die den VA erlassen hat, also bei der **Ausgangsbehörde**[498]. Eine sozialrechtliche Besonderheit enthält **§ 84 Abs. 2 SGG**, wonach der Widerspruch auch zulässig bei **jeder anderen inländischen Behörde** eingelegt werden kann und von dieser dann an die zuständige Behörde weiterzuleiten ist.[499]

Wo auch immer der Betroffene den Widerspruch einlegt: nach den Grundsätzen der Beweisverteilung[500] muss er den rechtzeitigen Eingang des Widerspruchs erforderlichenfalls **beweisen** können, d.h. er sollte ihn so einlegen (z.B. mittels Einschreiben), dass ihm dies möglich ist.

Schriftlich bedeutet prinzipiell **eigenhändig unterschrieben**. Allerdings ist inzwischen die Verwendung moderner Kommunikationsformen mehr und mehr als formwirksam akzeptiert, so z.B. die rechtzeitige Übermittlung als **Telefax**, wenn das Original parallel mit der Post versandt wird und nachträglich bei der Behörde eingeht.[501]

Nicht erforderlich ist, dass der Widerspruch bei der Einlegung bereits **begründet** ist. Ausreichend ist bereits ein kurzes Schreiben mit dem Inhalt: *„Hiermit lege ich gegen Ihren VA vom ... (genauere Bezeichnung der angegriffenen Entscheidung, Beifügung einer Kopie des AusgangsVA) fristwahrend Widerspruch ein. Begründung folgt. "*

Eine gesetzliche Frist für die **Nachholung** einer **Begründung des Widerspruchs** gibt es nicht. Im Rahmen der Aufklärung des Sachverhalts sowie der Mitwirkungspflichten des Betroffenen kann die Behörde Fristen zu Nachholung der Widerspruchsbegründung setzen und bei ergebnislosem Verstreichen, die Angelegenheit „nach Aktenlage" entscheiden. Folglich sollte schon in eigenem Interesse eine Begründung des Widerspruchs so bald wie möglich nachgeholt werden.

---

496 Rechtsgrundlage hierfür ist: § 33 Abs. 2 S. 2 SGB X; Parallelvorschrift: § 37 Abs. 2 S. 2 VwVfG.
497 Vgl. § 35 SGB X; Parallelvorschrift: § 39 VwVfG.
498 Vgl. § 84 Abs. 1 SGG; Parallelvorschrift: § 70 Abs. 1 VwGO.
499 Dieses bürgerfreundliche Prinzip gilt **nicht** in der VwGO.
500 Siehe oben Kap. 6.2.2.
501 Einzelheiten vgl. Brühl, Rn. 109; Hk-SGG, § 84, Rn. 3.

Zur Niederschrift bedeutet, dass es bei jeder Verwaltungsbehörde die Möglichkeit gibt, bei einer sogenannten „**Rechtsantragstelle**" sein Rechtsbehelfsbegehren mündlich vorzubringen. Dort wird es von einem Verwaltungsmitarbeiter protokolliert bzw. in eine schriftliche Form gebracht und an die richtige Stelle innerhalb der Verwaltung weitergeleitet. Der Rechtsbehelf ist sodann ordnungsgemäß eingelegt.

11.3.3 Frist

Die **Frist** zur Einlegung des Widerspruchs beträgt **einen Monat ab Bekanntgabe** des AusgangsVA.[502] Bekanntgabe bedeutet bei **postalischer Zusendung** eines schriftlichen VA der Zugang.[503] Die Frist beginnt mit dem Tag nach der Bekanntgabe bzw. dem Zugang. Sie endet mit dem Ablauf (24.00 Uhr) des entsprechenden Tages des nächsten Monats. Fällt das Ende der Frist auf einen Sonnabend, Sonntag oder gesetzlichen Feiertag, so endet die Frist mit dem Ablauf des nächsten Werktages. Fehlt dem folgenden Monat der dem Tag der Bekanntgabe bzw. Zustellung entsprechende Tag, endet die Frist mit dem Ablauf des folgenden Monats (z.B. Bekanntgabe am 30. oder 31.01., Ende der Monatsfrist am 28. bzw. 29.02.).[504]

Zu beachten ist, dass die Monatsfrist nicht gilt, wenn bei dem angegriffenen VA die **Rechtsbehelfsbelehrung fehlt** oder **fehlerhaft** (z.B. nicht vollständig) ist. Dann verlängert sich die Frist für die Einlegung des Widerspruchs auf **ein Jahr**[505].

> Hat man die Frist für die Einlegung des Widerspruchs verpasst, kommt in bestimmten Fällen eine „**Wiedereinsetzung in den vorigen Stand**" in Betracht.[506] Voraussetzung hierfür ist, dass die Frist „**ohne Verschulden**" verpasst wurde. Dann lässt sich die Einlegung des Widerspruchs verbunden mit einem Antrag auf Wiedereinsetzung binnen **einen Monats** nach „Wegfall des Hindernisses" stellen – d.h. einen Monat ab Beendigung der Situation, die einen an der Einlegung des Widerspruchs hinderte.[507]

---

502 Vgl. § 84 Abs. 1 SGG; Parallelvorschrift: § 70 Abs. 1 VwGO.

503 Vgl. § 37 SGB X; Parallelvorschrift: § 41 VVfG. Einzelheiten s. o. Kap. 6; vgl. auch: Francke/Dörr, Kap. 3.2.

504 Vgl. § 64 SGG; Parallelvorschrift: § 57 Abs. 2 VwGO i. V. m. § 224 ZPO. Einzelheiten: vgl. Meyer-Ladewig, § 64 SGG, Rn. 3–6 b.

505 Vgl. § 66 VwGO; Parallelvorschrift: § 58 Abs. 2 VwGO.

506 Die Vorschrift gilt für das Widerspruchs- und für das Klageverfahren. Für das vorangegangene Verwaltungsverfahren gilt § 27 SGB X, vgl. Krasney/Udsching, VII. Kapitel, Rz. 16.

507 Vgl. § 67 SGG; Parallelvorschrift: § 60 VwGO: hier gilt nur eine Frist von **zwei Wochen**.

Ohne Verschulden bedeutet, dass die Versäumung der Frist auch bei Anwendung der **gebotenen Sorgfalt** nicht zu vermeiden gewesen wäre. Der Sorgfaltsmaßstab richtet sich nach den individuellen Gegebenheiten des Einzelfalles. D. h. welches Maß an Sorgfalt wäre einem gewissenhaft Handelnden in einem behördlichen oder gerichtlichen Verfahren aus der Personengruppe des Betroffenen nach den Umständen des Falls abzufordern?

> **Beispiel:** Familie T lebt und arbeitet zwar schon lange in Deutschland, Herr und Frau T sprechen trotzdem nur sehr schlecht Deutsch. Herr T ist aufgrund eines Schlaganfalles zum Pflegefall geworden. Frau T beantragt Leistungen der gesetzlichen Pflegekasse. Deren medizinischer Dienst überprüft den Gesundheitszustand von Herrn T und kommt zu der Einschätzung, das nach § 15 SGB XI notwendige Mindestmaß an Pflegebedarf liege nicht vor. Ein ablehnender VA mit langer, medizinischer Begründung wird den T's zugestellt. Erst sechs Wochen später ergibt sich die Gelegenheit, dass eine Verwandte den T's die Einzelheiten des Bescheides übersetzt und erklärt. Nun wird den T's sogleich klar, dass die Ablehnung nicht richtig sein kann, weil wesentliche Aspekte von Herrn T's gesundheitlichen Problemen außer acht gelassen wurden. Können sie noch Widerspruch einlegen, verbunden mit einer Wiedereinsetzung?
>
> *Lösung:* Nein, ein Widerspruch käme zu spät und wäre unzulässig. Eine Wiedereinsetzung nach § 67 SGG ist nicht möglich, da die T's die Widerspruchsfrist nicht ohne Verschulden versäumten. Auch bei mangelnden Deutschkenntnissen würde es der Sorgfaltspflicht eines Betroffenen entsprechen, sich sobald wie möglich um eine Übersetzung (z. B. bei einer Beratungsstelle oder der Behörde selbst) zu bemühen. Den T's bleibt daher nur die Möglichkeit, mit einem Antrag nach § 44 SGB X[508] zu versuchen, gegen den VA vorzugehen.

Auch Arbeitsüberlastung, Vergessen der Frist, überlanger Urlaub etc. entschuldigen das Versäumnis regelmäßig nicht. Eine **Krankheit** entschuldigt nur dann, wenn die Erkrankung so schwer war, dass der Betroffene die zur Fristwahrung notwendige Handlung weder selbst vornehmen noch einen Vertreter beauftragen konnte.[509]

Das **Verschulden eines Vertreters** ist dem Vertretenen stets selbst zuzurechnen.

Wird die Wiedereinsetzung abgelehnt, verwirft die Behörde den Widerspruch als unzulässig wegen **Fristversäumnis**. Diese Entscheidung kann mit einer Klage zusammen mit dem VA vor Gericht angegriffen werden. Das Gericht ist sodann berechtigt, selbst Wiedereinsetzung zu gewähren.[510]

---

508 Siehe oben Kap. 9.
509 Einzelheiten vgl. Krasney/Udsching, VII. Kapitel, Rz. 18-23; für die VwGO vgl. Tettinger/Wahrendorf, § 17, Rn. 15
510 Vgl. Hk-SGG § 84, Rn. 16.

11.3.4 Widerspruchsbefugnis

Um berechtigt zu sein, einen Widerspruch (oder auch alle anderen Arten von Rechtsbehelfen) einlegen zu können, muss der Betroffene geltend machen können, durch den VA „**beschwert**" zu sein.[511] „Beschwert" bedeutet, der Widerspruchsführer muss geltend machen können, der VA belaste ihn selbst in einem seiner **subjektiven öffentlichen Rechte.**

> Ein subjektives öffentliches Recht bedeutet die einem einzelnen Bürger zustehende Befugnis, festgelegt durch eine gesetzliche Vorschrift oder durch die Grundrechte, von der Verwaltung ein bestimmtes **Handeln** oder **Unterlassen verlangen** und erforderlichenfalls **mit Rechtsbehelfen durchsetzen** zu können.[512]

Das subjektive öffentliche Recht kann darin bestehen, dass der Bürger einen **Anspruch** auf die Sozialleistungen hat, wenn er gesetzlichen Voraussetzungen erfüllt. Er kann die Verwirklichung seines Anspruchs von der Verwaltung verlangen und gegebenenfalls durch Rechtsbehelfe erzwingen.

Beispiele:
- Nach § 117 SGB III haben Arbeitnehmer Anspruch auf Arbeitslosengeld (ALG I) wenn sie arbeitslos geworden sind.
- *Nach § 17 SGB VIII haben Väter und Mütter Anspruch auf Beratung und Hilfe bei der Erziehung ihrer Kinder.*
- Nach § 19 SGB XII haben Personen einen Anspruch auf Hilfe zum Lebensunterhalt, wenn sie diesen nicht selbst aus Einkommen oder Vermögen beschaffen können.

Das subjektive öffentliche Recht kann auch darin bestehen, dass der Bürger einen Anspruch auf **fehlerfreie Ermessensausübung** hat und von der Behörde die Einhaltung der Ermessensgrenzen verlangen und gegebenenfalls erzwingen kann[513].

Beispiele:
- Nach § 22 Abs. 5 SGB II können Schulden zur Sicherung einer Unterkunft übernommen werden.
- Nach § 36 Abs. 4 SGB XI können in besonderen Härtefällen Pflegesachleistungen bis zu einem Wert von 1.918 EUR monatlich geleistet werden.

---

511 Vgl. § 54 Abs. 1 S. 2 SGG; Parallelvorschrift: § 42 Abs. 2 VwGO, darin heißt es deutlicher: „in seinen Rechten verletzt".
512 Einzelheiten vgl. Kievel, Kap. 2.2.4; Maurer, Allgemeines Verwaltungsrecht, § 8, Rn. 1-10.
513 Vgl. § 39 SGB I; Parallelvorschrift: § 40 VwVfG. Einzelheiten s. o. Kap. 5.4.

Das subjektive öffentliche Recht kann auch in einer **Abwehrposition** bestehen. Das heißt, die Verwaltung darf nicht mehr, als gesetzlich vorgesehen ist, vom Bürger verlangen. Der Bürger kann von der Verwaltung verlangen, die Einhaltung der gesetzlichen Grenzen zu beachten und dies erforderlichenfalls mit Rechtsbehelfen erzwingen.

Beispiele:
- Nach § 65 Abs. 1 Nr. 2 SGB I kann die Behörde eine Mitwirkungshandlung vom Bürger nicht verlangen, wenn ihm deren Erfüllung aus einem wichtigen Grund nicht zugemutet werden kann.
- Nach § 10 SGB II ist ein erwerbsfähiger Hilfebedürftiger verpflichtet, jede Arbeit anzunehmen, wenn sie zumutbar ist.
- Nach § 51 SGB I kann der zuständige Leistungsträger mit Ansprüchen gegen den Berechtigten aufrechnen.

Kein subjektives öffentliches Recht vermitteln dagegen Vorschriften, die nicht dem Individualinteresse eines einzelnen Bürgers dienen sollen, sondern die das Handeln der Verwaltung im **Interesse der Allgemeinheit** steuern und organisieren, z. B. Vorschriften, die sich nur an die Sozialleistungsträger untereinander richten:

Beispiele:
- Nach § 102 SGB X kann ein Leistungsträger von einem anderen Leistungsträger die Erstattung von vorläufig erbrachten Leistungen verlangen, wenn dieser eigentlich zuständig gewesen wäre.
- Nach § 11 SGB IX sind die Leistungsträger im Bereich der Rehabilitationsleistungen für Behinderte zur Zusammenarbeit verpflichtet.

Die Einhaltung dieser Vorschriften kann der Bürger nicht mit Rechtsbehelfen erzwingen, denn eine **allgemeine Rechtmäßigkeitskontrolle** von Verwaltungshandeln mit **Popularwidersprüchen** oder **Popularklagen** ist **unzulässig.**[514]

Im Einzelfall kann die Feststellung, ob eine Rechtsnorm einem einzelnen ein subjektives öffentliches Recht vermittelt, schwierig sein.

Beispiel: Nach § 17 Abs. 1 Nr. 1 SGB I sind die Sozialleistungsträger verpflichtet, darauf hinzuwirken, dass jedermann die ihm zustehenden Sozialleistungen zügig erhält.

Nach h. M. enthält diese Vorschrift **kein** subjektives öffentliches Recht für den einzelnen Bürger, von der Verwaltung eine zügige Bearbeitung seiner

---

514 Vgl. Hk-SGG § 54, Rn. 10-12.

Angelegenheiten zu verlangen, sondern ist nur an die Sozialleistungsträger gerichtet.[515]

Um den Charakter einer Norm herausfinden zu können, hat sich die Formel: „Eine Rechtsnorm vermittelt ein subjektives öffentliches Recht, wenn sich im Text erkennen lässt, dass sie zumindest **auch** den individuellen Schutz eines einzelnen bezweckt[516]" eingebürgert. Dies führt jedoch auch nicht immer zu eindeutigen Ergebnissen, so dass im Zweifel stets die einschlägige Kommentarliteratur herangezogen werden sollte .

Ist ein Bürger **Adressat** eines VA (gleichgültig ob belastend, ablehnend oder begünstigend[517]), besteht stets die **Möglichkeit**, dadurch beschwert zu sein, nämlich wenn sich herausstellen sollte, dass dieser VA rechtswidrig ist. Das Bestehen einer solchen Möglichkeit ist ausreichend für die Widerspruchsbefugnis, d. h. für den Anspruch, eine Rechtmäßigkeitskontrolle des VA verlangen zu können. Das tatsächliche Vorhandensein einer Beschwer ist dann eine Frage der Begründetheit des Widerspruchs.[518]

Fraglich ist die Möglichkeit einer Beschwer bzw. der Verletzung eines subjektiven Rechts immer dann, wenn jemand **nicht der Adressat** eines VA geworden ist, sich aber trotzdem durch den VA in seinen Rechten betroffen („beschwert") fühlt und Widerspruch erheben möchte. Hierbei kommt es darauf an, ob er so wie ein Adressat, ein schützenswertes subjektives öffentliches Recht geltend machen kann.[519]

Beispiele:

- ■ F ist verheiratet mit C, der Ausländer ist. Aufgrund von Straftaten wird C die Aufenthaltserlaubnis entzogen und er soll ausgewiesen werden. Ein entsprechender VA wird gegenüber C erlassen. Könnte F dagegen Widerspruch einlegen?
  Ja, denn Art. 6 Abs. 1 GG (Schutz von Ehe und Familie) vermittelt F ein subjektives öffentliches Recht. Auch wenn sie selbst nicht die Adressatin des VA über die Entziehung der Aufenthaltserlaubnis und der Ausweisungsverfügung wurde, ist doch ihre Rechtsposition (Recht auf eheliches Zusammenleben) genauso betroffen.
- ■ T wohnt zusammen mit ihrer Mutter M. M ist schon sehr gebrechlich und T versorgt sie. Um dafür Pflegegeld erhalten zu können, wird im Namen von M eine Pflegestufe bei der Pflegekasse beantragt. Dort kommt man zu der Einschätzung, das nach § 15 SGB XI für eine Pflegestufe erforderliche Mindestmaß von Pflegebedürftigkeit liege bei M nicht vor. Es ergeht ein ablehnender VA gegenüber M. M selbst möchte nichts dagegen unternehmen, T jedoch schon. Kann T Widerspruch einlegen?

---

515 Vgl. Mrozynski, § 17 SGB I, Rn. 5.
516 Vgl. Kievel, Kap. 2.2.4; Maurer, Verwaltungsrecht, § 8, Rn. 1-10.
517 Vgl. Francke/Dörr, Kap. 3.2 c), S. 53; Schmidt, Rn. 234-239.
518 Vgl. Dörr/Francke, Kapitel 11, Rn. 139.
519 Einzelheiten vgl. Hk-SGG § 54, Rn. 39-45; Krasney/Udsching, IV. Kap., Rn. 9-10.

Nein, denn T ist nicht widerspruchsbefugt. Eine Rechtsnorm, aus der sich ergeben würde, dass pflegende Familienangehörige einen Anspruch auf Pflegegeld haben, so wie der Pflegebedürftige selbst, gibt es im SGB XI nicht. Auch aus § 37 Abs. 1 SGB XI folgt lediglich, dass der Pflegebedürftige Anspruch auf des Pflegegeld hat, um seine Pflege sicherstellen zu können. Ein Anspruch für den pflegenden Angehörigen, dieses Geld auch zu erhalten, ergibt sich daraus nicht. T's Erwartung, das Pflegegeld für die Pflege ihrer Mutter erhalten zu können, ist rechtlich nicht geschützt.

Das Prinzip, nur bei Vorliegen eines subjektiven öffentlichen Rechts eine Rechtmäßigkeitskontrolle durch Rechtsbehelfe verlangen zu können, **gilt allgemein** im öffentlichen Recht. Im Gesetz **ausdrücklich geregelt** ist zwar nur für das Klageverfahren, es gilt jedoch für das Widerspruchsverfahren **analog**.

11.4 Wirkung des Widerspruchs

Ein Widerspruch hat **„aufschiebende Wirkung"**[520]. Dies bedeutet zum einen, dass die Bestandskraft des angefochtenen VA verhindert wird.[521] Zum anderen bedeutet die aufschiebende Wirkung, dass der VA noch nicht vollzogen, d.h. von der Behörde noch nicht durchgesetzt werden darf.[522]

> **Beispiel:** R bezieht Erwerbsunfähigkeitsrente. Nach ein paar Monaten stellt die Rentenversicherung fest, dass sie (ihrer Meinung nach) die Höhe der Rente falsch berechnet hat und erlässt einen Rücknahme- und Erstattungs-VA. R ist der Meinung, es liege keine Falschberechnung vor und legt Widerspruch ein. Solange die aufschiebende Wirkung des Widerspruchs gilt, d.h. der Rücknahme- und ErstattungsVA noch nicht bestandskräftig wird, muss die ursprüngliche Rente weiter gezahlt werden und die Behörde darf auch die Zahlung des Erstattungsbetrages noch nicht von R verlangen.

Das Prinzip der aufschiebenden Wirkung gilt für das Widerspruchs- und das Klageverfahren. Grund für dieses Prinzip ist der Gedanke, dass ein **wirksamer Rechtsschutz** des Bürgers nur möglich ist, wenn die **Schaffung vollendeter Tatsachen** vor Eintritt der Bestandskraft von VAen verhindert wird.[523]

Doch durch die aufschiebende Wirkung bis zum rechtskräftigen Abschluss eines Widerspruchs- oder Klageverfahrens können auch der Verwaltung irreparable Schäden und Nachteile entstehen. Zum Beispiel wenn die Sozialversicherung, die sich durch Beiträge finanziert, jedes Mal erst den Ausgang eines Widerspruchs- und Klageverfahrens abwarten müsste, ehe sie die Beitragspflicht durchsetzen könnte.

---

520 Vgl. § 86a Abs. 1 SGG; Parallelvorschrift: § 80 Abs. 1 VwGO.
521 Vgl. § 77 SGG sowie s. o. Kap. 10.3.
522 Vgl. Dörr/Francke, Kap. 11, Rn. 150-151.
523 Vgl. Krasney/Udsching, V. Kap., Rn. 2.

Also musste der Gesetzgeber eine Abwägung treffen zwischen den Rechtsschutzinteressen des Bürgers und dem Interesse am reibungslosen Funktionieren der Verwaltung. Im SGG und in der VwGO sind daher neben dem Grundsatz der aufschiebenden Wirkung von Widerspruch und Klage **zahlreiche Ausnahmen** geregelt, in denen die aufschiebende Wirkung entfällt.[524] Ist die aufschiebende Wirkung entfallen, besteht für den Betroffenen jedoch die Möglichkeit, sie durch Anträge des **einstweiligen Rechtsschutzes** wieder herstellen zu lassen.[525]

11.5 Übersicht

Übersicht 1: Prüfungsschema der Erfolgsaussichten eines Widerspruchs

I. Zulässigkeit des Widerspruchs

1. Sozialrechtsweg § 51 SGG oder Verwaltungsrechtsweg § 40 VwGO ?

2. Statthaftigkeit des Widerspruchs § 78 SGG oder § 68 VwGO:

Widerspruch ist nur statthaft, wenn er sich gegen einen VA richtet § 31 SGB X oder § 35 VwVfG

3. Ordnungsgemäße Erhebung des Widerspruchs

a) Form schriftlich oder zur Niederschrift § 84 Abs. 1 SGG oder § 70 Abs. 1 VwGO

b) Frist ein Monat ab Bekanntgabe § 84 Abs. 1 SGG oder § 70 Abs. 1 VwGO

c) ggf. **Verlängerung** auf 1 Jahr bei fehlender oder fehlerhafter Rechtsbehelfsbelehrung § 66 Abs. 2 SGG oder § 58 Abs. 2 VwGO

d) ggf. **Wiedereinsetzung in den vorigen Stand** bei Fristversäumnis ohne Verschulden § 67 SGG oder § 60 VwGO

e) Einlegung bei der **richtigen Stelle** § 84 Abs. 1/ Abs.2 SGG oder § 68 VwGO

4. Widerspruchsbefugnis

Möglichkeit der Verletzung einer eigenen Rechtsposition, regelmäßig beim VA-Adressaten gegeben § 54 Abs. 2 SGG analog oder § 42 Abs. 2 VwGO analog.

II. Begründetheit des Widerspruchs

(= Rechtmäßigkeit oder Rechtswidrigkeit des VA?)

1. Formelle Rechtmäßigkeit des VA

a) Zuständigkeit der Ausgangsbehörde

b) Ordnungsgemäßes **Verwaltungsverfahren** (z.B. Anhörung und Bekanntgabe des VA)

c) Form (z.B. Begründung des VA)

2. Materielle Rechtmäßigkeit des VA

a) Rechtsgrundlage

b) Tatbestandsvoraussetzungen

Welche abstrakten Tatbestandsvoraussetzungen enthält die Rechtsgrundlage?

Wurde Sachverhalt korrekt ermittelt?

Erfüllt der Sachverhalt die Tatbestandsvoraussetzungen der Rechtsgrundlage?

Wurden die unbestimmten Rechtsbegriffe richtig ausgelegt?

c) Rechtsfolge

Gebundene oder Ermessensentscheidung?

Bei Ermessensentscheidungen: Fehlerfreie Ermessensentscheidung?

---

524 Vgl. § 86 a Abs. 2 SGG; Parallelvorschrift: § 80 Abs. 2 VwGO. Einzelheiten s. u. Kap. 14.1.
525 Siehe unten Kap. 14.2.

1. Was bedeutet „Statthaftigkeit" eines Widerspruchs?

2. Was bedeutet „Widerspruchsbefugnis"?

3. Übungsfall:

E, 55 Jahre alt, erhält eine geringe Rente wegen Erwerbsminderung sowie ergänzend Grundsicherung nach § 41 SGB XII. Längere Zeit in seinem Leben war er obdachlos und hatte mit psychischen Krankheiten und Alkoholproblemen zu kämpfen. Jetzt hat er diese Schwierigkeiten gut überwunden und wohnt selbständig in einer kleinen Altbauwohnung. Es besteht allerdings das Problem, dass seinem Vermieter die Wohnanlage gleichgültig ist. Er lässt sie bewusst verwahrlosen, da er hofft, so möglichst alle Mieter zum Auszug zu veranlassen, um dann günstiger verkaufen zu können. Die meisten sind auch schon ausgezogen. Einige leerstehende Wohnungen werden von Obdachlosen und Drogenabhängigen aufgebrochen und besetzt. Regelmäßig gibt es Schlägereien und Polizeieinsätze. E fühlt sich zunehmend bedroht. Hinzu kommt, dass ein Wasserschaden vom Vermieter nicht fachgerecht behoben wurde, so dass E's Wohnung mit Schimmel befallen ist, außerdem sich in Küche und Bad Kacheln gelöst haben. Doch auch permanente Beschwerden beim Vermieter und Mietminderungen führen zu keinerlei Erfolg. E reicht es und er möchte umziehen. Er findet eine preisgünstige Wohnung die den sozialhilferechtlichen Angemessenheitskriterien entspricht. Der dortige Vermieter möchte eine Kaution in Höhe von drei Monatsmieten bzw. eine entsprechende Zustimmungserklärung vom Sozialamt haben.

E geht zu seinem Sozialamt, schildert dem dortigen Sachbearbeiter, S, seine Situation und beantragt die Übernahme von Umzugskosten und Mietkaution nach § 29 Abs. 1 S. 7 SGB XII. S schickt E daraufhin per Post folgenden Bescheid: „Die Zustimmung zu Ihrem beabsichtigten Umzug wird abgelehnt. Die Mietkaution und die Umzugskosten können von uns nicht übernommen werden. Für die Gründe Ihres Umzuges ist der Sozialhilfeträger nicht zuständig. Sie müssen sich mit Ihren Ansprüchen an den Vermieter wenden und diese dort durchsetzen, erforderlichenfalls mit gerichtlicher und behördlicher Hilfe." Es folgen Unterschrift und ordnungsgemäße Rechtsbehelfsbelehrung.

Die Ablehnung stürzt E erst einmal in eine längere Depression und er beginnt, wieder zu trinken. Erst nach vier Wochen hat er sich wieder soweit gefangen, dass er seinen Arzt aufsucht, der ihm Medikamente gegen die Depression verschreibt und ihm hilft, wieder mit dem Trinken aufzuhören. Als E von dem neuen Vermieter hört, dass die Wohnung immer noch frei ist, beschließt er, etwas gegen die Ablehnung des Sozialamtes zu unternehmen. Sechs Wochen nach Erhalt des Bescheides sucht E eine soziale Beratungsstelle auf und schildert dem dortigen Berater B seine Situation. B überlegt, ob ein Widerspruch gegen die Ablehnung Aussicht auf Erfolg hätte.

- Erstellen Sie eine Lösungsskizze.
- Lösen Sie den Fall in Form eines juristischen Gutachtens.
- Verwenden Sie dabei jeweils das Prüfungsschema „Zulässigkeit und Begründetheit eines Widerspruchs" (→ Kap. 11.5).

(Lösung siehe www.lehrbuch-sozialverwaltungsrecht.de)

Weiterführende Literatur

Berchtold, Josef/Richter, Ronald (Hrsg.), Prozesse in Sozialsachen, 1. Aufl. 2009, § 3.

Francke, Konrad/Dörr, Gernot, Verfahren nach dem Sozialgerichtsgesetz, 1. Aufl. 2007, Kapitel 3.

Pietzner, Rainer/Ronellenfitsch, Michael, Das Assessorexamen im öffentlichen Recht, 11. Aufl. 2005, §§ 24-37.

12. Grundsätze sozialgerichtlicher Verfahren

■ **Gegenstand des Kapitels ist das sozialgerichtliche Verfahren. Es wird ein Überblick über die Zuständigkeit der Sozialgerichte dargestellt und es werden die allgemeinen Prozess- und Klagevoraussetzungen sowie der Verlauf eines sozialgerichtlichen Verfahrens erläutert.**

12.1 Allgemeine Voraussetzungen für Zulässigkeit und Begründetheit

Jedes gerichtliche Verfahren (Klage, Eilanträge) kann nur erfolgreich sein, wenn der Rechtsbehelf zulässig und begründet ist.[526] Die Zulässigkeit umfasst die formalen Voraussetzungen. Erst wenn diese gegeben sind, wird sich das Gericht inhaltlich mit dem eingelegten Rechtsbehelf auseinandersetzen und eine Entscheidung über die Begründetheit treffen. Begründet ist der Rechtsbehelf, wenn sich erweist, dass die mit ihm erhobenen Ansprüche rechtlich zutreffend sind.

Ausgerichtet an dem Klägerbegehren gibt es im SGG verschiedene Klagearten, für die zum Teil unterschiedliche Zulässigkeits- und Begründetheitsvoraussetzungen vorliegen müssen.[527] Dies gilt gleichermaßen für die gerichtlichen Eilverfahren.

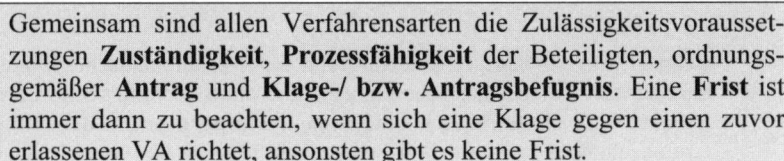

Gemeinsam sind allen Verfahrensarten die Zulässigkeitsvoraussetzungen **Zuständigkeit, Prozessfähigkeit** der Beteiligten, ordnungsgemäßer **Antrag** und **Klage-/ bzw. Antragsbefugnis**. Eine **Frist** ist immer dann zu beachten, wenn sich eine Klage gegen einen zuvor erlassenen VA richtet, ansonsten gibt es keine Frist.

12.1.1 Zuständigkeit

Eine wesentliche Zulässigkeitsvoraussetzung ist die Einlegung des gerichtlichen Rechtsbehelfs beim in sachlicher, örtlicher und instanzieller Hinsicht zuständigen Gericht. Die Gegenstände, die der Sozialgerichtsbarkeit zuge-

---

526 Siehe oben Kap. 11.3.
527 Siehe unten Kap. 13.

ordnet sind, findet man in der Auflistung in § 51 SGG. Was dort nicht aufgeführt wird, ist der allgemeinen Verwaltungsgerichtsbarkeit zugeordnet.
Für allgemeine Schadensersatzansprüche aus Amtspflichtverletzung sind
die Zivilgerichte zuständig, für den sozialrechtlichen Herstellungsanspruch
die Sozialgerichte.[528]

Grundregel für die **örtliche Zuständigkeit** des Sozialgerichts ist der Wohnsitz des Klägers (Bürgers). Klagt eine Behörde gegen einen Bürger, ist
ebenfalls der Wohnsitz des Bürgers maßgebend.[529]

Für die **instanzielle Zuständigkeit** der Sozial- oder Verwaltungsgerichtsbarkeit gilt, dass der gerichtliche Rechtsschutz auf der unteren Instanzebene
beginnt und sich bei jedem weiteren eingelegten Rechtsbehelf um eine Instanz weiter nach oben verlagert. Für die Beschreitung des Rechtsweges in
der Sozial- und Verwaltungsgerichtsbarkeit steht ein **dreistufiges Gericht-
system** zur Verfügung.

12.1.2 Prozessfähigkeit der Beteiligten

Die Beteiligten eines sozialgerichtlichen Verfahrens müssen rechtlich dazu fähig sein, einen Prozess führen zu können.[530] **Beteiligte** eines sozialgerichtlichen Verfahrens sind **Kläger**, **Beklagter** und **Bei-
geladener**. Jeder Beteiligte muss **prozessfähig** sein.

Natürliche Personen sind prozessfähig, wenn sie **geschäftsfähig** sind, d.h.
das 18. Lebensjahr vollendet haben. **Minderjährige** müssen sich durch ihre
gesetzlichen Vertreter (i.d.R. ihre Eltern) vertreten lassen. Allerdings sind
Minderjährige auf dem Gebiet des Sozialrechts bereits mit Vollendung des
15. Lebensjahres verfahrens- und damit prozessfähig.[531] Sie können auf
diesem Rechtsgebiet Verwaltungs- und Gerichtsverfahren führen, ohne
durch ihre Eltern gesetzlich vertreten zu werden.

> **Beispiel:** Ein 16-Jähriger, der aufgrund einer problematischen Familiensi-
> tuation von zu Hause ausziehen möchte und zur Sicherung seines Lebensun-
> terhalts ALG II benötigt, könnte seine Ansprüche gegen den Träger der
> Grundsicherung grundsätzlich selbst wahrnehmen und erforderlichenfalls
> vor dem Sozialgericht einklagen.[532]

---

528 Siehe oben Kap. 9.
529 Vgl. § 57 SGG; anders und weniger bürgerfreundlich geregelt: § 52 VwGO.
530 Vgl. §§ 69-72 SGG, Parallelvorschriften: §§ 61-63 VwGO.
531 Vgl. § 36 SGB I.
532 Einzelheiten vgl. LPK-SGB II, Anhang Verfahren, Rn. 6.

Bund, Länder, die selbständigen Körperschaften oder sonstige **juristische Personen** sind prozessfähig und werden durch ihre Organe (Behörden, Ämter, Vorstand) vertreten.

Durch eine **Beiladung** wird ein außerhalb des Verfahrens stehender **Dritter** (also eine Person, die weder Kläger noch Beklagter ist) per **Beschluss** des Gerichts in das Verfahren mit einbezogen und damit zum Beteiligten. Voraussetzung ist, dass **berechtigte Interessen** des Dritten durch die Entscheidung in dem Gerichtsverfahren berührt sein können.[533]

> **Beispiel:** F hat einen Vertrag über die Erbringung von „Dienstleistungen" mit einer Firma. Sein Chef ist der Auffassung, es handele sich um „freie Mitarbeit" und daher habe er keine Sozialversicherungsbeiträge für F zu zahlen. Ob dem tatsächlich so ist, vgl. § 7 SGB IV, ist jedoch strittig. Gemäß § 28 h SGB IV ist die gesetzliche Krankenkasse für die Feststellung, ob es sich um ein sozialversicherungspflichtiges Arbeitsverhältnis handelt oder nicht, zuständig. Wenn über die Sozialversicherungspflicht vor Gericht gestritten wird, sind Beteiligte an dem Verfahren als Kläger die Krankenkasse, die die Sozialversicherungsbeiträge fordert, als Beklagter der Arbeitgeber, der das Vorliegen eines sozialversicherungspflichtigen Arbeitsverhältnisses bestreitet. Beizuladende, deren Rechtspositionen durch die Gerichtsentscheidung ebenfalls berührt sind, wären F selbst, sowie die anderen Sozialversicherungsträger (Rentenversicherung, Bundesagentur für Arbeit) die ebenfalls berechtigt wären, Sozialversicherungsbeiträge zu erhalten.

12.1.3 Antrag

Wie beim Widerspruchsverfahren auch ist die Klage oder der Eilantrag **schriftlich** oder **zur Niederschrift** der Geschäftsstelle des Gerichts zu erheben.[534] Zur Niederschrift der Geschäftsstelle bedeutet, dass die Möglichkeit besteht, bei Gericht die **Rechtsantragsstelle** aufzusuchen und dort den Rechtsbehelf einem Mitarbeiter des Gerichts zu Protokoll zu geben.

Schriftlich bedeutet **eigenhändig unterschrieben,** wobei es auch für die gerichtlichen Rechtsbehelfe ausreichend ist, sie vorab per Telefax an das Gericht zu senden, wenn das eigenhändig unterschriebene Original alsbald später eingeht.[535]

---

533 Vgl. § 75 SGG; Einzelheiten vgl. Krasney/Udsching, VI. Kap., Rn. 6-29; Parallelvorschrift: § 65 VwGO.
534 Vgl. § 90 SGG; Parallelvorschrift: § 81 VwGO.
535 Siehe oben Kap. 11.3.3; vgl. auch: Francke/Dörr, Kap. 4.4 a), S. 88; für die VwGO vgl. Bader/Funke-Kaiser, § 81, Rn. 15.

Mindestinhalt eines Schriftsatzes ist die Bezeichnung von Kläger und Beklagtem[536] und dem Gegenstand des Begehrens[537]. Außerdem „soll" die angegriffene Verwaltungsentscheidung bezeichnet werden und ein bestimmter Antrag gestellt werden. Die zur Begründung dienenden Tatsachen „sollen" angegeben, Kopien von ErstVA und Widerspruchsbescheid „sollen" beigefügt werden.

Die Formulierung im Gesetz als **Sollvorschrift** bedeutet, dass ein Rechtsbehelf nicht unzulässig ist, wenn die Sollvorschriften zunächst nicht eingehalten wurden. Das Gericht kann den Betroffenen zu der erforderlichen Ergänzung innerhalb einer bestimmten **Frist** auffordern. Dies kann eine Frist mit **ausschließender Wirkung** sein, d. h. wenn innerhalb der Frist nicht nachgebessert wird, wird der Rechtsbehelf abgewiesen.

Eine Klage kann, wie beim Widerspruchsverfahren auch, zunächst **ohne Begründung fristwahrend** wirksam erhoben und eine Begründung später nachgeliefert werden.[538]

Bei Unklarheiten der Formulierung ist das Gericht zudem verpflichtet, das Begehren des Betroffenen auszulegen und auf sachdienliche Anträge hinzuwirken.[539]

12.1.4 Frist

Eine Klage ist an eine Frist gebunden, wenn deren Gegenstand ein zuvor ergangener VA ist. Es gilt eine Frist von **1 Monat** ab **Bekanntgabe/Zugang** des Widerspruchsbescheids.[540] Für die Fristberechnung und die Möglichkeiten der Wiedereinsetzung in den vorigen Stand gelten die gleichen Vorschriften und Grundsätze wie beim Widerspruchsverfahren, so dass auf die dortigen Ausführungen verwiesen werden kann.[541]

Die Klagefrist ist auch gewahrt, wenn die Klage innerhalb der Monatsfrist statt bei dem zuständigen Sozialgericht bei einer inländischen Behörde oder einem Sozialversicherungsträger eingegangen ist. Diese haben die Klageschrift unverzüglich an das zuständige Sozialgericht weiterzuleiten.[542]

---

536 Bezeichnung im Eilverfahren: Antragsteller und Antragsgegner.
537 Vgl. § 92 Abs. 1 S. 1 SGG; Parallelvorschrift: § 82 VwGO. Einzelheiten vgl. SRHB, § 12, Rn. 519.
538 Siehe oben Kap. 11.3.2.
539 Vgl. § 106 SGG; Parallelvorschrift: § 86 Abs. 3 VwGO
540 Vgl. § 87 SGG; Parallelvorschrift: § 74 VwGO
541 Siehe oben Kap. 11.3.3.
542 Vgl. § 91 SGG; diese bürgerfreundliche Regelung gilt **nicht** in der VwGO.

12.1.5 Klage-/Antragsbefugnis

Wie ein Widerspruch, ist auch ein gerichtlicher Rechtsbehelf nur zulässig, wenn der Betroffene behaupten kann, durch das Verwaltungshandeln „beschwert" zu sein.[543] Das heißt, er muss, um eine Rechtmäßigkeitskontrolle des Verwaltungshandelns durch die Gerichte erreichen zu können, die **Möglichkeit** der Verletzung einer individuellen Rechtsposition, d. h. eines „subjektiven öffentlichen Rechts", geltend machen können.[544] Nur dann ist er klage- oder antragsbefugt.

Explizit bezeichnet ist das Erfordernis der Klagebefugnis im SGG zwar nur für die Anfechtungs- und Verpflichtungsklage. Die Klagebefugnis gilt jedoch als ein generelles Prinzip im gesamten öffentlichen Recht, daher ist sie auch ein Zulässigkeitserfordernis für alle Verfahrensarten.[545]

12.2 Gang des Verfahrens

12.2.1 Amtsermittlungsgrundsatz

Geht ein Rechtsbehelfsbegehren bei Gericht ein, stellt dieses fest, ob der Rechtsbehelf zulässig und begründet ist und fällt eine entsprechende Entscheidung. Den zugrundeliegenden **Sachverhalt** muss das Gericht **von Amts wegen ermitteln**, denn wie im sozialrechtlichen Verwaltungsverfahren, so gilt auch im gerichtlichen Verfahren der Amtsermittlungsgrundsatz.[546] Dies bedeutet, dass der Erfolg eines Beteiligten nicht davon abhängt, ob er selbst alle Tatsachen in den Prozess eingebracht und die entsprechenden Beweise angeboten hat. Stattdessen muss das Gericht selbst feststellen, welche Tatsachen für eine Entscheidung zu ermitteln sind.

> **Beispiel:** R klagt vor dem Sozialgericht gegen die Deutsche Rentenversicherung auf eine Erwerbsunfähigkeitsrente. Für den Beweis seiner Erwerbsunfähigkeit hat er ein Attest vorgelegt, das ein Bandscheiben- und Rückenleiden bescheinigt. Ob dies bereits ausreicht für den Beweis, dass R nicht mehr fähig ist, gemäß § 43 SGB VI weniger als 3 Stunden täglich erwerbstätig zu sein, ist strittig. Aus R's medizinischen Unterlagen geht jedoch auch hervor, dass er zusätzlich an diversen Allergien, Asthma, Depressionen und einer Tendenz zu epileptischen Anfällen leidet. Unabhängig davon, ob R sich auf diese zusätzlichen Erkrankungen beruft, ist das Gericht nach § 103 SGG

---

543 Vgl. § 54 Abs. 1 s. 2 SGG; Parallelvorschrift: § 42 Abs. 2 VwGO.
544 Einzelheiten s. o. Kap. 11.3.4.
545 Vgl. Francke/Dörr, Kap. 4.4 b).
546 Vgl. § 103 SGG; Parallelvorschrift: § 86 VwGO.
  Das Amtsermittlungsprinzip gilt **nicht** im Zivilprozess, dort gilt der Beibringungsgrundsatz: Hierbei orientiert sich das Gericht ausschließlich an den von den Parteien eingebrachten Tatsachen und Beweisangeboten. Einzelheiten s. o. Kap. 6.2.2.

verpflichtet, die Auswirkungen der übrigen Erkrankungen auf R's Erwerbsfähigkeit zu ermitteln.

Damit entbindet das Amtsermittlungsprinzip die Beteiligen von der **Beweisführungslast**. Gleichwohl gelten im gerichtlichen Verfahren auch die allgemeinen Grundsätze der **Beweislast**, wonach derjenige die Beweislast trägt, der sich auf das Vorhandensein einer ihm günstigen Tatsache beruft.[547]

> **Beispiel:** Fall s. o.
> Das Gericht hat im Rahmen seiner Amtsermittlungspflicht ein ärztliches Gutachten zu **allen** Krankheiten von R eingeholt. Im Gutachten heißt es, das Bandscheiben- und Rückenleiden sei definitiv nicht so gravierend, dass R dadurch erwerbsunfähig würde. Die übrigen Erkrankungen seien in leichter bis mittelschwerer Ausprägung vorhanden, doch trotz Ausschöpfung aller ärztlichen Untersuchungsmethoden, könne nicht eindeutig festgestellt werden, dass diese im Zusammenwirken mit dem Bandscheiben- und Rückenleiden, tatsächlich zu einer Erwerbsunfähigkeit von R führen würden.
> R trägt die Beweislast für das Vorliegen der Tatsache der Erwerbsunfähigkeit. Wenn sich trotz Ausschöpfung aller Erkenntnismittel nicht beweisen lässt, ob seine Krankheiten zu einer Erwerbsunfähigkeit führen oder nicht, geht das uneindeutige Ergebnis zu seinen Lasten.

Ebenso wie im sozialrechtlichen Verwaltungsverfahren besteht auch im gerichtlichen Verfahren die Pflicht der Beteiligten an dem Verfahren und bei der Ermittlung des Sachverhaltes **mitzuwirken**[548], z. B. der Aufforderung nachzukommen, eine bestimmte ärztliche Untersuchung vornehmen zu lassen. Die Mitwirkungspflichten können mit Fristen, die das Gericht den Beteiligten auferlegt, durchgesetzt werden.[549] Wird nicht (rechtzeitig innerhalb der Fristen) mitgewirkt, kann die fehlende Mitwirkung dazu führen, dass eine Tatsache als nicht erwiesen gilt und die Klage deswegen abgewiesen wird.[550]

12.2.2 Mündliche Verhandlung

Wie in allen anderen Gerichtszweigen auch, gilt das **Prinzip der Mündlichkeit**, d. h. das Gericht trifft seine Entscheidung i. d. R.[551] auf Grund einer

---

547 Siehe oben Kap.6.2.2; Einzelheiten vgl. auch: Krasney/Udsching, III. Kap., Rn. 26/27; Hk-SGG, § 103, Rn. 33-35.
548 Siehe oben Kap. 6.2.3; Einzelheiten vgl. auch: Francke/Dörr, Kap. 4.6 b).
549 Vgl. § 106 a SGG, § 157 a SGG; Einzelheiten vgl. SRHB, § 12, Rn. 520; für die VwGO: vgl. Tettinger/Wahrendorf, § 4, Rn. 2.
550 Vgl. Hk-SGG § 103, Rn. 15-19.
551 Haben sich alle Beteiligten vorher damit einverstanden erklärt, darf das Gericht auch ohne mündliche Verhandlung entscheiden.

mündlichen Verhandlung, in der der gesamte Rechtsstreit mit den Beteiligten erörtert wird.[552]

Eine Entscheidung soll möglichst aufgrund **einer einzigen mündlichen Verhandlung** getroffen werden. Deswegen sollte zu diesem Zeitpunkt der Sachverhalt vollständig ermittelt und die wesentlichen Argumente zwischen den Beteiligten ausgetauscht sein. D.h. die mündliche Verhandlung wird durch den **Austausch von Schriftsätzen** der Beteiligten und durch **Beweiserhebungen** vom Gericht vorbereitet.

Zunächst wird die Klage- oder Antragsschrift dem Gegner zugestellt und diesem die Gelegenheit gegeben, darauf zu antworten. Die Antwort wird wiederum dem Betroffenen zugestellt, der ebenfalls die Möglichkeit erhält, dazu Stellung zu nehmen, usw. Gleichzeitig prüft das Gericht, ob Beweiserhebungen durchzuführen sind und weist die Beteiligten an, im Rahmen ihrer Mitwirkungspflichten entweder noch Tatsachen mitzuteilen oder erhebt selbst Beweise. Zu den Beweisergebnissen erhalten die Beteiligten ebenfalls Gelegenheit zur Stellungnahme. Ist dies abgeschlossen, bestimmt das Gericht einen Termin zur mündlichen Verhandlung, an deren Ende eine Entscheidung getroffen wird.[553]

12.2.3 Rechtliches Gehör

Den Beteiligten ist vor jeder gerichtlichen Entscheidung rechtliches Gehör zu gewähren.[554] Dies bedeutet, jedem Beteiligten ist die **Gelegenheit** zu geben, sich zur Sach- und Rechtslage, d. h. zu den Tatsachen und den Beweisergebnissen sowie zu seiner Interpretation der maßgeblichen Rechtsnormen, **zu äußern**, bevor das Gericht eine Entscheidung fällt. Auch das jedem Beteiligten zustehende Recht zur Akteneinsicht ist Bestandteil des Grundsatzes auf rechtliches Gehör.[555]

Die Äußerungen der Beteiligten müssen von dem Gericht in seine Erwägungen **mit einbezogen** werden, d. h. sie müssen in der Entscheidungsbegründung auftauchen.[556]

---

552 Vgl. §§ 106, 124 SGG; Parallelvorschrift: §§ 87, 101 VwGO.
553 Einzelheiten zum Ablauf einer mündlichen Verhandlung: vgl. SRHB, § 12, Rn. 317-322; Erlenkämper/Fichte, Kap. 29, Rn. 53, 56.
554 Vgl. §§ 62, 128 Abs. 2 SGG; Parallelvorschrift: § 108 Abs. 2 VwGO.
555 Vgl. § 120 SGG; Parallelvorschrift: § 100 VwGO.
556 Einzelheiten vgl. Krasney/Udsching, Kap. III, Rn. 19-25 a; für die VwGO vgl. Tettinger/Wahrendorf, § 4, Rn. 7.

Beispiel: T und P mussten ihre Tischlerei GmbH wegen Insolvenz schließen. T war Mitgesellschafter hatte aber auch einen Arbeitsvertrag als Geschäftsführer mit der GmbH und zahlte Sozialversicherungsbeiträge. Nach der Insolvenz ist T arbeitslos und beantragt ALG I bei der Arbeitsagentur. Sein Antrag wird abgelehnt mit der Begründung T sei gar kein Arbeitnehmer gewesen sondern selbständiger GmbH-Gesellschafter, also habe er keinen Anspruch auf ALG I. Es kommt zum Gerichtsverfahren, in dem T gegen die Arbeitsagentur auf Zahlung von ALG I klagt. In Schriftsätzen werden die Argumente, die für oder gegen T's Stellung als Arbeitnehmer sprechen, ausgetauscht. Das Gericht setzt einen Termin für die mündliche Verhandlung an. Kurz vorher entdeckt der Richter bei der Durchsicht von T's Akte, dass T's Klage auch aus einem anderen Grunde problematisch ist, nämlich weil T die nach §§ 123, 124 SGB III notwendige Rahmenfrist für einen Anspruch auf ALG I nicht erfüllt. Dies ist in T's Fall wegen seiner unübersichtlichen Arbeitsbiografie nicht unkompliziert und deswegen auch noch niemandem vorher aufgefallen. In der mündlichen Verhandlung konfrontiert des Gericht T überraschend mit §§ 123, 124 SGB III. T ist darauf nicht vorbereitet und weiß dazu nichts zu sagen. Seine Klage wird abgewiesen, gestützt auf die Begründung, er erfülle die notwendige Rahmenfrist für einen ALG I Anspruch nicht.

Hierbei verletzte das Gericht den Grundsatz des rechtlichen Gehörs: Es wäre verpflichtet gewesen, den Beteiligten „ausreichend" Gelegenheit zur Stellungnahme einzuräumen, d. h. notfalls den Termin zur mündlichen Verhandlung zu verschieben, damit jede Seite noch einmal schriftlich (und mit der Möglichkeit einer ausreichenden Vorbereitung) zu dem Aspekt von §§ 123, 124 SGB III hätte Stellung nehmen können (irrelevant für das rechtliche Gehör ist es, ob die Beteiligten diese Gelegenheit dann tatsächlich wahrnehmen oder nicht). T kann das Urteil deswegen angreifen.

Da das rechtliche Gehör ein verfassungsrechtlich gewährleistetes Grundrecht ist, gilt es für alle Verfahrensarten, alle Gerichtszweige und unabhängig davon, ob mit oder ohne mündliche Verhandlung entschieden wird.[557] Wird der Grundsatz des rechtlichen Gehörs verletzt, kann die gerichtliche Entscheidung angegriffen und mit einem entsprechenden Antrag die Wiederaufnahme des Verfahrens erreicht werden.[558]

12.2.4 Gerichtliche Entscheidungen

Gerichtliche Entscheidungen, um das Verfahren zu beenden, können sein das **Urteil** oder der **Gerichtsbescheid**. Eine weitere Form gerichtlicher Entscheidungen ist der **Beschluss**.

---

557 Vgl. Art. 103 Abs. 1 GG; Einzelheiten vgl. Jarass, Art. 103 GG, Rn. 5, 11-30.
558 Vgl. § 178 a SGG; Parallelvorschrift: § 152 a VwGO.

- **Urteil:** Ein Klageverfahren innerhalb einer Instanz endet i.d.R. mit einem **Urteil**, in dem das Gericht seine Entscheidung trifft.[559] Das Urteil besteht aus einer **Urteilsformel** (auch „Urteilstenor" genannt), in der die Entscheidung des Gerichts formuliert ist und den **Urteilsgründen**, in denen der Sachverhalt, die Beweisergebnisse und die Begründung der Entscheidung niedergelegt sind. Das Urteil endet mit einer Rechtsbehelfsbelehrung und es ist den Beteiligten zuzustellen[560]. Ab **Zustellung** läuft die **Rechtsbehelfsfrist** von **einem Monat**. Wird kein Rechtsbehelf eingelegt, wird das Urteil nach Ablauf der Frist **rechtskräftig**, d.h. die gerichtliche Entscheidung ist damit endgültig und bindend für die Beteiligten.[561]

- **Gerichtsbescheid:** Wenn ein Rechtsstreit **sehr einfach** gelagert ist, d.h. weder rechtliche noch tatsächliche Schwierigkeiten aufweist, z.B. der Sachverhalt klar und die Konkretisierung von unbestimmten Rechtsbegriffen unkompliziert ist, kann das Verfahren auch **ohne mündliche Verhandlung** durch einen Gerichtsbescheid beendet werden.[562] Ob ein solcher Fall vorliegt, kann das Gericht nach Ermessen entscheiden. Die Beteiligten sind vorher anzuhören und können ggf. widersprechen. Der Gerichtsbescheid ist abzufassen und zuzustellen wie ein Urteil und hat dieselben Wirkungen.[563]

- **Beschluss:** Soweit das Gesetz keine Entscheidung in der Form eines Urteils oder Gerichtsbescheides vorsieht, kann das Gericht Entscheidungen durch einen Beschluss treffen.[564] Dabei entfällt i.d.R. die Verpflichtung zu einer mündlichen Verhandlung. Typisch für Beschlüsse sind z.B. **verfahrensinterne Anordnungen**, die der Vorbereitung der endgültigen Entscheidung dienen, z.B. ein Beschluss über eine Beweiserhebung, ein Beschluss, in dem den Beteiligten bestimmte Mitwirkungshandlungen aufgegeben werden oder ein Beschluss über die Bewilligung von Prozesskostenhilfe.
  Daneben gibt es auch Beschlüsse die den **Rechtsstreit entscheiden**, und die dieselbe Funktion erfüllen wie ein Urteil. Wichtigste Fälle sind die Beschlüsse in den Eilverfahren.[565] Angefochten werden können Beschlüsse durch den Rechtsbehelf der Beschwerde.[566]

---

559 Maßgebliche Vorschriften: §§ 125, 135, 136, 141 SGG; Parallelvorschriften: §§ 107, 116, 117, 121 VwGO.
560 Einzelheiten vgl. Francke/Dörr, Kap. 4.8, S. 110-113; für die VwGO vgl. Schenke, Rn. 57a-f.
561 Rechtskraft = Bestandskraft, s.o. Kap. 10.3.; Einzelheiten vgl. auch: Krasney/Udsching, VII. Kap., Rn. 221/222.
562 Vgl. § 105 SGG; Parallelvorschrift: § 84 VwGO.
563 Einzelheiten vgl. Erlenkämper/Fichte, Kap. 29, Rn. 65-68.
564 Vgl. § 142 SGG; Parallelvorschrift der VwGO: § 122 VwGO.
565 Einzelheiten vgl. Kap. 14.
566 Einzelheiten vgl. SRHB, § 12, Rn. 369-373; für die VwGO: vgl. Schenke, Rr

12.2.5 Sonstige Formen der Verfahrensbeendigung

Auch ohne eine gerichtliche Entscheidung kann das Verfahren beendet werden. Mögliche Verfahrensbeendigungen können sein: Klagerücknahme, Fiktion der Klagerücknahme, Anerkenntnis oder Vergleich.

- **Klagerücknahme:** Die Klagerücknahme ist eine einfache formlose Erklärung gegenüber dem Gericht, das Verfahren jederzeit nicht mehr weiter verfolgen zu wollen.[567] Dies ist in jedem Stadium des Verfahrens, in jeder Instanz und sowohl in den Klage- als auch in den Eilverfahren möglich. Das Verfahren ist mit der Abgabe der Erklärung unmittelbar beendet, das Gericht muss dann nur noch über eventuell angefallene Kosten entscheiden.

- **Fiktion der Klagerücknahme:** Hierbei wird dem Kläger eine Klagerücknahme unterstellt, wenn er das Verfahren trotz Aufforderung des Gerichts länger als **drei Monate nicht betreibt**[568]. Nicht betreiben des Verfahrens bedeutet, der Kläger kommt seinen Mitwirkungspflichten nicht nach, dadurch dass er z. B. an der Aufklärung des Sachverhaltes nicht mitwirkt, Aufforderungen zu Stellungnahmen unbeantwortet lässt, zu Terminen nicht erscheint usw. Wenn das Gericht den Kläger vorher auf die Folgen der Versäumung der Dreimonatsfrist hingewiesen hat, aber trotzdem nichts passiert ist, kann es das Verfahren durch Beschluss einstellen. Der Beschluss ist unanfechtbar.

- **Vergleich:** In allen gerichtlichen Verfahren besteht die Möglichkeit, dass sich die Beteiligten auf einen Kompromiss einigen und damit den Rechtsstreit aus der Welt schaffen, d. h. sie schließen einen Vergleich. Der Abschluss eines Vergleichs wird definiert als ein „gegenseitiges Nachgeben in Folge einer Unsicherheit der Sach- oder Rechtslage"[569].
Ein Vergleich kann durch direkte Vergleichsverhandlungen der Beteiligten oder dadurch, dass das Gericht den Beteiligten einen Vergleichsvorschlag unterbreitet, zustande kommen. Um Rechtssicherheit zu erhalten, empfiehlt es sich stets, den Vergleich schriftlich aufzusetzen und durch das Gericht protokollieren zu lassen. Der Vergleich hat dann bindende Rechtswirkungen wie ein rechtskräftiges Urteil. Rechtsmittel oder Anfechtungsmöglichkeiten gibt es bei einem Vergleich nicht.[570]

---

567 Vgl. § 102 Abs. 1 SGG; Parallelvorschrift: § 92 Abs. 1 VwGO. Einzelheiten: Francke/Dörr, Kap. 4.8 e), S. 118. Für die VwGO: Tettinger/Wahrendorf, § 4, Rn. 9.
568 Vgl. § 102 Abs. 2 SGG; Parallelvorschrift: § 92 Abs. 2 VwGO. Einzelheiten: SRHB, § 12 , Rn. 520. Für die VwGO: Tettinger/Wahrendorf, § 4, Rn. 9.
569 Vgl. Creifels Rechtswörterbuch, Stichwort „Vergleich".
570 Vgl. § 101 Abs. 1 SGG; Parallelvorschrift: § 106 VwGO. Einzelheiten vgl. Kras-

- **Anerkenntnis:** Das Verfahren kann dadurch beendet werden, dass der Beklagte den mit der Klage geltend gemachten Anspruch ganz oder teilweise anerkennt und dies gegenüber dem Gericht erklärt und der Kläger das Anerkenntnis annimmt.[571] Das Verfahren ist mit der Abgabe und Annahme des Anerkenntnisses unmittelbar beendet, das Gericht muss dann nur noch über eventuell angefallene Kosten entscheiden.

12.2.6 Kosten

Bei den Kosten für ein Gerichtsverfahren sind **zwei Arten** von Kosten zu unterscheiden: Die **Gerichtskosten** und die **außergerichtlichen Kosten**. Gerichtskosten werden von den Gerichten für ihre Inanspruchnahme erhoben. Außergerichtliche Kosten können entstehen, wenn man bei seinem Gerichtsverfahren die Dienste eines Rechtsanwaltes in Anspruch nimmt.

Das SGG ist sehr bürgerfreundlich ausgestaltet. Ziel soll es sein, dass die Durchsetzung sozialrechtlicher Ansprüche so einfach wie möglich erfolgen kann. Hierzu gehört das Prinzip der **Gerichtskostfreiheit** für den **Bürger**[572]. Das Prinzip der Gerichtskostenfreiheit bedeutet für den Bürger zum einen, dass die Inanspruchnahme der Gerichte für ihn kostenfrei ist. Zum anderen bedeutet es, dass er, selbst für den Fall, dass er das Verfahren verliert, den beteiligten Verwaltungsbehörden, Körperschaften des öffentlichen Rechts oder anderen Hoheitsträgern keine Kosten oder Aufwendungen **erstatten** muss. Auch **Beweiserhebungen**, z.B. die Einholung von medizinischen Sachverständigengutachten, sind für den Bürger kostenfrei.

Bei den **außergerichtlichen Kosten** gilt das allgemeine Prinzip, dass der Kläger nur wenn das Verfahren **gewinnt**, die **Erstattung** seiner Kosten vom Gegner verlangen kann. Sonst muss er seine eigenen Rechtsanwaltskosten selbst tragen. Ist ein Bürger mittellos kann ihm auf Antrag **Prozesskostenhilfe** aus der Landeskasse bewilligt werden.[573]

---

ney/Udsching, Kap. VII., Rn. 182-186; Erlenkämper/Fichte, Kap. 29, Rn. 72. Für die VwGO: Tettinger/Wahrendorf, § 4 Rn. 11-16.

571 Vgl. § 101 Abs. 2 SGG; in der VwGO keine eigene Regelung sondern Verweis über § 173 VwGO in die ZPO.

572 Vgl. § 183 SGG. Dieses bürgerfreundliche Prinzip gilt in **nicht** den anderen Gerichtszweigen, vgl. §§ 22 ff. GKG.

573 Einzelheiten s. u. Kap. 15.2.

12.3 Übersichten

Übersicht 1: Sachliche Zuständigkeit der Gerichte im Recht der Sozialen Arbeit

Verwaltungsgerichte	Sozialgerichte	Amts-/Landgerichte für Zivilsachen
Kinder- und Jugendhilfe Ausbildungsförderung Wohngeld Heimrecht Ausländerrecht Asylrecht	Asylbewerberleistungsrecht Arbeitsförderung (ALG I) Grundsicherung für Erwerbs- fähige (ALG II) Krankenversicherung Rentenversicherung Unfallversicherung Pflegeversicherung Sozialhilfe Kindergeld Eltern-, Erziehungsgeld Soziale Entschädigung Sozialrechtlicher Herstellungs- anspruch	Privatrechtliches Verwaltungs- handeln Amtshaftung

Übersicht 2: Instanzenzug der Sozial- und Verwaltungsgerichtsbarkeit

Rechtsbehelfe		Sozialgerichtsbarkeit	Verwaltungsgerichtsbarkeit	Instanz
Klage	Eilverfahren	Sozialgerichte	Verwaltungsgerichte	I.Instanz
Berufung	Beschwerde	Landessozialgerichte	Oberverwaltungsgerichte	II.Instanz
Revision	▼	Bundessozialgericht	Bundesverwaltungsgericht	III. Instanz
Verfassungsbeschwerde (wenn Verletzung von Grundrechten)		***Bundesverfassungsgericht***		*Keine weitere Instanz, sondern nur zuständig für den Fall von GG- oder EMRK-Verletzungen*
Menschenrechtsbeschwerde (wenn Verletzung der EMRK)		***Europäischer Gerichtshof für Menschenrechte***		

Übersicht 3: Sozialgerichtliches Verfahren

Klageantrag §§ 90 – 92 SGG
- schriftlich / zur Niederschrift
- Begründung kann nachgeholt werden
- Mindestinhalt: Bezeichnung Parteien, Streitgegenstand
- auf sachdienliche Anträge soll das Gericht hinwirken

Frist
- wenn erforderlich: 1 Monat ab Bekanntgabe des Widerspruchsbescheides § 87 SGG

Zuständigkeit
- sachlich §51 SGG
- örtlich § 57 SGG
- instanziell: Beginn des Verfahrens immer auf unterer Instanzebene

Beteiligte §§ 69 - 73 SGG
- Prozessfähigkeit ab Vollendung des 15. Lebensjahrs § 71 SGG i.V.m. § 36 SGB I

Klage-/ Antragsbefugnis § 54 Abs. 1 S. 2 SGG
- Geltendmachung eines subjektiven Rechts

Gang des Verfahrens
- Amtsermittlungsgrundsatz §§ 103, 123 SGG
- rechtliches Gehör § 62 SGG
- mündliche Verhandlung §§ 111, 112 SGG
  abschließende Erörterung des Rechtsstreits i.d.R. immer, außer Verzicht durch die Beteiligten

Gerichtliche Entscheidungen / Verfahrensende
- Urteil § 152 SGG
- Beschluss § 142 SGG
- Gerichtsbescheid § 105 SGG
- Klagerücknahme § 102 SGG
- Fiktion der Klagerücknahme bei Nichtbetreiben des Verfahrens
- Anerkenntnis § 101 Abs. 2 SGG
- Vergleich § 101 Abs. 1 SGG

Kosten
- für Leistungsempfänger oder Antragsteller für Sozialleistungen kostenfrei

---

Übungsfragen

1. D erhebt Klage gegen einen ablehnenden VA. Ihr Widerspruch dagegen wird mit Widerspruchsbescheid zurückgewiesen, sie befindet sich noch innerhalb der Monatsfrist. Sie richtet folgendes Schreiben an das Sozialgericht: „Ich erhebe hiermit Einspruch gegen die Ablehnung meines Antrages!" Beigefügt hat sie eine Kopie des Widerspruchsbescheides. Ist die Klage zulässig?

2. Bei welchem Gericht müsste die Klage jeweils erhoben werden?
   - das Jugendamt klagt als Beistand für ein minderjähriges nichteheliches Kind gegen dessen Vater auf Zahlung von Unterhalt;
   - Student S klagt gegen seine BAföG Ablehnung;
   - P ist der Meinung, sein Pflegedienst würde schlecht arbeiten und den Pflegedienstvertrag verletzen. Der Pflegedienst sei

nicht berechtigt, dafür das Geld aus „seiner" Pflegeversicherung zu kassieren.

3. Was ist der Unterschied, was sind die Gemeinsamkeiten zwischen einem Urteil und einem Gerichtsbescheid?

4. H hat Erwerbsunfähigkeitsrente beantragt. Die Rentenversicherung lehnte ab. Auch sein Widerspruch wurde abgelehnt. Sowohl im Verwaltungs- als auch im Widerspruchsverfahren wurde H von Ärzten der Rentenversicherung begutachtet, die jeweils seine Krankheiten als nicht so gravierend, als dass sie seine Erwerbsfähigkeit beeinträchtigen würden, einschätzten. Obwohl H's eigene Ärzte das ganz anders einschätzen, zögert H zu klagen. Er befürchtet Kosten und geht davon aus, dass Gericht werde ihn sowieso nur anhand der Gutachten der Rentenversicherung beurteilen. Hat H mit seinen Befürchtungen recht?

(Lösungen siehe www.lehrbuch-sozialverwaltungsrecht.de)

Weiterführende Literatur

Berchtold, Josef/Richter, Ronald (Hrsg), Prozesse in Sozialsachen, 1. Aufl. 2009, §§ 4, 5.

Krasney, Otto Ernst/Udsching, Peter, Handbuch des sozialgerichtlichen Verfahrens, 5. Aufl. 2008, Kapitel III.

Maydell, Bernd von/Ruland, Frank/Becker, Ulrich (Hrsg.), Sozialrechtshandbuch (SRHB), 4. Aufl. 2008, § 12.

13. Klagearten

■ **Das Kapitel widmet sich den einzelnen Klagearten des sozial-gerichtlichen Verfahrens: Die Anfechtungs-, Leistungs- und Feststellungsklagen sowie ihre Unterarten (z. B. Verpflichtungs- oder Untätigkeitsklage) werden erklärt. Die einzelnen Ausgangssituationen für die unterschiedlichen Klagen, die spezifischen Klagevoraussetzungen und die jeweiligen Klageanträge und Klageziele werden beispielhaft dargestellt.**

Einem Klageverfahren im Sozial- oder Verwaltungsrecht muss ein konkreter, von der Verwaltung gesetzter Anlass vorausgehen. Dies kann ein belastender oder ablehnender VA sein, dies kann aber auch schlichtes Verwaltungshandeln sein, z. B. die Nichterfüllung von Pflichten aus einem öffentlich-rechtlichen Vertrag oder die Weigerung der Behörde sich mit einer Angelegenheit zu befassen. Je nach Anlass, bzw. je nach Zielvorstellung des Klägers, ist ein anderer Antrag bei Gericht zu stellen. Die unterschiedlichen Anträge werden als unterschiedliche **Klagearten** im Gesetz typisiert. Jede Klage muss, um zulässig und begründet zu sein, sowohl die allgemein geltenden Zulässigkeits- und Begründetheitskriterien erfüllen.[574] als auch die jeweils spezifisch geltenden für eine bestimmte Klageart.

Es gibt **drei** unterschiedliche Klagearten: Die **Anfechtungs-**, die **Leistungs-** und die **Feststellungsklage**, sowie **Kombinationen** von ihnen.[575]

13.1 Anfechtungsklage

Die Anfechtungsklage ist auf die **Aufhebung** eines **belastenden VA** gerichtet.[576]

Beispiele: Die Absenkung des ALG II nach § 31 SGB II, die Auferlegung einer Sperrzeit nach § 144 SGB III, die Inobhutnahme eines Kindes nach

---

574 Siehe oben Kap. 12.1.
575 Vgl. §§ 54, 55 SGG; Parallelvorschriften: §§ 42, 43 VwGO. Übersichtsdarstellung vgl. Hk-SGG, § 54 Rn. 3-5. Für die VwGO: Bader/Funke-Kaiser, vor § 42, Rn. 3-17.
576 Vgl. § 54 Abs. 1 S. 1, 1. Alt. SGG; Parallelvorschrift: § 42 Abs. 1, 1. Alt. VwGO.

§ 42 SGB VIII, die Rücknahme eines begünstigenden VA nach § 45 SGB X, die Festsetzung einer Rückzahlung nach § 50 SGB X[577].

Mit der Anfechtungsklage begehrt der Kläger die „Wegnahme" des belastenden VA unmittelbar durch eine richterliche Entscheidung.[578]

Besondere **Zulässigkeitsvoraussetzungen** für die Anfechtungsklage sind die vorherige Durchführung des **Widerspruchsverfahrens** und die Einhaltung der **Klagefrist**[579].

Hat die Behörde im Widerspruchsverfahren ihren belastenden VA mit dem Widerspruchsbescheid bekräftigt, werden mit der Klage stets **beide VAe** zugleich, also ErstVA und Widerspruchsbescheid, angefochten.[580]

Begründet ist die Anfechtungsklage, wenn sich erweist, dass der VA und der ihn bestätigende Widerspruchsbescheid rechtswidrig sind. Bei **ErmessensVAen** ist die Rechtswidrigkeit gegeben, wenn **Ermessensfehler** vorliegen.[581] Ist die Klage zulässig und begründet, werden VA und Widerspruchsbescheid vom Gericht unmittelbar aufgehoben.

13.2 Leistungsklage

Die Leistungsklage ist das Gegenteil der Anfechtungsklage. Statt der Aufhebung eines VA möchte der Kläger mit einer Leistungsklage erreichen, dass die Verwaltung durch das Gericht zu einer **bestimmten Handlung gezwungen** wird.[582] Je nachdem um **welche Art von Handlung** es dem Kläger geht, bzw. in welcher Ausgangssituation er sich befindet, sind verschiedene **Arten von Leistungsklagen** zu unterscheiden:

---

577   Weitere Beispiele: vgl. Krasney/Udsching, Kap. IV, Rn. 6.
578   Vgl. Dörr/Francke, Sozialverwaltungsrecht, Kap. 12, Rn. 67.
579   Vgl. §§ 78, 87 SGG; Parallelvorschriften: §§ 68, 74 VwGO. Vgl. auch Kap. 12.1.4.
580   Vgl. Hk-SGG, § 54, Rn. 22/23.
581   Vgl. § 39 Abs. 1 SGB I.
582   Vgl. § 54 Abs. 1 S. 1, 2. Alt., Abs. 4, Abs. 5 SGG; Parallelvorschrift: § 42 Abs. 1, 2. Alt. VwGO

Leistungsklagen				
Kombinierte Leistungs- und Anfechtungs- klage	Verpflichtungs- klage (i. d. R. kombiniert mit Anfechtungs- klage)	Bescheidungs- klage (i. d. R. kombiniert mit Anfechtungs- klage)	Untätigkeits klage	allgemeine Leistungsklage
§ 54 Abs. 4 SGG	§ 54 Abs. 1 S. 1, 2. Alt. SGG	§ 54 Abs. 1 S. 1, 2. Alt. SGG i.V.m. § 54 Abs. 2 S. 2 SGG	§ 54 Abs. 1 S. 1, 2. Alt. SGG i.V.m. § 88 SGG	§ 54 Abs. 5 SGG
Kläger möchte eine Leistung, VA geht dieser Leistung voraus, wurde durch die Behörde abgelehnt	Kläger möchte (nur) einen begünstigenden VA, wurde durch die Behörde abgelehnt	Kläger möchte einen begünstigenden VA, Rechtsgrundlage dafür ist eine Ermessensnorm, wurde durch die Behörde abgelehnt	Kläger möchte einen VA, die Behörde blieb untätig	Kläger möchte eine Leistung, ohne vorhergehenden VA

13.2.1 Kombinierte Leistungs- und Anfechtungsklage

Voraussetzung für die Leistungs- und Anfechtungsklage ist ein **Rechtsanspruch** auf Sozialleistungen (also eine Rechtsgrundlage mit gebundener Rechtsfolge), die von der Verwaltung **per VA bewilligt** werden (z.B. ALG-Bescheid), dem Kläger gegenüber aber durch VA **abgelehnt** wurden (z.B. weil der Kläger nach Auffassung der Behörde die gesetzlichen Voraussetzungen nicht erfüllt).

Vor Gericht soll die Verurteilung zur Leistung erreicht werden. Damit begehrt der Kläger zweierlei: Zum einen begehrt er die **Aufhebung der Ablehnung** (Anfechtungssituation) und darüber hinaus begehrt er die **Verurteilung zur Leistung** (Leistungssituation).

Die kombinierte Leistungs- und Anfechtungsklage ist in der Praxis der Sozialgerichtsbarkeit die **häufigste Klageart**, denn der weitaus größte Teil der Sozialleistungen ist im Gesetz als Rechtsanspruch ausgestaltet.

Beispiele: Anspruch auf ALG II nach § 7 SGB II, Anspruch auf ALG I nach § 118 Abs. 1 SGB III, Anspruch auf medizinische Heilbehandlung nach § 27 SGB V, Anspruch auf Rente nach § 43 SGB VI, Anspruch auf Verletztengeld bei Arbeitsunfällen nach § 45 SGB VII, Anspruch auf Pflegesachleistungen nach § 36 SGB XI, Anspruch auf Hilfe zum Lebensunterhalt nach § 19 SGB XII u. v. m.[583]

---

583 Weitere Beispiele: vgl. Krasney/Udsching, Kap. IV, Rn. 71

Zulässig ist die Leistungs- und Anfechtungsklage wenn ein **Widerspruchs-verfahren** gegen den ablehnenden VA durchgeführt und die **Klagefrist** eingehalten wurde. Wie bei der Anfechtungsklage auch, werden beide VAe (ErstVA und der ihn bestätigende Widerspruchsbescheid) zugleich angegriffen.

Begründet ist die Leistungs- und Anfechtungsklage, wenn sich erweist, dass die **Ablehnung rechtswidrig** war und der Kläger einen **Rechtsanspruch** auf die begehrte Leistung hat (z. B. es stellt sich heraus, dass er die gesetzlichen Voraussetzungen für die Inanspruchnahme der Sozialleistung erfüllt, was von der Behörde im vorangegangenen Verwaltungsverfahren fälschlicherweise verneint wurde).

Besteht kein Rechtsanspruch sondern nur ein **Ermessensanspruch** kann nicht mit der Leistungs- und Anfechtungsklage sondern nur mit der **Bescheidungsklage** vor Gericht geklagt werden.[584] Denn bei Ermessensleistungen darf das Gericht die Behörde nur zum **Erlass eines ermessensfehlerfreien VA** und nicht direkt zur Leistung verurteilen.

Ist die Leistungs- und Anfechtungsklage zulässig und begründet hebt das Gericht die ablehnenden VAe auf und verurteilt die Behörde zur Leistung.

13.2.2 Verpflichtungsklage

Mit der Verpflichtungsklage erstrebt der Kläger einen begünstigenden VA, der im vorangegangenen Verwaltungsverfahren von der Behörde ganz oder teilweise abgelehnt wurde. Das Gericht soll die Behörde dazu verurteilen („verpflichten"), den von ihm begehrten VA zu erlassen. Im Unterschied zur Leistungs- und Anfechtungsklage besteht das **Klageziel „nur" in dem Erlass eines begünstigenden VA**. Soweit ein begünstigender VA die Grundlage für eine Sach-, Geld- oder Dienstleistung darstellt, wäre die Leistungs- und Anfechtungsklage die richtige Klageart.[585] Typisch ist die Verpflichtungsklage daher, wenn es dem Kläger um die **Anerkennung eines bestimmten Status** geht:

> **Beispiele:** Anerkennung einer Berufskrankheit nach § 9 SGB VII i. V. m. der Berufskrankheiten-Verordnung, Erteilung einer Pflegeerlaubnis nach § 43 SGB VIII, Feststellung des Grades der Behinderung nach § 69 SGB IX.

Auch bei der Verpflichtungsklage besteht eine **Kombination** von **Anfechtungs-** und **Verpflichtungsantrag:** Der Kläger begehrt die Aufhebung des ablehnenden VA und darüber hinaus die Verurteilung zum Erlass des gewünschten begünstigenden VA.

---

584 Siehe unten Kap. 13.2.3.
585 Vgl. Krasney/Udsching, Kap. IV, Rn. 16.

Die **Zulässigkeitsvoraussetzungen** entsprechen denen der Leistungs- und Anfechtungsklage. Die Verpflichtungsklage ist **begründet**, wenn der ablehnende VA rechtswidrig war und der Kläger stattdessen einen Anspruch auf den begehrten VA hat.

13.2.3 Bescheidungsklage

Bei der Bescheidungsklage besteht prinzipiell dieselbe Ausgangssituation wie bei der Verpflichtungsklage. Das heißt, der Kläger erstrebt den Erlass eines begünstigenden VA, der im vorangegangenen Verfahren aber abgelehnt wurde. Die Besonderheit ist, dass die vom Kläger gewünschte Begünstigung auf einer Rechtsgrundlage beruht, die der Behörde einen **Ermessensspielraum** eröffnet.[586]

> **Beispiele:** Übernahme von Mietschulden nach § 22 Abs. 5 SGB II, Übernahme von Fahrtkosten bei Teilnahme an einer beruflichen Weiterbildungsmaßnahme nach § 81 SGB III, Kuraufenthalt in einer stationären Rehabilitationseinrichtung nach § 40 Abs. 2 SGB V, Zahlung einer Abfindung bei Eintritt von Erwerbsunfähigkeit für unter 40-Jährige nach § 76 SGB VII, Zahlung von höheren Pflegeleistungen in besonderen Härtefällen nach § 36 Abs. 4 SGB XI; Übernahme der Kosten von freiwilligen Krankenversicherungen nach § 32 Abs. 2 SGB XII.

Besteht ein Ermessensspielraum, kann der Kläger nicht einfach auf die begehrte Leistung klagen, da er auf diese ja gerade **keinen Rechtsanspruch** hat. Er kann lediglich geltend machen, dass die **Ablehnung der Leistung ermessensfehlerhaft** sei. Die Verurteilung der Behörde durch das Gericht kann nur dahin gehen, einen neuen – dieses Mal ermessensfehlerfreien – VA zu erlassen. Dabei wird üblicherweise die Rechtsauffassung des Gerichts, welchen Inhalt die Ermessensentscheidung haben sollte, von der Behörde zu beachten sein.[587] Daher wird diese Formulierung den Klageanträgen regelmäßig hinzu gefügt.

Die **Zulässigkeitsvoraussetzungen** sind dieselben wie bei der Verpflichtungs- bzw. der Leistungs- und Anfechtungsklage. **Begründet** ist die Bescheidungsklage, wenn der Kläger einen Ermessens-VA begehrte, sein Anspruch auf die fehlerfreie Ermessensausübung jedoch verletzt wurde.

13.2.4 Untätigkeitsklage

Die Untätigkeitsklage ist darauf gerichtet, die Behörde zum **Tätigwerden** zu zwingen, d. h. dazu, eine Verwaltungsentscheidung über einen im Ver-

---

586 Siehe oben Kap. 5.4.
587 Vgl. § 131 Abs. 3 SGG, Parallelvorschrift: § 113 Abs. 5 S. 2 VwGO.

waltungsverfahren gestellten Antrag zu treffen. Das Klageziel ist entweder der **Erlass eines (Erst-) VA** oder die **Entscheidung über einen Widerspruch**[588].

Besondere **Zulässigkeitsvoraussetzungen** für die Untätigkeitsklage sind, dass entweder mindestens **sechs Monate seit Antrag** auf Vornahme eines VA vergangen sind oder **drei Monate seit Einlegung eines Widerspruchs** – und die Behörde untätig geblieben ist, d.h. keine Sachentscheidung getroffen hat. Zwischenmitteilungen oder Zwischenbescheide (z.B. Eingangsbestätigung des Widerspruchs mit dem Hinweis, die Bearbeitung werde noch einige Zeit in Anspruch nehmen) sind keine Sachentscheidung, d.h. sie unterbrechen den Ablauf der Fristen nicht.

Begründet ist die Untätigkeitsklage, wenn „ohne zureichenden Grund" noch keine Entscheidung der Behörde gefallen ist. Ohne zureichenden Grund bedeutet, dass eine **Rechtfertigung** für den sechs- bzw. dreimonatigen Zeitablauf nicht feststellbar ist. Kein zureichender Grund ist z.B. der Hinweis auf Krankenstand, Urlaubszeit oder Personalknappheit. Zureichende Gründe sind demgegenüber die Notwendigkeit aufwändiger Ermittlungen, z.B. die Erstellung medizinischer Gutachten.[589]

Liegt kein zureichender Grund vor, wird die Behörde verurteilt, über den Antrag bzw. den Widerspruch unter Beachtung der Rechtsauffassung des Gerichts zu entscheiden.[590]

Umstritten ist, ob dies bedeutet, dass das Gericht auch die Verurteilung zu dem Erlass des vom Kläger begehrten VA aussprechen kann. Anerkannt ist dies zumindest, wenn fest steht, dass der Kläger einen Rechtsanspruch auf den begehrten VA hat. Außerdem kann das Gericht die Klage auch abweisen, wenn feststeht, dass das Begehren des Klägers unter keinem Gesichtspunkt Aussicht auf Erfolg hätte. Ansonsten kann das Gericht nur zum – ergebnisoffenen – Tätigwerden der Behörde verurteilen.[591]

Entspricht die Behörde mit dem dann erlassenen VA oder dem Widerspruchsbescheid dem Antrag des Klägers nicht, kann er seine Untätigkeitsklage in eine Anfechtungs- oder Leistungsklage umändern, in der das Gericht sodann über die Sache selbst entscheidet. Erlässt die Behörde den beantragten VA oder hilft sie dem Widerspruch ab, so ist die Untätigkeitsklage erledigt.[592]

In beiden Situationen fallen jedoch der Behörde die **Kosten** der Untätigkeitsklage zur Last, weil sie die Fristen hat verstreichen lassen. Die Kosten

---

588 Vgl. § 88 SGG; Parallelvorschrift: § 75 VwGO.
589 Weitere Beispiele: vgl. Plagemann, § 45 Rn. 21/22.
590 Vgl. § 131 Abs. 3 SGG; Parallelvorschrift: § 113 Abs. 5 S. 2 VwGO.
591 Einzelheiten vgl. Meyer-Ladewig, § 88 SGG Rn. 9-9b.
592 Einzelheiten vgl. Meyer-Ladewig, § 88 SGG Rn. 10-12a; Hk-SGG, § 88, Rn. 13-16.

bestehen i. d. R. in den außergerichtlichen Kosten des Klägers und u. U. den Gerichtskosten im Fall des § 184 SGG[593].

Ob die Erhebung einer Untätigkeitsklage **zweckmäßig** ist, sollte sorgfältig überlegt werden. Zwar ist das Problem des langsamen Verwaltungshandelns bekannt und stets sehr belastend für den Betroffenen, der meist dringend auf die ihm u. U. rechtswidrig vorenthaltenen Sozialleistungen angewiesen ist. Häufig führt die Untätigkeitsklage jedoch nur dazu, dass sich das Verfahren noch mehr verzögert, da die Akten aus dem Verwaltungsvorgang herausgenommen und an das Gericht geschickt werden müssen. Des Gericht muss dann den Sachverhalt ermitteln, allen Beteiligten Stellungnahmefristen einräumen usw.

Als Alternativmöglichkeiten sollte man z. B. den Kontakt mit der nächsthöheren (Aufsichts-)Behörde suchen, um von dort aus Maßnahmen der Dienst- oder Fachaufsicht zu erreichen, oder Vorschüsse nach § 42 SGB I verlangen.[594]

13.2.5 Allgemeine Leistungsklage

Die **Leistungsklage ohne VA** kommt im Verhältnis Bürger – Sozialleistungsträger selten vor, da deren Rechtsbeziehungen i. d. R. durch VAe geregelt werden. Typische Beispielssituationen für allgemeine Leistungsklagen sind jedoch:

- Klage auf schlichtes Verwaltungshandeln wenn ein entsprechendes subjektives öffentliches Recht vorliegt (z. B. Klage auf Unterlassung der Weitergabe von Sozialdaten);
- eine Sozialleistung wurde schon positiv durch VA bewilligt, die Behörde erbringt die Leistung trotzdem nicht;
- die Behörde stellt eine laufende Leistung ohne vorhergehenden RücknahmeVA ein;
- es besteht ein Gleichrangigkeitsverhältnis zu der Behörde (z. B. Krankenhäuser gelten gegenüber den Krankenkassen als gleichrangig, d. h. sie müssen nicht warten, dass ihnen die Behandlungskosten für Versicherte per VA bewilligt werden, sondern können gleich die Leistung fordern).[595]

Hauptanwendungsfall der allgemeinen Leistungsklage sind **Streitigkeiten zwischen verschiedenen Sozialleistungsträgern** untereinander, z. B. Unfall- und Krankenversicherung streiten um die Erstattung von Leistungen für Krankenhauskosten eines Versicherten.

---

593 Vgl. Meyer-Ladewig, § 193 SGG, Rn. 13 c.
594 Vgl. Plagemann, § 45 Rn. 25; Krasney/Udsching, Kap. IV, Rn. 60.
595 Weitere Beispiele vgl. Krasney/Udsching, IV. Kap., Rn. 63-65.

Soll eine allgemeine Leistungsklage erhoben werden, bedarf es für deren **Zulässigkeit** keines Vorverfahrens – demzufolge auch keiner Klagefrist. **Begründet** ist die allgemeine Leistungsklage, wenn ein Anspruch auf die geforderte Leistung/Handlung der Verwaltung besteht und der vorhergehende Erlass eines VA nicht erforderlich ist.

13.3 Feststellungsklage

Eine Feststellungsklage ist gerichtet auf den Ausspruch einer vom Kläger begehrten Feststellung durch das Gericht. Anders als bei den anderen Klagen wird mit einer Feststellungsklage die Rechtslage nicht geändert, sondern lediglich „**das Bestehen oder Nichtbestehen**" einer **konkreten Rechtsbeziehung** zwischen dem Bürger und der Verwaltung klargestellt.[596]

> **Beispiele:** Feststellung über das Bestehen oder Nichtbestehen von Sozialversicherungspflicht, Feststellung über das Bestehen oder Nichtbestehen von Anwartschaften auf eine Rente, Feststellung, dass eine Krankheit die Folge einer bestimmten beruflichen Tätigkeit ist, Feststellung über die Mitgliedschaft in einer bestimmten Krankenkasse.[597]

Für die **Zulässigkeit** einer Feststellungsklage müssen **besondere Zulässigkeitsvoraussetzungen** erfüllt sein:

Die Feststellungsklage ist **subsidiär** gegenüber der Anfechtungs- und den Leistungsklagen. Dies bedeutet, ein Kläger muss mit seiner Klage stets dass **am weitesten gehende Klageziel** wählen, um so seine Angelegenheit in einem einzigen Prozess klären zu lassen, statt mehrere Gerichtsverfahren hintereinander zu führen. Eine Feststellungsklage wäre unzulässig, wenn der Kläger sein eigentliches Klageziel auch mit einer Anfechtungs- oder Leistungsklage verfolgen könnte.[598]

> **Beispiel:** W wohnt mit seiner ehemaligen Studienkollegin K in einer WG. Wegen Arbeitslosigkeit ist W gezwungen, ALG II zu beantragen. K arbeitet und hat Einkommen. W kann keine Feststellungsklage darüber erheben, dass er mit K keine Bedarfsgemeinschaft i. S. d. § 7 Abs. 3 Nr. 3 b) SGB II bildet, um so seine Hilfebedürftigkeit für die Inanspruchnahme von ALG II feststellen zu lassen. W's Ziel ist der Erhalt von ALG II, also müsste er mit einer Leistungs- und Anfechtungsklage gegen eine Ablehnung seines Antrages auf ALG II vorgehen. Im Rahmen dieses Verfahrens würde dann geklärt werden, ob er hilfebedürftig ist, d. h. ob er mit K eine Bedarfsgemeinschaft bildet oder nicht.

---

596 Vgl. § 55 Abs. 1 SGG; Parallelvorschrift: § 43 Abs. 1 VwGO.
597 Weitere Beispiele vgl. Meyer-Ladewig, § 55, Rn. 5 c-6; Hk-SGG, § 55, Rn. 44-46.
598 Einzelheiten vgl. Hk-SGG, § 55, Rn. 13-20.

Weitere Zulässigkeitsvoraussetzung ist „ein berechtigtes Interesse an der baldigen Feststellung", d. h. ein sogenanntes **„Feststellungsinteresse"** des Klägers, welches seine Klage und die Inanspruchnahme des Gerichts rechtfertigt.[599] Voraussetzung dafür ist, dass bereits ein Meinungsstreit zwischen dem Kläger und der Verwaltung über einen konkreten Sachverhalt besteht. Ohne einen solchen Anlass kann nicht einfach Feststellungsklage beim Gericht erhoben werden.

Im Rahmen der **Klagebefugnis** ist genau zu prüfen, dass es sich bei dem Klageziel „Feststellung eines Rechtsverhältnisses", um einen ganz konkreten Sachverhalt handelt. Als **Popularklage** unzulässig wäre eine Feststellungsklage mit dem Ziel, **abstrakte Rechtsfragen** klären zu lassen. Die Abgrenzung, was konkret und was abstrakt ist, kann unter Umständen sehr schwierig sein.[600]

Bei der Frage, ob ein Vorverfahren durchzuführen und die Klage an eine Klagefrist gebunden ist, kommt es darauf an, ob ein zuvor erlassener VA Gegenstand der Feststellungsklage ist. Erging bereits ein VA, z.B. eine Entscheidung der Deutschen Rentenversicherung über die Anerkennung von Versicherungszeiten, mit der der Kläger jedoch nicht einverstanden ist, muss die Monatsfrist eingehalten werden. Wurde kein VA erlassen, sondern die Behörde hat es einfach unterlassen, die begehrte Feststellung zu treffen, so ist die Feststellungsklage nicht an die Durchführung eines Vorverfahrens und damit auch an keine Klagefrist gebunden.

Zu trennen ist die Feststellungsklage von der Klage auf Erteilung eines feststellenden VA, z.B. ein VA über die Feststellung des Grades der Behinderung nach § 69 SGB IX.

Begründet ist die Feststellungsklage wenn die vom Kläger begehrte Feststellung nach der Überzeugung des Gerichts zutrifft.

13.4 Fortsetzungsfeststellungsklage

Eine Feststellungsklage ist ebenfalls möglich als **Fortsetzung eines Prozesses**, der als **Anfechtungs- oder Leistungsklage begann**. Im Laufe des Verfahrens hat sich der angefochtene VA erledigt, z.B. die Behörde hat den beanstandeten VA aufgehoben oder den begehrten VA erlassen. Damit hat der Kläger eigentlich keinen Grund mehr, eine gerichtliche Entscheidung zu fordern – sein Ziel ist erreicht. Das Gericht würde in dieser Situation von sich aus nur einen Beschluss erlassen, dass sich die Klage erledigt habe und das Verfahren beendet ist. Der Kläger kann aber die Fortführung des Pro-

---

599 Einzelheiten vgl. Hk-SGG, § 55, Rn. 26-28.
600 Einzelheiten u. weitere Beispiele vgl. Krasney/Udsching, IV. Kap., Rn. 81-84; Hk-SGG, § 55, Rn. 53-55.

zesses beantragen, und seinen Antrag umstellen, dass er nunmehr möchte, dass die Rechtswidrigkeit des erledigten VA durch das Gericht festgestellt wird.[601]

Damit dies zulässig ist, muss neben den allgemeinen Zulässigkeitsvoraussetzungen ein Feststellungsinteresse besonders begründet werden. Es kann z. B. darin bestehen, einen Amtshaftungsprozess führen zu wollen und die beabsichtigte Feststellung ist insoweit wesentlich, als sie die Rechtsposition des Klägers in diesem Verfahren verbessert.

> **Beispiel:** B wurde arbeitslos und beantragte bei der Bundesagentur für Arbeit ALG I. Durch eine fehlerhafte Sachverhaltsaufklärung ging man dort davon aus, B habe keine Ansprüche auf ALG I, da sie angeblich nicht sozialversicherungspflichtig beschäftigt war. Auch im Widerspruchsverfahren wird der Fehler nicht aufgeklärt. B erhebt vor dem Sozialgericht Leistungs- und Anfechtungsklage auf die Bewilligung und Zahlung von ALG I. Im sozialgerichtlichen Verfahren klärt sich nun auf, dass B von Anfang an Anspruch auf ALG I gehabt hätte und die Bundesagentur für Arbeit erlässt von sich aus die beantragte Bewilligung von ALG I. Während der Dauer des Verwaltungs- und des Gerichtsverfahrens war B gezwungen, von ALG II zu leben. Vorher hatte B recht gut verdient und einen entsprechenden Lebensstandard. Sie hatte auch diverse Kreditverbindlichkeiten u.a. für einen neu angeschafften PKW. All dies hätte sie mit rechtzeitig ausgezahltem ALG I noch finanzieren können, mit dem Regelsatz des ALG II allerdings nicht. B konnte daher Raten für ihre Kredite nicht mehr zahlen und musste Verträge unter finanziellen Verlusten auflösen. Dies wäre alles nicht passiert, wenn die Bundesagentur für Arbeit von Anfang an richtig ermittelt hätte. B möchte Schadensersatz für ihre finanziellen Verluste. Hierzu muss sie gegebenenfalls einen Amtshaftungsprozess gegen die Bundesagentur für Arbeit führen. Daher kann sie vom Gericht die Feststellung begehren, dass VA und Widerspruchsbescheid der Bundesagentur für Arbeit rechtswidrig waren.

13.5 Übersicht

Siehe nächste Seiten.

---

601 Vgl. § 131 Abs. 1 S. 3 SGG; Parallelvorschrift: § 113 Abs. 1 S. 4 VwGO.

Übersicht 1: Klagearten

Klageart	Klageziel / Ausgangssituation	Beispielsfall	Klageantrag	I. Zulässigkeit und II. Begründetheit
Anfechtungsklage § 54 Abs. 1 S. 1, 1. Alt. SGG	Aufhebung eines belastenden VA.	A erhält einen Rücknahme- und Erstattungsbescheid über zuviel gezahltes ALG II. A legt dagegen Widerspruch ein, der jedoch mit einem Widerspruchsbescheid zurück gewiesen wird.	*„Es wird beantragt, den Bescheid der Beklagten vom ... und den Widerspruchsbescheid vom ... aufzuheben."*	I. 1. Statthaft, wenn Klagegegenstand belastender VA ist. I. 2. a) Form (schriftlich oder zur Niederschrift). I. 2. b) Frist (1 Monat nach Bekanntgabe des Widerspruchsbescheides). I. 3. Klagebefugnis. II. Belastender VA ist nicht rechtmäßig. (D.h. Prüfung der formellen u. materiellen Rechmäßigkeit des angegriffenen VA)
Leistungs- und Anfechtungsklage § 54 Abs. 4 SGG	Erhalt eines VA der Grundlage für eine Sozialleistung (Sach-, Dienst- oder Geldleistung) ist. VA wurde im vorangegangenen Verwaltungsverfahren abgelehnt.	B beantragt Grundsicherung im Alter nach § 41 SGB XII. Der Antrag wird abgelehnt mit der Begründung, B sei nicht bedürftig i.S.d. gesetzlichen Voraussetzungen. Auch im Widerspruchsverfahren wird der Antrag von B erneut abgelehnt.	*„Es wird beantragt, den Bescheid der Beklagten vom... in der Fassung des Widerspruchsbescheids vom ... aufzuheben und die Beklagte zu verurteilen, dem Kläger Grundsicherung im Alter ab Antragstellung zu zahlen."*	I. 1. Statthaft, wenn Klagegegenstand begünstigender VA ist, mit dem eine Leistung zuerkannt wird, auf die ein Rechtsanspruch besteht. I. 2. a) Form (schriftlich oder zur Niederschrift). I. 2. b) Frist (1 Monat nach Bekanntgabe des Widerspruchsbescheides). I. 3. Klagebefugnis. II. Kläger erfüllt die Voraussetzungen für den VA über die Sozialleistungen, auf die ein Rechtsanspruch besteht. Ablehnender VA ist nicht rechtmäßig. (D.h. Prüfung der formellen u. materiellen Rechmäßigkeit des angegriffenen VA)

Verpflichtungsklage (i.d.R. kombiniert mit Anfechtung) § 54 Abs. 1, S. 1, 2. Alt. SGG	Erhalt des begünstigenden VA, der im vorangegangenen Verwaltungsverfahren abgelehnt wurde.	G beantragt die Anerkennung als Schwerbehinderter nach § 69 SGB IX. Sein Antrag wird abgelehnt mit der Begründung, sein Gesundheitszustand sei nicht so schlecht, als dass er die gesetzlichen Voraussetzungen für eine Anerkennung rechtfertigen würde. G's Widerspruch dagegen bleibt ohne Erfolg.	*„Es wird beantragt, den Bescheid der Beklagten vom ... in der Fassung des Widerspruchsbescheides vom ... aufzuheben und die Behörde zu verpflichten, den Kläger als Schwerbehinderten mit einem GdB von mindestens ... % anzuerkennen."*	I. 1. Statthaft, wenn Klagegegenstand begünstigender VA ist. I. 2. a) Form (schriftlich oder zur Niederschrift). I. 2. b) Frist (1 Monat nach Bekanntgabe des Widerspruchsbescheides). I. 3. Klagebefugnis II. Kläger erfüllt die Voraussetzungen für den Erlass des begünstigenden VA. Ablehnender VA ist nicht rechtmäßig. (D.h. Prüfung der formellen u. materiellen Rechtmäßigkeit des angegriffenen VA)
„Bescheidungsklage" (Verpflichtungsklage bei Ermessensnorm) § 54 Abs. 2 S. 2 SGG	Erhalt eines begünstigenden VA, der auf einer Ermessensnorm beruht. VA wurde abgelehnt, aber aufgrund von Ermessensfehlern. Jetzt soll eine korrekte Ermessensentscheidung getroffen werden.	O hat sich von ihrem Ehemann P getrennt. Als Hausfrau mit zwei kleinen Kindern hat sie keine Arbeit und ist darauf angewiesen, dass P regelmäßig Trennungsunterhalt zahlt. Dies macht P jedoch nicht, bzw. nicht rechtzeitig, so dass O häufig ohne Geld da steht. Sie beantragt Leistungen zur Sicherung des Lebensunterhalts nach § 23 Abs. 4 SGB II als Darlehen. Nach der Vorschrift „können" die Leistungen als Darlehen erbracht werden. Die Behörde lehnt jedoch ab und verweist darauf, dass O selbst sehen müsse, wie sie zu ihrem Geld kommt. O's Widerspruch dagegen bleibt ohne Erfolg.	*„Es wird beantragt, die Beklagte zu verurteilen, unter Aufhebung des Bescheides vom ...in der Fassung des Widerspruchsbescheides vom ..., über den Antrag vom ... unter Beachtung der Rechtsauffassung des Gerichts erneut zu entscheiden."*	I. 1. Statthaft, wenn Klagegegenstand ein begünstigender VA ist, der auf einer Ermessensnorm beruht. I. 2. a) Form (schriftlich oder zur Niederschrift). I. 2. b) Frist (1 Monat nach Bekanntgabe des Widerspruchsbescheides). I. 3. Klagebefugnis II. Ermessensfehler bei der Entscheidung der Behörde. Ablehnender VA ist deswegen nicht rechtmäßig. (D.h. Prüfung der formellen u. materiellen Rechtmäßigkeit des angegriffenen VA)

Klageart	Sachverhalt	Antrag	Prüfung
Untätigkeitsklage § 88 SGG	Erhalt eines (Erst-)VA oder einer Widerspruchsentscheidung. Anträge wurden gestellt, aber die Behörde blieb untätig.	C beantragte Wohngeld und legte alle erforderlichen Unterlagen vor. Es passierte nichts. Als C nach einiger Zeit beim Wohngeldamt anruft um nachzufragen, heißt es, leider seien seine Unterlagen nicht mehr aufzufinden, er müsse sie erneut einreichen. C macht das, doch wieder passiert nichts. Inzwischen sind 6 Monate seit seinem ersten Antrag vergangen.	*„Es wird beantragt, die Beklagte zu verurteilen, über den Antrag des Klägers auf … / den Widerspruch des Klägers gegen den Bescheid vom … unter Beachtung der Rechtsauffassung des Gerichts eine Entscheidung zu treffen."*	I. 1. Statthaft, wenn Klagegegenstand ein Nicht-Tätigwerden der Behörde ist I. 2. a) Form (schriftlich oder zur Niederschrift). I. 2. b) Frist (6 Monate seit Antrag auf einen VA oder 3 Monate seit Einlegung eines Widerspruchs) I. 3. Klagebefugnis ------ II. 6- bzw. 3-Monatsfrist ist ohne zureichenden Grund verstrichen.
Leistungsklage ohne VA § 54 Abs. 5 SGG	Verurteilung zu einer bestimmten Handlung (die kein VA ist)	P ist pflegebedürftig und wird von einem ambulanten Pflegedienst versorgt. Von seinem Sozialamt erhielt er eine Bewilligung über Hilfe zur Pflege nach § 65 SGB XII. Die Rechnungen über die monatlichen Kosten seines Pflegedienstes i.H.v. 3.000 EUR reicht er bei seinem Sozialamt ein. Dort wird – obwohl P mehrfach mahnt – trotzdem nicht gezahlt.	*„Es wird beantragt, die Beklagte zu verurteilen, an den Kläger 3.000 EUR (ggf. nebst Zinsen seit dem …) zu zahlen."*	I. 1. Statthaft, wenn Maßnahme der Verwaltung begehrt wird, die kein VA ist I. 2. a) Form (schriftlich oder zur Niederschrift). I. 2. b) Frist entfällt. I. 3. Klagebefugnis. ------ II. Anspruch auf die Leistung / Handlung der Verwaltung besteht. (D.h. Prüfung der Leistungsvoraussetzungen).
Feststellungsklage § 55 Abs. 1 SGG	Ausspruch einer Feststellung durch das Gericht	H arbeitete 20 Jahre lang als Krankenschwester. Dann musste sie den Beruf wegen einer Wirbelsäulenerkrankung aufgeben. Sie möchte dass i.S.v. § 9 SGB VII von der Unfallversicherung anerkannt wird, dass es sich bei ihrer Krankheit um eine Berufskrankheit handelt.	*„ Es wird beantragt, festzustellen, dass die Wirbelsäulenerkrankung der Klägerin eine Berufskrankheit ist"*	I. 1. Statthaft, wenn Feststellung begehrt wird. I. 2. a) Form (schriftlich oder zur Niederschrift). I. 2. b) Frist (1 Monat nach Bekanntgabe des Widerspruchsbescheides, wenn ein Verwaltungsverfahren mit VA vorausgegangen ist, sonst keine Frist). I.3. Klagebefugnis (insbesondere: keine Feststellung abstrakter Rechtsfragen) I. 4. Feststellungsinteresse. I. 5. Keine Subsidiarität. ------ II. Die begehrte Feststellung trifft zu.

Fortsetzungs-feststellungsklage § 131 Abs. 1 S. 3 SGG	Umstellung einer Anfechtungs- oder Leistungsklage, die sich erledigt hat, in eine Feststellungsklage.	Y ist Ausländer und hat eine Aufenthaltserlaubnis. Sie wird ihm mit VA entzogen. Y erhebt dagegen Anfechtungsklage. Im Klageverfahren gibt die Behörde nach und erteilt Y wieder seine Aufenthaltserlaubnis. Y hat durch die Entziehung der Aufenthaltserlaubnis schwere Nachteile erlitten, z. B. seine Arbeitsstelle verloren. Y ist überzeugt, dass die Behörde schuldhaft handelte und ein Amtshaftungsanspruch besteht. Y plant, in einem Amtshaftungsverfahren Schadensersatz von der Behörde zu fordern. Seine Ausgangsposition dafür ist günstiger, wenn zuvor das Gericht feststellt, dass die Entziehung der Aufenthaltserlaubnis nicht rechtmäßig war.	*„Es wird beantragt, festzustellen, dass der Bescheid der Beklagten vom … in der Fassung des Widerspruchsbescheides vom … rechtswidrig war."*	I. 1. Statthaft, wenn in einem erledigten Anfechtungs- oder Leistungsklageverfahren auf eine Feststellung umgestellt werden soll. I. 2. a) Form (schriftlich oder zur Niederschrift). I. 2. b) Frist entfällt.I. 3. Klagebefugnis. I. 4. Besonderes Feststellungsinteresse. ――――――― II. Anfechtungs- oder Leistungsklage war begründet und der angegriffene VA nicht rechtmäßig.

Weitere Beispiele für die Klagearten (mit Schriftsatzmustern): Krasney/Udsching, IV. Kapitel, Rn. 14 (Anfechtungsklage), Rn. 19 (Verpflichtungsklage), Rn. 20 (Bescheidungsklage), Rn. 61 (Untätigkeitsklage, Rn. 69 (Leistungsklage), Rn. 78 (Leistungs- und Anfechtungsklage), Rn. 100 (Feststellungsklage).

1. Was ist der Unterschied zwischen „allgemeinen" und „besonderen" Zulässigkeitsvoraussetzungen?

2. Bei welchen Klagearten besteht jeweils welche Frist:
   - gar keine Frist
   - Frist von 1 Monat
   - Frist von 3 Monaten
   - Frist von 6 Monaten

3. U ist arbeitslos, verdient sich jedoch ein wenig Geld dazu, dadurch dass er anderen bei ihren Computerproblemen hilft. Seine Einkünfte sind von Monat zu Monat sehr unterschiedlich, jedoch nie über 400 EUR monatlich. Schon vor mehr als 5 Monaten hat er ALG II beantragt und alle Unterlagen vorgelegt, bzw. regelmäßig neue Einkommensnachweise abgeliefert. Dennoch kommt es zu keiner Entscheidung und U hat bereits Schulden. U überlegt:
   - Untätigkeitsklage zu erheben;
   - Feststellungsklage zu erheben, dass ihm das Jobcenter ALG II zahlen muss.

   Ist diese Vorgehensweise empfehlenswert?

(Lösungen siehe www.lehrbuch-sozialverwaltungsrecht.de)

14. Eilverfahren

■ **Die beiden gerichtlichen Eilverfahren, d.h. Antrag auf Aussetzung der Vollziehung und die einstweilige Anordnung werden behandelt und voneinander abgegrenzt. Die einzelnen Voraussetzungen für die Eilanträge, die Darstellung und Glaubhaftmachung einer Eilsituation, die Vorläufigkeit von Eilentscheidungen und ihr Zusammenhang mit einem Klageverfahren werden erklärt.**

Zu den gerichtlichen Rechtsbehelfen gehören auch die Verfahren des **einstweiligen Rechtsschutzes** (oder auch: „**Eilverfahren**")[602]. Mit den Eilverfahren kann ein Betroffener eine **vorläufige Sicherung** seiner Rechtsposition, für eine **bestimmte Dauer** erreichen – typischerweise bis zum Abschluss eines Klageverfahrens („Hauptsacheverfahrens").

Es gibt **zwei Arten** von Eilverfahren: Den **Antrag auf Herstellung der aufschiebenden Wirkung** (auch „**Antrag auf Aussetzung der Vollziehung**" genannt) und den **Antrag auf Erlass einer einstweiligen Anordnung.**

Das Bedürfnis für Eilverfahren liegt auf der Hand: Dem Adressaten eines VA können entweder durch den **Vollzug des VA** oder durch die üblicherweise sehr **langen Verfahrensdauern** von Widerspruch und Klage (durchschnittlich ein bis zwei Jahre) erhebliche und nicht wieder rückgängig zu machende Nachteile entstehen.[603] Ein Rechtsschutz, der für den Bürger zu spät kommt, wäre jedoch kein Rechtsschutz. Dies zu verhindern ist der Sinn und Zweck von Eilverfahren und im Rahmen des Rechtsstaatsprinzips verfassungsrechtlich abgesichert.[604]

Beim Antrag auf Herstellung der aufschiebenden Wirkung/Aussetzung der Vollziehung geht es um **belastende VAe**, bei dem der vom Betroffenen eingelegte Rechtsbehelf keine aufschiebende Wirkung hat.[605] Mit dem Antrag kann man die aufschiebende Wirkung seines Rechtsbehelfs herstellen lassen, um so zu erreichen, dass der belastende VA zumindest bis zum

---

602 Vgl. § 86a Abs. 3, § 86b SGG; Parallelvorschrift: § 80 Abs. 4-7, § 123 VwGO.
603 Vgl. Krasney/Udsching, V. Kap. Rn. 1-3; Dörr/Francke, Kap. 12, Rn. 129a-129f.
604 Vgl. Jarass, GG, Art. 19, Rn. 53-57.
605 Siehe unten Kap. 14.1.

rechtskräftigen Abschluss des Hauptsacheverfahrens noch nicht vollzogen, also noch nicht verwirklicht wird.

Beim Antrag auf Erlass einer einstweiligen Anordnung geht es um eine **Begünstigung**, die von der Verwaltung abgelehnt wurde. Hiergegen geht der Betroffene mit Widerspruch und Klage vor, wobei dies jedoch einiges an Zeit in Anspruch nehmen kann. Um der Gefahr zu entgehen, allein wegen dieses Zeitablaufes unwiederbringliche Nachteile zu erleiden, kann der Betroffene mit dem Eilantrag zumindest vorläufig die ihn begünstigende Regelung erreichen.[606]

14.1 Antrag auf Herstellung der aufschiebenden Wirkung/Aussetzung der Vollziehung

Der **Grundsatz** bei der Einlegung von Rechtsbehelfen Widerspruch lautet: „Widerspruch und Anfechtungsklage haben **aufschiebende Wirkung**"[607]. Von diesem Grundsatz gibt es zahlreiche, gesetzlich geregelte **Ausnahmen**, bei denen die aufschiebende Wirkung entfällt – die Verwaltung also die im VA getroffenen Regelungen sofort durchsetzen kann.

Die im SGG geregelten „Ausnahmefälle" sind dabei so umfassend, dass man für den Bereich des Sozialrechts bereits von einer Umkehr des Regel-Ausnahme-Verhältnisses sprechen kann.[608] Die maßgebliche Vorschrift, § 86 a Abs. 2 Nr. 1-5 SGG, ist wie folgt aufgebaut:

Paragraph	Tatbestand	Beispiel
§ 86 a Abs. 2 **Nr. 1** SGG	VAe über die Forderung von Beiträgen und vergleichbaren öffentlichen Abgaben.	U wurde von seinem Arbeitgeber entlassen und erhielt eine Abfindung i.H.v. 80.000 EUR. Jetzt ist U arbeitslos und bezieht ALG I. U ist Mitglied der gesetzlichen Krankenversicherung. Sein Krankenversicherungsbeitrag bemisst sich nicht nur nach seinem ALG I sondern der Abfindungsbetrag wird – verteilt auf 10 Jahre – zu seinem Jahreseinkommen hinzugerechnet und der Monatsbeitrag für die Krankenversicherung entsprechend hoch festgesetzt. U's Widerspruch gegen die Festsetzung hat keine aufschiebende Wirkung. Er muss den festgesetzten Beitrag erst einmal zahlen.

606 Siehe unten Kap. 14.2.
607 Vgl. § 86 a Abs. 1 SGG; Parallelvorschrift: § 80 Abs. 1 VwGO. Auch s. o. Kap. 11.4.
608 Vgl. Hk-SGG, § 86 a, Rn. 8.

§ 86 a Abs. 2 **Nr. 3** SGG	Einlegung von *gerichtlichen*[609] Rechtsbehelfen gegen VAe über die Minderung einer Sozialversicherungsleistung	E bezieht Erwerbsunfähigkeitsrente. Nach einer Gesundheitsprüfung kommt die Rentenversicherung zu der Einschätzung, E sei wieder gesund und erwerbsfähig. Mit VA wird ihm die Rente für die Zukunft entzogen. E legt Widerspruch ein. Hier besteht noch aufschiebende Wirkung, d.h. für die Dauer des Widerspruchsverfahrens erhält E seine ursprüngliche Rente weiter. Nach einem ablehnenden Widerspruchsbescheid erhebt E Klage – die aufschiebende Wirkung entfällt.
§ 86 a Abs. 2 **Nr. 4** SGG	In anderen durch Bundesgesetz vorgeschriebenen Fällen[610].	G erhält ALG II und weil er zuckerkrank ist einen Mehrbedarfszuschlag nach § 21 Abs. 5 SGB II. Eine amtsärztliche Untersuchung von G, veranlasst durch den Träger der Grundsicherung, kommt zu dem Ergebnis, dass die Blutwerte bei G nur ganz geringfügig erhöht sind und er ohne weiteres auch von einer gesunden „Normalernährung" leben könnte. Mit einem VA wird der Mehrbedarfszuschlag aufgehoben. G legt dagegen Widerspruch ein, weil er weiter den ursprünglichen Betrag erhalten möchte. Keine aufschiebende Wirkung, denn nach § 39 SGB II ist dies für den gesamten Bereich der SGB II Leistungen ausgeschlossen worden.
§ 86 a Abs. 2 **Nr. 5** SGG	Bei angeordnetem Sofortvollzug durch die Behörde: Eigentlich haben der Widerspruch und Anfechtungsklage gegen den VA aufschiebende Wirkung. Aufgrund eines überwiegenden öffentlichen Interesses kann die Behörde jedoch den Sofortvollzug (Wegfall der aufschiebenden Wirkung) anordnen, dies ist in dem VA zusätzlich schriftlich zu begründen[611].	W ist schwerbehindert und erhält vom Sozialamt eine Beihilfe nach § 54 SGB XII i.V.m. § 55 Abs. 2 Nr. 5 SGB IX für den behindertengerechten Umbau seiner Wohnung. Das Geld verwendet W jedoch anderweitig. Nachdem das Sozialamt dies mitbekommen hat, verlangen sie die Beihilfe gemäß § 47 Abs. 2 SGB X zurück. W legt Widerspruch ein. Dieser hätte nach § 86 a Abs. 1 SGG aufschiebende Wirkung. Das Sozialamt hat jedoch in seinem Aufhebungs- und Rückforderungsbescheid § 86 a Abs. 2 Nr. 5 SGG geltend gemacht, nämlich das besondere öffentliche Interesse an der Rückforderung und dies schriftlich begründet. Damit entfällt die aufschiebende Wirkung von W's Widerspruch, das Sozialamt kann die Rückforderung sofort durchsetzen.

Um die aufschiebende Wirkung seiner Rechtsbehelfe trotzdem zu erreichen, kann der Betroffene einen Antrag auf Herstellung der aufschiebenden Wirkung/Antrag auf Aussetzung der Vollziehung stellen. Er kann dies entweder bei **der Stelle, die den VA erlassen hat,** tun oder bei dem **Sozialge-**

---

609 Daraus folgt: aufschiebende Wirkung besteht bei außergerichtlichem Rechtsbehelf (also beim Widerspruchverfahren).
610 Zum Beispiel § 39 SGB II, § 336 a SGB III, § 93 Abs. 3 SGB XII. Übersicht vgl. Meyer-Ladewig, § 86 a SGG, Rn. 16-16 h Übersicht für die VwGO vgl. Bader/Funke-Kaiser, § 80, Rn. 34-38.
611 Einzelheiten vgl. Hk-SGG, § 86 a, Rn. 19-23.

richt[612]. Dabei ist es ihm freigestellt, bei wem er den Antrag stellt. Eine vom SGG vorgegebene Reihenfolge gibt es nicht.[613]

Häufig ist es sinnvoll, den Antrag auf Herstellung der aufschiebenden Wirkung mit der Einlegung des Widerspruchs **zu verbinden** und beides gleichzeitig an die Behörde zu richten. Wird der Antrag auf Herstellung der aufschiebenden Wirkung von der Behörde abgelehnt oder nicht berücksichtigt (z. B. die Behörde beginnt damit, den angefochtenen VA zu vollziehen), bleibt dann immer noch die Möglichkeit, den Antrag bei Gericht zu stellen.

> **Beispiel:** Z bezieht ALG II und ihr wird eine Arbeit in einer 120 km entfernten Stadt angeboten. Z ist alleinerziehend und hat ein Kind im schulpflichtigen Alter. Diesem möchte sie einen Umzug nicht zumuten. Sie lehnt das Arbeitsangebot unter Berufung auf § 10 Abs. 1 Nr. 5 SGB II ab. Das Jobcenter ist anderer Ansicht und erlässt einen VA über die Kürzung von Z's ALG II als Sanktion für ihre Weigerung vgl. § 31 Abs. 1 Nr. 1 c) SGB II. Z legt dagegen Widerspruch ein. Nach § 39 SGB II i. V. m. § 86 a Abs. 2 Nr. 4 SGG hat der Widerspruch keine aufschiebende Wirkung. Z stellt gleichzeitig den Antrag auf Herstellung der aufschiebenden Wirkung nach § 86 a Abs. 3 SGG. Am Monatsanfang stellt Z jedoch fest, dass ihr zum neuen Monat tatsächlich nur das gekürzte ALG II überwiesen wurde. Damit hat die Behörde zu erkennen gegeben, dass sie die Herstellung der aufschiebenden Wirkung ablehnt. Z kann nun immer noch einen Antrag auf Herstellung der aufschiebenden Wirkung nach § 86 b Abs. 1 Nr. 2 SGG bei dem Sozialgericht stellen.

Besondere **Zulässigkeitsvoraussetzungen** für den Antrag auf Herstellung der aufschiebenden Wirkung wie z. B. eine Frist gibt es nicht. Lediglich die allgemeinen Zulässigkeitsvoraussetzungen müssen vorliegen. Weiterhin ist Voraussetzung, dass der VA, dessen Vollzug ausgesetzt werden soll, nicht bestandskräftig werden darf.[614]

Voraussetzungen für die **Begründetheit** des Antrages auf Herstellung der aufschiebenden Wirkung sind in der gesetzlichen Regelung nicht genannt. Es gilt jedoch der Grundsatz, dass das Gericht im Rahmen einer **summarischen Prüfung**[615] den **Erfolg des eingelegten Rechtsbehelfs** (Widerspruch oder Anfechtungsklage) festzustellen hat und eine **Interessenabwägung** zwischen (öffentlichem) Vollzugsinteresse und (privatem) Aufschubinte-

---

612 Vgl. § 86 a Abs. 3 SGG (Antrag bei Ausgangsbehörde) oder § 86 b Abs. 1 SGG (Antrag beim Sozialgericht). Parallelvorschriften: § 80 Abs. 4 VwGO (Behörde), § 80 Abs. 5 VwGO (Gericht).
613 Vgl. Francke/Dörr, Kap. 5.2 d), S. 128.
614 Siehe oben Kap. 10.3.
615 Zum Begriff s.u. Kap. 14.2 u. 15.2.

resse trifft.[616] Geht beides zugunsten des Antragstellers aus, ist der Antrag auf Herstellung der aufschiebenden Wirkung begründet.

14.2 Antrag auf Erlass einer einstweiligen Anordnung

Die einstweilige Anordnung betrifft die Fälle, in denen kein vorläufiger Rechtsschutz durch die Herstellung der aufschiebenden Wirkung bewirkt werden könnte.[617] Dies ist dann der Fall, wenn es sich das Begehren des Betroffenen auf eine **Begünstigung** richtet, d. h. er von der Verwaltung ein Tätigwerden zu seinem Vorteil erstrebt. Ziel des Antrages auf Erlass einer einstweiligen Anordnung ist die **vorläufige Einräumung** einer bisher noch **nicht bestehenden** bzw. **abgelehnten Rechtsposition**.

Wie bei dem Antrag auf Herstellung der aufschiebenden Wirkung bestehen auch hier keine besonderen **Zulässigkeitsvoraussetzungen**. Zu beachten ist das Prinzip, dass es noch keinen bestandskräftigen, dem Antrag entgegenstehenden VA geben darf. Wurde (noch) kein VA erlassen, ist der Antrag auf Erlass einer einstweiligen Anordnung nur zulässig, wenn die Verwaltung zumindest sonst irgendeinen Anlass gesetzt hat, der die Einschaltung des Gerichts rechtfertigt.

Um **begründet** zu sein muss für die einstweilige Anordnung ein **Anordnungsanspruch** und ein **Anordnungsgrund** gegeben sein.[618]

Anordnungsanspruch bedeutet das Vorliegen eines materiell-rechtlichen Anspruchs auf eine bestimmte Leistung. Das Vorliegen dieses Anspruchs muss **glaubhaft** gemacht werden und von dem Gericht im Rahmen einer **summarischen Prüfung** festgestellt werden.

Anordnungsgrund bedeutet eine Lebenssituation des Antragstellers, in der es ihm nicht zumutbar ist (z. B. wegen der Zeitdauer) die Hauptsacheentscheidung abzuwarten, da er sonst schwere und unwiederbringliche Nachteile erleiden würde. Es darf keine andere, einfachere und zumutbare Möglichkeit zur vorläufigen Wahrung oder Sicherung der Rechte des Betroffenen geben.

> **Beispiel:** J arbeitete freiberuflich als Journalist doch wurde er chronisch krank. Nach § 48 Abs. 1 SGB V erhielt er für 78 Wochen Krankengeld von seiner Krankenversicherung. Da keine Besserung seiner Krankheit zu erwar-

---

616 Einzelheiten vgl. Krasney/Udsching, V. Kap., Rn. 32, 33; Hk-SGG, § 86 b, Rn. 12-19.
617 Vgl. § 86 b Abs. 2 SGG; Parallelvorschrift: § 123 VwGO.
618 Dies ist ein allgemeiner Rechtsgedanke für alle Arten von Eilverfahren und folgt aus § 920 Abs. 2 Zivilprozessordnung (ZPO).

ten ist und seine Ärzte ihm dazu raten, beantragt J Erwerbsunfähigkeitsrente bei der Deutschen Rentenversicherung. Dort wird sein Antrag abgelehnt. J legt dagegen Widerspruch ein. Inzwischen sind die 78 Wochen für den Krankengeldbezug fast abgelaufen. Immer noch ist über den Widerspruch in seinem Rentenverfahren nicht entschieden bzw. J's Rentenantrag nicht bewilligt. Könnte J mit einer einstweiligen Anordnung beim Sozialgericht beantragen, dass zur Sicherung seiner Existenz eine vorläufige Entscheidung in seinem Rentenverfahren getroffen wird?

Lösung: Nein, denn J könnte keinen Anordnungsgrund geltend machen. Zur Sicherung seiner Existenz hat er Anspruch auf ALG II Leistungen, solange und soweit seine Erwerbsunfähigkeit noch nicht definitiv festgestellt wurde (§ 8 SGB II i.V.m. § 44a SGB II). Somit besteht kein Bedürfnis für das Gericht, über sein Rentenverfahren im Rahmen einer einstweiligen Anordnung zu entscheiden. Es ist J zuzumuten den „normalen" Rechtsweg (Widerspruch, Klage usw.) zu beschreiten und die jeweiligen Entscheidungen abzuwarten. Seine Existenz ist abgesichert, dadurch dass er solange von ALG II leben kann.

Für den Umfang der Prüfung des Anspruchs durch das Gericht gibt die gesetzliche Regelung keine Anhaltspunkte. Allgemein gilt, dass im Rahmen einer **summarischen Prüfung** eine überwiegende Wahrscheinlichkeit für das Vorliegen des geltend gemachten Anspruchs festgestellt werden muss. Es muss mehr für als gegen einen positiven Ausgang des Hauptsacheverfahrens sprechen, bzw. die „besseren Gründe" müssen für das Vorliegen des geltend gemachten Anspruchs sprechen.[619]

Auch bei der summarischen Prüfung gilt für das Gericht das Amtsermittlungsprinzip. Es besteht jedoch keine Verpflichtung, alle Mittel zur Sachaufklärung einzusetzen (z.B. Einholung umfangreicher medizinischer Gutachten), sondern nur diejenigen, die in angemessener Zeit zu beschaffen sind. Der Antragsteller muss die für die Begründung seines Anspruches notwendigen **Tatsachen glaubhaft** machen. Neben den üblichen Beweismitteln kann hierbei auch mit der „Versicherung an Eides statt" gearbeitet werden.[620]

Hierbei wird eine schriftliche Erklärung über Tatsachen abgegeben und dabei typischerweise folgende Formulierung verwendet: „*Hiermit versichere ich, (nähere Angaben zur Person) in Kenntnis der Bedeutung einer eidesstattlichen Versicherung und der Strafbarkeit falscher eidesstattlicher Versicherungen, folgenden Sachverhalt an Eides statt: (Darstellung der Tatsachen).*" Den Abschluss der Erklärungen bilden Datum und Unterschrift.

Bei der Klärung von **Rechtsfragen** im Rahmen einer summarischen Prüfung, darf sich das Gericht mit einer überschlägigen, vorläufigen Prüfung

---

619 Vgl. Plagemann, § 44, Rn. 47.
620 Siehe oben Kap. 6.2.2.

begnügen, die es nicht erfordert, schwierige Rechtsfragen bis ins Einzelne zu klären.[621]

Ein weiterer Aspekt, der bei dem Antrag auf Erlass einer einstweiligen Anordnung zu beachten ist, ist der Gedanke, dass das Eilverfahren eine Entscheidung in der Hauptsache nicht vorweg nehmen darf.

Keine Vorwegnahme der Hauptsache bedeutet, dass grundsätzlich nur vorläufige Entscheidungen getroffen werden können und keine endgültigen. Die einstweilige Anordnung soll die Entscheidung in der Hauptsache nicht ersetzen, sondern den Betroffenen nur bis dahin vor schwerwiegenden Nachteilen schützen. So werden z.B. Dauerleistungen oder dauerhafte Begünstigungen bei einer einstweiligen Anordnung nur für einen bestimmten (kürzeren) Zeitraum zugesprochen.

> **Beispiele:** L ist arbeitslos und beantragt ALG II. Aufgrund von Zweifeln an seiner Hilfebedürftigkeit wird der Antrag abgelehnt. L legt Widerspruch dagegen ein und stellt einen Antrag auf einstweilige Anordnung beim Sozialgericht. Das Gericht darf die Hauptsache nicht vorweg nehmen und wird ihm im Falle der Stattgabe seines Antrages nur für eine Übergangszeit einen Anspruch auf ALG II (i.d.R. drei Monate) zusprechen.
> X ist Ausländer und beantragt eine Aufenthaltserlaubnis. Dies wird von der Ausländerbehörde abgelehnt. X legt dagegen Widerspruch ein und stellt beim Gericht einen Antrag auf einstweilige Anordnung. Das Gericht darf die Hauptsache nicht vorwegnehmen und wird ihm lediglich einen vorübergehenden Aufenthalt (i.d.R. drei bis sechs Monate) zusprechen.

14.3 Übersicht

Übersicht 1: Eilverfahren

	Eilverfahren	
	Antrag auf Herstellung der aufschiebenden Wirkung (Aussetzung der Vollziehung)	**Antrag auf Erlass einer einstweiligen Anordnung**
§	• § 86 a Abs. 3 SGG (Antrag bei der Behörde) • § 86 b Abs. 1 SGG (Antrag beim Sozialgericht)	• § 86 b Abs. 2 SGG (Antrag beim Sozialgericht)
Situation	Belastender VA. Dagegen wurde Widerspruch (oder bereits Anfechtungsklage) erhoben. Diese Rechtsbehelfe haben keine aufschiebende Wirkung (§ 86 a Abs. 2 SGG).	Eine Begünstigung wurde beantragt aber von der Behörde abgelehnt. Dagegen wurde Widerspruch (oder bereits Leistungsklage) erhoben. Die Entscheidungen nehmen Zeit in Anspruch. Es ist nicht möglich, diese Zeit abzuwarten.

---

621 Vgl. Plagemann, § 44 Rn. 53/54 bzw. Einzelheiten Rn. 47-54

Antrag[622]	„Es wird beantragt, die Herstellung der aufschiebenden Wirkung des Widerspruchs (nähere Bezeichnung) / der Klage (nähere Bezeichnung) anzuordnen."	„Es wird beantragt, den Antragsgegner im Wege der einstweiligen Anordnung zu verpflichten, vorläufige Leistungen (nähere Bezeichnung) zu gewähren."
Zulässigkeit	1. Statthaftigkeit 2. Form (schriftlich oder zur Niederschrift), keine Frist 3. Antragsbefugnis	1. Statthaftigkeit 2. Form (schriftlich oder zur Niederschrift), keine Frist 3. Antragsbefugnis
Begründetheit	Summarische Prüfung: 1. Zulässigkeit und Begründetheit des eingelegten Rechtsbehelfs (Widerspruch oder Anfechtungsklage) 2. Interessenabwägung zwischen Aufschub- und Vollzugsinteresse	Summarische Prüfung: 1. Anordnungsanspruch 2. Anordnungsgrund

Übungsfragen

1. Was bedeutet „summarische Prüfung"?

2. Übungsfall:

   F, 40 Jahre alt, lebt als allein erziehende Mutter zusammen mit ihrem Sohn K, 13 Jahre alt. Unterhalt vom Vater bekommt sie nicht, lediglich das Kindergeld. Ihre Wohnkosten betragen 440 EUR. Ersparnisse hat sie nicht. F ist seit längerem arbeitslos und Aussichten auf einen neuen Job haben sich bislang nicht ergeben. Ihr Anspruch auf ALG I läuft aus, so dass sie bei ihrem zuständigen Jobcenter ALG II beantragt.

   In ihrem Antrag macht F folgende Angaben: F = Einkommen und Vermögen 0 EUR, K = Einkommen 154 EUR Kindergeld, Vermögen 0 EUR. Wohnkosten 440 EUR. Daraufhin werden F und K SGB II Leistungen für 6 Monate in folgender Höhe bewilligt:

Bedarf F (EUR)		Einkommen/ Vermögen F	Bedarf K (EUR)		Einkommen/ Vermögen K
Lebensunterhalt	347	–	Lebensunterhalt (60%)	208	154 Kindergeld
Mehrbedarf allein erziehend	42				
Wohnung	220		Wohnung	220	
gesamt	609		gesamt (unter Berücksichtigung d. Einkommens)	274	
Überweisung/ALG II				883	

Die Großeltern (Eltern von F) haben schon seit der Geburt für ihren Enkel K ein Sparbuch angelegt, auf das sie regelmäßig einzahlen. Darauf befinden sich mittlerweile Ersparnisse i.H.v. 20.000 EUR. Die Anlage des Sparbuches geschah mit Einverständnis von F.

---

622 Schriftsatzmuster mit Beispielsfällen vgl. Krasney/Udsching, V. Kap., Rn. 57-60.

Zwischen den Großeltern und F wurde betreffend des Sparkontos folgende Absprache getroffen: Das Guthaben soll K erst nach seiner Volljährigkeit und dem Abschluss der Schule zur Verfügung stehen. Es ist ausschließlich für K's weitere Ausbildung und für seine berufliche Zukunft zu verwenden. Die Großeltern haben ein Mitspracherecht bei der Verwendung.

Gegenüber der Bank ist K alleiniger Inhaber des Kontos. Die Großeltern sind gegenüber der Bank als „Bevollmächtigte" benannt. F hat alles als gesetzliche Vertreterin für K unterschrieben. Das Sparbuch befindet sich im Besitz der F, die Sicherungskarte bei den Großeltern. Die Großeltern sind auch die einzigen Personen, die Zugang zu den Daten für das Online-Banking haben. Sie nutzen das Online-Banking für die Verwaltung des Kontos, ihre Einzahlungen und das regelmäßige Abfragen des Kontostandes. F hat diese Daten nicht. Sie hat sich auch seit der Einrichtung nicht weiter um das Sparbuch gekümmert. Soweit es Schriftverkehr gibt, läuft dieser ausschließlich über die Großeltern. So hat F die Existenz des Sparkontos von K weitgehend „vergessen" und auch keinerlei Überblick darüber, welche Summe sich auf dem Konto befindet oder welche Beträge von den Großeltern eingezahlt worden sind.

Durch einen Datenabgleich mit dem Finanzamt gehen bei dem Träger der Grundsicherung 3 Monate nach der Bewilligung Informationen darüber ein, dass bei K ein Vermögen i. H. v. 20.000 EUR vorliegt. Der zuständige Sachbearbeiter S übersendet F sogleich einen Anhörungsbogen, in dem er sie mit den 20.000 EUR konfrontiert und die Rücknahme der SGB II Leistungen für K in Aussicht stellt.

F schildert daraufhin die Umstände des Kontos. Sie betont vor allem den Aspekt, dass weder K noch sie über das Konto hätten verfügen können und sie keine Ahnung gehabt habe, welche Summe sich auf dem Konto befände. Sie weist darauf hin, dass die Großeltern bereits gedroht hätten, die 20.000 EUR sofort abzuheben, wenn sie vereinbarungswidrig für den Lebensunterhalt von K und nicht für dessen spätere berufliche Ausbildung verwendet würden. Also sei es gar kein Vermögen, was K zur Verfügung stehen würde und sie hätte bei der Beantragung von ALG II nichts falsch gemacht.

S ist nicht beeindruckt und erlässt folgenden Bescheid: „Entgegen den Angaben in Ihrem Antrag verfügt Ihr Sohn K über ein eigenes Vermögen i.H.v. 20.000 EUR. Dieses kann er für seinen Lebensunterhalt einsetzen, so dass er nicht hilfebedürftig ist. Sie als gesetzliche Vertreterin Ihres minderjährigen Sohnes haben es unterlassen, dieses Vermögen anzugeben. Ihr Verhalten muss sich Ihr Sohn zurechnen lassen. Daher besteht kein Vertrauensschutz. Somit wird die Bewilligung der SGB II Leistungen für K rückwirkend zurückgenommen. Es werden ab sofort keine Leistungen für K mehr gezahlt, sondern nur noch für Sie allein. Die Erstattung des überzahlten Betrages i. H. v. 921 EUR (3 Monate à 307 EUR) behalten wir uns vor."

Es folgen Unterschrift und ordnungsgemäße Rechtsbehelfsbelehrung. Der Bescheid wird F per Post zugestellt.

F legt umgehend Widerspruch ein. In der Widerspruchsbegründung wiederholt sie die Argumente aus der Anhörung. Am Anfang des Monats werden F jedoch nur die gekürzten Leistungen überwiesen. F ist verzweifelt, da sie nicht weiß, wie sie sich und K mit den gekürzten Leistungen durchbringen soll. Von den Großeltern hat sie keine Hilfe zu erwarten. Was kann F tun?

- Erstellen Sie eine Lösungsskizze, in der Sie prüfen, welchen Antrag F bei Gericht stellen sollte.
- Formulieren Sie einen Antrag.

(Lösung siehe www.lehrbuch-sozialverwaltungsrecht.de)

Weiterführende Literatur

Francke, Konrad/Dörr, Gernot, Verfahren nach dem Sozialgerichtsgesetz, 1. Aufl. 2007, Kapitel 5.

Krodel, Thomas, Das sozialgerichtliche Eilverfahren, 2. Aufl. 2008, Teile A bis D sowie Teil J.

15. Hilfe bei der Rechtsdurchsetzung

■ **Themen sind die Rechtsinstitute Beratungshilfe und Prozesskostenhilfe, deren jeweilige Voraussetzungen, ihr Umfang und ihre Anwendungsbereiche dargestellt werden; weiteres Thema ist
das Rechtsdienstleistungsgesetz (RDG) als Rahmen für die soziale
Rechtsberatung und der Begriff der „Rechtsdienstleistungen"
werden behandelt.**

Die Verwaltung ist verpflichtet, bei der Erfüllung ihrer Aufgaben rechtmäßig zu handeln. Tut sie dies nicht, so steht dem von ihren Maßnahmen betroffenen Bürger der **Rechtsweg** offen.[623] Jedermann ist berechtigt, von der
Verwaltung seine sozialen Rechte einzufordern – erforderlichenfalls mit
Hilfe der Gerichte.

Häufig jedoch kennen die Betroffenen ihre sozialen Rechte überhaupt nicht,
geschweige denn, dass sie in der Lage wären, sie durchzusetzen. Auch die
Inanspruchnahme von professioneller Hilfe, z.B. durch Rechtsanwälte,
scheitert oft an „Schwellenängsten" bzw. der Befürchtung, mit hohen Kosten belastet zu werden. Das Sozialstaats- und das Rechtsstaatsprinzip des
GG gebieten es jedoch, dass psychosoziale Notlagen, Unwissenheit oder zu
geringes Einkommen nicht zur Rechtlosigkeit führen.[624] An diesen Punkten
setzen die staatlichen Instrumente **Beratungshilfe** und **Prozesskostenhilfe**
an, mit denen den Betroffenen die **Kosten für Rechtsanwälte** aus der
Staatskasse finanziert werden.

Daneben besteht unbestritten ein weitreichendes Bedürfnis für **soziale
Rechtsdienstleistungen** durch die Angehörigen der **sozialen Berufe**. Denn
auch wenn die Finanzierung von Rechtsanwälten durch Beratungs- und Prozesskostenhilfe gewährleistet ist, so können diese doch nicht, wie die sozialen
Berufe, sowohl **Rechts-** als auch **Lebenshilfe** leisten. Eine Reduzierung der
Lebenssituation eines Betroffenen auf rein rechtliche Fragen, hilft jedoch oft
allein nicht weiter. Erforderlich ist vielmehr oft eine Kombination von psy-
chosozialer Arbeit zusammen mit rechtlicher Hilfestellung.[625] Den gesetzlichen Rahmen für den Umfang und die Zulässigkeit sozialer Rechtsdienstleistungen bildet das **Rechtsdienstleistungsgesetz (RDG)**.

---

623 Vgl. Art. 20 Abs. 3 GG, Art. 19 Abs. 4 GG, sowie s. o. Kap. 10.3.
624 Vgl. Zippelius, § 13 I 4 c); § 47 II 3.
625 Vgl. Kievel, Kap. 1.4; Falterbaum, Teil X, Ziff. 6., S. 193

15.1 Beratungshilfe

Beratungshilfe ist die **rechtliche Hilfe** für Mittellose **außerhalb eines gerichtlichen Verfahrens**. Die gesetzlichen Grundlagen sind im **Beratungshilfegesetz (BerHG)** geregelt. Beratungshilfe bekommt man für **alle Rechtsgebiete**, also z. B. auch für zivil- oder arbeitsrechtliche Rechtsstreitigkeiten.[626] Der Rechtssuchende kann **anwaltliche Beratung** in Anspruch nehmen (z. B. die Beratung darüber, ob ein von ihm beabsichtigtes Klage- oder Widerspruchsverfahren Aussicht auf Erfolg hat) oder die **anwaltliche Tätigkeit** und **Vertretung** außerhalb eines gerichtlichen Verfahrens (z. B. die Beauftragung eines Anwaltes mit der Durchführung eines Widerspruchsverfahrens).

Für die Bewilligung von Beratungshilfe muss der Rechtssuchende einen „**Beratungshilfeschein**" beim **Amtsgericht** seines **Wohnsitzes** beantragen. Hierzu muss er mit seinem Personalausweis bei der Rechtsantragstelle des Amtsgerichts vorsprechen und dort Nachweise vorlegen, die seine **Mittellosigkeit belegen** (z. B. Belege über sein Einkommen, Vermögen, über seine Ausgaben, wie z. B. Mietvertrag, Versicherungs- oder Darlehensverträge, Angaben zu Familienverhältnissen/Unterhaltsverpflichtungen etc.). Mittellos ist man, wenn einem nach Abzug aller absetzfähigen Positionen monatlich nicht mehr als das in der **Tabelle zu § 115 ZPO** festgelegte Einkommen verbleibt.[627]

Darüber hinaus muss der Rechtssuchende kurz den **Sachverhalt**, für den er rechtliche Hilfe benötigt, schildern, und nach Möglichkeit ebenfalls durch geeignete Nachweise belegen (z. B. Vorlage eines Bescheides, gegen den er Widerspruch einlegen möchte). Grundsätzlich ist die Beratungshilfe eine sehr unproblematisch zu erlangende Sozialleistung. Man erhält den Beratungshilfeschein i. d. R. unmittelbar nach der Vorsprache bei der Rechtsantragsstelle ausgefertigt. Eine genauere rechtliche Prüfung, ob die Angelegenheit des Rechtssuchenden auch **Aussicht auf Erfolg** hat, findet nicht statt.[628]

Mit dem **Beratungshilfeschein** kann der Rechtssuchende mit einen **Rechtsanwalt seiner Wahl** Kontakt aufnehmen und sich beraten lassen oder – je nachdem – zum weiteren Tätigwerden beauftragen. Der Rechtsanwalt rechnet die Gebühren für seine Tätigkeit mit der Landeskasse ab. Der Rechtssuchende muss grundsätzlich nichts bezahlen, allerdings ist der Rechtsanwalt berechtigt, eine **Gebühr i. H. v. 10,00 EUR** zusätzlich vom Rechtssuchenden selbst zu verlangen. Dies wird i. d. R. auch gefordert, da die Beratungshilfegebühren, die ein Rechtsanwalt aus der Landeskasse erhält, sehr gering

---

626 Einzige Einschränkung besteht im Strafrecht: Nach § 2 Abs. 2 BerHG beschränkt sich die Beratungshilfe allein auf eine Beratung, nicht z. B. auf die Intervention in einem strafrechtlichen Ermittlungsverfahren.

627 Vgl. § 1 Abs. 2 BerHG und s. u. Kap. 15.4.1.

628 Vgl. Schoreit/Groß, § 1 BerHG, Rn. 6.

sind. Trotzdem ist jeder Rechtsanwalt standesrechtlich dazu verpflichtet, auch Beratungshilfemandate anzunehmen.[629]

15.2 Prozesskostenhilfe

Die Prozesskostenhilfe ist gesetzlich geregelt in den **§§ 114-127a ZPO**. Sie gilt für **alle Arten von gerichtlichen Verfahren**[630], für **alle gerichtlichen Instanzen** und genauso für die **Klage-** wie auch für die **Eilverfahren**. Nur für den Angeklagten eines Strafprozesses gibt es keine Prozesskostenhilfe sondern nur die Möglichkeit, sich in bestimmten Fällen einen Pflichtverteidiger beiordnen zu lassen.[631]

Für die **Bewilligung** von Prozesskostenhilfe müssen folgende Voraussetzungen vorliegen:

- der Betroffene ist **Partei** (Kläger oder Beklagter[632]) in einem gerichtlichen Verfahren;
- der Betroffene ist aufgrund seiner **persönlichen und wirtschaftlichen Verhältnisse** nicht in der Lage, die Kosten eines gerichtlichen Verfahrens zu tragen;
- die beabsichtigte Rechtsverfolgung oder Rechtsverteidigung hat **hinreichende Erfolgsaussicht**[633].

Die Prozesskostenhilfe wird von dem Gericht bewilligt, bei dem der Prozess geführt wird. Für das Bewilligungsverfahren ist ein **Antrag** erforderlich und das Gericht prüft, ob die Voraussetzungen vorliegen.[634] Für den **Nachweis der Mittellosigkeit** wird ein **Formular** über die persönlichen und wirtschaftlichen Verhältnisse ausgefüllt („**PKH-Formular**")[635] und zusammen mit **Belegen** (Einkommens- und Vermögensunterlagen, Mietvertrag, Angaben zu Familienverhältnissen, Angaben zu sonstigen laufenden Kosten) eingereicht.

Zusätzlich wird ein **Klage- oder Schriftsatzentwurf** beim Gericht eingereicht. Das Gericht hat im Rahmen einer „**summarischen Prüfung**" die Erfolgsaussichten der Rechtssache zu überprüfen. Fällt dies positiv aus, wird

---

629 Vgl. § 49a BRAO.
630 Vgl. § 73a SGG; Parallelvorschrift: § 166 VwGO.
631 Vgl. § 140 StPO.
632 In Klageverfahren heißen die Parteien Kläger und Beklagter, in sonstigen Verfahren, z.B. Eilverfahren, Antragsteller und Antragsgegner.
633 Vgl. § 114 ZPO.
634 Einzelheiten vgl. Schoreit/Groß, § 114 ZPO, Rn. 29-42.
635 PKH-Formular erhältlich bei jedem Gericht oder im Internet, z.B. unter www.justiz.nrw.de.

die Prozesskostenhilfe **per Beschluss für eine Instanz** bewilligt und ein **Rechtsanwalt** nach Wahl **beigeordnet**.

Summarische Prüfung bedeutet eine überschlägige und vorläufige Prüfung des voraussichtlichen Verfahrensausgangs. Kommt das Gericht zu dem Ergebnis, ein Erfolg des Betroffenen sei **hinreichend wahrscheinlich** wird die Prozesskostenhilfe bewilligt. Von einer hinreichenden Erfolgswahrscheinlichkeit muss ausgegangen werden, wenn der Rechtsstandpunkt des Betroffenen vertretbar ist, eine gefestigte höchstrichterliche Rechtsprechung noch nicht entgegensteht und die behaupteten, seine Rechtsauffassung stützenden Tatsachen nachweisbar erscheinen.[636]

> **Beispiel:** In einem sozialgerichtlichen Verfahren liegen zwei sich widersprechende medizinische Gutachten zur Frage des Gesundheitszustandes des Klägers vor, eines der Behörde und eines von dem behandelnden Arzt des Klägers. Durch das Gericht müsste noch ein weiteres medizinisches Gutachten von Amts wegen eingeholt werden, damit über die Feststellung des Gesundheitszustandes abschließend entschieden werden kann. Es kann nicht ausgeschlossen werden, dass ein neues Gutachten die Feststellungen im Gutachten des Klägers bestätigt, so dass hinreichende Erfolgsaussichten bestehen.

Im **sozialgerichtlichen Verfahren** bedeutet eine **Prozesskostenhilfe-Bewilligung**, dass der hilfesuchenden Partei lediglich die eigenen Anwaltskosten aus der Landeskasse gezahlt werden, da ja **keine Gerichtskosten** anfallen[637]. In anderen Gerichtsverfahren sind die der Partei entstehenden Gerichtskosten mit von der Prozesskostenhilfe-Bewilligung umfasst. Bei Obsiegen gilt das Prinzip aus § 91 ZPO: der unterlegene Gegner trägt alle Kosten des Prozesses.[638]

Die Bemessung des **Einkommens** richtet sich nach § 115 Abs. 1 ZPO. Danach ist entweder eine **vollständige Übernahme** der Prozesskosten oder – bei Überschreitung der Einkommensgrenzen – eine **gestaffelte Ratenzahlung** (Monatsraten ab 15,00 EUR in aufsteigender Höhe) möglich.[639]

Die Berechnung des für die Prozesskostenhilfe maßgeblichen Einkommens richtet sich nach § 82 SGB XII. Beim Einkommen werden vom Bruttoeinkommen zunächst Steuern, Sozialversicherungsbeiträge, weitere gesetzliche vorgeschriebene oder angemessene Versicherungen und Werbungskosten, sowie Kosten für besondere Belastungen abgezogen. Weiter werden die Kosten für Unterkunft und Heizung abgezogen, soweit diese Kosten angemessen sind. Vom verbleibenden Einkommen steht der Partei ein **Freibe-**

---

636 Einzelheiten vgl. Hk-SGG, § 73 a SGG, Rn. 10-11.
637 Siehe oben Kap. 12.2.6.
638 Vgl. Krasney/Udsching, XII. Kap., Rn. 57-60.
639 Vgl. § 115 Abs. 2 ZPO.

trag i. H. v. 110% des für die Sozialhilfe maßgeblichen Eckregelsatzes zur Verfügung, bei Erwerbstätigkeit noch 50% des Eckregelsatzes zusätzlich, sowie ggf. weitere Freibeträge für Angehörige.[640] Der **Einsatz von Vermögen** richtet sich nach § 90 SGB XII.

Nach der Bewilligung von Prozesskostenhilfe und nach rechtskräftigem Abschluss des gerichtlichen Verfahrens ist das Gericht berechtigt, die wirtschaftlichen Verhältnisse der Partei bis zu **4 Jahre** lang erneut abzufragen und bei einer Besserung der wirtschaftlichen Situation, die **Rückzahlung** der Prozesskostenhilfe zu verlangen.[641]

15.3 Soziale Rechtsdienstleistungen

Effektive soziale Arbeit erfordert die sachgerechte **Information** über Sozialleistungsansprüche und die Hilfe bei deren **Durchsetzung**. Für die sozialen Berufe bedeutet dies, dass zu ihren Aufgaben häufig auch die professionelle **„Besorgung fremder Rechtsangelegenheiten"** gehört.

> Die Besorgung fremder Rechtsangelegenheiten lässt sich einteilen in **rechtliche Beratung**, d. h. Informationen, Anleitung oder Hilfestellung, und in **rechtliche Vertretung**, d. h. nach außen erkennbares Auftreten und Handeln im Namen des Klienten. Bei der rechtlichen Vertretung sind die **außergerichtliche Vertretung** (z. B. Vertretung in einem behördlichen Verfahren) und die **gerichtliche Vertretung** (Vertretung in einem Prozess) zu unterscheiden.

Die professionelle Besorgung fremder Rechtsangelegenheiten ist **gesetzlich reglementiert** und vom Grundgedanken her nur **speziell dafür ausgebildeten Berufsgruppen** gestattet, nämlich Rechtsanwälten oder sonstigen „Volljuristen" (Personen, die beide juristische Staatsexamina abgelegt haben). Angehörigen der sozialen Berufe oder anderen „Nicht-Volljuristen" ist die Besorgung fremder Rechtsangelegenheiten grundsätzlich nicht bzw. nur eingeschränkt gestattet. Als **professionell** gilt die Besorgung fremder Rechtsangelegenheiten immer dann, wenn sie **„laufend"** oder **„wiederholt"** erfolgt. Auf die Entgeltlichkeit oder Unentgeltlichkeit kommt es dabei nicht an. Als Grund für diese strenge gesetzliche Reglementierung gilt der **Schutz** von rechtsuchenden Personen vor ungenügend qualifizierter Beratung und Vertretung.

Die Zulässigkeit der Besorgung fremder Rechtsangelegenheiten regelt das **Rechtsdienstleistungsgesetz (RDG)**.

---

640 Einzelheiten vgl. Schoreit/Groß, § 115 ZPO, Rn. 8-68.
641 Vgl. § 120 Abs. 4 ZPO.

Das RDG gilt für die **außergerichtliche Tätigkeit** (Beratung und außergerichtliche Vertretung[642]). Die Befugnis zur **gerichtlichen Vertretung** ist in jeder **Prozessordnung** für jeden einzelnen Gerichtszweig geregelt.[643] Hierbei ist die professionelle gerichtliche Vertretung im wesentlichen Volljuristen vorbehalten, unabhängig davon, ob in einem Gerichtsverfahren Anwaltszwang besteht oder nicht.[644]

Für die Zulässigkeit von Rechtsdienstleistungen aus dem Bereich der sozialen Arbeit sind die §§ 5-8 RDG die gesetzliche Grundlage. Grundsatz für die Zulässigkeit von Rechtsdienstleistungen aller in den §§ 5-8 RDG benannten Stellen ist die **thematische Einschränkung** auf Rechtsgebiete, die mit deem **Aufgabenfeld der Sozialen Arbeit** in Zusammenhang stehen.

> **Beispiel:** Eine Erziehungsberatungsstelle aus der Freien Jugendhilfe kann ein Ehepaar nach § 17 SGB VIII zwar zu Fragen des Umgangs-, Sorge- und Unterhaltsrechts beraten. Unzulässig wäre jedoch eine Beratung hinsichtlich wirtschaftlicher Fragen von Trennung und Scheidung, z.B. eine Beratung über die Gestaltung des Zugewinnausgleichs bei einer Ehescheidung.[645]

15.3.1 Rechtsdienstleistungen durch Behörden

Seit jeher zulässig sind Rechtsdienstleistungen durch Mitarbeiter der Behörden der Sozialleistungsträger.[646] Diese sind und waren schon immer zu einer umfassenden rechtlichen Beratung jeweils in ihrem Aufgabengebiet verpflichtet und berechtigt.[647]

15.3.2 Rechtsdienstleistungen durch Verbände der Freien Wohlfahrtspflege

Gestattet sind Rechtsdienstleistungen den Verbänden der **Freien Wohlfahrtspflege** und ihren angegliederten Einrichtungen und Beratungsstellen, sowie den nach § 75 SGB VIII anerkannten **Trägern der freien Jugendhilfe** und den nach § 13 SGB IX anerkannten **Behindertenverbänden**[648]. Die Verbände der Freien Wohlfahrtspflege sind: Arbeiterwohlfahrt, Caritas, Diakonisches Werk, Deutsches Rotes Kreuz, Paritätischer Wohlfahrtsverband, Wohlfahrtsstelle der Juden in Deutschland.

---

642 Vgl. Kilian, Rn. 19/20 u. vgl. Definition für „Rechtsdienstleistung" in § 2 RDG.
643 Vgl. § 73 SGG; Parallelvorschrift: § 67 VwGO.
644 Kein Anwaltszwang besteht z.B. auf der I. und II. Instanzebene der Sozialgerichtsbarkeit sowie der I. Instanzebene der Verwaltungsgerichtsbarkeit. Weitere Einzelheiten vgl. Franz, Teil A.IV.3., S. 40-42.
645 Vgl. Wiesner, SGB VIII, § 17, Rn. 32.
646 Vgl. § 8 Abs. 1 Nr. 2 RDG.
647 Vgl. §§ 13-16 SGB I und s. o. Kap. 6.1.3; vgl. auch Kilian, Rn. 306-309.
648 Vgl. § 8 Abs. 1 Nr. 5 RDG.

Bei der Erbringung von Rechtsdienstleistungen besteht jedoch die Pflicht, eine **qualifizierte juristische Anleitung** unter Beteiligung von Volljuristen anzubieten und bereit zu halten.[649]

> **Beispiel:** Die Caritas betreibt eine Beratungsstelle für Migranten und Flüchtlinge, in der ausschließlich Sozialarbeiter und Freiwillige tätig sind. Sie beraten die Klienten in Fragen des Aufenthalts- und des Asylverfahrensgesetzes sowie des Asylbewerberleistungsgesetzes. Sie verhandeln für die Klienten mit den Behörden und schreiben z. B. Widersprüche.
> Ist die Tätigkeit zulässig?
> Nach § 8 Abs. 1 Nr. 5 RDG ja, solange und soweit bei der Caritas-Zentrale genügend Volljuristen arbeiten, an die sich die Mitarbeiter im Bedarfsfalle wenden könnten und die auch für eine ausreichende Einweisung und Schulung der Mitarbeiter sorgen (z. B. durch Fortbildungen oder Rundschreiben über die neuesten Entwicklungen in der Gesetzgebung und Rechtsprechung).
> Könnten die Mitarbeiter der Beratungsstelle auch Klagen und Eilanträge beim Verwaltungs- oder Sozialgericht für ihre Klienten einreichen?
> Nein, denn nach § 1 RDG gilt die Erlaubnis zur Erbringung von Rechtsdienstleistungen nur für die außergerichtliche Tätigkeit. Im Bereich von gerichtlichen Verfahren können die Mitarbeiter nur beratend tätig werden. In der Praxis behilft man sich häufig mit dem Mittel des „ghost-writing", d. h. den Klienten wird bei ihren gerichtlichen Anträgen Formulierungshilfe gegeben, nach außen hin tritt die Beratungsstelle jedoch nicht in Erscheinung. Dies ist als bloße Beratung i. S. d. § 8 Abs. 1 Nr. 5 RDG anzusehen und damit zulässig[650].

15.3.3 Rechtsdienstleistungen für Mitglieder

Zulässig sind Rechtsdienstleistungen auch dann, wenn sie nicht **unentgeltlich** für **jedermann**, sondern **entgeltlich**[651] für **Mitglieder** von Vereinigungen oder Genossenschaften (z. B. Gewerkschaften, Mietervereine, ADAC, Berufsverbände, die Sozialverbände VdK und SoVD u. v. m.) erbracht werden.[652]

Zwei Voraussetzungen müssen gegeben sein: Zum einen dürfen die Rechtsdienstleistungen nur im **Rahmen des Satzungszwecks** erbracht werden, der aber nicht der alleinige Sinn und Zweck der Vereinigung sein darf. Die Gründung reiner **„Rechtsberatungsvereine"** wäre z. B. unzulässig – die Vereinigung muss stets noch einen darüber hinausgehenden Vereinigungszweck verfolgen.[653]

---

649 Vgl. § 8 Abs. 2 RDG i. V. m. § 7 Abs. 2 RDG und s. u. Ziff. 4 b) dd).
650 Vgl. Franz, Teil A.IV.1., S. 38/39.
651 Zum Beispiel durch die Erhebung von Mitgliedsbeiträgen.
652 Vgl. § 7 RDG.
653 Einzelheiten vgl. Kilian, Rn. 277, 278, 286, 287.

Zum anderen muss auch hier die Erbringung von Rechtsdienstleistungen unter qualifizierter juristischer Anleitung innerhalb der Organisationsstrukturen der jeweiligen Vereinigung sichergestellt sein.[654]

15.3.4 Unentgeltliche Rechtsdienstleistungen

Zulässig sind unentgeltliche Rechtsdienstleistungen im **Familien-, Nachbarschafts- und Freundeskreis**[655]. Gemeint sind dabei Gefälligkeitsdienste im Rahmen eines persönlichen Näheverhältnisses.

Außerhalb von diesen persönlichen Beziehungen sind **unentgeltliche, karitative Rechtsdienstleistungen** zulässig, durch Personen und Einrichtungen, die nicht schon von den vorangegangenen Ziffern (Wohlfahrtsverbände oder Vereinigungen mit Mitgliedern) erfasst wurden, so z. B. die ehrenamtliche Tätigkeit bei einer Kirchengemeinde. Zulässig ist diese Form von Rechtsdienstleistungen, soweit ein **Volljurist beteiligt** ist, bzw. die Rechtsdienstleistung **„anleitet"**[656].

Beteiligung und Anleitung erfordert **keine ständige Anwesenheit** eines Volljuristen oder eine Position als hauptamtlicher Mitarbeiter. Ausreichend ist das **Bestehen eines Kontaktes** zu einem oder mehreren Volljuristen, so dass eine **Grundanleitung** oder eine **Einweisung** und **Schulung** der Mitarbeiter erfolgen kann, sowie die Möglichkeit, gegebenenfalls **einzelfallbezogene Fragen** mit einem Volljuristen klären zu können. Größere Einrichtungen, die z. B. eigene Rechtsabteilungen haben, können dieses Kriterium ohne weiteres erfüllen. Kleinere Einrichtungen sollten **Kooperationsmöglichkeiten**, z. B. mit Rechtsanwälten oder mit entsprechend ausgestatteten größeren Einrichtungen suchen, um das Kriterium der Anleitung zu erfüllen.

> **Beispiel:** Eine gemeinnützige gGmbH betreibt mit Haushaltsmitteln aus der Landeskasse und mit Spenden mehrere „Cafés" für obdachlose Menschen. Dort gibt es nicht nur Essen, Dusch- und Waschmöglichkeiten, sondern es sind mehrere Sozialarbeiter beschäftigt. Diese beraten und helfen den Besuchern bei allen Arten von Anträgen oder Verfahren gegenüber Behörden. Die gGmbH hat zudem einen „Beratungsvertrag" mit einem Rechtsanwalt geschlossen, der einmal im Monat für ein paar Stunden vorbei kommt, in speziellen Fällen Beratung für die Besucher anbietet und den Sozialarbeitern für Fragen zur Verfügung steht.

---

654 Siehe oben Kap. 15.3.2 und s. u. Kap. 15.3.4.
655 Vgl. § 6 Abs. 1 RDG.
656 Vgl. § 6 Abs. 2 RDG.

15.3.5 Rechtsdienstleistungen als Nebenleistung

Zulässig sind Rechtsdienstleistungen, die von **gewerbliche Anbietern** von Sozialleistungen, z. B. ambulanten Pflegediensten, als **Nebenleistungen** erbracht werden.[657] Voraussetzung ist, dass sie in **Verbindung mit der Hauptleistung** stehen, von ihrer Bedeutung her jedoch nicht den Schwerpunkt der gewerblichen Tätigkeit bilden.

> **Beispiel:** Ein ambulanter Pflegedienst berät und hilft einem seiner pflegebedürftigen Klienten bei Anträgen auf Kostenübernahme gegenüber der Kranken- und der Pflegeversicherung oder dem Sozialamt.

15.4 Übersichten

Übersicht 1: Berechnung des Einkommens bei Beratungs- und Prozesskostenhilfe

Bruttoeinkommen	**Abzüge**
	• Absetzbeträge § 82 Abs. 2 SGB XII Steuer, Sozialversicherung, sonstige Versicherungen, Werbungskosten • Freibetrag § 115 Abs. 1 Nr. 2 a ZPO 110 % Eckregelsatz = 395 EUR für Partei/Ehe-/LP • zzgl. Freibetrag bei Erwerbstätigkeit § 115 Abs. 1 Nr. 1 a ZPO 50 % Eckregelsatz = 180 EUR für Partei • zzgl. Freibetrag für gesetzl. unterhaltsberechtigte Angehörige § 115 Abs. 1 Nr. 2 b ZPO 70 % Eckregelsatz = 251 EUR • zzgl. Kosten für Unterkunft und Heizung § 115 Abs. 1 Nr. 3 ZPO • zzgl. besondere Belastungen § 115 Abs. 1 Nr. 4 ZPO

---

657 Vgl. § 5 Abs. 1 RDG.

Übersicht 2: Soziale Rechtsdienstleistungen

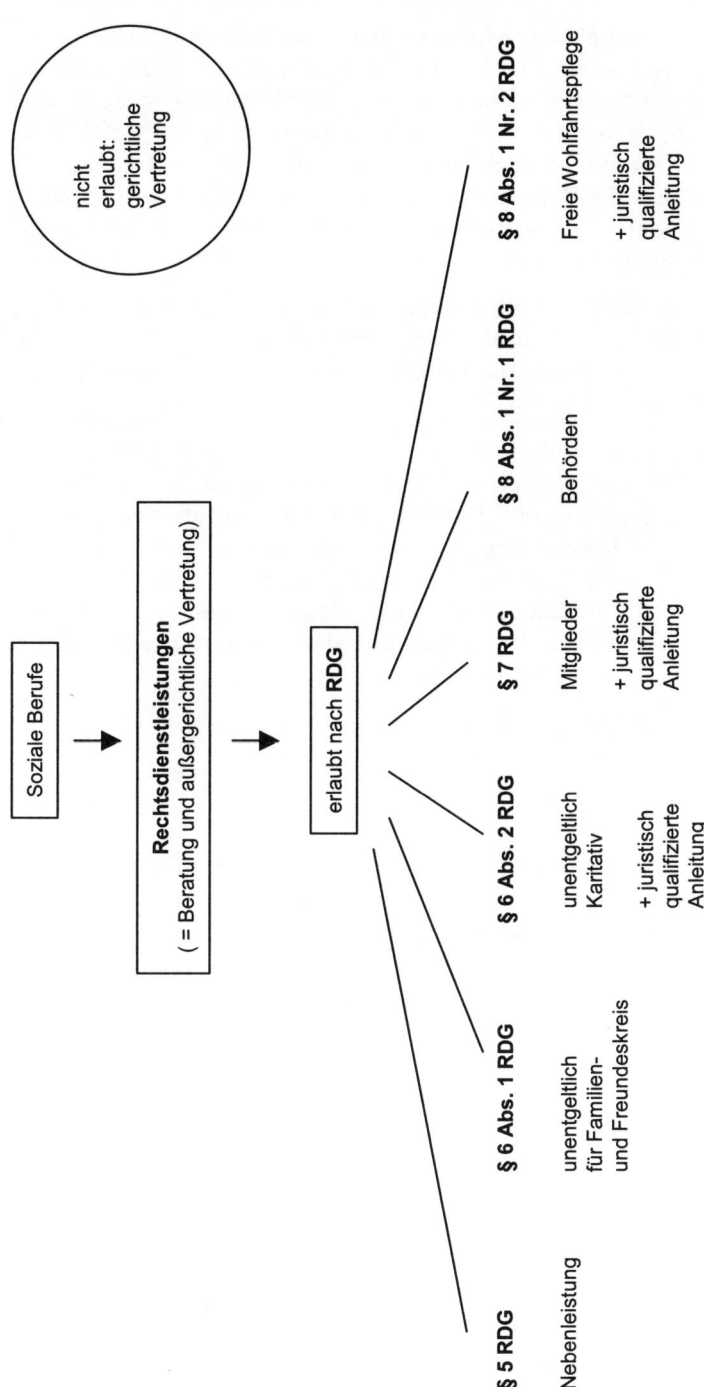

Soziale Berufe

Rechtsdienstleistungen
(= Beratung und außergerichtliche Vertretung)

nicht
erlaubt:
gerichtliche
Vertretung

erlaubt nach **RDG**

§ 5 RDG	§ 6 Abs. 1 RDG	§ 6 Abs. 2 RDG	§ 7 RDG	§ 8 Abs. 1 Nr. 1 RDG	§ 8 Abs. 1 Nr. 2 RDG
Nebenleistung	unentgeltlich für Familien- und Freundeskreis	unentgeltlich Karitativ + juristisch qualifizierte Anleitung	Mitglieder + juristisch qualifizierte Anleitung	Behörden	Freie Wohlfahrtspflege + juristisch qualifizierte Anleitung

269

Übungsfragen

1. U ist alleinerziehende Mutter eines minderjährigen Sohnes, C. Sie möchte gegen den Vater von C ein Unterhaltsverfahren einleiten, da dieser freiwillig keinen Kindesunterhalt zahlt. U arbeitet und erzielt ein Nettoeinkommen inklusive Kindergeld von 1.500 EUR. Hiervon bezahlt sie Miete und Nebenkosten i. H. v. 700 EUR, weitere Kosten für Versicherungen und ihr Auto betragen monatlich 200 EUR. U möchte wissen, ob sie Prozesskostenhilfe für das Verfahren bekommen kann.

2. Gegen A läuft ein Strafverfahren wegen Körperverletzung. A würde sich gerne von einem Rechtsanwalt vertreten lassen, ist aber gerade arbeitslos und hat kein Geld. Könnte A Prozesskostenhilfe bekommen?

3. In einem sozialen Projekt zur Unterstützung obdachloser und psychisch kranker Menschen arbeitet Sozialarbeiter S. Einer seiner Klienten, K, hat große Probleme mit dem Sozialhilfeträger, der von ihm Geld zurückfordert. K hat zwar formlos Widerspruch (der abgelehnt wurde) und Klage beim Sozialgericht erhoben, fühlt sich jedoch von dem anstehenden Gerichtsverfahren völlig überfordert. Er bittet S, ihn in dem Verfahren zu vertreten. Könnte S das tun?

(Lösungen siehe www. lehrbuch-sozialverwaltungsrecht.de)

Weiterführende Literatur

Dörnhard, Josef, Prozesskostenhilfe und Beratungshilfe für Anfänger, 4. Aufl. 2006, Teile A, E und F.

Franz, Kurt, Das neue Rechtsdienstleistungsgesetz, 1. Aufl. 2008, Teil A.